Reinhold Hermann Schäfer

Wüstlinge

MännerQuest im Sinai

Arun

Lernen besteht in einem Erinnern von Informationen,
die bereits seit Generationen in der Seele des Menschen wohnen.

Sokrates 470 - 399 vor Chr.

Arun-Verlag, Engerda 28, D - 07407 Uhlstädt-Kirchhasel,
Tel.: 036743/233-0, Fax: 036743/233-17,
info@arun-verlag.de, www.arun-verlag.de.
Covermotiv: Mönchseinsiedelei im Wadi Ghazana, © Olaf Schulz, 2008.
Buchgestaltung: Sven Langheinrich, Arun-Verlag.
Übersetzungen ins Arabische: Dr. Jamshid Ibrahim, Bremen.
Gesamtherstellung: Hubert & Co, Göttingen.

ISBN 978-3-86663-033-8

Inhalt

Einleitung

Es geht in diesem Buch um Männerfragen, um innere und äußere Abenteuer von Männern. Beteiligt an diesem „heiligen Theater des Männerlebens“ sind das Paradies, die Wüste, Schlangen, Sündenböcke, Gewinner, Verlierer, Beduinen und Europäer mit unterhaltsamen Geschichten, Scheichs, der Urvater und Patriarch Moses, süße Früchte, ein lustvoller Derwisch, wilde Esel, viele mutige und ängstliche Männer und anderes mehr. Es geht sogar um mich selbst, den Autor.

Ich lade Sie ein in die alten Gärten und kleinen Oasen (Bustan, بستان) der kargen einzigartigen Hochgebirgslandschaft des Sinai, aus deren Zentrum der christlich-jüdisch-moslemische Mosesmythos stammt. Aus ihm ging ein archaisches und patriachales Männerbild mit Geboten und Verboten hervor, das uns Männer in Europa mitgeprägt hat.
Die Hochgebirgswüste des Sinai mit seinem Mosesberg (Jabal Musa, جبل موسى) war das entscheidende Durchgangsland der Israeliten vom Nil des alten Ägypten ins sogenannte Heilige Land Kanaan (heute Israel, Palästina und Westjordanland).

Geologisch gesehen ist der Sinai das einzige Stück Land, welches auf keiner Kontinentalscholle liegt. Die Halbinsel bildet eine Brücke zwischen Asien und Afrika und entstand im Tertiär vor zwanzig Millionen Jahren. Noch heute driften die beiden Kontinente ein paar Millimeter pro Jahr auseinander.
Seiner geographischen Lage am Rande des Afrikanischen Grabens verdankt der Sinai seine einzigartige und geologisch vielfältige Landschaft: Mächtige Bergketten aus Granit, Gneis und Schiefer, die in prächtigen Farben von Grau über Gelb und Rot bis zu Braun und Schwarz erstrahlen und oft von Lavabändern durchzogen sind. Daneben bizarre Sandsteinberge, scheinbar endlose Wadis* und die grenzenlose Wüste.
Der Sinai wird begrenzt vom israelischen Negev im Norden, dem über 1.800 Meter tiefen Golf von Akaba (einem Teil des Roten Meeres) im Osten, dem Mittelmeer im Nordwesten und dem nur achtzig Meter flachen Golf von Suez (mit Suez-Kanal) im Westen. Er gehört seit 1982 wieder zu Ägypten, nachdem er zuvor fünfzehn Jahre von Israel besetzt war.

Aus dieser Gegend kommt die Geschichte vom Urpropheten Moses, der auf einem besonderen Berg dieser Hochgebirgswüste die zehn Gebote von Gott erhalten haben soll und damit das Gesetz des eifersüchtigen Jahwe vom wahren und unwahren Gott in die Welt brachte.
Das Wort „Quest“ stammt aus dem Mittelalter. Die „Queste“ der Ritter stand für den verborgenen Weg, die Suche nach dem richtigen Weg oder allgemein für die Suche nach dem Abenteuer der Ganzheit und dem Großen Geheimnis der Schöpfung. Man kann es aber auch einfach vom englischen „question“ herleiten, dann bedeutet es „Frage“.

---

*Ausgetrocknete Flusstäler von vor bis zu 1,8 Millionen Jahren, als ein feuchteres Klima herrschte.

Ich bin seit fünfzehn Jahren Initiationsmentor und Spezialcoach für Männer. Die Integration und die Übertragung der intensiven Erlebnisse und Prozesse der Männer aus meinen Naturseminaren in den normalen Alltag liegen mir am meisten am Herzen.
Meine berufliche Herkunft ist das Theater. Ich habe als Schauspieler, Regisseur, Autor und Theaterlehrer an verschiedenen Akademien und Theatern gewirkt.
So ist es naheliegend, dass ich einen anderen, subjektiven Blick auf die Dinge und das Drama im Leben eines Mannes im Zeitalter der Atomisierung der Kleinfamilie und der Globalisierung der Gewalt habe als zum Beispiel Politiker und Soziologen.
Ich passe mich der arabischen Kultur an, wenn ich autobiografisch, biografisch und poetisierend daherkomme. Ich schreibe nicht immer geradlinig, sondern „mäandernd", wie ein Fluss mit einem Hauptstrom und einigen Nebenarmen. Im dritten Teil erzähle ich Geschichten in bildhafter Form, zuweilen sogar zwischen Traum und Wirklichkeit. Dennoch soll das Objektive und Rationale, das sogenannte „Wissenschaftliche" nicht ganz außen vor bleiben. Dies findet sich allerdings eher im ersten Teil.

Diese Lesereise soll Sie zu Ruhe und Entspannung führen, mit Hilfe von Erzählungen, Weisheiten und Wissen aus der arabischen „narrativen" Wüstenkultur. Aber auch durch prickelnde visionäre Erfahrungen heutiger Europäer, die von MännerQuest, Visionssuche und Fastenritual „nur" unter Männern draußen in der Hochgebirgswüste des Sinai in die heimatgebende Männeroase zurückkehren.
Meine sinnlich konkreten Beschreibungen sollen den alten patriachalen Männermythos des Sinai kritisch beleuchten und einen neuzeitlichen Männermythos entwickeln helfen.
Ein Beispiel.
Ein Mann berichtet:
„Ich setzte mich auf mittlerer Höhe über dem Wadi, mit dem Rücken an einen Stein gelehnt. Nach einiger Zeit fiel mir ein riesiger Fels auf, der das Gesicht eines alten Mannes zeigte. Zuerst dachte ich: Ja, so ein alter, weiser Mann möchte ich werden.
Dann jedoch, nachdem ich fast eine Stunde dieses Gesicht betrachtet habe, fällt mir auf, dass irgend etwas nicht stimmt. Und dann überfallen mich förmlich die Bilder: Das ist ja das Gesicht des alten Moses. Sein rechtes Auge zeigt die beiden Tafeln des Gesetzes: „Du sollst!" Das linke Auge aber ist blind. Die ganze linke Seite des Gesichtes ist wie weggewischt oder weggesprengt. Unter den Tafeln des Gesetzes ist eine Gestalt zu sehen, die eine übergroße Last trägt, fast darunter zusammen bricht, jedenfalls nicht aufrecht gehen kann.
Zur Einäugigkeit des Moses fallen mir weitere Bilder ein: Die Verteufelung des prallen lustvollen, sexuellen Lebens, repräsentiert durch das goldene Kalb.
Das Leben erstarrt so, wird zu Stein, ohne Energie. Bevor das „Du sollst!" gesprochen wird, muss die liebevolle Frage kommen: Was brauchst Du?
Auf dem anderen Auge sehend werden, das heißt auch: Das Abgeschobene, das Verdrängte und Verteufelte in das eigene Herz aufzunehmen und es dort zu wandeln. Vielleicht müssen wir Gott dabei, wenn es ihn denn wirklich gibt, ab und zu unterstützen.

Ich sehe die Landschaft: Durch das Wadi getrennt, liegt rechts der Kopf des Moses, links, da wo das Herz sitzt, liegt wie ein Paradiesgarten grün und üppig die Oase der Beduinen.

Ich schreibe ein Gedicht in mein Tagebuch:

Rotgoldener Granatapfelstrauch
Für das Paradies zu stachelig
Daneben weinlaubüberrankt
Steingefasste Zisterne
Dazwischen zeitlos träumend
Meiner Mutterbodenbett

Nacht stürzen Sterne
Kalte diamantene Verheissung und füllen die Zisterne
Daraus steigen unerlöste Männerseelen
Greifen nach Granatapfelfrucht
Dem verlorenen Lebensbaum
Wilde Esel klagen inbrünstig
Der Wind singt durchs Wadi
Zeit der allumfassenden Liebe ist doch immer da
Kt.“

Sie erfahren hier etwas über Männerwelten, über die in den Medien oft unsachlich spekuliert wird.
So werden Selbstbewusstsein und Hingabefähigkeit des arabischen Mannes bei uns oft unangemessen abgewertet oder übertrieben romantisiert und hochstilisiert.
Ähnlich kann es aber auch dem modernen, emanzipierten, europäischen Mann bei diesem Thema ergehen. Seine wirklichen, kraftvollen Potentiale und Qualitäten wollen oft, aus welchem Grund auch immer, nicht gesehen werden. Sonderbarerweise erkennt er sie noch nicht einmal selbst und vergiftet sich mit seinen eigenen Begabungen, die er zuwenig unter die Menschen bringt.
Er beschuldigt sich selbst zu schnell, fühlt sich für alles Böse in dieser Welt verantwortlich, macht sich so selbst zum Sündenbock, zum Wüstling und verliert dabei seine Würde und Kraft.
Ich setze mich auch speziell aus diesem Grund mit dem Mosesmythos und dem Eingottglauben (Monotheismus) der christlichen, jüdischen und moslemischen Religionen auseinander. Und ich bezweifle, dass sie dem Mann von heute in seinen Krisenzeiten und bei seinen Konflikten noch richtungsweisend sein können.

Natürlich machen Männer auch Fehler.
Warum wandeln sie ihre Krisen nicht in nutzbringende Erfahrungen, um damit anderen zu dienen?

Warum verwechseln sie Aufgabe mit Hingabe und Resignation mit meditativem Rückzug oder auch Selbstbewusstsein mit eitler Gockelei?
Kein Wunder, dass das Thema „Flucht der Männer und der Väter aus der Verantwortung“ diskutiert wird.
Ich werde auch die Schatten und Dämonen der fastenden Männer sichtbar machen. Wer kennt nicht die Geschichte von Jesus, der in der Wüste vom Teufel versucht wurde?

Meine Untersuchungen bei dieser äußeren und inneren Reise treffen deshalb den Kern des Dilemmas vieler Männer in Europa: Die mangelnde Verbindung zwischen Durchsetzungskraft und Sensibilität, zwischen geistiger Innenschau und Status in der materiellen Welt.
In unserem herkömmlichen, europäischen Männerbild gibt es Macker und Machos, ob sympathisch oder nicht, die vor Kraft, vor allem vor Muskelkraft strotzen, aber trotzdem nicht leben und dem Leben nicht zugewandt sind. Und es gibt – platt gesagt – Softies, die zwar sensibel sind, aber auf eine Art und Weise, dass man doch eher gelangweilt ist. Sie sind so sensibel und vergeistigt und auch noch gutmütig, dass es nur schwer zu ertragen ist.

Ich stelle in „Wüstlinge. MännerQuest im Sinai“ die Möglichkeit des voneinander Lernens in diesen und anderen Männerthemen mittels der vier Grundkräfte (Archetypen) des Mannes dar. Zusätzlich unterfüttere ich diese Schilderung durch einen Vergleich von „Wüstensöhnen“, die teilweise noch in den Traditionen eines kollektiv-orientierten Stammesgebildes mit allen Vor- und Nachteilen leben, mit individualisierten, mitteleuropäischen Männern.
Es geht auch um intensive und beispielhafte Momente genialer Maskulinität und innerer Schönheit, um mutige, kraftvolle und dennoch empfindsame Männer.

Meine eigenen Wachstums- und Sinnkrisen tragen ebenso zu einem realistischen Männerbild bei, wie die Beschreibung der spannenden Begegnungen mit meinen Initianden und „Zöglingen“.

Das Buch handelt zum einen von einem Stück Männerkultur zwischen den traditionellen Prägungen durch die geistig-religiöse Kulturlandschaft des alten Sinai und des patriachalen Moseskultes, zum anderen von den Heilungsbiotopen und Seelenwerkstätten in der Wüste und den Oasengärten der Beduinen im Rahmen meines MännerQuest-Projektes.
Darüber hinaus thematisiert es die spannenden Möglichkeiten eines deutsch-arabischen Dialogs und Friedensprojektes. Die arabische Welt mit ihren vielen Geschichten und die mitteleuropäische „Fernseh- und Internetkultur“ leben zwar in unterschiedlichen Zeiten, sind aber nicht soweit voneinander entfernt, dass sie nicht voeinander lernen könnten.

Zur Gliederung des Buches:

In Teil A, „Männerleben im deutschsprachigen Kulturraum", berichte ich unter der Überschrift „Aktuelle Debatte, Tendenzen, Neuorientierungen" über die Veränderungen der Männer und der Männerbewegung allgemein im deutschsprachigen Raum, speziell während der letzten Jahre.
Ich selbst vertrete dabei das Konzept der initiatischen Männerarbeit, wie ich es über die Autoren und Seminarleiter Robert Bly, Richard Rohr, Sam Keen, Steven Biddulph, Robert Moore, Dougles Gilette, Gregory Campbell, John Bellichi, Thomas Scheskat theoretisch – und teilweise praktisch – erfahren und über viele Jahre mit meinem eigenen Konzept kombiniert habe.
Es ist mir dabei durchaus klar, dass dieser Ansatz Chancen, aber auch Risiken birgt.
Wer hat nicht schon mal etwas vom „inneren Krieger" und „König" im Rahmen des archetypischen* Arbeitsansatzes gehört und sich gefragt, ob damit lediglich eine Art Rückkehr zu den Traditionen der Alten gemeint ist.
Dem ist nicht so.
Dieser Ansatz, seriös und vorsichtig gehandhabt, versucht Altes und Neues sinnvoll zu verbinden und dabei kraftvolle Potentiale, wie die Gegensatzpaare Mut und Sensibilität, Aggression und Hingabe, Ich-Stärke und Wir-Gefühl, bei Männern zu fördern. Es geht sogar darum, weibliche Prinzipien in das Männerleben zu integrieren – aber erst, nachdem das genuin Maskuline erkannt und gewürdigt wurde.
An dieser Stelle des ersten Teils dienen mir als fundierte Belege vor allem Richard Rohrs Bilder aus seinem Buch „Der wilde Mann" von Johannes, dem Lieblingsjünger Jesu, und Johannes dem Täufer, der wild in der Wüste lebt.
Es geht um Licht und Schatten des modernen Mannes und wie er seine verschiedenen Seiten leben kann.

Erstaunliches ist in der deutschen Männerbewegung geschehen.
Professor Hollstein, Männerforscher aus Berlin, den ich bisher eher zu den Kritikern einer selbstbewussten Männerkultur zählte und der ganz bestimmt nicht Befürworter von Männerinitiation war, fand vor nicht so langer Zeit den Mut, über Mut zu sprechen. In einem Interview des Berliner Tagesspiegel stand zu lesen:
„Zum Zeitgeist gehört inzwischen, Männlichkeit nur noch mit den negativen Assoziationen von Gewalt, Krieg, Naturzerstörung, sexueller Belästigung und Missbrauch zu verbinden. Auch einstmals positive Qualitäten von Mannsein werden mittlerweile gesellschaftlich umgedeutet. So wird zum Beispiel aus männlichem Mut Aggressivität. Unbedacht bleiben so zum Beispiel die verheerenden Folgen für die männliche Identitätsbildung von Buben und jungen Männern. Zusammenhänge eines negativen Bildes von Männlichkeit und männlicher Verwahrlosung, Suchtanfälligkeit, Gewalttätigkeit, Kriminalität oder Schulversagen werden in Deutschland nicht thematisiert.

---

* Archetyp bedeutet Urmuster oder Urbild.

Die Forschung zu dieser Entwicklung aus dem angloamerikanischen Bereich spricht bereits von einer öffentlichen ‚Verachtung der Männer' parallel zur gezielten Frauenfeindlichkeit.
Schließlich wird man sich Gedanken über die Vaterrolle machen müssen. Die Kulturkritik weist darauf hin, dass die Bedeutung des Vaters in den vergangenen fünf Jahrzehnten systematisch abgenommen hat. Dazu beigetragen hat vor allem auch eine radikalfeministische Denunziation des Vaters als bloßer ‚Samenspender'."[1]

Weiter definiere ich in diesem ersten Teil des Buches den oft falsch verstandenen Krieger- und Heldenbegriff, der interessanterweise im ökologischen Bereich als „Ökokrieger" doch noch genutzt werden darf. Auch Frauen dürfen ja pauschal in allen Medien plötzlich „soziale Heldinnen" oder „tapfer" sein.
Genauso kritisch gehe ich mit dem Thema Ritual und Initiation um, welche Potentiale in sich bergen, die missbraucht worden sind und erneut missbraucht werden können.
Aber sollen Männer sich nicht an diesen Kraftquellen ausprobieren und sogar nähren können?
Oder sollen sie soweit entmündigt werden, dass sie nur noch mit der Laubsäge arbeiten dürfen und nicht mit der Motorsäge?
Muss man immer sogleich und nur bei Männern befürchten, dass ganze Wälder gerodet werden, oder ist es nicht auch wundervoll, dass Möbel unter Nutzung beider Werkzeuge gebaut werden können?
Wer sind diese Wüstlinge? Die wilden Männer draußen in der Wüste und im Leben? Werden sie bei uns auch verachtet, wie die Beduinen von manchem Stadtägypter?

Ich beschreibe meinen persönlichen Weg als Initiationsmentor und Spezialcoach für Männer und zeige auf, dass sich meine Arbeit verfeinert hat und noch mehr akzentuiert, seit ich vor ungefähr zehn Jahren über die MännerQuest und die Reise ins Herz des Mannes in der Wildmark Nordschwedens berichtete.
Die MännerQuest damals fand in den endlosen Wäldern und an den einsamen, eiskalten Seen Nordschwedens statt. Die Teilnehmer wurden von alten und neuen Traditionen, von innerlich aufsteigenden Bildern des germanisch-keltischen und samischen Landschafts- und Kulturraumes berührt und geführt.
Damals habe ich noch mit meinem Initiationsmentor Gregory Campbell kooperiert, der inzwischen nach Amerika zurückgekehrt ist. Ich begleitete Männer sowohl beruflich als auch privat auf der Suche, in Wachstums- und Sinnkrisen, bei der Existenzgründung, bei Abschieden, bei Übergängen und Neuanfängen, beim „heiligen Rollenwechsel" im Lebenszyklus eines langen Männerlebens.
Daneben habe ich Fortbildungen in Wildnisschulen in den USA, in Kanada und Europa besucht. Alle Berufsgruppen kamen zu mir.
Natürlich ist das Wesentliche meiner Arbeit so geblieben wie es war.
Allerdings ich bin jetzt nicht mehr nur mit Männern in Kanus in Nordschweden unterwegs, sondern auch mit Kamelen, genauer Gebirgsdromedaren, in der Wüste Sinai.

Der Geist des Ortes (genius loci) und die kulturellen Traditionen fordern natürlicherweise die teilnehmenden Männer und mich selbst in einem abgelegenen Wüstenteil der arabischen Welt anders heraus als in der Wildmark Schwedens mit ihren eiskalten Seen.

Die Wüste Sinai ist eine magische Landschaft und ein Platz für innere und äußere Grenzerfahrungen. Die extreme Helligkeit des Lichtes am Tage und die dunklen, dämonenhaften Schatten der Nacht zwingen dazu, sich seiner eigenen Licht- und Schattenseiten, Stärken und Schwächen bewusst zu werden.
Während der vier Tage und vier Nächte, die die Teilnehmer alleine in den Felsen der Hochgebirgswüste verbringen, entsteht ein Gefühl unendlicher Freiheit.
Die Wüste ist wild und ruhig zugleich. Sie bietet einerseits faszinierende Erlebnisse, andererseits können bisher unbekannte Ängste aus dem Innern der Seele auftauchen.
Die vier Kräfte und Archetypen des Mannes, „Innerer Krieger", „Liebhaber", „Magier" und „König" zeigen sich in dieser Wüste deutlich.
Der innere Krieger fordert zu klaren, überlegten Entscheidungen auf. Der Liebhaber öffnet und sensibilisiert den Körper in der Hitze des Tages.
Die dunklen und geisterhaften Gestalten in den sternklaren Nächten erwecken den Magier.
Für einen starken König, und das bedeutet auch immer für einen selbstbewussten Diener, geben die Beduinen vom Stamm der Gebelia selbst ein Beispiel von Würde, Offenheit, Selbstbewusstsein und Hingabe. Ihre alten Gärten (Bustan, بستان) sind glückselige Inseln der Ruhe und Entspannung.
Ein Mann fasste einmal das Wesentliche zusammen:

Die Wüste Sinai
Das Wenige ist Gewinn.
Wer alles zurück lässt,
kommt als er selbst zurück.

Diese kurze Aussage betraf auch mich. Krankheiten und Krisen musste ich durchmachen. Aber den Gewinn durch diese Wandlungen, das „Elixier", wie es bei der klassischen Heldenreise genannt wird, errang ich auch in diesen zehn Jahren.
Lebenslust und Todesangst ergriffen mich.
Ein Goethezitat drückt es aus:

Alles geben die Götter, die unendlichen
Ihren Lieblingen ganz.
Alle Freuden, die unendlichen
Alle Schmerzen, die unendlichen.
Ganz.

Oft bat ich: Gott, gib mir die Gelassenheit, Dinge hinzunehmen, die ich nicht ändern kann, den Mut, Dinge zu ändern, die ich ändern kann und die Weisheit, das eine vom anderen zu unterscheiden.
Dabei war mir der letzte Satz am wichtigsten... „und die Weisheit, das eine vom anderen zu unterscheiden".
Genauso wie es die Beduinen mit ihrem Sinnspruch „Bete zu Allah und binde dein Kamel fest" meinen.

In Teil B, „Reise nach Arabien", tauche ich mit Ihnen, lieber Leser, in die Welt Arabiens mit ihren unterschiedlichen Stämmen und Gewohnheiten ein.
Ich nehme Sie mit auf die Reise zu drei Beduinenstämmen des Sinai, den Tarabin, Muzzeina und Gebelia. Und zu Verhandlungen mit den Scheichs und Clanchefs.
Sie bekommen einen fast intimen Einblick in deren unterschiedliche Gewohnheiten und Geschichte. Sie betreten mit mir die ersten Bustans und Oasen unter freiem Sternenhimmel, der wie in den Märchen aus 1001 Nacht über uns leuchten wird.
Und Sie lernen, welche Grundmuster (Archetypen) die arabischen Beduinenmänner im Vergleich zu europäischen Männern verfolgen, um erfolgreich im Leben ihrer Kultur wirken und ihre Familien versorgen zu können.
Und es ist erstaunlich, wieviel Gemeinsamkeiten gerade der Stamm der Gebelia mit Europa aufweist. Ein Stamm, der vor 1400 Jahren aus der Walachei und dem Schwarzmeerraum in den Sinai eingewandert ist und sich mit Arabern und hinzugewanderten Nubiern aus Oberägypten gemischt hat.
Steigen Sie mit mir hinauf auf den höchsten Berg Ägyptens und des Sinai, auf dessen Gipfel eine christliche Kapelle steht, geschmückt mit einem christlichen Kreuz.
Stellen Sie sich vor, auf der Zugspitze, dem höchsten Berg Deutschlands, stünde eine kleine Moschee mit dem arabischen Halbmond!

Nicht unerwähnt bleiben darf natürlich die Ringparabel Lessings aus „Nathan der Weise", die aussagt, dass die drei großen monotheistischen Religionen, Christentum, Judentum und Islam, nicht immer und nicht in jedem Fall den richtigen Ring der Wahrheit besitzen, sondern dass diejenige Religion den wahren Ring besitzt, die dem Menschen und der Schöpfung am meisten dient.
Unverzichtbar bleibt aber auch die Schilderung meiner toleranten moslemischen Beduinenfreunde, die mir, meinen Assistenten und Mentoren, aber auch den Initianden auf einem extra ausgesuchten und gesicherten Stammesgebiet seit nunmehr vielen Jahren erlauben, eine pankulturelle MännerQuest mit christlichen, germanisch-keltischen und indianischen Elementen durchzuführen, und die sich dieser Arbeit im Laufe der Jahre äusserlich und sogar innerlich verbunden fühlen. Arabische Beduinen, die konkret im Ritual mitmachen und sehr wohl einschätzen können, dass auch ihr Ramadan ähnliche Wurzeln hat wie ein indianisches Fastenquestritual.

In Teil C, „Die Wüste als Heilungsbiotop“ richte ich einen ergänzenden aber auch differenzierenden Blick auf die große Geschichte vom Paradies, wie sie üblicherweise und leider oft auch oberflächlich, gedeutet wird.

„... das Paradies ist verriegelt und der Erzengel hinter uns.
Wir müssen die Reise um die Welt machen und sehen,
ob es vielleicht von hinten irgendwo wieder offen ist.“
H. v. Kleist

Ich berichte über den wirklichen Ursprung der Paradiesgeschichte und den platten Dualismus der großen Weltreligionen.
Sie werden Neues erfahren:
Stellen Sie sich vor, es gibt nicht die Erbsünde, sondern das grundsätzliche Gut-Sein des Menschen, wie es mir mein Initiationsmentor, der Zenmönch Gregory Campbell, vorlebte.
Und stellen Sie sich vor, dass auf dem Sinai Moslems, Christen und Juden friedlich zusammen im Beduinenzelt sitzen und ein Wasserpfeifchen schmauchen.
Und stellen Sie sich weiter vor, dass tolerante Moslems eine pankulturelle MännerQuest begleiten und unterstützen.

Es gibt verschiedene Wege ins Paradies und wieder hinaus. Und wieso soll es außerhalb von Oase und Paradiesgarten nicht genau so schön sein wie innerhalb?
Ich habe es über viele Jahre erfahren: Die Wüste ist kraftvoll, nährend, lebendig und wesentlich für das Leben der Männer.
Begleiten Sie die Männer, wenn sie hinausgehen in die angeblich „feindliche“ Wüste, um ihren inneren, oft genauso als feindlich empfundenen „Wüstling“ (wieder)zu finden. In einer Zeit, in der, laut Professor Hollstein, zumindest in Europa eine gewisse Männerverachtung Mode geworden ist.
Erliegen Sie nicht dem Sog bestimmter Vorurteile über das Männerthema oder dem Klischee über den arabischen Mann. Wie alles seine zwei Seiten hat, so haben auch diese Männer natürlich Licht- und Schattenseiten, Stärken und Schwächen.
Haben Frauen das nicht?
Was macht einen Mann aus, frage ich Sie an dieser Stelle?
Selbst wenn eine bildungsgerechte neue Balance zwischen Erwerbs- und Familienarbeit gefunden ist, wobei zur Zeit ja eher die Jungs im Nachteil sind als die Mädchen, bleiben die tieferen Fragen immer noch offen. Eine Balance muss gefunden werden zwischen dem Vorfindbaren beim Mann (Biologie, archetypisches Grundmuster als eingelagerte Instinkte) und dem Formbaren (Soziologie, archetypisches Grundmuster als soziokulturelles, erlernbares Grundmuster). Genau diesen Drahtseilakt erprobe ich bei meinem MännerQuestprojekt in der Wüste Sinai. Ziel jeder Beziehungsarbeit zwischen Männern und Frauen ist meiner Meinung nach immer noch, unterschiedlich zu sein, um dann verhandelnd in ein positiv spannungsgeladenes Miteinander zu treten.

Unter diesem Aspekt lässt sich gar etwas von der Trennung der Geschlechter im arabischen Raum lernen. Ich habe dort, trotz der Verschleierung, sehr kraftvolle Frauen erlebt. Gleichzeitig erlebe ich die, im Gegensatz zur fundamentalistischen Strömung, beginnende Entschleierung der Frau und ihre Anteilhabe an der Begegnung mit Touristen natürlich als großen Fortschritt.
Schließlich erzählen in diesem Buch ein lustvoller Derwisch und ein katholischer Theologe von ihrem Lebenstanz und wie Erotik und Religion zusammenkommen können.
Auch in der moslemischen Tradition des Sufismus gibt es den ekstatischen Teil, genauso wie in der christlichen Mystik.
Ich verspreche Ihnen schon jetzt: Die süßesten Äpfel und die wildesten Feigen finden Sie in der Wüste und nicht im Gemüseladen um die Ecke.

Schließlich spreche ich noch über naturzyklische Initiation und den wilden, blühenden Garten der Männer sowie über Initiation als Prozess der Auswilderung, Reife und Veredelung. In einer Seelenwerkstatt männlicher Identitätsfindung erzähle ich von Sündenböcken und Wüstlingen, halbwilden Eseln (auch im übertragenen Sinn) und geläuterten reifen Männern, die durch den Prozess der Selbstbescheidung, aber auch der kraftvollen Befreiung gegangen sind.

Wussten Sie, dass ein Apfelbaum durch eine Art Winterdepression gegangen sein muss, um die notwendigen Botenstoffe zu bilden, die ihn zu neuer Blüte treiben?
Und dass beim arabischen Bergstamm der Gebelia, auf 1800 Metern Höhe in den Gärten nahe dem Questgebiet, Mandel- und Aprikosenbäume stehen, weil es dort einen Winter mit Schnee gibt? Und das alles mitten in der Wüste Sinai!

Der Sinaifalke wird in den Bustan schweben und etwas Wasser aus dem Brunnen nippen. Hungrige Wüstenfüchse schleichen um die, gegen wilde Esel mit Dornengestrüpp und Stacheldraht, geschützte Oase.
Nach Essen hungrige Männer kehren von der MännerQuest heim, satt von Abenteuern und Erlebnissen, welche alle Entbehrungen aufwiegen, die sie draußen in der Wüste auf sich nahmen, für sich und für das Wohl einer zukünftigen Männerkultur.
Sie bringen nicht nur einfach nette Abenteuergeschichten jenseits eines theologischen Dogmatismus mit, sondern substantielle und gehaltvolle Bilder ihres inneren Erlebens.
Diese Männer waren die Wüstenspringmaus aus dem alten Indianermärchen der Lakota, die ängstlich über die Prärie rannte und hochschaute zu den dunklen bedrohlichen Schatten der Raubvögel und erkannte, dass sie sich mit ihrem eigenen Schatten, ihrer eigenen dunklen, verborgenen Seite auseinandersetzen musste, wie Jesus, der in der Wüste vom Teufel versucht wurde.

Am Ende folgen besondere Männerprojekte in Deutschland sowie ein Literatur- und Adressenanhang.

Ich hoffe, daß Sie, lieber Leser, aus dem Buch „Wüstlinge. MännerQuest im Sinai" etwas ebenso Kostbares mitnehmen, wie jene Männer aus ihrer Zeit in der Wüste.

Herzlichst
Ihr Reinhold Hermann Schäfer

Hinweise:

Die arabischen Sätze (Begrüßungsfloskeln, etc.) sind zwar in hocharabisch geschrieben, werden aber manchmal in dieser Form nur im Rahmen der Stammestradition der Gebelia und Awlad Said verwandt.
Die Stadt Scharm El Scheich wird manchmal auch Scharm el Sheik geschrieben, ebenso wie das Wort Sheik oder Scheich, da es im Arabischen eine Mischung aus „ch" und „k" gibt.
Ein ähnliches Problem taucht beim arabischen Wort für Berg auf, das manchmal in Lautumschrift Jabal, manchmal Gebel heißt. Ebenso läßt sich Moses als Musa oder Muosa schreiben.
Da die Stämme Tarabin, Muzzeina, Gebelia und Awlad Said das Hocharabisch anders aussprechen kann es vorkommen, daß das gleiche Wort oder die gleiche Floskel im Buch in Lautumschrift anders erscheint. In der Schriftform wurde allerdings ein einheitliches Hocharabisch verwandt.

Das Wort „Kamel" bezeichnet im Sinai das einhöckrige Gebirgsdromedar, nicht das zweihöckrige Trampeltier, das bei uns als Kamel bezeichnet wird. Die Beduinen benutzen gegenüber Touristen für ihr Tragetier allerdings meist das Wort „camel" oder „camelia". Ich benutze abwechselnd den Begriff „Gebirgsdromedar", „Kamel" oder einfach „Lasttier".

Für die Männergruppen aus Deutschland (bzw. der Schweiz und Österreich), die ihre MännerQuest im Sinai machen, verwende ich manchmal den Begriff „Europäer", da dies der Sichtweise der Gebelia und Awlad Said-Beduinen entspricht.

Die Personennamen wurden zum persönlichen Schutz teilweise geändert. Manchmal wurden sie beibehalten. Autobiografische Aussagen über meine Person und spezielle Arbeitsmethoden wurden kursiv gesetzt.

A.
Männerleben im deutschsprachigen Kulturraum

I. Allgemeines

1. Aktuelle Debatte

Männer haben prima Qualitäten und Potentiale!
Das Männliche in der Welt bringt Segen und Heil!
Wenn Sie diese Sätze lesen und in sich langsam nachschwingen lassen, was geschieht dann mit Ihnen?
Werden Sie neugierig?
Lächeln Sie?
Schütteln Sie den Kopf?
Sind Sie irritiert?
Bejahen Sie nur das eine? Verneinen die andere Aussage?
Oder sagen Sie ganz ruhig und ohne Häme, dass das stimmt!
Beides!

Im letzteren Fall gehe ich davon aus, dass wir beide immer noch genug Gesprächsstoff hätten, was diese beiden Aussagen im konkreten Einzelfall für Sie und mich und unsere Gesellschaft bedeuten könnten.
Dieses Buch soll dazu beitragen, dass wir diese Unterhaltung führen können, ohne dass Sie deswegen zu mir oder ich zu Ihnen fahren muss.

Nun wurde aber in vielen Zeitungen und Zeitschriften, im Internet, in Funk und Fernsehen das Gegenteil behauptet.
Es war davon die Rede, dass Männer gewalttätig, zumindest gewaltbereit sind, dass es bald einen „ male youth bulge" (Überschuss an jungen Männern) vor allem aus dem arabischen Kulturraum gäbe, der zu uns herüberzuschwappen drohe. Dass diese Wüstlinge zur gefährlichsten Spezies der Welt gehörten, dass sie irgendwie erzogen werden und an unsere bürgerliche Gesellschaft angepasst werden müssten. Notfalls solle man sie nach Sibirien in ein paramilitärisches Wildniscamp oder zumindest auf einen stillgelegten Bauernhof im Nirgendwo schicken. Zumindest aber die nächste Generation dieser schwierigen männlichen Wesen müsste von klein auf in einem deutschen Kindergarten untergebracht und so besser integriert werden. Koste es was es wolle.

Ich habe aber auch in vielen psychologischen Zeitschriften gelesen, dass der durchschnittliche Mann bei uns eher depressiv sei.
Hier der muskelgepanzerte, testosterongeschwängerte Terminator, dort der schwächelnde, softe Stadtneurotiker?
Was nun?

Auf jeden Fall sind die Männer, welchen Alters auch immer, nicht in Balance. So der allgemeine Tenor.
Ich behaupte aber, dass die meisten Männer prima Qualitäten und Potentiale besitzen und diese auch leben wollen und können – und als langjähriger Coach von Männern habe ich sogar genau diese Erfahrung gemacht.

1.1. Tendenzen

Professor Hollstein, führender Männerforscher aus Berlin, berichtet in einem Interview des Berliner Tagesspiegels:
„Zum Zeitgeist gehört inzwischen, Männlichkeit nur noch mit den negativen Assoziationen von Gewalt, Krieg, Naturzerstörung, sexueller Belästigung und Missbrauch zu verbinden.
Auch einstmals positive Qualitäten von Mannsein werden mittlerweile gesellschaftlich umgedeutet. So wird zum Beispiel aus männlichem Mut Aggressivität.
Die Forschung zu dieser Entwicklung aus dem angloamerikanischen Sprachbereich spricht bereits von einer öffentlichen Verachtung der Männer – parallel zur gezielten Frauenfeindlichkeit.
Dazu beigetragen hat vor allem auch eine radikalfeministische Denunziation des Mannes als bloßer Samenspender.

Männer werden zwar in einer gewissen Öffentlichkeit noch immer als das „starke Geschlecht" wahrgenommen und verstehen sich häufig auch selbst noch so. Doch meist ist in diesem Fall dann das ganze männliche Geschlecht gemeint.

Inzwischen sind Jungen und Männer aber Benachteiligungen ausgesetzt, wo man öffentlich noch immer von ihrer Stärke und Dominanz spricht. Während die Quote weiblicher Erwerbstätigkeit weiter steigt, geht die der Männer stetig zurück. Im deutschsprachigen Raum werden inzwischen proportional mehr Männer arbeitslos als Frauen. In deutschen Großstädten, wie beispielsweise Berlin, gibt es bereits mehr Frauen in sozialversicherungspflichtigen Beschäftigungsverhältnissen als Männer.

In Zukunft wird sich diese Entwicklung noch verstärken.
Ein Grund dafür ist der wachsende Vorsprung von Mädchen in der staatlich angeordneten Bildung. Der Schulerfolg von Mädchen ist inzwischen signifikant höher als der von Jungen, die das Gros an Problemkindern, notorischen Schulschwänzern, Schulversagern, Ausbildungsabbrechern und Frühkriminellen ausmachen.
Wurde aber einst die höhere Arbeitslosigkeit von Frauen als gesamtgesellschaftlicher Skandal bezeichnet, wird nun die höhere Arbeitslosigkeit von Männern als Selbstverständlichkeit genommen; sie ist jedenfalls für die Geschlechter- und Gleichstellungspolitik hierzulande noch kein Thema."[2]

So wie die Finanzierung der Ex-Ehefrau durch Zuwendungen des Ex-Gatten als Vater der Kinder lange kein Thema war, obwohl viele Männer dadurch in den Ruin getrieben wurden, während es sich die Ex-Ehefrauen mit ihrem neuen Partner gut gehen ließen.

1.2. Neuorientierungen

Gott sei Dank scheint es aber, dass in der deutschen Männerbewegung in diesen turbulenten Zeiten rechtzeitig eine Neuorientierung beginnt.
Bisher teilte sich die Männerbewegung in zwei Lager.
Überspitzt gesagt, in die anti-sexistische/Anti-Gewalt Fraktion einerseits, die in doch zu vielen Fällen den Mann als „soft" definierte und daran glaubte, dass der unkontrollierte Mann umerzogen und neu „sozial" konstruiert werden müsse und in die Wilde-Mann-Bewegung andererseits, die sich zu einer ursprünglichen, kraftvollen, individuellen und biologisch geprägten Maskulinität bekannte und der Meinung war, dass der Mann seine Aggressivität ausleben müsse.

Bei der ersten Fraktion blieben die jungen gewaltbereiten, aber auch gewaltgefährdeten Männer mit ihren Testosteronschüben und sprunghaften Vitalitätsattacken auf der Strecke und erblickten nur den moralisch erhobenen, bürgerlich-pädagogischen Zeigefinger.
Damit wurde ein zentrales Moment des Männerlebens, nämlich das Erleben von zielgerichteter Kraft, zwiespältig. Grundsätzlich wurde das „Nach-Vorne-Gehen", das psychisch und körperlich gesehen sowieso riskant ist, mit Gewalt gleichgesetzt.
Bei der Wilde-Mann-Bewegung wurde die positive Grundkraft von Aggression (lateinisch: zielgerichtetes Nach-Vorne-Gehen, Anpacken, Angreifen, Darauf-Zugehen) zu undifferenziert gesehen und zu wenig von allgemeiner Feindseligkeit und Aggressivität unterschieden.

Die starren Fronten haben sich nun etwas aufgelöst.
Während es früher entweder Männer gab, die sich auf die Schulter klopften ohne sich in die Augen zu schauen oder Männer, die sich mit feuchten Augen begegneten, aber zu keinem kräftigen Handschlag mehr fähig waren, dürfen heute diese Gesten schon mal kombiniert werden.

Jeder der sich auf seriöse Weise mit dem Thema „Männer" befasst, weiß inzwischen – und das dürfte nun heutzutage wirklich kein Streitthema mehr sein –, dass der Mann sowohl biologisch-genetisch festgelegt ist als auch über die Jahrhunderte und Jahrtausende hinweg soziokulturell geprägt wurde, aber auch noch geprägt werden kann und weiterhin, je nach kulturellen Standards und Normierungen, lernfähig ist.
Genauso wie Frauen auch.

Wenn man die Existenz von Geschlechterrollen in früheren Zeiten betrachtet, kann man von einer grundlegenden Aufteilung ganzer Lebenssphären sprechen, innerhalb (bzw. außerhalb) derer die Arbeiten verrichtet wurden.
Männer besetzten den außerhäuslichen, außerfamiliären und außerseelischen Bereich (Beherrschung von Natur, Wissensdrang, Ich-Erhöhung, gestaltender Umgang mit der Außenwelt, Aggression, etc.). Frauen wirkten nach „innen", im Haus, in der Familie, sorgten für das Seelenheil (Sensibilität, kommunikativer Ausdruck, nichtvertragliche Kooperation, Verbindung mit dem Anderen, Hingabe, etc.).
Traditionell gesehen war der Mann also gezwungen, mit einem großen Überhang an männlichem Prinzip zu leben. Ein heutiges Männerleben versucht eher, das weibliche Prinzip zu integrieren. Männer kochen und kümmern sich um die Hausarbeit.

„Eine männliche Verbindung nach innen soll die Basis schaffen, aus einer gefestigten männlichen Identität heraus den Herausforderungen durch sich auflösende traditionelle Geschlechterrollen mit Offenheit und Kreativität zu begegnen.
Das heißt, ein Mannsein zu erfinden, das auf starre, von Dominanz und Gewaltbereitschaft geprägte Verhaltensfestlegungen genauso verzichtet, wie darauf sich in Illusionen lammfrommer Zahmheit zu flüchten."*

Früher gab es aus der wechselseitigen Abhängigkeit heraus gegenseitige Achtung und ein hohes Maß an Gleichheit. Geschichtlich gibt es für die Zeit der Jäger und Sammlerinnen Anhaltspunkte für eine weitgehende Trennung der Lebensbereiche und -stile der Geschlechter, bis hin zur Existenz zweier Formen der Intelligenz, die aus den unterschiedlichen Aufgaben erwuchsen, sich aber in nichts nachstanden.
Ähnliches gilt heute noch teilweise für den ländlichen und wüstenartigen arabischen Kulturraum der Beduinen und anderer archaisch lebender Völker.
Es wird sogar vermutet, dass tendenziell alle Frauen „Mütter" und alle Männer „Väter" waren, wobei die Frauen für die Kinder, die Männer für die männlichen Heranwachsenden zuständig waren.
Man geht von einem Machtausgleich aus, der sich aus verschiedenen Verhältnissen zum Leben und zum Tod ergab.
So hatte die Frau die Eigenheit, ohne ihr Zutun zu „bluten" und mit der Gebärfähigkeit zwar Leben schenken zu können, aber gleichzeitig ihr eigenes zu riskieren.
Demgegenüber riskierte der Mann als Jäger sein Leben und vergoss sein Blut manchmal sogar absichtlich in initiatischen Ritualen.
Damit sollte im besten Fall eine Symmetrie zwischen weltlicher Jägermacht und sozusagen überweltlicher Zeugungsmacht der Frau hergestellt werden. Dass es nur einen einseitigen Missbrauch durch die Männer gab, kann nicht nachgewiesen werden.
Nun ändern sich bei uns nicht nur die Rollen der Geschlechter zueinander, sondern auch die Lebensverhältnisse in den Familien, Gemeinschaften und Gemeinden, in Unternehmen und in der Arbeitswelt allgemein in einem Maße und mit einer Geschwindigkeit, mit der viele Menschen kaum noch Schritt halten können.

Besonders Männer und Frauen, die sich selbst kein kulturelles und gemeinschaftliches Umfeld schaffen können, werden in der atomisierten Individual- und Konsumgesellschaft ohne die „alten", wenn auch fragwürdigen, Traditionen von Ehre, Scham und Achtung, die im Familienclan und der Großsippe herrschten und im ländlichen Arabien noch heute bestimmend sind, geschädigt.

Zwar können individuelles Verantwortungsbewusstsein und persönliche Bewusstheit im Westen in zentralem Maße zur Entwicklung von Freiheit und Rechtsmoral in einer Demokratie beitragen, aber der allgemeine gesellschaftliche Grundkonsens und die soziale Würde vieler Menschen gehen trotzdem immer mehr verloren.
Selbst wenn die Politiker einen solchen Grundkonsens mit Appellen und Gesetzen zu schaffen versuchen, fruchtet dies nicht. Die Gesetze sind in ihrer Vielzahl kaum noch durchschaubar. Der Freiheit, aber auch der Willkür, sind keine Grenzen gesetzt.

So liegt eine ausgleichende Gerechtigkeit im Entstehen von Parallelgesellschaften, bzw. Gemeinschaften mit sogenannten Wahlverwandten, mit eigenen kulturellen Werten und Normen innerhalb der Gesamtgesellschaft. Ob dies bedrohlich ist oder nicht, müsste auf längere Sicht genauer untersucht werden.
Staat und Kirche sind auf jeden Falle schon lange nicht mehr alleinbestimmend.

So bilden sich bereits private oder soziale informelle Seilschaften über die zu zerbrechen drohende Ehe und Kleinfamilie[3] sowie über den eigenen Herkunftsclan hinaus, der im Zeitalter der totalen Mobilität in alle Winde zerstreut ist. Dadurch werden neue Verbindungen geschaffen.
Bei den arabischen Immigranten bestehen solche Clans und Sippengebilde traditionell noch immer.

---

[3] In Berlin werden zur Zeit 50 % der Kinder von Alleinerziehenden oder Wohngemeinschaften erzogen.

2. Was brauchen die Männer heute?

„Wir brauchen beides, Seilschaften und Netzwerke“, lautet die Aussage im Fazit des Artikels über Frauenpower und Mentoring-Programme von der Gleichstellungsbeauftragten des Landes Bremen, Ulrike Hauffe, im Weserkurier vom 2. Februar 2007.
Nur die Frauen?
Gendermainstreaming-Programme sind „in“, aber oft nur im klassischen Sinn von Frauenförderung.
„Gender“ bedeutet aber Geschlechterrolle allgemein und ist so nicht nur auf die Frau bezogen. Männlichkeit steht aber, wie schon Professor Hollstein verkündete, am öffentlichen Pranger. Doch es kommt sogar noch schlimmer:
Rene Pfister schreibt im Spiegel vom 30. Dezember 2006:
„Im Rahmen eines Gendermainstreaming-Programms spielten Mitarbeiter des Dissensvereins mit Jungs in Berlin-Marzahn einen Vorurteilswettbewerb, an dessen Ende die Erkenntnis stehen sollte, dass sich Männer und Frauen viel weniger unterscheiden als gedacht. Es entspann sich eine heftige Debatte, ob Mädchen im Stehen pinkeln und Jungs Gefühle zeigen können, Sätze flogen hin und her. Am Ende warfen die beiden Dissens-Leute einem besonders selbstbewussten Jungen vor, „dass er eine Scheide habe und nur so tue, als sei er ein Junge“, so steht es im Protokoll.
Einem Teenager die Existenz des Geschlechtsteils abzusprechen, ist ein ziemlich verwirrender Anwurf, aber das nahmen die Dissens-Leute in Kauf, ihnen ging es um die ‚Zerstörung von Identitäten‘, wie sie schreiben. Das Ziel einer ‚nichtidentitären Jungenarbeit‘ sei nicht der andere Junge, sondern gar kein Junge“.[28]

Die Frage dabei ist, ob der Staat sich darum bemüht, Benachteiligungen mit gezielter Förderung zu beseitigen – oder ob er sich herausnimmt, neue Rollenbilder für die Menschen zu entwickeln und dabei schon Jugendliche in den Dienst eines sozialpädagogischen Projekts stellt, das auf einer zweifelhaften theoretischen Grundlage steht.

Der amerikanische Mediziner John Money war einer der Ersten, die wissenschaftlich zu beweisen versuchten, dass Geschlecht nur erlernt ist, er war einer der Pioniere der Gender-Theorie.
Money ging bei seiner Forschung nicht zimperlich vor: Im Jahre 1967 unterzog er den knapp zwei Jahre alten Jungen, Bruce Reimer, einer Geschlechtsumwandlung; dessen Penis war zuvor bei einer Beschneidung verstümmelt worden. Schon bald zeigte sich, dass sich die Realität nicht Moneys Theorie beugen wollte. Schon als kleines Kind riss sich Brenda, wie Bruce nun hieß, die Kleider vom Leib, um Mädchenspielzeug machte sie einen weiten Bogen. Als Brenda mit 14 erfuhr, dass sie als Junge auf die Welt gekommen war, ließ sie die Geschlechtsumwandlung rückgängig machen. Im Frühjahr 2004 erschoss sich Bruce Reimer mit einer Schrotflinte.[4]

Noch heute führt jede neue Studie über die Gründe für das unterschiedliche Verhalten der Geschlechter zu heftigen Debatten.
Das liegt vor allem daran, dass es auch eine politische Frage ist, ob Natur oder Kultur den Menschen zu Mann oder Frau macht. Würden Gene und Hormone das Verhalten der Menschen steuern wie eine Fernbedienung, dann könnten es Gegner einer echten Gleichstellung der Geschlechter zu einer Art Naturgesetz erklären, dass Frauen ihr Leben in Sorge um Kind und Heim verbringen müssen.
Das erklärt wiederum, warum viele Feministinnen und Gender-Theoretiker so vehement bestreiten, dass es überhaupt einen Unterschied gibt zwischen Mann und Frau außer Penis und Vagina.
Sie fürchten, dass alles andere als Rechtfertigung benutzt wird, um Frauen Rechte und Lebenschancen vorzuenthalten.
Und deswegen schließen sich die Frauen zusammen.

2.1. Netzwerke und Gemeinschaften

Nun gab es Zusammenschlüsse zu allen Zeiten in den verschiedenen Gesellschaften:
In der sogenannten Unterschicht in Form von Gangs, in sozialen Hilfsnetzwerken in der Arbeiterschaft, in den verschiedenen Gewerkschaftssektionen, in den Pressuregroups des Mittelstandes, wie Rotarier-, Lionsclubs, ect. und in den informellen Bünden der Topschicht sowieso. In Landfrauenverbänden oder Existenzgründungs- und Mentorenvereinigungen der Frauen, Grandmother-Societies der nordamerkanischen Naturvölker mit ihrem enormen Heilwissen, aber auch in den matriachalen Großmuttergesellschaften der afrikanischen Völker.

Das Thema Männervereinigung oder Seilschaft allerdings war in den letzten Jahrzehnten mit ihrer Tendenz zur Männerverachtung eher ein negativ belastetes Thema in der Presse. Vermutlich bestand immer noch der Generalverdacht der Männerbündelei.
In der Männerbewegung selbst wurde allgemein der Begriff „Männernetzwerk“ oder einfach „Männergruppe“ benutzt.

Nun wird aber der Druck auf die Männer, vor allem auf junge Männer und Jungen immer größer. Diese Männer erleben die staatlichen und halbstaatlichen Erziehungseinrichtungen mit all den Lehrerinnen, Erzieherinnen, Psychologinnen und Sozialarbeiterinnen als Fortsetzung der häuslichen Mutter-Dominanz. In Kindergärten, Horten, Ganztagseinrichtungen, Schulen und Beratungsinstanzen stoßen sie ständig auf weibliche Verhaltensmuster und Grenzsetzungen. In ihrer kraftvollen Motorik und Renitenz widersetzen sie sich dann häufig den Erziehungseinrichtungen, die sie als weibliche Bastionen wahrnehmen.
Dieser Widerstand wurde, insbesondere auf feministischer Seite, nie verstanden und fälschlicherweise als männliches Dominanzverhalten gedeutet.

So wird zur Gewalt gegriffen, wo eigentlich Unsicherheit herrscht. Und die gegenwärtig erwachsenen Männer mit ihrem mangelnden Grundverständnis, was positiv geladene Aggression und Männlichkeit sein könnte, sind natürlich auch nicht hilfreich.
Eine Folge ist, dass Jungen und Jugendliche sich heimlich an Zerrbildern männlicher Stärke aus Fernsehen, Film und Videos orientieren, um ihre tatsächliche Unsicherheit zu verbergen.
Sie flüchten in virtuelle Welten.
Dort wird in der Identifikation mit Kunstfiguren kompensiert, was in der realen Welt von Familie, Schule und Ausbildung nicht mehr an tatsächlicher Befriedigung erreicht werden kann.
Versager in der Wirklichkeit, Held in der Fantasie.
Beides wird im Cyber-Mobbing an Lehrern und Lehrerinnen gefährlich gemischt. So werden Autoritätspersonen in intimen Situationen mit Handykameras gefilmt, und diese Filme dann öffentlich im Internet zur Schau gestellt. Eine qualitativ positive Aggression des Männlichen pervertiert sich hier zu einer besonderen Form verdrehter Aggressivität als Zeichen nicht verarbeiteter bzw. ungeschulter Triebkraft.

Sozialpolitisch, sozialpädagogisch und vor allem gleichstellungspolitisch, ist das männliche Geschlecht heute in Deutschland das vernachlässigte Geschlecht.
Es fehlt, vor allem für junge Männer, ein ihnen gemäßes Angebot an Unterstützungsmaßnahmen und männlicher Identitätsklärung, das weder im sibirischen Wildniscamp liegt, noch in der weiter andauernden soften und manipulierenden Übermutterung einer pädagogischen Anstalt.
Junge Männer brauchen zur Selbstverwirklichung Möglichkeiten, die Kraft und Vitalität positiv anerkennen, genauso wie ein schulisch-soziales, leistungsförderndes Anpassungskonzept.

Aber haben die erwachsenen Männer mit ihrer devoten Haltung, die von den Frauen meistens sogar eher verachtet wird, nicht selbst diese Atmosphäre im deutschsprachigen Kulturraum erzeug t?

Sind die Männer nicht zu misstrauisch gegenüber sich selbst?

Warum machen sich so viele selbst zu verunsicherten Sündenböcken?

Haben sie sich nicht bereits selbst in eine Art innere Wüste geschickt?

2.2. Männerkultur

Europa entwickelt sich rasant von einer Industriegesellschaft zu einer Medien-, Dienstleistungs- und Kommunikationsgesellschaft. In ihr erobern sich Stück für Stück die Frauen Macht- und Einflussbereiche.

Der Bergbau wird im Jahr 2018 endgültig beendet sein. Männlich-muskuläre Kraft wird erst mal nur noch im Straßenbau und einigen wenigen anderen Bereichen benötigt.
Wann aber werden diese Bereiche ebenfalls durch High-Tech-Maschinerie ersetzt?
Auch die Biobäuerin kann heutzutage alle Geräte und Fahrzeuge bedienen. Zum Heuwenden ist dann vielleicht schon mal ein Mann gefragt und bei anderen schönen Dingen des Lebens auch.
Aber sonst?
Frauen können genauso gut einen Düsenjet fliegen wie ein Mann.
Werden Frauen auch bei uns in der kämpfenden Truppe eingesetzt wie in anderen Ländern?
Noch hat das Bundesverfassungsgericht diese Frage anlässlich der Klage eines Kriegsdienstverweigeres, der die Freistellung vom Wehrdienst mit der Gleichbehandlung in bezug auf Frauen einreichte, verneint. Begründung: Kriegsdienst in Kampftruppen an der Front entspräche nicht den kulturellen Normen und Traditionen von Frauen.
Dürfen Männer also nur noch bei den Kampftruppen voll und ganz Männer sein?

Das alles fordert Männer auf, endlich selbst mehr für die eigene Identität und das Mannsein heute einzustehen. Sie müssen ihre eigene neue Männerkultur aufbauen.

In seinem Identitätskonzept geht der Soziologe Lothar Krappmann davon aus... „dass das Individuum nur in sozialen Beziehungen ein Selbst aufbauen bzw. Identität gewinnen kann und sich nicht nur passiv an die Gesellschaft anpasst.
Der Einzelne muss seine Handlungen und seine Identität ständig neu ausbalancieren und neu stabilisieren; er wird als sinnsuchend, sinnschaffend und sinnverwirklichend in einer Welt aufgefasst, in der alle Gegenstände, Strukturen, Personen und Verhaltensweisen durch gemeinsame Interpretationen neue Bedeutung erlangen."[5]
Das Individuum kann das nicht alleine leisten, weil es den Bezugsrahmen verliert.
Einfacher formuliert: Männer werden es also nicht alleine zu Hause oder als Einzelgänger im Studierkämmerlein schaffen, zu klären, was sie sollen, wollen und brauchen.

Die Männer selbst müssen im Rahmen der gesellschaftlichen Entwicklung adäquate Männergruppen und Männerkulturen erschaffen, die miteinander konkurrieren und wetteifern, aber dennoch gleichwertig nebeneinander stehen.
Wer, in einer Gesellschaft der großen Freiheit und Individualisierung, wird darüber richten wollen oder können?

Ein erster Schritt hin zu einer neuen Männerkultur könnte darin bestehen, dass Männer aufmerksam sind und – wie Professor Hollstein – Fehler in der Gleichstellungspolitik aufgreifen und veröffentlichen.
Oder die verschiedenen Gruppierungen der Männerbewegung könnten sich mehr austauschen und aufhören, sich mit Misstrauen zu beobachten.
Man könnte zum Beispiel den pauschalen Begriff des „abwesenden Vaters" genauer betrachten, selbst wenn dieser Begriff vom Nestor der Wilde-Mann-Bewegung Robert Bly kommt, dem Robert Bly, der mit seinem Buch „Der Eisenhans" so wichtige Erkenntnisse über männliche Entwicklung formulierte.

Die traditionellen Männer haben üblicherweise immerhin im wahrsten Sinn des Wortes die „ Kohle" nach Hause gebracht und die Familie so zumindest indirekt am Leben erhalten. Sie waren zwar physisch nicht den ganzen Tag zu Haus (wie sollte das auch gehen), aber sie waren nicht abwesend, sondern indirekt anwesend.

Männer werden und wurden als „abwesend" beschrieben, aber was die jungen Männer aus der Türkei oder Nordafrika betrifft, haben die erwachsenen Männer doch wieder Vorbildfunktion. Diese gehen zumeist in der Fabrik arbeiten und sind da.
Was stimmt nun?
Anwesend oder abwesend?
Wie kann es weitergehen?

„Ernsthafte Männerkultur ist alles andere als eine vorhersehbare und leicht arrangierbare Sache. „Labor" im Wortsinne ist nötig, also Tiefenarbeit. Wenn eine bildungsgerechte neue Balance zwischen Erwerbs- und Familienarbeit gefunden ist, bleiben die tieferen Fragen immer noch offen.
Diese aber lauten elementar: Was macht einen Mann aus und was eine Frau?
Eine Balance ist zu finden zwischen dem Vorfindbaren und Formbaren. Und diese Balance ist nicht nur geschlechterpolitisch durch einseitige Gender-Mainstreaming-Programme zu erreichen, sondern braucht einen Raum tänzerischer Freiheit und mutigen Experiments.
Die Lösung wird dann nicht die vordergründige Annäherung der weiblichen und männlichen Lernfelder sein. Vielleicht wird sich später ein neues Miteinander herausbilden, in dem vom Ansatz her Frauen und Männer zunächst fremd und befremdlich sind, sie lernen, ganze Männer und ganze Frauen zu werden, um dann verhandelnd in ein spannungsgeladenes Miteinander zu treten. Ziel wäre, anders zu sein und doch ein Verhältnis zu haben, weil das Fremde in einem selbst wohnt."[5]

Hat aber die Frauenemanzipation nicht tatsächlich auch das Thema um die subtile Macht des Weiblichen vernachlässigt?
Ein Familientherapeut sagte mir schon vor Jahren, als ich ihn auf das Thema der Macht und Gewalt bei Männern ansprach, dass zu ihm nur „sogenannte Muttersöhnchen kämen, die ein Gewaltthema zu laufen hätten".

Und Robert Bly, damit sei seine „Ehre“ wieder hergestellt, sagte auf einem Vortrag: „Nur ein naiver Mann ist stolz, die Schmerzen anderer zu übernehmen. Besonders gern übernimmt er die Schmerzen der Frau. Oft ist ihm der Schmerz der Frauen näher als sein eigener.“

Wann fangen die Männer endlich an, ihre eigene neue Männerkultur zu bilden?
Oder müssen sie erst noch den Kakao trinken, durch den man sie öffentlich oder nicht-öffentlich zieht?
Wann gibt es das erste wirklich breitgestreute, ernstzunehmende, größere Männermagazin neben den kleinen Switchboard-Heftchen, die auf dem riesigen Medienmarkt einfach zu wenig Gewicht haben?
Was sollen die Männer in der heutigen Zeit und was brauchen sie?

2.3. Aggression und Hingabe

Ein Großteil der Männer hat immer noch ein grundsätzliches Problem: Macho oder Memme! Muskelgepanzerter und testosteron-geschwängerter Bodybuilder oder softer Stadtneurotiker und Hänfling.
Dies gilt nicht nur für den Blick der Frau auf den Mann, sondern erstaunlicherweise auch für den Blick der Männer auf sich selbst. Vergleichsweise könnte das Thema, auf Frauen bezogen, auch heissen „aggressive Zicke oder liebliches Weibchen“.
Aber in diesem Buch geht es nun mal um Männer.

Auf der Bühne des Männerlebens gibt es den Macho, ob sympathisch oder nicht, der vor Kraft und vor allem Muskelkraft und Körperspannung strotzt, aber trotzdem nicht gut lebt und dem Leben nicht zugewandt ist. Und es gibt die Memme oder den Softie, der zwar lebendig ist, auch herzlich, ängstlich, zärtlich und hingebungsvoll, jedoch ohne Profil, ohne Ecken und Kanten, weich, soft eben, ohne Mut und vor allem ohne vorwärts gerichtete, gesunde Aggression und Zielorientierung, so dass man(n) oder frau doch eher gelangweilt ist. Er ist so sensibel und vergeistigt und auch noch gutmütig, dass er nur schwer zu ertragen ist.
Wo bleibt seine Vitalkraft?

Es taucht also die Frage auf:
Wie können Männer den gesellschaftlich geforderten Spagat zwischen Durchsetzungskraft, Zielorientierung und Kraft einerseits und Hingabe und Sensibilität andererseits schaffen.
Den Tanz zwischen Feuer und Wasser!?

Wie können sie diesen schwierigen Tanz schaffen, ohne zum sprichwörtlichen Feuerwasser, dem Alkohol, oder anderen „Brückenbauern“, sprich Suchtmitteln, zu greifen?

Die Verschmelzung von Tugenden des traditionellen Mannes mit denen des modernen Mannes ist nicht einfach.
Es geht dabei nicht um Memme oder Macho, sondern um die Verbindung qualitativ positiver Aggression und Zielgerichtetheit mit Begrenzung und offener Hingabe an die Vielfalt des Lebens.
Hingabe bedeutet in diesem Fall nicht nur erotisch-sexuelle Hingabe, sondern liebevolles Verströmen, ohne sich auszuliefern oder die Selbstverantwortung abzugeben.
Es geht um das „Und–Und“, nicht um das „Entweder–Oder“ der oben genannten widersprüchlichen Qualitäten.

Moderne Männer müssen ihr eigenes Schicksal unterlaufen und den schmerzlichen Weg eines sogenannten zweiten Geborenwerdens gehen.
Eine Reise in das Herz des Mannes, das nicht nur kindlich-rosarot und gefühlvoll ist - wie es manche Frauen fordern –, sondern dunkelrot, kraftvoll und sich zu seinen Schattenseiten bekennt.
Und deswegen müssen sich die Männer ihr Inneres und Äußeres genau anschauen, ohne sich durch zynische Kommentare beeinflussen zu lassen.
Das ist wahre Stärke.

Die eigene Unzufriedenheit und Angst in ihrem Herzen sehen. Zurückblicken bis dahin, wo sie andere verletzt haben oder selbst verletzt worden sind.
Bis dahin, wo sie als Männer aus dem Gleichgewicht geraten sind.

Wer nur einen Teil seines Ichs anschauen will, erweist sich keinen Dienst, zahlt im Gegenteil einen hohen Preis. Es gibt viele Männer, die ihre Schwächen gut kaschieren, aber auch andere, die sich vor der Verantwortung für sich selbst und für die eigene Kraft drücken und im Mainstream mitschwimmen, besonders, wenn er fortschrittlich als „Weichspüler“ daherkommt.
Wer sich als Mann mit seinen Qualitäten und Potentialen offenbart, klärt sich, wächst und wird weise. Ebenso wie derjenige, der seine Angst überwindet, einmal kurz und angemessen seine Wut zeigt und sich auf diese Weise abgrenzt.

Es muss eine Brücke zwischen zielgerichtetem Vorwärtsstreben (phallisch-männliches Prinzip) und hingebungsvollem Verströmen (weibliches Prinzip) gebaut werden.
Übertriebene Selbstbeschuldigungen, wie es sie immer noch in einigen Männergruppen gibt, sind nicht förderlich.

Die Männer, die ihren eigenen Schmerz kennen und versuchen, die Brücke zwischen Sanftheit und Härte zu begehen, werden wieder natürlich und stolz. Es geht um die

Ganz-Werdung des Mannes, um die Erweiterung seiner Qualitäten, die bei jedem anders aussieht.

Der eine muss eher angetrieben werden, der andere braucht Offenheit und Geduld.
Es geht eben, wie bereits gesagt, um das „Und – Und", nicht um das alte Prinzip „Entweder – Oder".

2.4. Die zwei Reisen des Mannes

Richard Rohr, Franziskanerpater und Männerberater, beschreibt diesen Prozess in seinen Büchern und Vorträgen als die zwei Reisen des Mannes.
In seiner Nachfolge sind in den letzten Jahrzehnten erstaunliche Veränderungen eingetreten. Eine Reihe von Männern begann, aufzubrechen, um aus einem alten, nur durch das sogenannte „Männliche Prinzip" genormten, Muster auszubrechen:
„Ich nenne dies die ‚Reise ins Weibliche'. Nie zuvor – außer vielleicht im Zeitalter der Romantik – haben sich so viele Männer erlaubt, endlich Gefühle zu haben und zu zeigen. Es ist jetzt möglich, sensibel zu sein. In Filmen kann man das sehen. John Wayne ist nicht mehr das einzige Männlichkeitsideal. Man muss seine Männlichkeit nicht mehr permanent zur Schau stellen. Viele Frauen wünschen sich einen Mann, der sie versteht, der auch weich und schwach sein kann, mit dem sie reden können. Das ist eine große neue Freiheit. Ich nenne das die Reise des Jüngers Johannes. Der Jünger Johannes ist sich seiner Männlichkeit so sicher, dass er es sich leisten kann, seinen Kopf auf die Brust Jesu zu legen – inmitten der Gruppe von zwölf Jüngern, die auch alle Männer sind.
....Weil bei uns die erste Reise erlaubt war und gefordert wurde, haben sich viele der jungen Männer zu warmen, lieben, sensiblen, entwickelt – Gott sei Dank"! [6]

Aber irgendetwas fehlte ihnen.

Sie hatten alle diese Fähigkeiten „integriert", aber sie hatten eigentlich keine Lebensziele mehr. Irgendwie fehlte es an vorwärtsdrängender Energie, an Entschlossenheit und Autorität.
Es ist wunderschön, wenn 18jährige Knaben herumsitzen, Gitarre spielen und Lieder über Jesus und ihre Angebetete singen. Aber wenn sie das mit 28 Jahren immer noch machen und immer noch darauf warten, dass ihnen ein anderer sagt, was sie tun sollen – dann ist das ganz sicher nicht der Weisheit letzter Schluss!

Nach der Reise ins „Weibliche" – und ohne das, was wir dort gelernt haben, wieder aufzugeben! – müssen wir uns wieder auf den Weg machen in die „tiefe" Männlichkeit. Das nenne ich die Reise des Täufers Johannes.

„Die Reise des Täufers ist ein einsamer Weg.
Allein in der Wüste, außerhalb der Gesellschaft. Wenn man zu sehr darauf angewiesen ist, allen zu gefallen, harmonisch zu leben, von allen gestreichelt zu werden – dann wird man nie ein „Täufer Johannes".
Er isst nicht die Speisen der Gesellschaft, sondern Heuschrecken und wilden Honig, die Nahrung der Ausgestoßenen, der Randgruppen. Er trägt nicht die gängige Mode, wie sie in Jerusalem „in" ist. Sein Kleid ist aus Kamelhaar.
Er ist ein „wilder Mann".
Dieser oft falsch verstandene Begriff zwingt einen, sich mit dieser männlichen Energie auseinander zu setzen." [7]

Auch die Angst vor der wilden Seite Gottes entspringt wahrscheinlich der Angst vor der wilden, echten und göttlichen Seite unseres eigenen Selbst. Wir könnten diesen Teil Passion nennen. In diesem Wort steckt beides: Leiden und Leidenschaft!

Die zweite Reise unterscheidet sich in mancher Hinsicht von der ersten. Wichtig aber bleibt: Man darf dabei nicht aufgeben oder verlieren, was bei der ersten Reise gewonnen wurde.

Etwas Ähnliches gab es übrigens auch bei den Frauen. Betty Fredan, eine Feministin, sagte in ihrem Buch „Der zweite Schritt": „Wir Frauen haben begonnen, die „Reise ins Männliche" zu machen. Jetzt gibt es viele starke selbstbewusste Frauen, die entschlossen und zielbewusst sind. Das ist großartig. Aber irgendwie kann das auch nicht alles sein." [8]

Es wird irgendwann ein zweites Stadium geben, ohne die wirtschaftlich-politische Durchsetzungskraft der Frauen zu vernachlässigen, eine neue spannende Kooperation mit dem Männlichen.

John Bellichi, bekannter Männertrainer in den 90er Jahren, sprach davon, dass der nach innen gerichtete Magnetismus des weiblichen Prinzips eventuell stärker sei als die nach außen orientierte Dynamik des Männlichen, der Sog des Meeres stärker als die Flut.

3. Persönliche Erfahrungen des Autors

Obwohl gerade noch junger 68er Revoluzzer, wurde ich 1970 mit 20 Jahren Funkoffizier bei den Gebirgsjägern der Bundeswehr. Wie viele junge Männer wollte ich ein Held werden und ein guter Krieger.

Dann ging ich 1971 zum Studium an die Hochschule der Künste und Gesamthochschule Berlin und wurde Schauspieler beim bekannten Kindertheater „Rote Grütze". Gleichzeitig verkehrte ich in linken Diskutierzirkeln. Schon konfrontierte ich andere Männer unbewusst mit meinem doppelten Gesicht und den in mir manchmal widerstreitenden Kräften und Möglichkeiten, Qualitäten und Potentialen. Dem Macho und dem Softie.
Ich spürte ja diese unklare Spannung in mir und war sehr unsicher, was ich allerdings zu verbergen suchte.

Vorher war ich Soldat gewesen, aber jetzt befasste ich mich mit sozialistischer Theorie. Noch schlimmer, ich begann Kindertheater zu spielen. Meine Zeit als Offizier konnte noch als „Marsch durch die Institutionen" interpretiert werden, also dem Versuch, staatliche Institutionen von innen her zu unterwandern, aber Kindertheater?

Gerade die mich umgebenden Männer hatten enorme Schwierigkeiten, dies zu verstehen. Ich selbst spürte die weiche und sensible, aber auch kraftvoll klare und manchmal harte Seite, die unterschiedlichen Seiten des Mannes in mir, die nicht miteinander harmonierten.

Ich war der softe Liebhaber, damals in einer Wohngemeinschaft lebend. Gutes Essen, schöner Sex, viel Sex.
Die 68er, die 70er Jahre.
Zeit des sexuellen Aufbruchs, vor allem für die Frauen.
Ich war ein schüchterner Hänfling vom Lande in der Großstadt Berlin. Die Frauen „emanzipierten" mich. So glaubte ich damals wenigstens.

Während des Studiums fuhr ich nachts Taxi, da lernte ich plötzlich die andere Seite des Lebens kennen. Jenseits der Universität.
Ich erlebte gewalttätige Männer, aber auch gewalttätige Nutten, die, voller Gift und Galle, betrunkene Freier zusammenschlugen und ausraubten. Auch sie konnten wüst und wild sein.
Gewalt war nicht nur das Privileg der Männer. Ich rutschte selbst immer mehr ab und landete in der Gosse. Ich hatte trotz Bundeswehr nicht den wirklich „inneren" Krieger und Kämpfer entwickelt, der auch mal „Nein" sagen konnte.
Es war die Zeit der magischen Träume und des ersten Versuchs der Ekstase, aber auch der Abstürze.

Ekstase leitet sich aus dem Altgriechischen ab und bedeutet soviel wie „aus dem Ich hinaustreten". Ich suchte genau diese Losgelöstheit und Selbstvergessenheit, geriet dabei aber immer mehr in eine verstärkte Alkoholabhängigkeit.
Erst 1988 konnte ich, nach einer Zeit der furchtbaren Depressionen und Halluzinationen, kapitulieren. Ich war ich an dem Punkt angelangt, wo ich mich fragte: „Was bleibt, wenn nichts mehr bleibt?"

Erst in tiefster Depression fand ich den roten Faden aus der Sucht. Jetzt half keine männliche Diszipin, Ich-Stärke und wichtigtuerisches Gehabe. Ich musste meine Lektion lernen, mich öffnen und wirklich zeigen. Nicht im Theater, sondern auf der ernsten Bühne des Männerlebens.

Ich tauchte in eine Selbsthilfegemeinschaft ein, die mein Erwachen aus dem Dämmerzustand des Alkoholikers ermöglichte.
Ich begegnete dort anderen Gefallenen des Alkoholkrieges. Männer, die auch aus einem Krieg kamen, der nicht zu gewinnen war.
Ich erlebte buchstäblich eine zweite Geburt.

Diese „magische Zeit" hatte mich aber auch etwas sehr Wichtiges gelehrt: Schau nach Innen, nicht nur nach Außen zu Leistung, Willen und Macht.

Ich beendete meine Karriere als Schauspieler.
Ich war einer der Männer, die sich sogar im Licht der Scheinwerfer verstecken konnten, wurde Bewährungshelfer und Mentor für junge Straffällige. Dann Spezialcoach für Männer. Geschäftsleute, Selbstständige, Ärzte, Psychotherapeuten, Techniker, Künstler, Lehrer, junge Führungskräfte aus der Computerbranche gehörten zu meiner Klientel.

Ich wurde ruhiger und gewann einen gewissen Überblick über mein Leben. Auch der finanzielle Bereich stabilisierte sich. Ich lernte die Qualitäten kennen, die ich heute als königlich benennen würde.

Eine Art der „Einweihung" in dieses König-Sein hatte ich an meinem 49. Geburtstag fast nebenbei erhalten. Mein großer Freundeskreis, Männer und Frauen, beschenkte mich mit so vielen materiellen und immateriellen Gaben, dass ich Mühe hatte, diese alle anzunehmen.
Ich spürte, dass ich noch gar keinen inneren Behälter, (in der Männerarbeit wird dies „Containment" genannt), für diese große Zuwendung hatte.
Bisher hatte ich mich immer an meinen Defiziten und meinem Mangel in vielen Lebensbereichen orientiert. Das Leiden war komfortabler gewesen als die Lösung.
Jetzt merkte ich: Es ist genug da. Ich muss nur wahrnehmen, was in meinem „Königreich" existiert.

Mein abwechslungsreiches Leben als Schauspieler, Regisseur und Männertrainer verlief also ziemlich analog zu einer klassischen Heldenreise durch die vier Grundarchetypen und Grundmuster männlicher Entwicklung:

- *Krieger/Kämpfer*
- *Liebhaber*
- *Magier*
- *König*

Archetypen, wie sie seit vielen Jahren von den Männerforschern und Mentoren der Männerbewegung, Robert Moore, Dougles Gilette, Steven Biddulph oder von dem Autor Sam Keen und dem Zen-Mönch Gregory Campbell beschrieben werden.

4. Die vier Grundmuster/Archetypen

Diese vier Archetypen bieten ein einfaches und dennoch differenziertes Modell männlicher Kultur und männlicher Orientierungsmöglichkeiten, weil Männer heute immer noch sehr unbewusst auf die Welt der Frau reagieren und folglich keine wirklich eigene, männliche Selbstwahrnehmung ausbilden können.

Um die eigenen, individuellen und kollektiven Potenziale neu und freiwillig zu ergründen, brauchen Männer aber einen freien Raum und zuerst eine deutlich männlich-energetische Ausrichtung.
Ebenso wie Frauen zuerst eine eigene weibliche Ausrichtung brauchen. Dann erst können sich beide Geschlechter in einem eigenen, ihnen gemäßen lebensvitalen Prozess und spannungsgeladenen Raum neu begegnen.

Auf körperlicher, emotionaler und geistiger Ebene geben die vier männlichen Archetypen eine Orientierung, die zu Reifung und Erwachsensein führen kann.

- Die Qualität des inneren Kriegers:
  Durchsetzungskraft und Entscheidungswille.
  Die Fähigkeit zu vorwärtsstrebendem, aggressivem, aber nicht gewalttätigem Handeln.

- Die Qualität des Liebhabers:
  Verbundenheit, Kontakt.
  Die Fähigkeit zu Sinnlichkeit, Lebensfreude und Leidenschaft.

- Die Qualität des Magiers:
  Meditation und Innenschau. Er blickt in das Wesen der Dinge.
  Hat Zugang zu verborgenem Wissen, zur Einweihung und Initiation des Mannes.

- Die Qualität des Königs:
  Verantwortung und Status in der Welt.
  Der gute Vater hat die Fähigkeit zu gerechtem Ordnen. Er liebt die Klarheit.

4.1. Kosmologie und Selbsttest

Die vier Archetypen kann man auch als männliches Medizinrad sehen, als handhabbares, kosmologisches Modell männlicher Identitätsentwicklung.
Dazu ordnet man den König dem Norden und dem Winter zu, den Krieger dem Osten und dem Frühjahr, den Liebhaber dem Süden und dem Sommer und den Magier dem Westen und dem Herbst. Erweitert wird dieses Modell durch die Beistellung der vier Elemente in obiger Reihenfolge: Luft, Feuer, Wasser, Erde.... und so weiter.

Probieren Sie den Selbsttest!
Es geht um Ihren Ist-Zustand, lieber Leser!
Wenn Sie in jedem der Sechserblöcke vier Aussagen bejahen können, sind bei Ihnen die männlichen Kräfte zur Zeit ausbalanciert.
Geklärt ist dann allerdings noch nicht, ob sie in einer sinnvollen Dynamik zueinander stehen.Wenn Ihnen das Ausfüllen des Testes zuviel Spontanität abverlangt, lesen Sie einfach weiter und füllen den Test später aus!

König

Norden, Winter, kristallklare Luft, Vernunft, Vaterprinzip, Verantwortung, Ordnen, Würde, Farbe Weiß

☐ Wenn Menschen es wollen, kann ich ihnen sagen, wo es meiner Meinung nach lang geht
☐ Ich behalte den Überblick über mein Land (Familie, Finanzen, Beruf)
☐ Ich kann streng und liebevoll sein
☐ Ich mache menschliche und materielle Ressourcen in meiner Umgebung nutzbar
☐ Ich kann die Fähigkeiten von Menschen gut mit den zu erledigenden Aufgaben in Übereinstimmung bringen
☐ Ich versuche Situationen zu meinem Wohl und dem Wohl aller zu ordnen

Krieger

Osten, Frühling, Feuer, Durchsetzungskraft, Entscheidung, Disziplin, Mut, Zielorientierung, Farbe Gelb

☐ Ich habe zwar Angst, aber ich tue, was getan werden muss
☐ Ich bin mutig und bereit, persönliche Risiken auf mich zu nehmen
☐ Ich erreiche meine Ziele durch vorwärtsgerichtete Strebsamkeit
☐ Ich biete beleidigenden Menschen die Stirn
☐ Der Schlüssel zum Erfolg ist ein klares Profil
☐ Entscheidungen zu treffen, macht mir Spaß

Liebhaber

Süden, Sommer, Wasser, Gefühle, Beziehung, Kontakt, Nähe, Sinnlichkeit, Farbe Rot

☐ Die Sinnlichkeit des Liebhabers entsteht durch Beziehungsfähigkeit und Hingabe
☐ Ich bin ein sinnlicher und erotischer Mann
☐ Besser man hat geliebt und verloren als nie geliebt
☐ Ich berühre gerne andere Menschen
☐ Ich finde Erfüllung in Beziehungen
☐ Ich genieße die körperliche Verbundenheit mit den Menschen
☐ Ich gehe dem Leben mit offenen Armen entgegen

Magier

Westen, Herbst, Erde, Intuition, Innenschau, Gelassenheit, Ruhe, untergehende Sonne, Farbe Schwarz

☐ Wenn ich selbst wachse, kann ich zum Wachstum anderer beitragen
☐ Wenn ich meine geistige Haltung ändere, ändern sich meine Handlungen
☐ Meine Anwesenheit beeinflusst andere Menschen
☐ Ich glaube, dass alles auf der Welt miteinander verbunden ist
☐ In schwierigen Situationen bleibe ich gelassen
☐ Ich akzeptiere etwas Größeres als mich selbst

4.2. Schattendynamik und Integration archetypischer Gegensätze

Zu beachten gilt aber, dass diese Archetypen auch die entsprechenden passiven und aktiven Schattenseiten (verborgene und verbogene Eigenheiten) beinhalten:

- Der König kann zum Tyrannen (aktiv) oder zum Verantwortungslosen (passiv) werden.
- Der Liebhaber kann zum Süchtigen (aktiv) oder zum Gefühlskalten (passiv) werden.
- Der Krieger kann zum Killer oder blinden Kollektivsoldaten werden, wie im Faschimus (aktiv) oder zum Masochisten (passiv).
- Der Magier kann zum Manipulator (aktiv) oder zum Ahnungslosen (passiv) werden.

Man geht davon aus, dass nicht bewusst gelebte und geformte archetypischen Kräfte des Mannes gerade dann besonders aktiv werden, wenn er sie nicht kennt. Dann entfalten sie im „Untergrund“ ein unkontrolliertes Eigenleben.

Wer kennt sie nicht, die ehemals idealistischen Wehrdienstverweigerer, die besonders zynisch wurden aus Verbitterung über die schlecht geführten sozialen Einrichtungen, in denen sie ihren aufopferungsvollen Dienst taten.
Oder die nach Symbiose drängenden, romanzensüchtigen Männer und ewigen Jünglinge, die 60 Jahre alt sind und kein Stückchen weise.
Die kalten Tyrannen, die nicht wirklich ihre Mitarbeiter führen können.
Die Manipulatoren der Medien, die Informationen fein säuberlich sortieren und sich dann ahnungslos oder „wissenschaftlich“ präsentieren.
Diese Männer sind nicht in Balance und werden auch nicht in Balance kommen, wenn sie nicht in einem geschützten Rahmen, sei es in der Therapie, im Freundeskreis oder in einer Männergruppe, etwas Neues ausprobieren können.
Was kann denn wirklich passieren, wenn wir unsere gewohnte Daseinsweise hinter uns lassen?
Liebhaber und Magier werden übrigens eher den traditionell weiblichen, „inneren“ Prinzipien zugeordnet, dem Magnetismus, wie dies John Bellichi formulierte, bzw. der Fähigkeit zu Hingabe und Verschmelzung.
Krieger/Kämpfer und König den traditionell männlichen, nach außen gerichteten Dynamiken, der Kraft der Aggression, der Unterscheidung und Trennung.
Und noch etwas: Das wirklich starke und sensible Herz des erwachsenen reifen Mannes liegt in der Mitte der vier Archetypen – und nicht nur beim Archetyp des Liebhabers.
In den Jahren nach 1968 eigneten sich viele Männer der kulturellen Mittelschicht, wie Richard Rohr das explizit in seinen schon zitierten „Zwei Reises des Mannes“ beschreibt, die weiblichen Prinzipien (Liebhaber/Magier) an.

Die Frauen umgekehrt, vor allem im öffentlichen Raum, die männlichen Dynamiken (Krieger/König).
Dieser Entwicklungsprozess scheint noch nicht abgeschlossen.
Zu beachten gilt aber, und das ist besonders wichtig, dass auch diese beiden Prinzipien entsprechende Schattenseiten beinhalten, wenn sie nicht bewusst und ausbalanciert angewandt werden.
Platt gesagt:
Aggression kann furchtbar sein, aber auch fruchtbar. Hingebungsvolles Verströmen kann in Verantwortungslosigkeit münden.

C. S. Pearsson beschreibt in ihrem Buch: „Die Geburt des Helden in uns" diese Prinzipien als Kulturen und vereinfacht so:
„Weibliche Kultur: Auf Gleichgewicht ausgerichtete, aufnehmende Kulturen, die viel Wert darauf legen, miteinander und mit der Natur in Einklang zu leben.
Im besten Fall sind dies kraftgebende, fürsorgliche, harmonische Kulturen, die zahlreiche Verhaltensweisen zulassen.
Im schlimmsten Fall (Schattendynamik!) werden Konflikte unterdrückt und die Konformität wird durch Klatsch und ein Netzwerk von Scham und drohender Ausschließung erzwungen.

Männliche Kultur: Hierarchisch, konkurrierend, aggressiv-vorwärtsstrebend.
Die Betonung liegt auf Leistung und Macht.
Im besten Fall lehren diese Kulturen Mut, Disziplin und die Aufrechterhaltung hoher Maßstäbe im Interesse des Gemeinwohls.
Im schlimmsten Fall (Schatten!) sind sie gefühlskalt, technokratisch und zerstörerisch." [9]

Beide Kulturen und Prinzipien haben also ihre Licht- und Schattenseiten.
Deshalb sollten sich Frauen oder diejenigen, die sich einer rein weiblichen Kultur verschrieben haben, zum Beispiel daran gewöhnen, dass sie sich nicht mehr nur als „Opfer" darstellen, sondern auch ihre Formen der Beeinflussung und positiver Aggression besitzen.
Während die Männer oder diejenigen, die sich den rein männlichen Prinzipien untergeordnet haben, die Brücke zwischen vorwärtsstrebender Kraft und Hingabe beschreiten sollten.
Ich darf als Mann also ganz werden, indem ich die besten Verhaltensweisen und Eigenschaften der männlichen Kultur behalte oder erst erringe und das Beste der weiblichen Kultur übernehme.

Das sind sehr hohe Anforderungen in der postindustriellen, modernen Gesellschaft.
Kann sie der Einzelne überhaupt noch leisten?
Wie soll und kann der Spagat bei diesem „tänzerischen Experiment auf dem Seil" gelingen?

II. Männerbildung und Initiation

1. Versöhnung von Tradition und Moderne

Wo stehen die Männer?

Wohin gehen die Männer?

Erkennen die Männer bei uns ihre wirklichen Stärken und Schwächen?

Erleben sie in der Krise, in der sich manche seit vielen Jahren befinden, den tieferen Sinn der Wachstumsprozesse und des immerwährenden Wandels alles Lebendigen?

Erfahren sie etwas über ihre verborgenen und verbogenen Seiten, ihren „Schatten"?

Warum sind Männer in unserer Gesellschaft oft gefährlich und neigen tatsächlich zu unkontrollierter Gewalt?

Wissen sie nicht, was ein Mann ist und wie ein Mann sein soll?

Warum wirkt ein Mann stolz und ist dann plötzlich nur noch ein überheblicher Angeber?

Ist er rechtschaffen oder doch nur dumm und naiv?

Warum sind so viele unserer Männer heutzutage nicht in Balance?

Entweder zu hart oder zu weich?

Memme oder Macho?

Wussten die sogenannten „Alten Männer" oder „Ältesten", die bei den Stämmen der Naturvölker junge Männer als Initiationsmentoren in das Mannsein einweihten, wirklich was ein Mann ist und wie er sein sollte?
War das für sie nur deshalb einfach, weil das „Männerbild" durch Tradition und Mythos fest vorgegeben war?
Naturvölker scheinen tatsächlich in ihren Initiations-, also Einweihungsritualen eine Form der Bearbeitung von Aggression gefunden zu haben.
Vielleicht konnten daher die jungen Männer besser mit ihrer Wut umgehen.

Die Männergemeinschaft half beim Abnabeln vom mütterlichen Herd.

Fehlt dieses Erfahrungswissen unseren heutigen Männern?

Haben sie nicht gelernt, wie sie ihre verdrängten und unverarbeiteten „dunklen" Punkte im Leben zur Orientierung nutzen können?

Es scheint so.

In der Pubertät schießt plötzlich zwanzig mal soviel Testosteron durch den Körper des jungen Mannes wie zuvor. Dieses Hormon ist im besten Fall zuständig für Aggression und Risikobereitschaft, im schlimmsten Fall für zerstörerische Gewalttätigkeit. Der junge Mann muss lernen, es zu beherrschen. Testosteron ruft eine gewaltige Emotion hervor, die mit allem Männlichen verbunden ist. Aus dieser Emotion resultieren rauer Wettkampf, Machttrieb, Besitzstreben, Ehrgeiz und Brutalität, aber auch Unabhängigkeit, Mut, sexuelle Kraft und Wildheit.
Wenn der Mann nicht, wie in traditionellen Gesellschaften üblich, von Alten Männern eingeweiht wird, braucht er weitaus mehr Kraft und Zeit, diese männlichen Begabungen und Qualitäten ausbalanciert anzuwenden.

Oder versucht er seinen Weg in einer Therapie zu finden?
Die Therapien in Rehabilitationskliniken werden selten von Männern aufgesucht. Liegt es daran, dass eher Behandlungsmethoden wie Gesprächs-, Mal- und Musiktherapie „in" sind und weniger kraftvolle naturbezogene Rituale, wie dies bei einer Initiation geschieht. Ich kenne nur vereinzelte Kliniken, die körperenergetisch orientierte oder gar initiatische Therapieprogramme für Männer zur Verfügung stellen.

Oft fühlt sich der moderne Mann zerrissen und bestraft, weil er so ist, wie er ist.
Manchmal fühlt er sich missverstanden und wird noch brutaler und härter oder aber er wird depressiv. Viele Männer verharren in der Neigung zur Gewalt, weil sie Angst haben, in Depression zu verfallen, wenn sie ihre inneren Spannungen loslassen. Aber weitaus mehr Männer verharren in depressiven Stimmungen, weil sie sich vor ihrer aufgestauten Energie fürchten, deren gewaltsame Zerstörungskraft sie vermeiden wollen.
Durch beides gehen sehr viele Qualitäten und Potentiale der Männer in Beziehung und Beruf verloren.

Männer scheuen sich, den Weg einer sogenannten zweiten Geburt zu gehen. Lieber arrangieren sie sich damit, verschlagen, aggressiv, verkommen oder kindlich und müde auszusehen.
Männer suchen zu schnell den Weg nach oben, ans Licht, zum Erfolg – Höhenflüge eben, die sie ihre Anbindung an die Erde vergessen lassen.

„Initiationsrituale hatten schon immer den Sinn, eine einseitige Entwicklung zu verhindern und Männer frühzeitig daran zu erinnern, dass sie sterblich sind und nicht das Zentrum der Welt darstellen, dass der Lebensweg oft auch umgekehrt verläuft, entgegen der männlichen Neigung, von oben nach unten. Gleichzeitig wurden aber diese elementaren Lebenskräfte nicht weggedrängt, wie dies heute, besonders in der Kirche, oft geschieht, sondern die Männer wurden in der Entwicklung der positiven Seiten des inneren Königs, des Kämpfers, des Liebhabers und des Magiers bekräftigt.
Initiatorische Begleitung nimmt die archetypischen Lebenskräfte einerseits positiv auf, setzt ihnen aber auch Grenzen, wo sie destruktiv werden. Wenn wir diese Energien nicht in den Reifungsprozess einbeziehen, ist die Chance groß, dass Männer als Ersatz für innere Kraft nach äußerer Macht streben und Macht missbrauchen“. [10]

Es gibt aber auch die Gefahr des sogenannten Grandiosität-Phänomens bei Männern. In diesem Fall hast Du als Mann dann größere Phantasien und Wünsche für dich selbst als Dein reales Leben ertragen kann. Entweder machen sie Dich manisch, Du versuchst in zwanghaftem Aktionismus ihren Forderungen nachzukommen, oder sie deprimieren Dich, weil deine Wünsche so hoch und unerreichbar sind, dass es sinnlos scheint, überhaupt irgendwas zu unternehmen.

„In den Mythologien vieler Kulturen erscheint die grandiose Energie im Bild des Drachens. Laut den Untersuchungen Robert Moores hat der Westen tendenziell den Drachen als Feind gesehen und es geht darum, das gefährliche Biest zu vernichten.“ [11]

Stehen deshalb Michaelsbasiliken (Michael der Drachentöter!) auf ehemaligen naturreligiösen Quellen?
Sollen sie den angeblich bösen Drachen der Heiden verdrängen?
In den östlichen Kulturen sind Drachen häufig mit freundlichen Gesichtern zu sehen; es geht darum, sich bewusst mit den transformativen und regenerativen Kräften der Drachenschlange zu verbinden.

Entscheidend ist aber bei all diesen schwierigen Prozessen, dass die Jungen und auch ältere Männer wissen, fühlen:
Wir sind nicht allein gelassen in einer Phase, in der wir von den eigenen Wachstumsprozessen und Wachstumskrisen mehr gebeutelt als beglückt werden.
Wir erleben andere Männer, die es für Wert halten, sich mit uns zu beschäftigen. Wir kommen in Kontakt mit Männern, die uns herausfordern, unsere Möglichkeiten auszuloten, die mit uns bis an die Grenzen gehen und unsere Vitalität würdigen. Wir haben Partner, die uns als erfahrene Männer auch die notwendigen Grenzen setzen, damit wir unseren Platz und unsere Aufgabe in dieser Gesellschaft finden.

1.1. Im Kreislauf der Natur

Wir heutigen Männer sind genauso wie früher ein Teil der Natur. Wir müssen und wollen mit den Naturgesetzen leben, sie nicht nur äußerlich, sondern auch innerlich begreifen. Die natürlichen Zyklen, Geburt, Kindheit, Jugend, Erwachsenwerden, Alter und Tod, schwierige Lebensübergänge, Krisen und Entscheidungen wurden in alten Kulturen mit Hilfe von Ritualen zu Wachstum, Entwicklung, Reifung und Erkenntnis genutzt.
Die vier Elemente Erde, Wasser, Feuer und Luft, waren, genauso wie die vier Himmelsrichtungen und die vier Archetypen, Kardinalpunkte einer inneren Ausrichtung und Zielorientierung des Mannes.
Diese Erkenntnis bot die Chance, männliche Lebensenergien sowohl im Rahmen der Gemeinschaft als auch individuell zu dirigieren und einzusetzen.
Wenn man die genannten vier Archetypen nun diesen vier Himmelsrichtungen zuordnet, eröffnet sich ein weiterer Erfahrungs- und Spielraum auf der initiatischen Naturbühne des Männerlebens.

Wie alle besonders wirksamen Methoden der Veränderung und der Erkenntnisgewinnung, können aber Initiationsprozesse von unreifen Männern leider auch missbraucht werden.
Aber sollen sie deshalb gar nicht erst angewandt werden?

Mit einem Beil kann man jemanden erschlagen, aber auch einen Dachstuhl bauen. Das Werkzeug an sich ist nicht das Problem, wohl aber Menschen, die nicht reif sind, ein so wirksames Instrument zu nutzen. Muss deswegen das Kind mit dem Bade ausgeschüttet werden, wie es in den letzten Jahren bezüglich des Themas „Männer und Initiation“ in voreingenommenen Publikationen geschieht?

Es ist an uns heutigen Männern, das ganze männliche Potential verantwortungsbewusst und mit Lust in die Welt zu bringen. Gerade im Computerzeitalter mit seinen klimatisierten Büroräumen vermissen viele Männer die andere Seite des Lebens, die wilde, zauberhafte, die „Wüstlingswelt“.
Auch hier bedarf es einer Brücke: Einer Brücke zwischen archaischen, erdverbundenen Ritualen und modernen, klar strukturierten, kognitiven Erkenntnismethoden.

Es geht um Versöhnung und Zusammenspiel zwischen gegenläufig erscheinenden Rhythmen des männlichen Lebens:
Der Hektik des städtischen und beruflichen Alltags mit Annehmlichkeiten, aber auch Illusionen der Zivilisation gegenüber dem sinnlichen Freiraum der wilden, gefährlichen, manchmal sogar grausamen Natur, die das Urmännliche wieder neu hervorlockt.

Wir brauchen immer noch Initiation.
Dabei kommt es darauf an, dass Jungen sich in der Gemeinschaft der Männer willkommen fühlen können, dass sie eine positive Herausforderung darin sehen, Verantwortungsbereitschaft und Verbindlichkeit zu entwickeln und dass sie sich selbst und einander, unabhängig von Frauen, mit Nähe, Vertrautheit und Unterstützung versorgen können.
Diese Anliegen müssen auch für bereits erwachsene Männer nachholbar gemacht werden, wenn diese daran gehen wollen, der nächsten Jungengeneration „Einweihung" zu geben.

„Wir dürfen bei unserer Neuentdeckung des Themas Initiation natürlich nie vergessen, dass wir in einem entscheidend anderen Zusammenhang damit umgehen als das ursprünglich lebende Stammeskulturen tun. Es gibt bei uns die ‚Gemeinschaft von Männern' nicht.
Unsere initiationsähnlichen Erfahrungen sind bisher zu wenig eingebettet in die soziale Umwelt. Es tauchen Fragen auf, die nach Aufklärung drängen:

Mit welcher Absicht sollte wer von wem ‚initiiert' werden?
Wer könnte sich in unserer, dermaßen in Szenen, Schichten und sonstige soziale Welten zersplitterten Kultur anmaßen, ‚die Männer' zu repräsentieren?

Es kann also auf absehbare Zeit nur darum gehen, ein wie immer geartetes ‚archaisches' Bedürfnis nach Einweihung in der Männerpsyche anzusprechen und individuelle Wege des Umgangs damit zu ermöglichen.

In einem generellen, ethischen Sinne ist jeder Mann dafür verantwortlich, was er den nachkommenden Männern an Männlichkeit vorlebt, was er weitergibt. Psychologisch gesehen, repräsentiert jeder ihm nahestehende Mann für einen Jungen durchaus ‚die Männer', was auch für den Mann im Erwachsenenalter, z.B. in der Begegnung mit Autoritäten, weiterwirkt." [12]

Dennoch hat es natürlich eine völlig andere Qualität, eine Männergemeinschaft oder einen Männerbund, der aus gefestigten Persönlichkeiten besteht, der transparent und demokratisch organisiert ist, tatsächlich vorzufinden. Er könnte sogar als eine Art „Mini-Stamm auf Zeit" fungieren.

Ein Irrweg einer modernen Initiation allerdings wäre, lediglich „alte Jungenbedürfnisse" im Nachhinein zu erfüllen. Z.B. das Bedürfnis, sich endlich oder noch einmal im körperlichen Kontakt unter Männern mit der eigenen Kraft bejaht zu fühlen, die eigenen Schmerzen und Ängste gehört und verstanden zu wissen.

Eine tatsächliche Initiation würde bedeuten, in eine Gruppe bereits gereifter Männer aufgenommen zu werden und sich ihr zugehörig zu fühlen.

Was ließe sich für den einzelnen Mann daraus gewinnen?

- seine Kräfte bis an ihre Grenze zu erfahren
- intensive Naturfahrungen zu machen
- sich in der Gemeinschaft der reifen Männer willkommen und von ihr akzeptiert zu fühlen
- mit seiner ganzen Männlichkeit wahrgenommen und gefeiert zu werden
- Zutrauen in die eigenen Fähigkeiten zu erfahren, aber auch in Verantwortung genommen zu werden
- Gelegenheit und Anerkennung für seine Angstbewältigung zu bekommen
- Niederlagen und Siege erleben zu dürfen, diese überstehen bzw. „nutzbringend" verarbeiten zu können
- sich von etwas Überholtem lösen und endgültig trennen zu können
- Spirituelle Erfahrungen zu machen, die über das eigene Ich hinausweisen, aber in sinnlich Erfahrbarem wurzeln statt in „gedruckten Worthülsen"

1.2. Symbol von Tod und Wiederauferstehung

Der erste Schritt der klassischen Psychotherapie umfasst die Ich-Bildung, das Erkennen der eigenen Kränkungen und Defizite, Stärken und Schwächen. Es geht um das Heraustreten aus der Gruppe, um Individuation.
Bei der klassischen Initiation geht es hingegen um Ich-Hingabe und Eingliederung in die Gemeinschaft.
Männer lernten in den Stammeskulturen dabei oft durch bewusst inszeniertes Leiden. Die meisten Initiationskulte spiegelten eine Dynamik der Verwundung, manchmal sogar des Todes und der Heilung bzw. der Wiederauferstehung wider:
Nach dem Absterben im Winter kam, metaphorisch gesehen, das neue Wachstum im Frühling. „Neugeburt" war die zentrale Aussage.

Auch heute sollten Männer verstehen, dass die Prinzipien der Natur nicht nur im Außen herrschen, sondern auch im Innen.

In alten Kulten wurden die jungen Männer eingegraben, gefesselt, eingesperrt oder mussten einige Zeit alleine in der Wüste verbringen und dort überleben.
Wenn sie das Ritual bestanden hatten, war ihre Kindheit zu Ende, also gestorben, und sie waren als Männer wiedergeboren. Sie hatten eine zweite Geburt erlebt.

Es ging dabei, wie schon oben beschrieben, weniger um Ich-Stärke als um Ich-Hingabe. Es ging einerseits um einen Kampf mit sich selbst, andererseits um das Einpassen in den spirituellen Männermythos und die Gemeinschaftsregeln des Stammes. Diese wurden durch die „Ältesten" in Erzählungen vorgegeben und immer wieder in Erinnerung gerufen. Dadurch sollten die jungen Männer ein neues Bewusstsein ihrer Aufgaben, Pflichten und Rechte erhalten. Auch ein neues Bewusstsein ihrer Stärken und Schwächen, die dann im sogenannten Medizinnamen, einem Zweitnamen also, manifestiert wurden.

In unserer heutigen Gesellschaft muss diese Initiation natürlich anders aussehen. Es geht es um ein neues, individuelles Bewusstsein von Mannsein.

Auch der Christus der Juden, der von den Römern ans Kreuz geschlagen wurde, litt und starb letztlich für ein neues Bewusstsein, wie schon Franz Alt in seinem Buch „Jesus, der neue Mann" feststellte.
Das alttestamentarische Racheprinzip „Auge um Auge, Zahn um Zahn" wurde in der biblischen Erzählung von der Bergpredigt und dem Neuen Testament abgelöst durch das Prinzip von Barmherzigkeit, Toleranz und Versöhnung.
Jesus starb, wurde begraben, um zu zeigen, dass es sich nicht um ein Täuschungsmanöver handelte, und ist dennoch am dritten Tage wieder von den Toten auferstanden.
Danach erfuhr er seine Apotheose, seine Vergöttlichung, wie sie in jeder initiatischen Heldenreise beschrieben wird.

Vergleichbar der Frühlingssonne, wenn sie zu Ostern immer höher gen Himmel steigt, wieder auferstanden nach der Todesstarre des Winters, als sie den Horizont kaum überschritten hatte.
Ein initiatisches zyklisches Naturmärchen von Tod und Wiederauferstehung.

Der Mythos des Christentums ist – trotz historischer Bezeugungen, dass Christus wirklich gelebt hat –, nichts anderes als eine moderne Heldensage.
Er beschreibt die Hingabe des alten Bewusstseins (Auge um Auge, Zahn um Zahn) für das neue Bewusstsein (Toleranz und Versöhnung).

Erstaunlicherweise benötigte die christliche Version dieser archaischen Inszenierung einen Außenfeind im dynamischen Ablauf, nämlich den jüdischen Verrat und dessen Handlanger, die Römer.
Dies könnte zur Folge gehabt haben, dass später in der Kirchengeschichte und bis zum heutigen Tag der Feind außen gesucht wurde und wird, wie zum Beispiel während der Inquisition. Man suchte – und fand – den Spreißel im Auge des anderen statt den Balken im eigenen Auge!
Deshalb gibt es vielleicht „die" Christen und „die" Bösen, die sogenannten Heiden. Genauso wie es bei den Juden „die" Gojim gibt und bei den Moslems „die" Ungläubigen.

In älteren Stammeskulturen wurde kein solches Ritual mit der bipolaren Dynamik eines Außenfeindes verfolgt, obwohl es auch dort natürlich Feinde und Angreifer gab, sei es von anderer Seite oder von der eigenen.
Im germanischen Ritus Odins, des Gottes von Sturm und Ekstase, umfasst der Ritus der Eigeninitiation neun Tage, wärend derer Odin sich selbst kopfüber an der Weltenesche Yggdrasil aufhängt. Schreiend stürzt er danach hinab, nimmt die Runen auf und lernt, sie zu lesen, zu deuten und anzuwenden. Aus der umgekehrten Weltsicht des „kopfüber" erkennt er die archetypischen, lebendigen Energiemuster, erringt Erkenntnis und magische Macht.

Die Naturvölker Nordamerikas gehen bis heute in ihrem Sonnentanz denselben Weg: Sie liefern sich selbst an das Größere, an das Göttliche aus. Sie sehen darin auch einen Prozess der Hingabe. Ein äußerer Feind ist dazu nicht notwendig. Mit einem solchen Ansatz ist eine kulturelle Toleranz leichter zu verankern.

Natürlich gibt es viele Erlösungsmärchen und Mythen in der Weltliteratur, die von solchen und anderen Initiationsprozessen berichten.

2. MännerQuest. Pankulturelles Naturritual in der Wüste

Was können wir Männer konkret tun, um wieder kraftvoller, lebendiger, gesünder und glücklicher leben zu können?

Wie können wir unsere Batterie wieder aufladen?

Wo sind unsere Tankstellen?

Wie können wir unsere innere Kraft und Lebendigkeit, unsere Potentiale und Fähigkeiten, unsere Wünsche und Sehnsüchte wieder entdecken und leben?

Moderne Männer, ob Handwerker, Facharbeiter, Pädagogen. Therapeuten, Ärzte, Berater, technisch orientierte Führungskräfte, Geschäftsinhaber, Künstler, Pastoren/Pfarrer, wie ich sie über die Jahre kennenngelernt habe, ringen vielfach um die Befreiung von alten, hindernden Lebensmustern, auch oder gerade von religiösen.

Zugunsten eines erfüllenden Lebensentwurfes ist es für sie notwendig und heilsam, das Alte loszulassen und abzuschließen.
Dadurch entsteht Raum: Das Neue kann sich entfalten, wachsen und erblühen.

Das Wort Quest stammt aus dem Mittelalter. Die „Queste" der Ritter bedeutete leidvolle Suche, verborgener Weg, Suche nach dem richtigen Weg, Gralsweg, Suche nach Ganzheit und Abenteuer. Anerkennung der eigenen Schatten, der verborgenen und verbogenen Seiten, wie ich sie weiter vorne schon beschrieben habe.
Man kann Quest aber auch einfach aus dem englischen „question" herleiten, dann bedeutet es „Frage".
Es geht um Männerfragen, Fragen um das Mannwerden und Mannsein.

Wie können Männer ihre Kraft mit der entsprechenden Sensibilität verbinden?
Wie die Suche nach Verbindung des Männlichen mit dem Weiblichen im übertragenen Sinn?

Eine Quest für Männer soll Kräfte aus dem Inneren heraus mobilisieren:

- um Schwierigkeiten zu begegnen und sie zu verwandeln
- um die Balance und Dynamik der vier Archetypen Kräfte und Elemente sinnlich zu erfahren für die Aussöhnung mit dem Vergangenen, um vom Alten Abschied nehmen zu können
- um im Weg liegende Steine als Orientierungshilfe für den weiteren Lebensweg zu erkennen
- für die Klärung persönlicher Beziehungen, um neues Vertrauen zu entwickeln

- für die Überwindung einer Lebenskrise und neues Wachstum
- für die lebensbejahende Ausrichtung auf einen neuen Lebensabschnitt
- für einen eigenen Beitrag zur Gemeinschaft der Menschen und alles Lebendigen.

Eine MännerQuest sollte immer so angelegt sein, dass sie einem klaren Zweck dient und für den Einzelnen als Prozess der Erkenntnis und Befreiung wirkt. Wirksame Rituale, das Fasten und die intensive Verbundenheit mit der Natur tragen dazu bei, dass die anstehende Neubestimmung aus der Tiefe des eigenen männlichen Wesens, der eigenen innersten Natur heraus geschehen kann und die Entdeckung von Qualitäten und Talenten erleichtert wird.

Was bringt Männer in der heutigen Zeit dazu, eine MännerQuest zu unternehmen?

Fragestellungen des ureigenen Inneren:
Ein junger Mann fragt sich:
„Welchen Beruf soll ich wählen? Wo ist mein Platz in der Welt?"
Ein Single-Mann prüft sich: „Will ich heiraten? Will ich Kinder?"
Ein Vater, der Großvater wird, möchte seinem Leben „nach den Kindern" einen Sinn geben.
Ein Manager kommt durch eine Krankheit zur Einsicht: „Das kann nicht alles gewesen sein".
Ein zukünftiger Selbständiger stellt sich die Frage: „Wo stehe ich meinem Erfolg selbst noch im Weg?"

Fragestellungen auf Grund äußerer Ereignisse:
Tod oder Krankheit eines nahen Angehörigen, finanzielle Verluste, Scheidung, Kündigung oder bevorstehender Ruhestand.

Bestärkt durch dieses Wissen und anknüpfend an die Weisheit eines alten, erprobten Rituals, begeben sie sich hinaus in die Einsamkeit der Waldwildnis oder der Wüste und fasten.
Moderne Leiter von Initiationsprozessen verstehen sich als „männliche Hebammen" und als Initiationsmentoren, die die Männer kompetent vorbereiten, wobei sie dennoch immer wissen, dass die Natur selbst der beste Lehrmeister ist.

Das spannende an diesem Questmodell liegt darin, alte Initiationsrituale und -dynamiken für eine demokratische und offen-transparente Gesellschaft zu nutzen.

Wurden in den traditionellen und geschlossenen, auch „kalte" Gesellschaften genannt, Rituale zur Übertragung und Festigung eines langjährigen „Status" in der Gemeinschaft eingesetzt, so müssen sich Rituale in einer offenen, demokratischen Gesellschaft deren Transparenz stellen und sich anhand ihrer Ergebnisse immer wieder überprüfen lassen.

Die mehrtätige, initiatische MännerQuest ist aber auch ein Ritual der Besinnung, in dessen Verlauf die Initiationsmentoren lediglich mit Empfehlungen, keinesfalls mit Befehlen arbeiten und währenddessen sich Männer Fragen stellen:

„Für welche Werte stehe ich ein?"

„Welche gemeinschaftlichen Werte unterstütze ich?"

„Welche Männerkultur will ich eigentlich pflegen?"

Wüstenlandschaften wie im Sinai bieten sich natürlich ideal an als Ort für innere und äußere Grenzerfahrungen, ebenso wie die Wildmark Nordschwedens oder andere, weitgehend ursprünglich gebliebene Landschaften der Erde.
Die extreme Helligkeit des Lichtes am Tage und die dunklen, dämonenhaften Schatten der Nacht in der Wüste fordern dazu heraus, sich seine eigenen Licht- und Schattenseiten, Stärken und Schwächen anzuschauen. Während der vier Tage und vier Nächte, die die Männer alleine in den Felsen der Hochgebirgswüste verbringen, entsteht ein Gefühl unendlicher Freiheit.
Die Wüste ist wild und ruhig zugleich. Sie bietet einerseits faszinierende Erlebnisse, andererseits können bisher unbekannte Ängste in einem geschützten Rahmen aus dem Inneren der Seele auftauchen.
Von hier stammt nicht von ungefähr die patriarchale Mosesgeschichte mit den zehn Geboten. Wurden wir nicht alle direkt oder indirekt durch die Geschichte dieser besonderen Männerfigur, die fast einen eigenen Archetypen darstellt, zumindest im Religionsunterricht geprägt?
Vom Sinai ging der Monotheismus (Eingottglaube) mit all seinen Folgen beinahe in die gesamte Welt hinaus!
Seiner geographischen Lage am Rande des Afrikanischen Grabens verdankt der Sinai seinen ambivalenten Charakter: einerseits steile, spitze Bergketten aus Granit, bizarre Sandfelsen, andererseits farbenprächtige Wadis, grüne Oasen und Gärten.

Die vier Grundkräfte (Archetypen) eines Mannes werden hier besonders angesprochen und gezwungen, sich zu zeigen:

- Der innere Krieger fordert zu klaren, überlegten Entscheidungen auf, gerade während der Quest.
- Der Liebhaber öffnet und sensibilisiert den Körper in der Hitze des Tages.
- Die dunklen und geisterhaften Gestalten der sternenklaren Nächten erwecken den Magier.
- Die Beduinen geben selbst ein Beispiel der Würde, Offenheit und Hingabe eines starken Königs und zugleich eines selbstbewussten Dieners.

Ihre alten Gärten und Oasen – Bustans genannt – sind glückselige Inseln der Ruhe und Entspannung. Sie dienen bei der Vorbereitung auf eine MännerQuest ebenso wie bei der Rückkehr nach dem Fasten als heimatlicher Stützpunkt, an dem alle Männer wieder in Sicherheit zusammenkommen.

Ich nenne die Quest „pankulturell" (altgriech. pan: alles, viel), weil ich Elemente aus der christlich-jüdisch-moslemischen Tradtion verwende, daneben aber auch sogenannte „indianische" und germanisch-keltische. Darüberhinaus naturreligiöse Prakiken, Erkenntnisse und Verfahren aus anderen Gesellschaften und Denkrichtungen des Ostens.
Ich könnte das Ganze auch multikulturelle MännerQuest nennen, aber pankulturell finde ich besser als multikulturell, das doch inzwischen eher für Beliebigkeit steht anstatt für qualitativ ausgewählte Vielfalt.
„Pan" ruft außerdem Erinnerungen wach an den wilden, behaarten und männlich-bocksbeinigen, griechischen Waldgott Pan mit seinen Flötenklängen.

2.1. Absichten der Initianden

Das Gesamtritual ist in Schritten aufgebaut:

- Trennung
- Schwellenzeit (Fastenzeit)
- Rückkehr

Es bedarf natürlich der Vorbereitung.

Die meisten Männer begeben sich um ihrer selbst willen zu diesem Ritual in die Wildnis, auch wenn manche sich einbilden, sie würden es für jemand anderen tun. Jeder Mann, der sich für diese abenteuerliche Wüstenreise anmeldet, hat aber dann doch eigene bewusste und unbewusste Absichten. Er bringt ein Problem mit, eine ihm bewusste oder unbewusste Verwundung.
Zuerst spürt er nur ein Unbehagen in seinem derzeitigen Leben, kann es nur zum Teil benennen. Er ist stumm, fühlt sich nicht wohl, hat keine Kraft mehr, keine Lust, ist müde und ausgelaugt. Er ist ein Suchender, der seine wirkliche, seine zentrale Lebensaufgabe finden will.

Manche Männer fragen sich schon zu diesem Zeitpunkt, was sie dafür in ihrem Leben aufzugeben haben. Das zeugt von Bewusstheit.
Einige wollen ihre Idee eines tieferen Lebenssinnes überprüfen oder ihre Vision. Vereinzelt sind auch Männer dabei, die sich für ihr bisheriges Leben bedanken wollen.

Alle Teilnehmer des Fastenrituals müssen in ausreichendem zeitlichen Abstand vor der Abreise in einem Brief ihre Absicht erklären. Die Wirksamkeit jedes Rituals wächst mit der Klarheit und Aufrichtigkeit dieser Absicht.
Die zumeist sehr offenherzig abgefassten Schreiben können erste Hinweise auf die Wunde geben.
Ich spiegele dann in den Antwortschreiben mit meinen Worten den Inhalt der Briefe wider. Dabei bemühe ich mich, nicht in die Falle der fertigen Interpretation zu tappen.

Die schriftlichen Äußerungen geben mir dennoch Hinweise:

- Welche Art von Erfahrung und Kraft fehlt diesem Mann?
- Was will er hinter sich lassen?
- Wonach sucht er?

Oft tauchen während der Vorbereitungszeit in der Wildnis weitere Fragen auf.
Die vorherrschenden Themen sind Trennung, Scheidung, Verlust oder die Absicht, bestimmte Verhaltensweisen loszulassen.
Es kann sich aber auch um andere Situationen handeln, z.B. eine neue Partnerschaft, Eheschließung, bevorstehende Elternschaft, Aufgabenwechsel in der Familie, Rollentausch im Beruf oder die neue Arbeitsstelle.

Letztendlich aber gehen die Männer in die Wildnis, um sich selbst zu begegnen, ihr eigenes Herz zu finden. Sie suchen die Kraft, die sie im Leben fokussiert und vorwärts treibt und/oder die Kraft, die sie ermutigt, sich hinzugeben an den unkontrollierbaren Strom des Lebens.

Dafür sind sie bereit, zu frieren, zu schwitzen, sich zu ängstigen, zu weinen, zu lachen, zu schreien.

Wenn die Männer ihre Absichtserklärung schreiben, schauen sie oft suchend auf männliche Vorbilder oder Mentoren, erinnern sich aber nur an klischeehafte Hollywood-Figuren, wie den komisch neurotischen Woody Allen oder den muskelbepanzerten Arnold Schwarzenegger.

Je gründlicher und lebenspraktischer die Absichtserklärung verfasst wurde, um so klarer werden die Antworten im Ritual ausfallen.

2.2. Ablauf einer MännerQuest

Phase der Trennung

In der Phase der Trennung müssen mehrere vorbereitende Aufgabenstellungen bewältigt werden:

- Klärung der persönlichen Absicht und Fragestellung, basierend auf den Erfahrungen einer eintägigen Naturwanderung aus der Vorbereitungszeit zu Hause

- Aufgaben, die auf die Zeit des Alleinseins in der Natur hinführen

- Einweisung ins Fasten und in die Symbolik der Welt „jenseits der Schwelle“

- Einüben selbstgeschaffener Naturrituale

- Finden des persönlichen Kraftplatzes für die Zeit in der Waldwildnis oder Bergwüste

- Vorbereitung auf Gefahren der Natur, Bewusstmachen persönlicher Ängste, Einüben des Sicherheitssystems, situationsbezogenes Outdoortraining

Phase der Schwellenzeit (Fastenzeit) und des Kernrituals

Diese Phase beinhaltet die eigentliche Durchführung der Quest, des Aufsichgestelltseins in der Einsamkeit, der Umsetzung der zuvor gefassten Absichten:
Vier Tage und vier Nächte allein in der Bergwüste, mit minimaler Ausrüstung für persönliches Wohlbefinden und Sicherheit, fastend, ohne äußere Ablenkung ringt der Mann mit sich und den Kräften der Schöpfung.
Er kann etwas Zentrales über sich und die Weltenzusammenhänge erfahren.
Die Leiter halten sich in dieser Zeit im zentral gelegenen Basislager auf und sorgen für Sicherheit und, wenn notwendig, Unterstützung der Gruppe.

Das Kernritual beginnt am Platz der Kraft, den die Männer in den Tagen der Vorbereitung ausgewählt haben.
Ich lasse mir sicherheitshalber die grobe Richtung zeigen und die Lage beschreiben.
Steinkreis und Feuerplatz sind ihr Zentrum und geben ihnen äußere und innere Sicherheit: „Hier bin ich. Hier bleibe ich!“

Der Questnachbar ist ungefähr ein bis zwei Stunden Fußmarsch entfernt.
Der eine Quester legt morgens, der andere abends einen Stein in einen besonderen Kreis. Indianisches Postamt wird dieses kleine Sicherheitsritual genannt. Es dient als Restverbindung zur schützenden Gruppe und als Sicherheitspunkt.

Jeder Mann findet genau den Platz, der ihm entspricht. Alle sind im gleichen Wüstengebiet. Alle Männer sind gleich und doch so verschieden.

Der schützende Steinkreis am Kraftplatz wird gelegt, vielleicht sogar mit Schnüren umspannt, das gibt Orientierung und ein Gefühl von Sicherheit.
Mit farbigen Stofffetzen lassen sich die vier Himmelsrichtungen markieren für Zeiten der geistigen Verwirrung und Verirrung: Rot für den Süden und den Liebhaber, weiß für den Norden und den König, schwarz für den Westen und den Magier und gelb für den Osten und „inneren" Krieger.

Kernritual

Im Kernritual, das vier Tage und vier Nächte dauert, werden die vier Archetypen mit ihren jeweiligen Schwerpunkten und Fragestellungen entsprechend den vorher festgelegten Absichten des Initianden durchlebt und bearbeitet. Jeder Tag ist einem der Archetypen gewidmet, den die Männer so zu ihrem eigenen Leben in Beziehung setzen können.

Erster Tag:
Königsarchetyp

Ankommen bei sich selbst ist das Thema am ersten Tag. Die große Mutter, die Natur mit all ihren Wesen will mit der Rassel begrüßt werden. Störe ich die Tiere und Pflanzen oder stören sie mich?
Ausgesetzt den täglichen Zyklen des Werdens und Vergehens starker schöpferischer und ebenso vernichtender Kräfte, geben sich die Männer fastend dem großen Naturzyklus hin, Tag und Nacht.

Sich selbst ein liebevoller, aber auch strenger Vater sein. Sein eigenes „Königreich" einrichten. Den Platz, das Gebiet abgrenzen zum Questnachbarn. Feuerholz für die kalten Wüstennächte besorgen. Jetzt hast Du noch Kraft. Sonnensegel für Schatten spannen. Vernünftig sein. Gefahren drohen weniger von Giftschlangen und Skorpionen, eher von Hitze und Kälte. Du merkst nicht, wie die Sonne sticht. Immer Beduinentuch aufsetzen. Bei Wanderungen immer den kleinen Tagesrucksack dabei haben. Genügend Wasser trinken. Wirklichkeit.
„Dem Luftikus, mit den Gedanken im spirituellen Himmel, rast der Schmerz mörderisch in den Knöchel. Dann weiß er, wo er steht oder liegt, mitten auf der Erde", ist eine meiner Lieblingsgeschichten, die ich den Männern zum Abschied noch mitgebe. Sie stammt von Haiko Nitschke, einem meiner Questlehrer.

Zweiter Tag:
Liebhaberarchetyp

Alter Groll und unverdaute Kindheitsschmerzen können am zweiten Tag auftauchen. Psychologen behaupten, dass kein Gefühl, das länger als fünf Minuten dauert, ein aktuelles Gefühl sei. Es ist vielmehr an anderes, an bisher Unerlöstes oder an alten Schmerz gebunden. Wenn sich die Wunde jetzt während der Quest nicht öffnet, eitert sie weiter.
Du bleibst dann ein Mann, der sich selbst und andere verwundet.
Wenn die Wunde geheilt wird, kann der erwachsene Mann seinem inneren Kind selbst Vater sein. Die rituelle Arbeit mit Steinen setzt ein. Schwere Steine werden an diesem Tag bewegt, gerollt und zerschmettert.
Die Tiefenatmung wird wieder einmal stimuliert, spezielle Übungen, die die Männer nun bewusst einsetzen, kommen zum Tragen.
Am Ende bedanken sich die erschöpften Männer bei den Steinen, die ihnen ihr Gewicht gaben, damit sie den Druck ihres seelischen Ballastes körperlich und auch symbolisch spüren konnten.
Es ist immer wieder frappierend, wie viele Männer Schwierigkeiten haben, Wut gezielt und selbstverantwortlich auszudrücken und dabei kontrolliert zu bleiben. Viele krächzen und piepsen dabei, wackeln und zittern.
Es ist ihnen peinlich, „böse" zu sein.
Sie haben ein schlechtes Gewissen und dazu wenig Erfahrung, kraftvoll zu sein. Sie haben Angst, andere zu verletzen und verletzen sich doch nur selbst oder werden aus mangelnder Erfahrung in körperlichen Auseinandersetzungen plötzlich zum Berserker.
Lieber ziehen sie sich ins Schmollkämmerlein zurück, werden dabei zum netten Mann von nebenan, wie ihn sich jede Schwiegermutter wünscht, nur nicht die eigene Frau. Frauen haben letztlich mehr Angst vor der nicht ausgedrückten Wut der Männer als vor der gelebten.
Natürlich kommen die ungeheilten Mutter- und Vaterwunden an diesem Tag in der Wildnis hoch.

Manche Männer laufen für eine überschaubare Zeit nackt in der Wüste herum. Natürlich mit Beduinentuch und gut eingeölt.
Ein guter Stand auf beiden Beinen will geübt sein. Beweglich in den Knien und locker in der Hüfte. Zentrierende Körperübungen haben während der Vorbereitung geholfen, die Gefühle des kleinen, verletzten „inneren" Jungen jetzt als erwachsener Mann entsprechend und angemessen zum Ausdruck bringen zu können.

Dritter Tag:
Magierarchetyp

Auf dem Sterbebett: Ich lasse meinen Lebensfilm noch einmal ablaufen.
Wer von meinen Freunden, Bekannten, Liebsten kommt an mein Sterbebett?
Was will ich noch sagen?
Wem will, wem kann ich verzeihen?
Wie soll meine Beerdigung stattfinden?
Welche Musik würde ich gerne noch ein letztes Mal hören?
Was soll dereinst auf meinem Grabstein stehen?
Was würde ich tun, wenn ich dem Tod noch einmal von der Schippe springen könnte?
Was, wenn ich noch einen Monat zu leben hätte?
Warum tue ich es nicht gleich, sobald ich von der MännerQuest aus der Wüste zurückkomme?
Das „Sterbe"- Ritual sollte nicht länger als eine Stunde dauern. Der Mann sitzt dabei in einem Steinkreis, der so klein ist, dass er sich nicht hinlegen und versehentlich einschlafen kann.

Die Themen dieses Tages sind: Innenschau, Meditation, Gelassenheit in schwierigen Situationen, es gibt etwas Größeres als mich selbst.

Kern des Kerns: Vierter Tag und vierte Nacht
Kriegerarchetyp

Im Kern des Kerns kulminieren alle Vorbereitungen, die mitgebrachten Absichten und offenen Fragestellungen und verschmelzen mit den Erkenntnissen der vorhergehenden Tage zur Synthese, zur persönlichen Quintessenz der Quest:

Am Tag wird die letzte Nacht vorbereitet. Die allerletzte Nacht. Der Kern des Kerns.
Geschwächt vom Fasten, aber transparent und voller Lebensenergie gehen die Männer an einen besonderen Platz außerhalb ihres Kraftplatzes. Sie sind nun bereit, sich hinzugeben, um zu empfangen, was sie längst in sich tragen.

Kriegerarchetyp
Sie sind gut vorbereitet in ihrem fokussierenden Geist mit einer guten Grundkraft der Aggression.
Sie können mit ihrem innersten Kern in Verbindung kommen. Himmel und Erde können sich vereinigen, Geist und Materie.
In Form eines Traumes, eines Satzes. Die Zeiten verschieben sich.
Die Männer wissen nicht mehr, ob sie wachen oder träumen. Die Geburtswehen zur zweiten Geburt eines Mannes beginnen.

Eine Geschichte fällt ihnen ein, ein zentrales Symbol fällt ihnen auf. Schatten und Licht, Schwächen und Stärken werden ihnen bewusst.
Dem einen erscheint eine Botschaft, ein kleines „aha" oder großes „AHA" blitzt auf. Das kann schon alles sein. Ein anderer schreit und weint und betet und bittet um ein Traumgesicht. Hanbletscheyapi – Flehen um ein Gesicht – heißt es im Ursprungsmythos der Naturvölker Nordamerikas.

Phase Rückkehr und Integration

Es folgen die Tage der Nachbereitung und Verarbeitung des Erlebten
Zeremonielle Reinigung
Fastenbrechen
Erzählen von Erlebnissen
Erfahrungen und Einsichten
Widerspiegelung dieser Geschichte, der Symbolik und Gehalte
Gespräch über die Bedeutung für Alltag und persönlichen Lebensplan
Integration der Erkenntnisse zu Hause.

Bei solchen Naturritualen gibt es ganz spezifische Elemente, die darüber entscheiden, ob sie nutzbringend wirken können. Neben der körperlichen Präsenz und einer geistig-seelischen Intention muss es einen starken Anfang und ein starkes Ende geben.
Ein Ritual, das schwach beginnt, verliert an Bedeutung, weil es sehr schwierig wird, die Aufmerksamkeit der Menschen zu fesseln.
Deshalb werden so viele Rituale mit Trommeln, Glöckchen, Pfeifen oder Trompeten eingeleitet. Einen starken Beginn erhält man also, indem man etwas tut, das die Aufmerksamkeit der Menschen anzieht und sie fokussiert.

Ein starkes Ende erreicht man, indem erneut die Aufmerksamkeit aller gewonnen wird, so dass sie eindeutig erkennen, dass das Ritual nun vorüber ist.

2.3. Naturübungen

Beispielhafte, kleine Natürübungen, eingebettet in die große Quest:

Finde einen Quadratmeter Wüstensand und beobachte ihn eine Stunde lang.
(Was der Quester beobachtet, ist ein Spiegel seiner inneren Vorgänge.)

Untersuche 30 Quadratzentimeter fruchtbaren oder ausgetrockneten Wüstenboden:
Woraus besteht er, in welcher Weise spiegelt er das Leben des Questers wider?

Beobachte ein Insekt, eine Schlange, einen Skorpion oder einen Vogel:
Wie spiegeln sie das menschlich Leben wider?

Finde einen alten Beduinenbrunnen, setze dich hin, beobachte und lausche:
Welche Kraft und Geduld bringst Du auf, um etwas Nährendes zu finden?

Deute einen Gegenstand, ein Symbol, das Du in der Wüste gefunden hast.

Finde eine Pflanze: Steht sie alleine oder in der Gruppe?
Woher bekommt sie ihre „Nahrung", ihr Wasser? Ist sie stachelig oder weich?

Erforsche die Grundhaltung einer aktiven, hingebungsvollen Achtsamkeit im Gegensatz zur bewussten und gezielten Handlung.
(Idealtypisch betrachtet entspricht diese Grundhaltung der wachen Aufmerksamkeit eines Mannes aus einem Naturvolk, im Gegensatz zum blinden Aktionismus oder zur depressiven Lähmung vieler Stadtbewohner.)

Gegenwärtig sein, innere Ruhe haben, Wirklichkeit sehen, den Blick schärfen für die Umgebung: dann ist die Gefahr, sich zu verirren geringer.

Aufgehen im Augenblick: wenn ich voll und ganz gegenwärtig bin, empfinde ich ein hohes Maß an Wohlbehagen.

Die Stille der Wüste hören, den Duft der Erde riechen, fühlen, wie der Wind die Richtung ändert, Signale wahrnehmen.
Achtung: völlige Stille wirkt beängstigend, ein Gefühl der Verlassenheit kann entstehen. Natur ist aber niemals verlassen, sie ist voller Leben.

Keine Uhr mitnehmen, kein Handy, nach Gefühl leben. Zeit vergessen. Die Natur lässt sich für Kleinigkeiten Jahrzehnte lang Zeit!
Die Ziele müssen Deine eigenen sein: weiche dehnbare flexible Ziele entwickeln.
Den Tag genießen, gegenwärtig und beobachtend. Ausgewogenheit der Ziele spüren.

3. Klassisch-initiatische Heldenreise

In ihrem Ablauf und ihrer Grunddynamik ist eine MännerQuest in der Form der klassischen initiatischen Entwicklungs- und Heldenreise angelegt. Diese wiederum haben sich die Stammesältesten der Naturvölkern vom Zyklus des Lebens, Zeugung, Schwangerschaft, Geburt des Kindes, abgeschaut. Denn die in den traditionellen Initiationsritualen absichtsvoll herbeigeführte Verwundung scheint den jungen Männern die gleichen Chancen zur Wahrnehmung der Welt und des Erkennens wesentlicher Lebensprinzipien bieten zu wollen, die sich Frauen eröffnen können, wenn sie Kinder austragen und gebären. Frauen riskierten bei der Geburt früher grundsätzlich ihr Leben und gehen auch noch heute durch Wehen, Schmerz und manchmal auch Todesängste, genauso wie der heldenhafte Jäger oder Krieger in existentiell schwierigen, äußeren Situationen. In Initiationsriten sollten diese Erlebnisse der Männer von Gelingen und Niederlage, Gewinn und Verlust, „Tod“ und „Wiedergeburt“ noch strukturierter und bewusster verarbeitet werden.

Bericht einer Frau über den Geburtsvorgang:
„Mein Körper fühlt sich an wie mittendurchgerissen, kein Organ schien mehr an seinem Platz zu sein. Doch das war jetzt plötzlich alles ganz unwichtig. Das Schlimme war vorbei und etwas Neues hatte begonnen. Etwas, das mir nun in Gestalt eines warmen feuchten Bündels in den Arm gelegt wurde. Langsam stieg ein beseeligendes Gefühl, eine Mischung von Rettung aus höchster Not und Vervollständigung in mir auf – während der Schwangerschaft hatte ich mich, mathematisch unkorrekt, wie ein halber Mensch gefühlt. Das Glück über meinen zweiten Sohn würde ich erst in den nächsten Tagen ganz fassen und durchleben können. Da war ich selbst ein neuer Mensch, die Qual nicht vergessen, aber trivial wie jeder Schmerz, der nicht mehr ist. Was von Erfahrung dieser Geburt bleibt, hat für mich metaphysische Dimension: Es birgt die Hoffnung, dass der Tod weniger schrecklich sein wird, weil man dies hier durchgestanden hat.“ [13]

In vielen alten Kulturen wird die Frau als der weisere Mensch angesehen. Sie hat angeblich mehr Weitsicht und Intuition, denn sie trägt das Leben in sich, das verkörperte Prinzip Hoffnung.

Durch Zeremonien und Rituale wollen Männer offenbar gleichwertig werden.

Joseph Campbell, der Mythenforscher, beschreibt die Heldenreise in seinem Buch „Der Heros in tausend Gestalten“ folgendermaßen:

Trennung und Abschied
„Der Mythenheld, der sich von der Hütte oder dem Schloss seines Alltags aufmacht, wird zur Schwelle der Abenteuerfahrt gelockt oder getragen, oder er begibt sich freiwillig dahin. Dort trifft er auf ein Schattenwesen, das den Übergang bewacht.

Der Held kann diese Macht besiegen oder beschwichtigen und lebendig ins Königreich der Finsternis gelangen (Bruderkampf, Kampf mit dem Drachen, Opfer, Zauber) oder vom Gegner erschlagen werden und als Toter hinabsteigen (Zerstückelung, Kreuzigung).

Jenseitige Welt, Erkenntnisgewinn, Bewusstwerdung

Dann, jenseits der Schwelle durchmisst der Held eine Welt fremdartiger und doch seltsam vertrauter Kräfte, von denen einige ihn gefährlich bedrohen (Prüfungen), andere ihm magische Hilfe leisten (Helfer).

Wenn er am Nadir (Tiefpunkt) des mythischen Zirkels angekommen ist, hat er ein höchstes Gottesgericht zu bestehen und erhält seine Belohnung. Der Triumph kann sich darstellen als sexuelle Vereinigung mit der göttlichen Welten-Mutter (heilige Hochzeit), seine Anerkennung durch den Schöpfervater (Versöhnung mit dem Vater), Vergöttlichung des Helden selbst (Apotheose) oder aber auch, wenn die Mächte ihm feindlich geblieben sind, der Raub des Segens, den er zu holen gekommen war (Brautraub, Feuerraub); seinem Wesen ist der Mythenheld eine Ausweitung des Bewusstseins und damit des Seins (Erleuchtung, Verwandlung, Freiheit).

Rückkehr, Wiedereingliederung

Die Schlussarbeit ist die Rückkehr. Wenn die Mächte den Helden gesegnet haben, macht er sich nun unter ihrem Schutz auf (Sendung); wenn nicht, flieht er und wird verfolgt (Flucht in Verwandlungen, Flucht mit Hindernissen). An der Schwelle der Rückkehr müssen die transzendenten Kräfte zurückbleiben; der Held steigt aus dem Reich des Schreckens wieder empor (Rückkehr, Auferstehung).

Der Segen, den er bringt, wird der Welt zum Heil (Elixier).“ [14]

Dieser alte Grundrhythmus von Abstieg und Aufstieg, Aufgabe und Hingabe, Anfang, Nadir (Tiefpunkt) und Erlösung schimmert in vielen alten Mythen der Völker durch.

Das „Amudat“, eines der ältesten Unterweltsbücher der alten Ägypter, beschrieb eine solche Reise mittels Hieroglyphen. Unterirdische Gruften waren, wie die Gänge der Pyramiden, symbolische Orte des Sonnenlaufs durch die zwölf Stunden der Nacht. Der Sonnengott glitt, so der Glaube, jede Nacht auf einer goldenen Barke, umgeben von mächtigen Göttern, den Gestirnen, Stunde um Stunde durch die Unterwelt. Bis er am nächsten Tag wieder voll am Himmel stand.

3.1. Springende Wüstenmaus. Ein wegweisendes Indianermärchen

Das indianische Märchen von der springenden Wüstenmaus verläuft in einem solchen Spannungsbogen. Auch und gerade die MännerQuest, so wie ich sie verstehe, folgt diesem. Die völlständige Version steht im Buch: „Visionssuche“ von Steven Foster im Arun-Verlag. [15] Ich erzähle es hier in meinem Erzählduktus.

Ein kleiner Mäuserich hört eines Tages ein Rauschen in seinen Ohren. Er ist verwundert und will dieses Rauschen verdrängen. Doch es kommt immer wieder und seine Freunde meinen, er sei wohl krank.
Da trifft er einen Waschbären, der ihm kund tut, dass dies das Rauschen des großen Heiligen Flusses sei. Waschbär begleitet (quasi als Initiationsmentor) den kleinen Mäuserich zu diesem Fluss und verschwindet wieder.

Der Mäuserich sieht viele Dinge, die im Fluss des Lebens dahintreiben. Mit Hilfe des Frosches, der sich besonders gut mit dem Fluss auskennt, sieht die kleine Maus sogar die Heiligen Berge. Man kann den Mäuserich hier mit einem Quester oder Initianden vergleichen, also mit jemanden, der nach etwas Größeren, zum Beispiel den Heiligen Bergen, sucht und auf eine Helden- bzw. Unterweltreise geht.

Mit dieser Vision, dass es mehr gibt als sein kleines Mäuseleben, kehrt er zu seinem Volk zurück. Aber man glaubt ihm nicht.
Die Wüstenspringmaus, Kleiner Mäuserich, hat jedoch von nun an mehr gesehen als die anderen Mäuse in seinem Dorf.

„Nun gibt es natürlich keine einfache Faustregel, nach der man voraussagen kann, ob der Versuch eines suchenden Initianden und Questers schließlich zum Ziel seiner Vision zu gelangen ein wirklicher Erfolg wird, so wie man nach einem Multiple-Choice-Test sagen kann: Bestanden/Nicht-bestanden. Man kann aber sagen: „Es wird nicht alles anders als vorher, aber nichts mehr ist so wie es war“.[15]

In der Geschichte von Springender Maus gibt es verdeckte Hinweise, wie es weitergehen kann nach einer Quest- und Heldenreise.
Unser Mäuseheld schüttelt sich nach einiger Zeit den Staub vom Land der Mäuse wieder von den Pfoten und beginnt eine zweite Reise.
Er zieht wieder los, quer über die große, unbekannte Prärie.
Die Sehnsucht nach dem „mehr...“ hat ihn erneut ergriffen.
Er läuft unter einem gnadenlosen Himmel entlang, der übersät ist von den todverheißenden Schatten der Adler (Symbol für Bedrohung, Ängste, Widerstände, Krankheit, emotional-geistig-seelische Blindheit, etc.), bis er zu einem Salbeibusch gelangt.

Dort lebt Alte Maus, durch den Busch vor den Gefahren der Prärie geschützt und versehen mit einem unermesslichen Vorrat an Samen und anderen guten Dingen zum Essen. Alte Maus gibt zwar zu, dass der Heilige Fluss existiert, doch versucht zugleich, Springende Maus von der Suche nach den Heiligen Berge abzubringen.
» Sie sind nur eine Sage «, sagt er und lädt SpringendeMaus ein, bei ihm unter dem Salbeibusch zu bleiben, wo sie ein bequemes, wohlbehütetes Leben führen könnten.

Springende Maus ist erstaunt, dass Alte Maus nichts mehr über die Sehnsucht nach den großen Bergen weiß. Obwohl die ältere Maus ihm erklärt, er sei verrückt, diesen Platz zu verlassen, weigert sich Springende Maus, bei seinem Gastgeber zu verweilen. Der Mäuserich geht wieder in die Prärie hinaus. Das Gelände ist rau. Aber er krümmt seinen Schwanz und läuft mit aller Kraft. Er kann die drohenden Schattenflecken der Adler auf seinem Rücken fühlen, während er rennt. All diese Flecken!

Auf die MännerQuest heute und diese Art der Heldenreise übertragen bedeutet dies:

Schwierigkeiten, Ängste, Schatten und Widerstände tauchen nach der Quest neu auf.
Erinnert sich dieser Mann noch an die Wüste und die Begegnungen mit ihren Wesenskräften?
Behält er seine Kraftquelle und seine Sehnsucht?
Oder gibt er auf?
Versinkt er in Selbstmitleid, Grübelei, Nabelschau und Depression?
Will er am alten Ort (altes Verhalten) von Alter Maus bleiben?
Entschließt er sich, weiterzureisen oder zu bleiben und vom Pfad seiner Suche abzuweichen?
Was wird dieser Mann wohl mit der neuerworbenen Kraft seines erweiterten Bewusstseins anstellen?
Wird er zu der einmal erlangten Überzeugung stehen, dass es mehr gibt als ihn selbst, wird er über den Tellerrand seiner (bisherigen) Geschichte hinausblicken, trotz der bedrohlichen Adler (Selbstzweifel)?
Hat er genügend Mut und Antriebskraft (positive Aggression), weiterzugehen bei seinem Vorhaben?

Wenn dies der Fall ist, wird er die neue Herausforderung annehmen.

4. Chancen und Risiken männlicher Initiationsrituale

Warum gerade das Konzept der Heldenreise, bzw. initiatischer Rituale überhaupt, in Deutschland erst einmal verdächtig sind, liegt aus historischen Gründen nahe. Diese Rituale gehen besonders tief und setzen besondere Qualitäten von Männlichkeit frei. Und starkes Mannestum wird ziemlich schnell mit militärischem Gehabe assoziiert.
Und eine gewisse Berechtigung muss man den Warnenden zugestehen: Wenn diese Konzepte in die Hände missbrauchender, undemokratischer und „unreifer" Männer gelangen, können sie Unheil anrichten.

Aber wenn sie nicht durchgeführt werden, initiieren sich junge Männer erfahrungsgemäß selbst, indem sie sich in Grenzsituationen begeben, diese suchen und auch finden. Eine solche Selbst-Initiation bleibt aber durch das Fehlen der Mentorenschaft eines „Weisen Alten" oder „Ältesten" meist auf halbem Wege stecken und bringt keine wirkliche Wandlungserfahrung mit sich, sondern entfaltet unter Umständen eine gefährliche Kraft.
Stellen Sie sich einfach einen jungen Mann ohne genügend Flugerfahrung und mit einem illegal erworbenen Pilotenschein vor. Es kann gut gehen, aber oft geht es eben nicht gut.

Jedes intensiv wirkende Konzept, jede Methode, jedes Medikament oder Potential ist zugleich bipolar, wenn es nicht durch Erfahrung ausbalanciert wird: Das heißt, es trägt sowohl positives als auch pathologisches Material in sich, es hat Stärken und Schwächen. Diese Potentiale stellen sich, je nach Situation, Ausgangskonstellation und Prozessentwicklung, bzw. historisch-gesellschaftlich-kulturell gesehen, in einem äußerst differenzierten Licht dar.
Es scheint so, dass durch Unachtsamkeit und menschliche Schwächen pathologisch aktivierte archetypische Muster in größeren Massengesellschaften eher eine starke zerstörerische Kraft entwickeln als in kleinen Stammeseinheiten. Sie können, wenn sie unbewusst aktiviert werden, mühelos sowohl Individuen als auch ganze Völker in einen Rausch der Überheblichkeit versetzen.

Mit dem Blick des Theatermachers spürte ich dem verdrehten germanischen Siegfried-Mythos aus der bekannten Nibelungensage nach.
Siegfried, der romantische, blond-blauäugige Held, wurde aus meiner interpretierenden Sicht nicht von Hagen, einem dunklen Fremden getötet, sondern von seinem eigenen Schatten. Seinen eigenen Schatten, seine dunkle Seite, seinen Schattenbruder erkannte der im Licht stehende, „helle", blonde Siegfried nicht als einen Teil von sich selbst.
Waren die deutschen Soldaten des 3. Reiches nicht auch zum Teil blauäugig blinde Männer?

Dr. Steven Foster, Begründer der School of Lost Borders aus Kalifornien fragte sich zu Recht:
„Wo sind die Männer, die ganz männlich sind, ganz menschlich?
Es gibt sie, aber ihre Zahl ist bedauerlicherweise klein. Es ist heutzutage nicht einfach, volle Männlichkeit zu erreichen. Aber manche von uns versuchen es noch nicht einmal.
Eine Art von sturer Energie (positive Aggression und Leidenschaft, Anmerk. d. Verf.) in uns muss uns dauernd vorantreiben, Pfade hinunter, die dunkler, weniger befahren, tragisch, verboten sind, Pfade, die wieder und wieder ein umfassenderes Selbst erfordern.
Wir modernen Männer leiden am schlimmsten unter dem Fehlen kulturell gebilligter Riten des Mannseins.
Tief im Innern dieser Wunde schreit unser kleiner Junge, stampft mit den Füßen im Schlamm und beklagt seine Unfähigkeit, seine eigene Wahrheit zu leben, der Held (innerer Krieger, Anm. d. Verf.) zu sein, der Liebhaber, der König, der Zauberer (Magier, Anm. d. Verf.), all das, wovon er weiß, dass er es selbst ist.“ [16]

Natürlicherweise muss ein junger Mann seine eigenen Kräfte und Möglichkeiten ausprobieren können. Er will gut sein und Recht haben, ein Held sein, der weiße Ritter. Aber er muss wissen, dass es in ihm auch den schwarzen Ritter gibt, der mit seiner Rechtschaffenheit zerstörend wirken kann. Junge Männer sind wunderbar ehrlich, aber trotzdem unreif und gefährlich wie junge Bären.

Ich hatte es bei meiner eigenen Quest logischerweise auch selbst mit diesem „Heldendämon“ zu tun.. .
Ich stieg damals am vierten Tag aus dem Canyon auf die Hochebene hinauf und zog für die letzte Nacht ohne Schlafsack in meinen Steinkreis.
Dabei kam das, was ich bisher unter „Held“ verstanden hatte, mächtig ins Wanken.
Ich verbrachte die letzte Nacht halb wach und halb schlafend. Mitleid mit frierenden Menschen in allen Teilen der Welt kam in mir auf.
Oder war es verdecktes Selbstmitleid?
Ich musste ein wenig schmunzeln.
Da lag ich nun, mit Skimütze über den Ohren und Hightech-Thermounterhosen. Mir war speiübel und das Heldentum war mir egal.
Dennoch denke ich heute mit Stolz daran, diese letzte Nacht durchgehalten zu haben. In schwierigen Situationen meines Lebens erinnere ich mich an damals. Und irgendwann war diese eiskalte Wüstennacht vorbei und die wärmende Sonne stieg auf. Ich war dann doch ein Held, aber ein anderer als der, den ich mir vorgestellt hatte zu sein. Ich musste mich auch zu meinen Unfertigkeiten und Schwächen bekennen.

4.1. Helden – Dämonen – Heilung

Im heilenden Heldentheater des Theatertherapeuten Paul Rebillot wechselt die Hauptfigur bei Improvisationen oft zwischen der Heldenposition und der Dämonenrolle. Der Dämon stellt den Schatten dar, den ich nun schon so oft beschrieben habe.
Die Hauptfigur hat einen realen Begleiter aus dem Kollegium, der auf eine den Protagonisten nicht gefährdende äußere Umgebung achtet.

Von Zeit zu Zeit wird ein Positionswechsel vorgeschlagen. Der Held muss seinen Schattendämon spielen. Die anderen Mitglieder sorgen ebenfalls dafür, dass dem Handelnden, dessen Augen verbunden sind, nichts passiert, wenn er durch den Raum geht.

Es gibt aber noch eine besondere Übung, nämlich die des Gegenrollen-spielers:
Möchte der Held die physische Kraft seines Dämons (Schattens) noch körperlicher spüren oder empfinden, wie es ihm geht, wenn der Dämon tobt, so übernimmt der Gegenspieler körperlich real diesen Part.

„Die Funktion der Mitspieler besteht im Anschluss daran darin, die Erfahrungen des Handelnden zu vertiefen. Sie sind kein Publikum, dem eine Vorstellung geboten wurde, feuern aber durch Rufe und Musik den Dämon beziehungsweise den Helden an.“[17]
Es wird eine Reise ins Unbewusste/Unterbewusste. Der Held kann seinen Schatten wirklich kennen lernen.
Er ringt im wahrsten Sinne des Wortes mit ihm.

Naturvölker haben dieses rituelle Theater zu kathartischen Heilungsprozessen benutzt. Diese Art von Heldenreise ist ein mächtiges Instrument und ruft archaische, gewaltige Bilder hervor.
Nicht nur der Rolleninhaber, auch die Helfer erleben ihr eigenes Schattenpotential.
„Von innen heraus spüre ich, was es bedeutet, zerstörerisch, ungerecht oder nicht in Balance zu sein. Aber das ist es, was Männer suchen und kennen lernen müssen, um es handzuhaben und nicht vom eigenen Schatten „übermannt“ zu werden.“[18]

Der Ablauf der Heldenfahrt ist tatsächlich im Wesentlichen immer gleich. Der Protagonist der Heldenreise durchläuft typischerweise auch die drei Stationen: Trennung, Initiation und Rückkehr.

Die Phase der Trennung beginnt in der Regel mit dem Helden, der seine Heimat verlässt, um nach dem tieferen Sinn des Lebens zu suchen.

Dann folgt eine Zeit, in welcher der Held sich einer Initiation in Form eines besonderen Tests unterzieht und so in die Geheimnisse der Natur und des Universums eingeweiht wird. Diesen Brauch der Initiation kennen alle größeren Kulturen.

Die entsprechenden Riten haben mindestens die folgenden zwei Aspekte gemeinsam: Zum einem markiert die Initiation für das Individuum einen entscheidenden Übergang von einer Phase des Lebens zur nächsten (wie z.B. vom jugendlichen Mann zum erwachsenen Mann oder heute, vom unreifen Mann zum reifen Mann), zum anderen eröffnen Initiationsriten neue Wege im Umgang mit anderen Menschen.
Die Erfahrung der Initiation knüpft Verbindungen für alle, die sie durchlebt haben.

So kehrt der Held schließlich mit dem durch die überstandene Prüfung erworbenen Wissen und der Fähigkeit zur Erneuerung zurück.

Joseph Campbell sagt dazu, dass das Kernziel dieses „heiligen" Wissenserwerbs in allen Kulturen im Wesentlichen darin bestehe, dass der Held am Ende über ein Gespür für die Wunder und die Teilhabe an diesem unendlichen Universum verfüge. Dieses Wissen erwerbe er aber nicht zum Selbstzweck. Vielmehr gehe an einer bestimmten Grenze der Raum des Persönlichen in den Erfahrungsraum der gesamten Menschheit über. Es sei daher die Aufgabe des Helden, sein hart erarbeitetes Wissen und seine Fähigkeit zur Transformation einzusetzen, um die Gesellschaft zu erneuern.

5. Globale Initiation

Aufgrund dieses gesellschaftlichen Bezugs lag es für den Sozialwissenschaftler Duane Elgin nahe, den Mythos der Heldenreise auf die Situation der globalen Gemeinschaft zu übertragen.
Nach den Erkenntnissen von Elgin hat die Menschheit in den letzten 35.000 Jahren eine Phase der Separation durchlebt, die im Ergebnis zu einer komplexen, stufenweisen Abspaltung von der Natur geführt hat.
Auch wenn die Menschheit im Verlauf ihrer bisherigen Entwicklung bereits mit einer Vielzahl von Herausforderungen konfrontiert wurde, sah sie sich noch nie einer Problemlage gegenüber, die den ganzen Planeten und die Menschen als Spezies in ihrer Existenz bedrohte.
Es sei noch nicht entschieden, ob diese Prüfung bestanden werde.
Er bezeichnet die bevorstehende Prüfung auch als „Zerreißprobe".
Es gebe aber durchaus gute Chancen dafür, dass die Menschheit den anstehenden „evolutionären Sprung" bewältigen werde.

So laufen zur Zeit vier mächtige Trends zusammen, welche uns in die Lage versetzen könnten, die kommenden Herausforderungen zu meistern:
„Der erste dieser Trends ist das Hervortreten eines neuen Paradigmas der Wahrnehmung, welches uns dazu einlädt, die Lebendigkeit und die Einheitlichkeit des Universums zu

erfassen. Bisher hielten die Wissenschaften das Universum in seinen Grundelementen für unbelebt, doch heute deutet vieles darauf hin, dass das Universum sich ähnlich wie ein lebendiger Organismus verhält."
Elgin sagt, dass solch eine Einstellung alleine schon zur Wandlung führen könne. Die Idee und die direkte Erfahrung des Universums stellt unsere Ansichten darüber, wer wir sind und wohin wir gehen, in einen vollkommen neuen Zusammenhang.

Der zweite Trend ist die Veränderung hin zu einfacheren Lebensstilen und zu einer die Erde weniger belastenden Lebensweise. Es sieht danach aus, als würden viele Menschen bereits jetzt ihr Leben freiwillig einfacher gestalten, um so zu einer erfüllenderen und tragfähigeren Lebensweise zu finden

Der dritte Trend ist die globale Kommunikationsrevolution, die uns die Werkzeuge zur Verfügung stellt, um ein gemeinsames – ja sogar globales Vorgehen – abzustimmen und so unseren Weg in eine positive Zukunft zu bahnen.

Der vierte Trend verdeutlicht, dass Versöhnung unabdingbar ist für das Überleben auf unserem Planeten. Es geht um die Aussöhnung zwischen ethnischen Gruppen, Völkern und den Geschlechtern, um Fragen der Einkommensverteilung, um die Beilegung von Generationenkonflikten sowie um eine Annäherung an andere Lebewesen, von denen wir uns abgeschottet hatten.
Nur diese Aussöhnung kann es uns schließlich ermöglichen, alte Wunden zu heilen, die uns Menschen von der Freisetzung unserer Potenziale abhalten.

Gerade in diesem Aufeinandertreffen der schädlichen mit den chancenreichen Trends sieht Duane Elgin eine besondere Ironie, aber auch eine Chance. Im Moment sieht es so aus, als ob wir durch unser eigenes Handeln die Umstände selbst schaffen, die zu einer Prüfungssituation kulminieren, in der wir beweisen müssen, ob wir in der Lage sind, neue Höhen der Reife und eines menschlichen Heldentums zu erlangen.

6. Männer, Natur und Leiblichkeit

Nach dem klassischen psychoanalytischen Konzept von Sigmund Freud neigt ein Mensch, wenn er seine sexuellen Triebkräfte nicht ausleben kann, angeblich dazu, diese Kräfte zu sublimieren und „Kultur" zu schaffen.

Es gibt aber inzwischen wichtige Denkansätze, die die plumpe Gegenüberstellung – hier Kultur, dort „triebhafte" Natur – ablehnen. Vielmehr werden Kultur und Natur in einer wechselseitigen Anpassung gesehen. Sie umlagern sich sozusagen gegenseitig.
Daher sind sozialwissenschaftliche Auffassungen nicht gerechtfertigt, die den Menschen als instinktmäßig verarmt und als Kulturwesen der Natur deshalb diametral entgegengesetzt verstehen.

„Für Sigmund Freud war Triebunterdrückung die Grundvoraussetzung für jegliche kulturelle Leistung. Maslow beobachtete im Gegensatz dazu, dass auch die höheren Bedürfnisse, wie das nach sinnvollem Tun, Kreativität, Dienst am einzelnen Mitmenschen und an der Gemeinschaft, Freude am Wahren, Schönen und Guten usw. den Charakter von Trieben haben, die sich durchsetzen, sobald Primär- oder Mangelbedürfnisse, wie die nach Luft und Wasser, Nahrung und Beachtung, Geborgenheit, Zuwendung, Anregung, Schutz und Unterstützung, usw. ausreichend befriedigt waren, daher als jederzeit wieder befriedigbar erfahren wurden und so ihre das Verhalten bestimmende Dringlichkeit verloren. Verkürzt ausgedrückt, haben die, die sich die kleinen Freuden selbstverständlich gönnen und keine Kraft in der Selbstunterdrückung vergeuden, Kräfte frei für die Verwirklichung höherer Ziele.
Maslow gelang so ein genialer Brückenschlag zwischen philosophischer Tradition und psychologischer Wissenschaft. Er entdeckte mit den Mitteln moderner Forschung, dass das Streben nach dem Höheren, dass Geistigkeit und die Suche nach Gotteserkenntnis nicht im Widerspruch zum natürlichen Menschen stehen, sondern eingeborener, geradezu instinkthaft verankerter Ausdruck menschlicher Natur sind.

Der Mythos von einer beliebigen Formbarkeit sämtlicher Empfindungs- und Verhaltensweisen per Sozialisation, Erziehung und Kultur bricht zusammen. Der Vorteil ist, dass das grundsätzliche Misstrauen gegenüber den eigenen Triebkräften, dem eigenen Körper und Leib abnimmt. Es gibt sozusagen ein tieferes Selbst, das Ich und Leib als Quelle des Antriebes integriert."[20]

Damit erfährt das sogenannte Körperselbst, wie es die Körpertherapie beschreibt, Entlastung. So muss der Körper und Leib nicht mehr beherrscht werden, auch nicht das Tierische im Menschen und auch nicht der „Schatten", das Böse und der Teufel.
So muss auch der Mann gegenüber seinen eigenen Triebkräften nicht mehr durch Manneszucht gestählt werden, sondern Kopf, Verstand, Herz und sexuelle Triebkräfte des

Mannes, wie im Archetypenmodell schon aufgezeigt, können lernen, in Balance miteinander auszukommen. Vor allem hören sie gegenseitig aufeinander.
Dazu tritt an dieser Stelle noch ein zusätzlicher wichtiger Effekt auf:
Da in alten Ideologien die Frau und das Weibliche als Mutter Natur, Mutter Erde bezeichnet wurde, der der Mann als geistiger Herrscher und Denker diametral und manchmal auch herrschend gegenüberstand, muss der Mann in diesem neuen Modell nicht diese Mutter Natur, die triebhaft-leiblichen Kräfte der Erde, und damit das weibliche Prinzip und die Frauen als Konkurrenz abwehren.
Er kann sie leichter in sein Mann-Sein integrieren.

Der ständige Ruf nach Bändigung und Züchtigung junger Männer würde dann auch eher aufhören.
Man könnte leichter und unbefangener über die hohe Leidenschaft, positive Aggression und Vitalität junger Männer sprechen.

7. Männerinitiation und Gemeinschaft

Aber kehren wir zur kleinen, einfachen Wüstenspringmaus zurück.
Sie ist wieder weitergezogen, hinaus aus dem gesichert-gemütlichen Nest von „Alter Maus" in die gefährliche Präriewüste.
Dort trifft sie auf einen kranken Büffel.
„Ich bin krank und sterbe", sagte der Büffel, „und meine Medizin sagt mir, dass nur das Auge einer Maus mich heilen kann."

Verständlicherweise war Springende Maus erschrocken und bekam Angst.
„Eines meiner Augen! Eines meiner winzigen Augen."
Aber es war offensichtlich, dass diese große Seele im Sterben lag.
„Er wird sterben", bemerkte unser Held „wenn ich ihm nicht mein Auge gebe. Er ist ein zu großes Geschöpf, um ihn sterben zu lassen."
Springende Wüstenmaus sagte dem kranken Büffel, dass er ihn nicht sterben lassen wolle und bot ihm eines seiner Augen an.
Und im selben Augenblick „flog ein Auge aus seinem Kopf heraus, und der Büffel war geheilt." Der Büffel sprang auf und sagte: „Ich weiß von deiner Suche nach den Heiligen Bergen und von deinem Besuch am Fluss. Du hast mir das Leben geschenkt, so dass ich den Menschen Geschenke machen kann. Ich werde für immer dein Bruder sein.
Lauf unter meinem Bauch, und ich werde dich bis zum Fluss der Heiligen Berge bringen, und du brauchst dich nicht vor den Flecken und Schatten zu fürchten. Die Adler können dich nicht sehen, während du unter mir läufst. Alles, was sie sehen werden, ist der Rücken eines Büffels."

Die kleine Springende Maus nahm das Angebot des Büffels, unter seinen donnernden Hufen bis zum Fuße der Heiligen Berge zu laufen, dankbar an. Mit nur einem Auge war es furchtbar, unter den Hufen zu laufen, die ihn mit nur einem Fehltritt töten konnten. Doch der Büffel beruhigte ihn: „Meine Art des Gehens ist der Sonnentanz-Weg, und ich weiß immer, worauf meine Hufe fallen werden."
Nach einer gewissen Zeit kamen sie an ihrem Bestimmungsort an.
Der Büffel verließ Springende Maus am Fuße der Heiligen Berge.

So erzählt die Reise von Springende Maus, wie man zu den Bergen der Vision gelangt.

Die Prärie, die Wüste oder eine Waldwildnis in Nordschweden versinnbildlichen den Lebensweg des suchenden Initianden, des Questers. Seine Lebensspanne, den Horizont, den er erreichen muss.
Diese große Prärie existiert jedoch auch in seinem Innern, in einem äußerst realen Sinne muss er deshalb das Land der Mäuse eigentlich gar nicht verlassen, um quer über die Prärie zu laufen.
Er könnte sein ganzes Leben in seinem Büro am Computer sitzen oder an der Werkbank stehen.

Jeder, der seine Vision auf Erden im Angesicht der Menschen verwirklicht, kommt irgendwann einmal an den Sterbeplatz seines kränkelnden Volkes.
Konfrontiert mit der tatsächlich unbestreitbaren Notlage seiner Gemeinschaft der Männer auf dem Weg zu wirklich liebevoller Hingabe gibt er (opfert er) einen wertvollen Teil seiner selbst, damit diese Gemeinschaft wieder gesunden kann (symbolisiert durch den sterbenden Büffel).
Das verschenkte Auge kann für fast alles von großem persönlichen Wert stehen: persönliche Konsumfreiheiten, Jugendlichkeitswahn, materieller Reichtum, Versicherungen, mehrere Autos, etc. etc.
Er nimmt sein Päckchen auf sich. Er erleidet eine „Verletzung", hat seine „Wunde".
Er stellt sein Leben in den Dienst einer Berufung.
Seine Entscheidung entspringt seiner Hingabe an die Liebe zu einer Gemeinschaft, ob klein, zu zweit oder groß.
Doch durch das Aufgeben eines Teils seiner selbst gewinnt er gleichzeitig auch etwas.

Zwar ist der Suchende jetzt halb „blind", doch hat er sich im übertragenen Sinn einen besonderen Schutz vor Unheil erworben.
Der Büffel (der andere, das DU, die Gemeinschaft, das WIR) schirmt ihn vor den scharfen, durchdringenden Augen der Adler ab.
Er wird im Schutz des breiten Rückens seiner Gemeinschaft zu den großen Bergen reisen.
Das Hergeben ist der Prüfstein, der Geheimschlüssel zum Erreichen der Heiligen Berge.
Jeder, der sich nicht mit Liebe verteidigt, wird rasch vom Misserfolg eingeholt werden.

Die „volle Rüstung Gottes anzulegen“, bedeutet, ein Auge herzugeben, damit die Menschen leben werden.
An dieser Stelle wird der notorische Zyniker einwenden: „Na sicher, es ist ja schön und gut, optimistisch über das „Herschenken von Liebe“ zu reden, aber analysiert man das Ganze einmal in bezug auf die heutige Zeit, dann ist es gar nicht mehr so einfach.
Wir schenken den Menschen etwas, doch sie scheren sich nicht darum oder sie missverstehen unsere Motive, oder wir missverstehen die ihren.
Schauen wir den Tatsachen doch ins Auge. Jeder kümmert sich doch im Grunde seines Herzens nur um sich selbst.
Heutzutage könnte Springende Maus doch auf dem Weg zu den Heiligen Bergen von einer Kröte mit einem vergifteten Verstand umgebracht werden, sagt der ehemalige Idealist der zum (vergifteten und vergiftenden) Zyniker wurde.

An dieser Stelle möchte ich nochmals Thomas Scheskat vom Göttinger Institut für Männerbildung zitieren, der schreibt:
„Wer könnte sich in unserer dermaßen in Szenen, Schichten und sonstige soziale Welten zersplitterten Kultur anmaßen, „die“ Männer zu repräsentieren?
Es kann also auf absehbare Zeit nur darum gehen, ein wie immer archaisches Bedürfnis nach Einweihung in der Männerpsyche anzusprechen und individuelle Wege des Umgangs damit zu ermöglichen. In einem generellen, ethischen Sinne ist jeder Mann dafür verantwortlich, was er den nachkommenden Männern an Männlichkeit vorlebt und weitergibt. Auf diese Verantwortung wollen wir die Aufmerksamkeit lenken. Psychologisch gesehen repräsentiert jeder nahestehende Mann für einen Jungen durchaus „die“ Männer, was auch für den Mann im Erwachsenenalter, z. B. in der Begegnung mit Autoritäten, weiterwirkt.“[21]

Also ist eine potente Männergemeinschaft doch nicht erstrebenswert?

Aber welchen Heldentypus eines Mannes brauchen wir heute?
Einen kollektiv-gemeinschaftlich orientierten oder einen rein individualistischen?
Der Heldenbegriff ist in Deutschland ambivalent.

Sollen Männer soweit entmündigt werden, dass sie nur noch mit der Laubsäge arbeiten dürfen und nicht mit der Motorsäge?
Ist immer sofort und nur bei Männern zu befürchten, dass ganze Wälder gerodet werden oder ist es nicht auch wundervoll, dass Möbel unter Nutzung beider Werkzeuge gebaut werden können?
Dass Körper, Geist, Leib und Seele zusammenspielen, gerade bei uns Männern?

Inschaa-Allah – انشاءالله – So Gott will!

III. Mein persönlicher Weg als Initiationsmentor

1. Rückblick

Ich habe bereits einen Teil meiner Lebensreise als Schauspieler, Regisseur und Mentor für Männer erzählt, die wie eine Heldenreise verlief und mir die Grundmuster männlicher Entwicklung samt ihren „Schatten" bewusst machte.
Beginn, Trennung, Schwelle, Prüfungen, Niederlagen, Krisen, Erkenntnisgewinn, Gewinn, der Gemeinschaft zur Verfügung stellen. Und wieder von vorne: Beginn, Abschied, und so weiter wieder von vorne ...
Nur zum Teil gelang es mir, die vorwärts- und zielgerichtete Strebsamkeit in Form einer guten Kraft der Aggression mit dem Prinzip der frei strömenden und unkontrollierten Hingabe an das Leben zu verbinden.

Im Hintergrund lauerte die Sucht und so musste ich doch immer wieder wach und präsent sein und die Verantwortung für mich selbst übernehmen.

> *„Als hätte einer einen Gott, der es ihm sagt.*
> *Doch draußen geht der Wind, der viel zu kreisen hat.*
> *Was wartest Du auf Gott, der viel beschäftigt ist.*
> *Nimm deinen Sold in deine eignen Hände und wende*
> *Was noch nicht gottgewollt. Zu einem deinem guten Ende",* [22]

schrieb der Münchner Initiationstherapeut, Norbert Jose Mayer, in einem seiner selbstverlegten Gedichtbände und gab mir dabei Orientierung.

Das Gleiche sagt der Sinnspruch der Wüstennomaden:
„Vertraue Gott (Allah) und binde Dein Kamel fest!"

Ich kann mich aber auch noch an einen, im wahrsten Sinn des Wortes „wunderbaren" Traum auf einer meiner Wildnisreisen in Nordschweden erinnern, der mir das Prinzip der verströmenden Hingabe des Lebens nahe brachte:
Ich schwamm im gischtschäumenden Meer in der Nähe der Felsen, hatte Angst und konnte mich nur schwer über Wasser halten. Ab und zu ging ich unter. Ich verkrampfte mich dabei und kam gerade noch hoch. Da entschied ich mich, den Kampf aufzugeben, und ließ mich untergehen.

Ein Wunder geschah.
Je tiefer ich in den mit Luftbläschen durchwirbelten Sog des schäumenden Meeres geriet und je tiefer ich ins Meer hinuntersank, desto besser konnte ich atmen.
Mein Brustkorb entspannte und weitete sich.
Die Lungen füllten sich mit frischem perlendem Sauerstoff.
Ich fühlte mich am nächsten Morgen fast wie neugeboren.
Als wäre ich aus einer tiefen Depression aufgetaucht.
Ich begann, das Leben zu genießen.

Als der Tiefenpsychologe C. G. Jung sich mit dem Phänomen des Alkoholismus und der Drogensucht auseinandersetzte, kam er immer mehr zu der Überzeugung, dass der Drang nach Alkohol bei jungen, aber auch bei erwachsenen, Männern Ausdruck des menschlichen Strebens nach Ganzheit sei.
Wer kennt es nicht. Starke Männer erscheinen plötzlich gefühlsduselig und sentimental. Die andere Seite des Lebens, das weiche Gefühl will sich breit machen. Der Griff zur „Zündkerze", zum „Entspanner" und „Lösungsmittel", d. h. zur Flasche, liegt dann nahe.
Die Suche nach verlorenen Seelenteilen endet in der Sucht.
Aussteigen, entspannen, vergessen, abschalten, anscheinend leichten Zugang zum anderen finden – Nähe, Geborgenheit und etwas von umhüllender Wärme spüren.

Mein Aufstieg zum Mentor begann, als der körperliche Abstieg anfing, mit 40 Jahren. Die Seele wurde frei, weil der männliche Muskelpanzer nicht mehr so hart war.
Aber geschah dieses Hergeben, wie bei der kleinen Wüstenspringmaus des indianischen, mythologischen Märchens wirklich freiwillig?
Oder war es eher ein Aufgeben, einem äußeren Zwang folgend?
Kommen nicht die meisten Männer erst nach tiefen Krisen zu einer wirklich lebendigen, einfachen und dennoch kraftvollen Hingabe ans Leben, wenn überhaupt?
Finden sie nicht erst dann den Weg ins eigene Herz, mit allen Licht- und Schattenseiten?

Erst nach meiner Lebenskrise, als ich meine Alkoholsucht überwunden hatte und nach dem Hingabe fordernden Questritual, spürte ich in meinem eigenen Körper eine Art Wachheit, männliche Würde und visionäre Kraft, eine Präsenz und Ergriffenheit, die mehr war als eine kurzfristige Idee im Kopf.
Ich entwickelte ein Angebot für Männer in tiefen Seins- und Wachstumskrisen.
Durch meine Angebote zieht sich bis heute ein roter Faden:
Förderung natürlicher Begabungen und besonderer Fähigkeiten von Männern. Dabei spielt die Verbindung von Hingabe und Tatkraft, Sensibilität und Mut die wichtigste Rolle.
Denn Männer haben, sowohl privat als auch beruflich, innere und äußere Herausforderungen zu bestehen. Selbst erfolgreiche Männer haben manchmal Schwierigkeiten, Neues und Unbekanntes auszuprobieren. Teilweise gehört sogar das Eingeständnis dazu, dass das bisherige Verhalten manchen Lebenssituationen nicht ganz gerecht wurde.

So ermuntere ich Männer, sich einen Freiraum zu nehmen, in dem sie ihre persönlichen und beruflichen Talente entdecken. Sie lernen, ihre Lebensaufgabe und Vision zu finden und sie auch konkret umzusetzen.

Meistens gilt es, einen nächsten Schritt, manchmal sogar einen großen Sprung zu wagen. Orientierungshilfe bieten dabei im direkten und übertragenen Sinn:

- *Die vier Grundmuster (Archetypen) des Mannes:*
  König, Innerer Krieger, Liebhaber, Magier
- *Die vier Elemente: Feuer, Wasser, Erde und Luft*
- *Die vier Jahreszeiten*
- *Die vier Lebensalter*
- *Die vier Himmelsrichtungen*

Mein Konzept umfasst einerseits individuelle, ruhige Beratungssituationen, andererseits spannende, gemeinschaftliche Gruppenerlebnisse. Die MännerQuest in der Waldwildnis Nordschwedens und in der Bergwüste Sinai steht an zentraler Stelle. Die intensiven Männerwochenenden mit Schwitzhütte können zu einer ersten grundsätzlichen Bestandsaufnahme genutzt werden mit der Frage: „Wo stehe ich – wohin gehe ich?" Oder sie dienen der Vor- bzw. Nachbereitung der MännerQuest. Fachseminare, Trainings- und Fortbildungsmöglichkeiten ergänzen das Ganze.
Alte und junge, unerfahrene und erfahrene Männer begegnen sich dabei in einem initiatorischen Männerkreis. Nach längerem Kennenlernen können sie dann auch als frei assoziiertes Mitglied und Mentor in einem „Stamm-auf-Zeit" bei Initiationsprojekten mitwirken.
Dabei gestalte ich meine Arbeit, zusammen mit meinen Mitarbeitern und Kooperationspartnern, in einer an den modernen Europäer angepassten und für ihn sinnvollen Form.

1.1. Wachstumskrisen

Natürlich war ich nicht vollkommen „geheilt", perfekt und ohne Schatten nach dem Stop mit dem Alkohol.
In einer Selbsthilfegemeinschaft, in der ich mich mit der Alkoholsucht befasst hatte, war ich überhaupt das erste Mal wirklich gemeinschaftsfähig geworden. Ich hatte ein beständiges Zuhause im Kreise anderer Gleichgesinnter gefunden. Ich konnte darin geistig „nüchtern" werden und lernte klar zu denken, weniger anderen Schuldvorwürfe zu machen, sondern die mir gemäße, momentane Wahrheit zu vertreten und in einer sogenannten Ich-Aussage wahrhaftig von mir und nur von mir zu sprechen.
Ich kam ja aus der Gosse. Das ist nicht wörtlich zu verstehen! Ich hatte mir meinen Bahnhofsvorplatz als inneren Sumpf zu Hause im stillen Kämmerlein eingerichtet.

Ich lernte das erste Mal das „Wir" einer Gemeinschaft als etwas Größeres zu verstehen, das über den Tellerrand meiner eigenen Gefühlsduselei hinaus wirkte.
Da waren Menschen, die Kraft aus ihrer Wunde zogen. Die eine Art Heldenreise durch die Unterwelt hinter sich hatten und verstanden, dass sie alle im gleichen Boot auf „hoher See" saßen. Ich vertraute mich einem Mentor an, der schon länger trocken war als ich und mehr Erfahrung hatte.
Ich lernte das Prinzip der „Hilfe durch Nichthilfe" kennen, einer Form der sogenannten harten Liebe. Musste mich mit den Tatsachen konfrontieren lassen, wenn ich „nasse" Gedanken entwickelte, die zu einem Rückfall in die Alkoholsucht führen konnten.

Gemeinschaftsfähigkeit und der Glaube an etwas Größeres als mich selbst waren die entscheidenden Elixiere, die ich aus dieser ersten und wichtigsten Lebenskrise in meinem Erwachsenenleben gezogen hatte.
Dies geschah, wie gesagt, nicht so freiwillig wie bei der kleinen Maus, die sich dem Büffel als Gemeinschaftswesen anvertraute und ihm ein Auge schenkte.

Einige Jahre später, ich befand mich gerade auf dem aufsteigenden Ast meiner neuen „Berufskarriere" als Initiationsmentor, erfuhr ich von meinem Augenarzt, dass ich drohte, an einem Glaukom, auch „Grüner Star" genannt, zu erblinden.
Ich hatte seit einiger Zeit immer schlechter lesen können und befürchtete in meiner Eitelkeit, eine hässliche Lesebrille tragen zu müssen. Nach der schockierenden Nachricht aber wäre ich froh gewesen, nur eine Lesebrille tragen zu müssen. So schnell hatte sich meine Befindlichkeit und mein Gefühlsmaßstab geändert.

Ich war ein Ästhet gewesen und jetzt so etwas. Ich wurde ein behinderter Mann. In einer schwierigen Operation konnte nur ein Auge ganz gerettet werden. Das andere nur zur Hälfte mit 50 % Sehfähigkeit.
Ich hatte ein halbes Auge hergeben müssen, aber anders als ich mir dies mit meinem Hang zur Indianerromantik vorgestellt hatte.

Meinem Initiationsmentor Gregory Campbell schrieb ich damals einen Brief aus dem Krankenhaus:

„Lieber Greg!
Mein rechtes Auge konnte noch zu 50% erhalten werden. Gott sei Dank! Gott sei Dank? Dank?!
Ich habe das Gefühl, dass ich noch ganz gut sehe. Ab und zu kippe ich den Tee neben die Tasse, aber wenn ich meinen Kopf drehe, klappt das schon. Also mehr Flexibilität aufbringen. Meine Füße tasten mehr den Boden ab. Mehr Bodenhaftung, nicht mehr soviel in die Luft gucken! Seele an den Füßen haben, sagen die Ballettänzer.
Heute morgen meinte der Chefarzt, dass doch eine Computertomographie des Gehirns gemacht werden sollte. Als ich später aus dem Fenster schaute, sah ich zerfallende Häuser, Grashalme auf den Dächern und schwarze Vögel, die unter dem Dach einzogen.
Meldest Du Dich mal?“

Bevor ich den Brief abschickte, rief ich in meiner Angst Greg noch am gleichen Abend aus dem Krankenhaus mit tränenerstickter Stimme an. Ich fühlte mich wie an einem Abgrund und fürchtete mich davor, in ein schwarzes Loch zu stürzen. Als ich ihm erzählte, dass es keine guten Nachrichten mehr gebe, sagte er mit ruhiger und liebevoller Stimme: „Atme! Atme einfach!“

Ich tat dies und wurde ruhiger.
Ich kam wieder mit meinem Körper und meinen Lebensgefühlen in Kontakt. Er hatte in meiner gepressten Stimme erkannt, dass ich von meinen wirklichen Gefühlen abgeschnitten war. Der Horror war im Kopf. Ich war nicht mit meinem ganzen Körper verbunden gewesen. Der reale Leib schützte mich vor zuviel „ Kopfkino“ und falschem „ Hirnen“, das mit klarem Denken nicht viel zu tun hatte.

Greg hatte mich durch dieses schwarze Loch so souverän geführt, wie mich mein Kajaklehrer einige Monate vorher als paddelnden Anfänger durch das sogenannte „Schwarze Loch“ im Vorderrhein in der berühmten Alpenschlucht Ruin aiulta bei Versam in Graubünden geschleust hatte.
Dicht hinter meinem Lehrer war ich damals mit Schwung durch die Wellen hindurchgeflitzt, die über mir zusammenschlugen. Ich hatte mich von den Wassermassen einfach mitreißen lassen, nirgends blockiert, die Bewegung des tosenden Gebirgsflusses voll mitgenommen, weitergepaddelt und weitergeatmet.
Nach der Unterstützung durch Greg glaubte ich, mehr zu verstehen, warum Frauen vor der Geburt so intensiv Atemübungen machten.

Der Gewinn und das wichtigste Elixier dieser Heldenreise aber war: Mehr Mitgefühl mit anderen behinderten Menschen, mehr im Inneren sehen und spüren und der Merksatz: Du brauchst als ganzer Mann nicht perfekt zu sein!

Schließlich am Ende noch eine ganze Portion Dankbarkeit an die Hightech-Medizin, die mittels einer kunstvollen Operation mein Augenlicht gerettet hatte.

Übrigens lieber Leser, erinnern Sie sich eigentlich noch an den Waschbären in der Rolle des Initiationsmentors, der der Wüstenspringmaus erzählt hatte, woher das seltsame Geräusch des Lebensflusses in seinen Ohren kam. Ganz zu Anfang des Märchens?

Der kleine Mäuserich hatte ihm geglaubt und war mit ihm zum Heiligen Fluss gegangen. Der Waschbär verließ ihn dort und ließ den Mäuserich seine eigen Erfahrung machen. Natürlich beobachtete der Waschbär Springende Wüstenmaus heimlich bei seiner Rückkehr ins Land der normalen Mäuse.

Er sah Springende Maus auf Unverständnis und eingefahrene Gewohnheiten stoßen. Er sah zu, wie der kleine Kerl und Initiand rastlos immer wieder an seine Grenzen stieß und schließlich mit großem Mut wieder über die Prärie zu den Heiligen Bergen lief, fest entschlossen, die Vision auf Erden für seine Gemeinschaft zu verwirklichen, trotz all der Flecken und Schatten am Himmel (Bedrohungen der Außenwelt) und in seinem Inneren (Krankheiten, Selbstzweifel).
Bis er auf die alte Maus traf, die ihn vom Weitergehen abhalten wollte. Bis zum Büffel, der sein Auge brauchte, um ihm als lebendig gewordenes Symbol für „Gemeinschaft" weiterhelfen zu können.

Aber was passierte mit dem Waschbär selbst?
Wo ging der hin?
Das mythologische Märchen von Springender Maus liefert keinen einzigen Anhaltspunkt, welches Schicksal dem Waschbären, sprich Initiationsmentor, bevorsteht.
Man könnte vermuten, dass er weiterhin andere Mäuse und Initianden, zum Beispiel in Form einer MännerQuest, zum Heiligen Fluss, dem Ursprung des Rauschens in ihren Ohren, führte.

Offenbar ergeht es aber dem Waschbären auch nicht anders als der kleinen Maus. Zwar hat er mehr Erfahrung, aber auch er muss sich in anderer Form dem Thema des zielgerichteten Vorwärtsgehens und gleichzeitig der verströmenden Hingabe an das Leben, also des „Auge-Herschenkens" stellen.

„Aber kann er irgendeine Belohnung für seinen unerschütterlichen Glauben gegenüber dem Rauschen des Heiligen Flusses erwarten?
Wird ihn der Herr der Heiligen Berge mit einer Karotte für sein Bäuchlein belohnen?
Wird ihm eine höhere Stufe auf der Reinkarnationsleiter zuerkannt werden, wie manche spekulieren"?[23]

Die wirklichen Belohnungen sind die, die sowohl für ihn selbst als auch für das Überleben seiner Gemeinschaft von Nutzen sind.
Nur diese Dinge werden ihn vielleicht vor den Schattenflecken am Himmel der Prärie und den Selbstzweifeln in seinem Inneren schützen.

Wenn er arbeitet, geduldig und gewieft ist, werden seine Nase und seine klebrigen Finger schon etwas zutage fördern.
Sei es das Lächeln eines Mannes, der endlich begriffen hat, dass es mehr gibt als die Nabelschau der eigenen Probleme und dass eine manchmal scharfe Konfrontation des Mentors ihn nur wachmachen wollte.

Als Initiationsmentor musste ich mich immer wieder selbst fragen:
Wer ist nun eigentlich dieser Waschbär?
Wer ist der größte Feind des Waschbären?
Vor wem hat er selbst während des Rennens über die ungeschützte Prärie seines Lebens am meisten Angst?

Was ist sein größter Lohn?

Am 3. Juni 2003 erfuhr ich, dass ich Leukämie hatte!
Mehrmals überprüfter Blutbildbefund: 140.000 Leukozyten!
Mit 14.000 Leukozyten hat man eventuell eine lebensgefährliche Lungenentzündung. Aber 140.000 Leukozyten?
Das war keine heilbare Krankheit mehr, da lief etwas im gesamten Blutsystem falsch.
Schmerzen hatte ich keine.
Ich war im vorangegangenen Winter müder gewesen als sonst. Mir war aber nicht aufgefallen, dass mit meinem Körper etwas anders sein sollte als sonst. Im Herbst davor war ich noch auf einer Höhe von 2300 m im Hochgebirge gewesen.
Einer der Adler am Mäusehimmel hatte zugeschlagen!
Einer der Schattenflecken war auf mich herabgestürzt!

Ich versuchte klar zu denken.
Der Hausarzt überwies mich an den Onkologen. Die Knochenmarkpunktion ergab, dass der Befund korrekt war. Ich hatte eine besondere Form von CML, das heißt chronisch-myeolische Leukämie.
Zwei Freunde begleiteten mich zur Verkündung des medizinischen Gutachtens.

Mit Bestürzung erkannte ich langsam, dass es eine völlig andere Qualität hat, dem eigenen Sterben und Tod ins Auge zu blicken als eine Sterbeübung bei einem Ritual anzuleiten, wie sie am dritten Tag für die Quester vorgesehen ist, oder allgemein über Sterben und Tod nachzudenken oder in einem Indianermärchen etwas über Todes- und Schattenflecken am Himmel zu lesen.

Aber ich hatte aus meiner bisher größten Krise im Leben am Ende meiner Alkoholsucht doch schon etwas Entscheidendes und sehr Wichtiges gelernt. Und dieses Wissen hatte ich nicht nur im Kopf, sondern dieses Wissen war in jeder meiner Körperzellen präsent.

Im Heute leben, hier und jetzt!

Der Arzt verkündete mir, dass ich Glück im Unglück gehabt hätte. Ich hatte keine ALL, also akute-lymphatische Leukämie, sondern eine langsam verlaufende, chronische Form. Außerdem sei gerade ein biomolekulares Mittel entdeckt worden, das zielgenau dieses eine fehllaufende Chromosom abbremsen könne. Damit sei mir sogar eine Chemotherapie erspart geblieben. Mir fiel auf, dass der Arzt bei dieser Aussage selbst feuchte Augen bekam und sehr berührt war.

In mein Tagebuch schrieb ich die Zeilen von Goethe:
„Alles geben die Götter Ihren Lieblingen ganz.
Alle Freuden! Alle Schmerzen! Ganz!"

Ich begann – wie damals – wieder mehr im Heute zu leben und dabei einen wirklich eigenen Zugang zu meiner Krankheit zu finden.

Ich hatte keine Schmerzen. Dies ist natürlich im Anfangsstadium von Krebs oft so, deshalb ist der Krebs so heimtückisch. Also lernte ich wieder dazu:
Solange Du Schmerzen hast, lebt Dein Körpersystem noch und die Krankheit gibt Dir Signale, dass Dein Körper leben will und letztlich gesund ist. Aber der Krebs gibt Dir anfangs kein Warnsignal, wie etwa der Schmerz eines gebrochenen Armes!

Die Ärzte hatten mir sozusagen zwei „Geschichten" erzählt, die für mich als Laie beide letztendlich nicht nachprüfbar waren.
Die eine: „Du hast 140.000 Leukozyten und bist schwerkrank!".
Die andere: „Es gibt ein Mittel ohne starke Nebenwirkungen, das diese Leukozyten eine lange Zeit auf Normalmaß herunterbremsen kann!"
Beide Erzählungen konnte ich nicht überprüfen, beziehungsweise sie waren für mich irgendwie abstrakt und sehr bedrohlich, denn ich spürte nichts von dieser anfangs unsichtbaren Krankheit!
Aber vielleicht hatten sie einen Seismographen, der das „Erdbeben" vorausahnen konnte.
Ich vertraute den Ärzten.

Wie gesagt, ich spürte gar nichts außer einigen Panikattacken, die mir sagten: „ Du bist in Lebensgefahr!"
Ansonsten lebte ich im Heute. Tag für Tag.

Es gelang mir, obwohl ich wahrscheinlich immer noch etwas unter Schock stand, das „Kopfkino" auszuschalten, mich zu entspannen und normal zu atmen, wie mir damals schon mein Initiationsmentor, Gregory Campbell, empfohlen hatte.

Ich spürte eine unsichtbare Medizin in mir, die nichts mit dem biomolekularen Mittel zu tun hatte. Diese Kraft kam aus meiner Krisenerfahrung.

Eine Freundin schenkte mir ein neues Tagebuch, dessen Vorderseite ein dunkles Gewässer mit Teichrosen zeigte. Ein Bild, das mich an die symbolhafte Erzählung von der Lotusblüte erinnerte, die aus dem Sumpf wächst.

Ich schrieb hinein:
„Ich darf mich trotz einer schweren „Krankheit" seelisch-geistig und sogar körperlich gut und wohl fühlen."

„Zur Heilung setzen sich Ärzte und Therapeuten auf einer wissenschaftlich-materiellen Ebene mit der Krankheit auseinander.
Sie versuchen, den entarteten Zellen und gestörten Körperfunktionen mit Medikamenten, Strahlen und Operation Herr zu werden. Und sie versuchen mit komplementärmedizinischen Methoden, das Immunsystem zu stärken, eine Entgiftung durchzuführen, Körperenergien auszugleichen und Selbstheilungskräfte zu aktivieren.
Diese Heilungsbestreben auf der körperlichen Ebene, die wichtig und notwendig sind, führen aber oft zum Abwenden von den inneren, seelischen Fragen, die die Krankheit aufwirft."[24]

Bei mir war dies, Gott sei Dank, nicht so.
In meiner initiatischen Männerarbeit hatte ich bisher immer versucht, in der Natur eine Dimension jenseits der körperlichen Ebene zu finden, die dafür stand, sich als Mann und Mensch in seinem ganzen Wesen, seinen Gefühlen, Ängsten, der Verzweiflung, seinen Hoffnungen zu stellen.

Diese Haltung war mir eine große Unterstützung.

„Graf Dürckheim, Psychotherapeut und Philosoph des letzten Jahrhunderts und Begründer der Initiatischen Therapie, spricht von einem Initiatischen Schlag (Adler!), der jemanden mit schwerer Krankheit trifft. Dieser schwierige und grenzensprengende Zustand trägt auch Chancen in sich. Initiation meint hier Neubeginn oder auch „das Tor zum Geheimen" öffnen. Sie verhilft zu einer intensiven Seins-Erfahrung."[25]

Eine schwere Krankheit wirft Fragen auf, die nie auf der logisch-rationalen Ebene zu beantworten sind und doch gerade deshalb um so drängender nagen:

Was habe ich getan?
Bin ich schuldig?

Das Thema Schuld und Krankheit bewegte mich besonders. Ich war katholisch erzogen und aufgewachsen, mit den zehn Geboten, mit vielen „Du sollst" und der Erbsünde, die den Menschen immer in die Bringschuld treibt und wenig danach fragt was der Mensch braucht oder was der Himmel auf Erden bedeuten könnte.

Einige Bekannte meinten, dass ich eventuell etwas falsch gemacht hätte. Zu schlecht ernährt, zu viel Stress. Andere meinten, ich habe zu wenig Sex gehabt. Wieder andere meinten, zu viel. Und so weiter. Also ging es eigentlich um alles, was man falsch machen konnte in seinem Männerleben.
Selbst in den schlauen Büchern des Herrn Dahlke las ich, dass ich unterschwellig Aggressionen haben müsste, was mich natürlich aggressiv machte. Denn wer hat das nicht im kulturell verklemmten Deutschland.

Ich hatte das Gefühl, dass ich vor der Heiligen Inquisition vorgeladen war.
Dann kamen aber auch die esoterischen Geschichten von wundervollen Krebsheilungen in Mondnächten. Diese Art der alternativen Hilfe ärgerte mich besonders und rief bei mir Aggressionen hervor, aber vor allem Enttäuschung.
Ich musste in dieser Sache meine eigene Position finden. Ich fand es nicht gerecht, dass die einen an Leukämie starben und die anderen nicht.
Und dabei dachten zu viele um mich herum, dass sie die Gründe kannten, warum die einen gestorben waren und die anderen nicht.
Die meisten meiner Freunde standen allerdings auf meiner Seite und unterstützten mich, soweit sie konnten. Sie hatten ja keine eigenen Erfahrungen mit Krebs gesammelt und standen deshalb selbst im Bann der Sensationsberichte zu diesem medienträchtigen Thema.
In der Praxis meines freundlichen Onkologen traf ich immer auch junge Menschen, die aggressiven, akuten Krebs hatten und ich dachte voller Mitgefühl an sie.
Ich musste mir allerdings auch eingestehen, dass ich vor meiner eigenen Krebserkrankung manchmal genauso gedacht hatte, wie meine „lieben" Bekannten, die jetzt vor mir standen.

Aber ich hörte auch Sätze und Hinweise, die mir halfen, indem sie mich mit vielen anderen von dieser Krankheit Betroffenen verbanden:
„Willkommen im Club!" und „Warum ich nicht auch!"
Ich begriff noch mehr vom Leid und der Freude in dieser Welt.
Ich gehörte dazu, wie alle anderen auch.
Mehr oder weniger, wie schon Goethe gesagt hatte:
„Alles geben die Götter ihren Lieblingen ganz..."

Gerade als ich doch noch ein erfolgreicher Initiationsmentor geworden war.

Ich vertraute mich der Führung meiner eigenen Seele an und fand in der Geschichte von Damokles, über dem ein scharfes Schwert an einem dünnen Seidenfaden schwebte, ein weiteres verbindendes, heilendes und lösendes Bild.
Schwebt nicht über uns allen der Tod in Form des Damoklesschwertes, das am seidenen Faden hängt?
Damokles war fortan für mich ein Verbündeter.
Fliegen nicht über uns allen die todbringenden Schattenadler?
Mehr oder weniger?

Bei der Quest in Wüste oder Waldwildnis kann jeder Teilnehmer in der Natur in den Spiegel seines eigenen Seelengrundes blicken.
Dieser birgt alle Informationen über den Lebenssinn und seine Gesetzmäßigkeiten in sich.
In diesen Spiegel kann jeder Einzelne nur für sich selbst blicken.
Die Wüste stellt dafür üppige Bilder und erfahrbare Lösungsstrategien zur Verfügung. Denn der Mensch ist Teil der Natur und unsere körperlichen und seelischen Ent- oder Verwicklungen verlaufen natürlich.
Für innere Regungen und Bewegungen finden sich äußere Entsprechungen. So wird es möglich, durch die äußere Natur mit inneren Seelenkräften zu kommunizieren und die eigene Wahrheit zu erfassen.

Im Juni 2004, genau ein Jahr nach dem ersten erschreckenden Befund im Juni 2003, blickte ich von einem hohen Berg in Nordschweden auf die endlosen Wälder und tiefen eiskalten Seen rings um mich. Einen dunklen See unter mir nahm ich tief in mein Inneres auf. Er ruht seitdem in mir. Ich wusste damals nicht, ob ich je zu weiterer MännerQuestarbeit zurückkehren würde.
Alle Farben leuchteten intensiver in diesem Jahr. Angesichts des Todes wurde mir die Zerbrechlichkeit des Lebens klarer bewusst und mein Leben erst richtig süß und kostbar.

„In der Hinwendung zu den Seelenkräften und damit zum innersten Wesen, das wahrnehmbar wird, bekommt Heilung eine andere, tiefere Dimension, die jenseits von „krank" und „gesund" liegt. Ein neuer Umgang mit der Krankheit wird möglich und gibt Werkzeuge an die Hand, die den Erkrankten auch in den schwierigsten Momenten körperlicher Einschränkung handlungsfähig bleiben lassen. Der Prozess der „Heilung" ist nicht notwendigerweise ein Weg, der alles kuriert." [26]

In der Hingabe ans Hier und Jetzt des Alltags bestand für mich der bis dahin größte Gewinn aus dieser Heldenreise.

Ich erlaubte mir meinen eigenen kreativen Umgang mit meinem Schicksalsschlag.
Ich ging noch einige Male klitschnass durch einen Tunnel, wie er auch bei der Heldenreise beschrieben wird. Wie bei einer Geburt. Wie bei einer Schwitzhütte. Manchmal mehrere Tage hintereinander.
Irgendetwas in mir wurde zu einem Kompass und zu einem inneren Sherpa, der mich im unwegsamen, unbekannten und gefährlichen Hochgebirge führte.

Ich beruhigte mich selbst, dass es irgendwann eine Lösung geben werde, welche weißt Du noch nicht. Das musst Du aushalten. Wie eine Gebärende, die ein Kind bekommt. Ich brauchte nur ab und zu jemandem, dessen Hand ich halten konnte und der mir in die Augen schaute.

1.2. Erweiterung und Vertiefung

Ich leite heute meine Seminare bewusster.
Jeder Tag auf dieser Erde kann der letzte sein. Und manchmal – die Götter mögen mir verzeihen –, vergesse ich das auch wieder.
Ich lebe seit einigen Jahren mit meiner Krankheit und es geht mir sehr gut.
Einige Krebsarten können heutzutage in chronische Krankheiten umgewandelt werden, die eine fast normale mitteleuropäische Lebenserwartung versprechen.

Zum Teil fand ich den Ariadnefaden aus dem Labyrinth und dieses Finden hat auch mein Leben als Initiationsmentor bereichert und vertieft.
Ich kann krebskranke Männer als Mentor besser verstehen und unterstützen.

Diese spezielle Kraft kann ich nun in die Gemeinschaft der Männer einbringen.
Erst jetzt wird mir ein besonderer Traum bewusst, den ich vor Jahren hatte. Im Fundament des Bauernhaus meiner Großeltern gruben Männer. Sie sagten der Boden sei vergiftet und das Kind müsse gerettet werden.
Die Balken des Bauernhauses hatten die Form von XY. Ich deute sie heute als Chromosomeninformation, beziehungsweise als den Hinweis auf „XY - ungelöst".
Wie kann meine Liebe zu den Menschen und allen Lebewesen besser fließen und damit auch zu mir selbst?
Wie können meine gebundenen und blockierten Vitalenergien noch freier werden?
Wie kann mein Vertrauen in die Veränderungsprozesse des Lebens in das Werden und Vergehen gestärkt werden?
Wenn ich mit dieser Haltung eine Männergruppe moderiere, fühle ich mich aber immer noch nicht selbst als weiser Mann, sondern durch meine Moderation erscheint der weise Mann als männliche Grundkraft, als Archetyp in der Mitte der Gruppe.

Er wirkt dann als Instanz jenseits meiner und anderer männlicher Persönlichkeiten.
Jeder Mann, der sein Innerstes bewusst und undramatisch zeigt, trägt mit seiner Ich-Aussage, in der er nur über sich und sein Leid, über seine Freuden des Lebens spricht, dazu bei, dass die Weisheit der Männer wieder neu zum Vorschein kommen kann, zwischen zielgerichtetem Vorwärtsstreben, gesunder Aggression und der verströmenden Hingabe an das Leben.

Wenn ich jetzt manchmal meinen Ärger über die kleinen Dinge des Lebens spüre, merke ich, dass ich wieder im Alltag unter meinesgleichen angekommen bin. Und das tröstet mich auch. Einfach wieder zu den normal Sterblichen dazugehören.
Mein normal-bürgerliches Zeitfenster geht auf und ich mache Pläne für eine ferne Zukunft. Und dann wechselt die Perspektive plötzlich wieder, und ich habe das Gefühl, dass ich schon mit einem Bein „drüben" bin, dass die sogenannte lineare Zeit überhaupt keine Rolle spielt. Dass ich ein Initiationsmentor und Ältester in der Ausbildung zum Ahnen bin. Ein Pontifex Maximus. Ein Brückenbauer zwischen den Welten.

Bin ich jetzt ein sogenannter Ältester, wie ihn die Naturvölker in ihren Initiationsritualen hatten und zum Teil noch haben?

Wie kann ich konkret dienen?
Welcher Männergemeinschaft?
Welche Autorität habe ich?
Woher leite ich sie ab, außer aus meinen Erfahrungen und meinem Wissen?
Über mir gibt es keinen Ältesten außer meinen Initiationsmentoren. Steven Foster ist schon gestorben und Gregory Campbell liegt im Hospiz und bereitet sich auf das Sterben vor, weit weg von mir!

Welchen Führungsstil will ich pflegen?
Autoritär, Kooperativ oder Laissez-faire?
Im Gespräch und im Austausch mit anderen Mentoren aus anderen Bereichen hörte ich:
„Älteste urteilen, führen oder dirigieren nicht, sie bieten ihre Erfahrungen, Einsichten, Bedenken, Ermutigungen denen an, die sie zur eigenen Qualifikation und Selbstreflexion nützen möchten.
Sie sprechen auch Fragen und Themen an, von denen sie glauben, dass die Gemeinschaft sie bedenken sollte.
Bewährtes, durch Tradition und Erfahrung Gesichertes, das der Orientierung dient, wird durch Älteste sichtbar und hörbar gemacht. Die Jüngeren müssen ihre Reise selbst verantworten.
Älteste stützen sich auf nichts als auf ihre natürliche Autorität – und suchen Heilung für Angst vor und Vorbehalte gegen Autorität.
Ein Ältester ist aufgerufen, mit dem Seinen der Gemeinschaft zu dienen.

Die „Waffe der Ältesten" ist das Geschenk. Geschenke dürfen nicht an Bedingungen geknüpft sein, sonst ist es bestenfalls ein Handel."[27]

Mir selbst liegt eine kooperative Leitungsmethode am nächsten, die sowohl meine Erfahrung angemessen gewichtet als auch ein neues, manchmal kontrolliertes Risiko bei den Erkundungen und Erforschungen der Jüngeren zulässt.

Vielleicht könnte eine Rede auf einem Mentoren- und Ältestentreffen folgendermaßen lauten:

> Mein lieber Mann!
> Es ist Zeit, Deine Weisheit auszusprechen.
> Erschaffe Deine eigene Wahrheit.
> Suche keinen Führer außerhalb von Dir.
> Der Lebensfluss strömt schnell.
> Du weißt, der Fluss folgt seiner Bestimmung.
> Du musst das sichere Ufer verlassen, mitten in den Fluss hineinspringen.
> Mit offenen Augen und mit dem Kopf voran.
> Schau, wer mit Dir ist und feiert miteinander.
> Die Zeit des einsamen Wolfes ist vorüber.

Wir sind diejenigen, auf die wir gewartet haben.
„Inschaa-Allah", sagt der Beduine: „Wenn Gott will!"
Und er sagt es genau dann, wenn man in der europäischen Denkweise des Planens verharrt und Herrscher der Zeit sein will.

Das geräumige Nest von Alte Maus unter dem gemütlichen Salbeibusch, das die romantische Illusion der Realität symbolisiert, ist nicht die offene Prärie. Ebenso wie das Land der Mäuse vermittelt es ein falsches Gefühl der Sicherheit.
Wir müssen hineinspringen in den unkontrollierten Lebensfluss.
Die Geborgenheit im vertrauten Umfeld ist jedoch ein wichtiger Meilenstein auf dem Weg von Springender Maus.
Und wer da bleiben will, hat seine berechtigten Gründe oder eine liebe Familie, die er versorgen muss und die ihm zur Zeit wichtiger ist. Es wäre zu diesem Zeitpunkt nicht sinnvoll, diesen Schutz und die Geborgenheit zu vernachlässigen. Auch in diesen Zeiten sind die „Heiligen Berge" und der „Heilige Fluss" des Lebens sicht- und hörbar.
Dennoch sollte ein Mann irgendwann einmal über den Tellerand der Familie hinausblicken, in Richtung von etwas Größerem. In einer Gemeinschaft gibt es noch andere Formen von Familie.
Indem sich Springende Maus vom Land der normalen Mäuse abwendet und ein Risiko eingeht, entdeckt er, dass es im Leben noch mehr gibt als seine Heimatstadt. Sein Übergang zu einem neuen Leben verläuft nicht ohne Schwierigkeiten und Krisen.

Schon jetzt weiß Springende Maus manchmal mehr als viele seiner Brüder. Und dieses Wissen beruht auf Erfahrung und hat nicht immer etwas mit Alter, Reichtum und Macht zu tun.
Wenn der kleine Mäuserich will, kann er eine Maus mit Macht, Reichtum, Erfolg und Einfluss werden. Auch ein Waschbär kann als Initiationsmentor sehr erfolgreich werden. Aber er weiß auch, dass er, wenn er hier bleibt, genau wie Alte Maus wird, der mit erhobener Schnauze durch die Gegend läuft und so tut, als hätte er höheres Wissen erlangt, und seine Selbstgefälligkeit, seinen Zynismus und seine Angst vor dem Risiko als die einzig gültige Wahrheit verkauft:
„Die großen Berge sind nur eine Sage. Vergiss deine Sehnsucht danach, sie zu sehen, und bleib hier bei mir!"

Will der Initiand (Springende Maus) oder der Initiationsmentor (Waschbär) den Traum seines Lebens erfüllen, so muss er sich über das Nest von Alte Maus hinauswagen. Er muss seinen Zufluchtsort des stagnierenden Besserwissertums verlassen und sein Leben auf der Prärie neuen Gefahren aussetzen. Er muss immer wieder über den Tellerand seines eigenen Egos hinausschauen.

Bin ich aber wirklich weiterhin dazu bereit?
Bisher lehrte mich das Leben eher durch unfreiwillige Krisen.

2. Spirituelle Erfahrungen und ihre Grenzen

Das Märchen von der springenden Wüstenmaus geht aber noch weiter:

Springende Maus traf auf den alten grauen Wolf, der da saß und absolut nichts tat.
„Hallo, Bruder Wolf", sagte Springende Maus.
Die Ohren des Wolfes wurden aufmerksam und seine Augen leuchteten.
„Wolf! Wolf! Ja, das ist es, was ich bin, ich bin ein Wolf!"
Aber dann erblasste sein Gesicht wieder und es dauerte nicht lange, bis er wieder still da saß, ohne sich zu erinnern, wer er war.
Jedesmal wenn Springende Maus ihn daran erinnerte, wer er war, wurde er durch die Mitteilung angeregt, vergaß es aber bald wieder.
„So ein großes Wesen", dachte Springende Maus, „aber er hat kein Gedächtnis".

Springende Maus ging zum Mittelpunkt dieses neuen Ortes und war still.
Er lauschte sehr lange dem Pochen seines Herzens...
Dann war er plötzlich entschlossen.
Er huschte dorthin zurück, wo der Wolf saß und sprach:
„Bruder Wolf", sagte Springende Maus...
„Wolf!, Wolf!" sagte der Wolf...
„Bitte, Bruder Wolf", sagte Springende Maus, „bitte hör mich an. Ich weiß, was dich heilen wird. Es ist eines meiner Augen. Und ich möchte es dir geben. Du bist ein größeres Wesen als ich. Ich bin nur eine Maus. Bitte nimm es an."

Als Springende Maus aufhörte zu sprechen, flog sein Auge aus seinem Kopf, und der Wolf war geheilt. Tränen flossen die Backen des Wolfes herab, aber sein kleiner Bruder konnte es nicht sehen, denn er war jetzt blind.

„Du bist ein großer Bruder", sagte der Wolf, „denn jetzt habe ich mein Gedächtnis. Und du bist blind.
Ich bin der Führer zu den Heiligen Bergen. Ich werde dich hinbringen. Dort ist ein großer Medizinsee. Der schönste See der Welt.Die gesamte Welt spiegelt sich darin. Die Menschen, die Zelthäuser der Menschen und all die Wesen der Prärie und des Himmels.

Das mythologische Märchen von Springende Maus ist nicht auf Vergangenheit, Gegenwart oder Zukunft festgelegt. Auf seiner untersten Ebene ist der Zeitrahmen immer das Jetzt. Wir können immer (wenn wir es wollen) das Rauschen des Heiligen Flusses in unseren Ohren hören – überall.

Wir verlassen immer das Land der Mäuse auf der Suche nach ihm.
Wir laufen immer quer über die gefährliche Prärie unseres Lebens.
Wir sind immer dazu aufgefordert, für unsere Gemeinschaft etwas herzugeben. Und wir können immer eine blinde Beute für den Adler sein.

Das hört sich alles gut an!
Aber es sind auch gewagte Thesen in dieser Erlösungsgeschichte von Hingabe und Mitgefühl mit dem großen Ganzen.

Ich fragte mich, ob sie für ein heutiges Männerleben in unserer individualisierten, demokratischen Gesellschaft wirklich gelten könnten?
Ich wollte mit dieser Sage kritisch umgehen.
Schließlich stammt dieses Märchen aus einer Kultur, die das Kollektiv, den Stamm und die Gemeinschaft aus existentiellen Gründen über alles stellte.
Folglich habe ich das Märchen mit meinem Co-Leiter Stefan und anderen Assistenten und Männern, die bei mir in der Fortbildung zum Spezialcoach für Männer waren erforscht.
Diese Methode erforderte von jedem Rollenspieler körperliche Präsenz und Identifikation mit zwei Figuren bzw. Plätzen der indianischen Geschichte von der Maus mit frei gewählten Elementen aus der realen Umgebung.

Wir waren sechs Männer. Stefan war Spiel- und Laborleiter.
Spielort war ein Seminarhausgarten auf dem Land.
Sinn und Zweck des Experiments war, das Märchen mit dem Herzen zu verstehen, nicht kognitiv reflektorisch, sondern sich selbst der emotionalen Betroffenheit auszusetzen. Es sollte eine freie Improvisation werden um das Thema „Hingabe“.

Das „mythische Spiel“ kennt keine Zuschauer. Jeder Teilnehmer sollte körperliche und seelische Präsenz zeigen. Die Vorgabe war, sich mit zwei Figuren oder Plätzen der indianischen Geschichte von der Maus zu identifizieren. Spontan und mit Fantasie konnten auch frei gewählte Elemente aus der realen Umgebung mit einbezogen werden.
In der anschließenden Reflexion soll sich dann die Befindlichkeit und das beim Teilnehmer aufgekommene Thema zeigen.

Ich selbst startete als Springende Maus, krabbelte über die Wiese und traf sogleich auf ein „Pferd“. Das „Pferd“ kam auch mit auf den Weg zu den Heiligen Bergen.
Ein „Haselnussstrauch“ sprach davon, dass es ein altes Gesetz gäbe, das erfordere, dass ich, Springende Maus, ein Auge für die Gemeinschaft opfere. Sogleich war der „Büffel“ da. Ich zögerte einen Moment, eines meiner Augen zu opfern und fragte mich, was ich denn von der Gemeinschaft dafür bekäme.
Der Büffel versprach mir einen besonderen sozialen und geistigen Schutz, Konfrontation und Spiegelung über mein eigenes kleines Ich hinaus und auch Hilfe, wenn ich einmal in Not geraten und krank werden sollte.

Da ich ganz gute Erfahrungen mit meiner Selbsthilfegemeinschaft bezüglich des Alkohols gemacht hatte, war ich bereit, eines meiner Augen symbolisch an den Büffel abzutreten und zu opfern.

Das Spiel ging weiter und ich traf, zusammen mit Pferd und Büffel auf den alten Wolf. Dieser lag nun wirklich elend da auf der Wiese (gut verkörpert von einem der Männer). Nach einigem Hin und Her schleppten wir ihn in einen Unterstand und fragten ihn, was ihm denn fehlte.
Er sagte nur: „Wolf! Wolf!", wie im Märchen vorgegeben.
Ich ahnte nun, weil ich ja das Märchen kannte, worauf das Spiel hinauslief, doch ich wollte partout nicht mein zweites Auge hergeben, zumal mir der Wolf nicht sagen konnte, warum er es überhaupt brauchte.
Da sprang das Pferd ein. Verkörpert von einem Mann mit sozialer Ader. Er hat Mitleid mit mir kleinere Maus, die ja dann gar nichts mehr sehen könnte. Er bot dem Wolf sein Auge an, weil er sich ausrechnete, dass er mit einem Auge auch noch ganz gut sehen konnte. Also gab er es dem Wolf und schaute mich nun nur noch mit einem Auge an. Das andere kniff er theatralisch zu.
Aber dem Wolf ging es nicht besser, obwohl er hätte sehen können.
Trotzdem wollte der Wolf mein zweites Auge.

Ich sagte ihm als Springende Maus, das könne er erst haben, wenn er mir sage, was ich dafür bekommen würde.
Diese Frage stellte ich auch dem alten, wissenden Haselnussstrauch und einem Mitspieler, der einen „Gärtner" mimte.
Sie sprachen aber beide nur abstrakt von Heilung und Erlösung.
Das war mir zuwenig.
Ich spürte nicht wirklich, dass mich diese Gemeinschaft der seltsamen Wesen und Erscheinungen auf diesem Seminarhausgelände tragen würde.
Ich hatte kein Vertrauen, dass mein Opfer mir wirklich eine Art Offenbarung und Segen bringen würde. Außerdem konnte der Wolf ja inzwischen sehen. Er beharrte jedoch darauf, weiterhin depressiv liegen zu bleiben.

Der Spielleiter unterbrach nun das Spiel und fragte jeden, sowohl in der Rolle als auch außerhalb der Rolle, nach seiner Befindlichkeit.

Das einäugige „Pferd" war frustriert, da sein Opfer nichts gebracht hatte. Der Mann der es gespielt hatte, hatte aber ein kleines „Aha"-Erlebnis bezüglich seines Helfersyndroms, das ihn ab und zu im alltäglichen Leben ergriff und auch dort keine wirkliche Veränderung bewirkte.
Ich als „Springende Maus" war trotzig und froh, dass ich immer noch ein Auge hatte. Als Spieler wollte ich sehen, was die Gemeinschaft der Männer mir nun zu bieten hatte, ob sie mich überzeugen konnten, mein zweites Auge herzugeben.

Der „Haselnussstrauch" faselte weiter vom ehernen, alten Gesetz. Der Mann, der ihn spielte, wusste offensichtlich nicht weiter.
Der „Gärtner" auch nicht. Er sagte nur: „Hier ist das so!"
Der „Büffel" war weiterhin ganz zufrieden. Er hatte ja – wie im Ursprungsmärchen – das eine Auge der Maus erhalten.

Für mich war klar, dass die 1:1-Umsetzung und romantisierende Interpretation des Märchens, wie sie von Steven Foster beschrieben wurde, zu diesem Zeitpunkt nicht in Frage kam.
„Lasst uns denn mit Springende Maus tanzen, jeden Tag, jede Stunde, jede Minute und ein Auge dem Büffel geben und das andere dem Wolf; lasst uns jeden Augenblick des Hier und Jetzt unseren Mut zusammennehmen, um das Land der Mäuse hinter uns zu lassen.
Lasst uns jede Sekunde blind von den Wassern des Medizinsees trinken, jede Sekunde sicher unter dem breiten Rücken des Büffels gehen, uns jede Sekunde wehrlos vor dem herabstoßenden Adler ducken!"[28]

Ich fragte mich, woher diese Kraft und Überzeugung aus freien Stücken nehmen?
Als Mann eine solche Offenheit und Verletztlichkeit zu zeigen, ohne dabei vertrauenseelig und unbedarft daher zu kommen. Ja, ich kenne den Begriff der „weisen Unschuld" aus indianischen Erzählungen. Aber der Grad zwischen Unschuld und kindlicher Naivität ist schmal.
Ich kenne sie doch, diese unschuldigen Softies.
Wo leben wir denn?
Die Gesellschaft ist voll von Neid und Hass. Ja, ja, auch voll von Liebe. Aber ein wenig Selbstverantwortung und Abgrenzung darf doch wohl noch sein.
Ich lebe nicht im Schlaraffenland.
Und schon mancher der leichtgläubigen Esoteriker stand plötzlich zwar ein wenig erhellt, aber doch arbeitslos oder überschuldet in der Welt und wunderte sich.
Ich lebe auch nicht in einer geschlossenen, hierarchisch organisierten Gemeinschaft in der alle Regeln, auch die spirituellen und mythologischen Gesetze, vorbestimmt sind.
Ich lebe in Westeuropa, in einer zu großen Teilen offenen, sich selbst bestimmenden Gesellschaft mit all ihren Vor- und Nachteilen!
Die Regeln und Handlungen des öffentlichen Lebens werden, zumindest laut Grundgesetz, durch Wahlen und Parteien bestimmt.

Und zu allem Übel spinnt sich das Märchen, lieber Leser, noch weiter...
Schließlich wird Springende Maus am Ende, blind wie er ist, vom Adler gefressen und wacht dann im Adler (transformiert zu Adler) wieder auf.
Er ist also im großen Kreis der Natur aufgehoben und reinkarniert.
Wunderbar!?
Warum soll ich eigentlich keine Angst haben als Mann?
Wieder ein Held sein?

„Ich kann sehen! Ich kann sehen!" sagte Springende Maus immer wieder. Eine verschwommene Form kam auf Springende Maus zu. Springende Maus kniff die Augen fest zusammen, aber die Form blieb verschwommen.
„Hallo, Bruder", sagte eine Stimme. „Willst du etwas Medizin!"
„Etwas Medizin für mich!" fragte Springende Maus. „Ja! Ja!"
„Dann duck dich so tief du kannst", sagte die Stimme, „und spring so hoch du kannst."
Springende Maus tat, wie man ihm geheißen hatte. Er duckte sich so tief er konnte und sprang!
Der Wind fing ihn auf und trug ihn höher.
„Hab keine Angst", rief ihm die Stimme zu. „Klammere dich an den Wind und hab Vertrauen!"
Springende Maus tat es.
Er schloss seine Augen, klammerte sich an den Wind und der trug ihn höher und höher.
Springende Maus öffnete seine Augen und sie waren klar, und je höher er kam, desto klarer wurden sie.
Springende Maus sah seinen alten Freund auf einem Seerosenpolster auf dem wunderschönen Medizinsee. Es war der Frosch.
„Du hast einen neuen Namen", rief der Frosch. „Du bist Adler!"

„Der Wolf hatte Springende Maus ausgetrickst. Denn in Wirklichkeit hatte er sein anderes Auge genommen, damit er sehen konnte. Der Tod bedeutete Scharfblick. Der Wolf hatte ihn direkt ins Innerste der Vision geführt, die Transformation bedeutete.
Springende Maus erhob sich auf vertrauensvollen Flügeln in den Sonnenaufgang des Todes hinein."[29]

Soviel Vertrauen zur Schöpfung und zum ewigen Kreislauf des Lebens fehlte mir wirklich. Mein Sinnspruch lautet eher wie der der Beduinen: „Vertraue Allah und binde dein Kamel fest!"

Ich bin auf diesem Weg nicht zur absoluten blinden Hingabe meines Egos bereit.
Wie oft habe ich schon von berühmten und erleuchteten Meistern gelesen, wie sie im Angesicht des Todes kleinmütig wurden und sich an ihr kleines Leben geklammert haben.

Natürlich werde ich auch einmal sterben. Der Leukämiebefund hat mir ja gezeigt, wie schnell es gehen könnte.

Aber noch fühle ich mich nicht wie Springende Maus, reite hoch auf den Winden der Erleuchtung und durchdringe die Schleier der Welt zwischen meinem emporstrebenden Geist und den ewigen Sternen.

Für mich ist das Märchen eine Erzählung, die auf etwas Fernes, Abstraktes hinzielt, an das ich aber nicht glauben muss, ohne Fragen zu stellen, wie ein fundamentalistischer Student (Taliban, طالبان) an den Koran.

Manchmal in meinem Leben erkenne ich eine Kraft an, die größer ist als ich selbst. Aber wenn ich das so formuliere, ist mir bewusst, dass mein „ich" in diesem Satz immer noch vorkommt, da ja genau „ich" diesen Satz formuliere. „Ich erkenne an...
Oder spricht ihn jemand anders?
Das wäre dann eher eine philosophische Frage!
Für mich als modernen Mann ist es schon schwierig genug, anzuerkennen, dass es eine größere Kraft als mich selbst gibt, in welcher Form auch immer, ob man sie Gott, Großer Geist, Großer Atem, Manitu oder Allah nennt oder einfach nur Gemeinschaft oder Schöpfung.
Dabei sollte doch nicht vergessen werden, dass immer noch eigene und persönlich verantwortete Entscheidungen getroffen werden müssen.
Die Weisheit liegt also darin, das eine vom anderen zu unterscheiden.

2.1. Zur Methode des „Mythodramas"
(von Stefan Gasser-Kehl, siehe Anhang)

Die von J. L. Moreno (ein Psychologe in der Tradition von C. G. Jung) entwickelte Methode des „Psychodramas" wurde in vieler Hinsicht aufgenommen. Ich habe in abgewandelter Form das „Bibliodrama" kennen gelernt. Dabei geht es – mittels einer biblischen Geschichte – um eine Gruppen-Improvisation im Rahmen der Selbsterfahrung.
Ich nenne diese Methode hier „Mythodrama", weil es in unserem Fall um die Improvisation mythischer Geschichten geht.
Nach Joseph Campbell hat der Mythos folgende vier Funktionen: mystisch, kosmologisch, gesellschaftlich, pädagogisch. Mit Hilfe des „Mythodramas" im Rahmen initiatischer Männerarbeit ist es möglich, persönlich eine (oder mehrere) dieser Funktionen „am eigenen Leib" zu erleben und zu reflektieren.

Zu Ausgangslage und Zweck:
Voraussetzung für ein „Mythodrama" ist die Lust, ins (freie) Spielen einzusteigen und die Geschichte als Spiegel des eigenen Themas, der eigenen Befindlichkeit zu sehen. Dies wird unterstützt durch die Reflexion in der Gruppe. Die jeweilige Gestaltung der Rollen und der Geschichte im Ganzen unterliegt keiner Wertung.
Ein bewusst gewählter Ausschnitt eines Mythos wird in einer einmaligen Inszenierung gespielt. Es gibt dabei nur mitbeteiligte Männer, also keine Zuschauer. Der Ort des Spiels soll der Arbeit in der Gruppe angemessen gewählt werden.
Der Mythos dient als gemeinsame Ausgangslage einer bestimmten Situation und Aufgabenstellung. Hinter den Stand der Geschichte geht kein Spieler zurück. Das Spiel selbst ist ganz der spontanen Improvisation überlassen.

Zu Methodik und Ablauf:

Mit interaktiven Aufwärmübungen und theaterpädagogischen Methoden – passend zum Mythos, zur Gruppen-Thematik und evtl. zur Jahreszeit – werden die Teilnehmer sorgfältig an das Spiel herangeführt.

Es wird auf den Sinn und Zweck des Spiels hingewiesen.

Die Empfehlungen lauten:

„Nützt die Möglichkeit zum Experimentieren. Packt die Chance, einmal eine ganz andere, eventuell noch unbekannte Seite von Euch zu spielen“ (im Sinne von „opposite energy“).

Dann wird der entsprechende Abschnitt der Geschichte zusammen gelesen. Anschließend folgt das „Rollenbrainstorming“: ohne Zensur wird aufgeschrieben, welche Rollen im Mythos tatsächlich angelegt sind oder in der eigenen Fantasie vorkommen. Dabei ist es unwesentlich, ob es sich um Mensch, Tier, Gegenstand, Gefühl oder etwas ganz anderes handelt.

Dann hat jeder Teilnehmer Zeit, eine Rolle zu wählen. Bei kleineren Gruppen ist es sinnvoll, dass jeder zwei Rollen auswählt. Jeder entscheidet sich nun, mit welcher Rolle er beginnt. Der Rollenwechsel ist nach Ansage jederzeit möglich.

Nach einer kurzen Pause bezeichnet der Spielleiter die Orte im Raum. Aufgrund der Geschichte wird die Einteilung gemacht, z. B. in Wüste, Fluss, Gebüsch. Jeder Teilnehmer stellt sich dann im Raum auf und der Leiter führt mit jedem Spieler ein Interview durch. Es geht dabei um zwei Ziele: Erstens wissen alle, wer welche Rolle spielt. Zweitens wird dabei offensichtlich, welche Befindlichkeit und Absicht jemand mit seiner Rolle verbindet.

Nun beginnt das Spiel. Die Geschichte wird in einer einmaligen Inszenierung gespielt. Der spontanen Improvisation sind keine Grenzen gesetzt, außer der, dass nur jeweils an einem Ort gespielt werden darf. Der Spielleiter interveniert nur, wenn er die Befindlichkeit der Spieler zur Sprache bringen oder das Spiel beenden will.

Am Ende gibt es wieder Interviews, um jeden in seiner Rolle zu Wort kommen zu lassen:

Wie geht es mir?

Was habe ich (nicht) erreicht?

Dann steigen alle aus ihrer Rolle aus und verlassen mit Bewusstheit den Spielraum.

Zu Abschluss und Sinn der Methode:

Die Nacharbeit wird nach Möglichkeit in einem anderen Raum geleistet. Ziel des Austausches ist es, zu bemerken, inwiefern das Spiel ein Spiegel für die Gruppe und für jeden einzelnen geworden ist. Es ist dabei auch möglich, nach Beweggründen anderer Rollenträger zu fragen. Wertungen zur „Rollenperformance“ sind nicht erlaubt.

Je nach Bedarf und Zeit wird die Diskussion über den eigenen und den gesellschaftlichen Bezug zum Mythos geführt.

Womit kann ich mich nun (mehr) identifizieren?

Inwiefern besteht eine Diskrepanz zur heutigen Kultur und Gesellschaft?

Wie steht es mit der Botschaft für die Männer von heute?

3. Männliche Spiritualität im Alltag

Der wirklich Spirituelle redet nicht über den Glauben, sondern er lebt ihn. Er empfindet sich zunehmend als in Gott geborgen. Das Einssein von Gott und Welt in der eigenen Person erfährt er durchgehend als gleichbleibende und stabile Erfahrung, allerdings meist nur zeitweise, fast nie durchgängig.
Dies ist eine andere spirituelle Position als die, die sowohl im klassischen Christentum als auch im Judentum oder Islam vertreten wird.
„Wer nicht zum von Gott auserwählten Volk Israel gehörte, den nannte man ebenso etwas abschätzig: ‚Gojim'. Sie nannten sich aber Jesuaner und schockierten ihre jüdischen Landsleute zum Beispiel mit der Geschichte, dass ausgerechnet drei dahergelaufene Magier/Schamanen aus fremden Kulturen auf Grund ihrer Horoskope den neugeborenen Sohn Gottes als erste begrüßten und Gold, Weihrauch und Myrrhe als Geschenke überreichten, wogegen die einheimischen Theologen und die Machthaber in der Hauptstadt keine Ahnung hatten.
Gottes Geist, heißt ihre befreiende Botschaft, macht nicht halt an Grenzen von Völkern oder Religionen. Die ganze Welt und jeder Mensch zu allen Zeiten und auf allen Erdteilen ist von vornherein willkommen und bedingungslos angenommen, hieß ihr Evangelion.
Die gute Botschaft lautete: „Der Geist weht, wo er will und wohin er will! Ich gieße meinen Geist aus über alle Menschen. Dann werden eure Söhne und Töchter prophetisch begabt sein, eure Greise werden wahre Träume haben, eure Jungmänner Gesichte schauen."[30]

Einige Jahrhunderte später zog man das Schwert und eroberte im Namen Jesu ganze Erdteile. Schamanen wurden als Heiden bekämpft, sensible und naturkundige Frauen als Hexen verbrannt. Holger Kalweit berichtet, dass ausgerechnet durch die christliche Mission manche Schamanen ihre Heilkraft verloren hätten und noch heute vertreten die christlichen Fundamentalisten: „Extra ecclesiam nulla salus" (außerhalb der Kirche kein Heil).
Gingen große Teile der Kirche und der Kirchenleitung oft in die Irre und begingen furchtbare Verbrechen, so ließen sich viele andere in den Kirchen nicht davon abbringen, in Jesus von Nazareth die fleischgewordene Liebe Gottes zu sehen, und zu verkünden, dass allen und allem vor und nach ihm Gottes Geist innewohne.
Was heißt das?
„Im Judentum und bei den meisten anderen Religionen herrschte die Auffassung vor, dass Gott im abgegrenzten Bereich des Sakralen, dem „templum" oder „fanum" wohne, demgegenüber die Welt als pro-fanum (vor dem Heiligtum) bezeichnet wurde. Nur Hohepriester durften und dürfen zum Allerheiligsten vordringen, und das nur an ganz bestimmten Tagen."[29]
In anderen Versionen des Christentums wird hingegen die Welt selbst als Ausdruck Gottes aufgefasst, so dass man das Göttliche im Menschen und im ganzen Kosmos finden kann – deutlich geworden durch die Menschwerdung Gottes. Die Grenze zwischen himmlisch und irdisch, zwischen übernatürlich und natürlich, banal und heilig, körper-leiblich und geistig, gab es so nicht, wie sie von der Institution Kirche propagiert wurde.

Sich dieser Position annähernde Theologen gibt es zur Zeit nur wenige. Dazu gehören Professor Dr. Karl Rahner und der ehemalige katholische Kardinal Lehmann aus Mainz.

Mit Spiritualität wird also, im Gegensatz zu Religion oder gar Theologie, eine Denkrichtung bezeichnet, die die unmittelbare geistige Verbindung des Menschen mit Gott gegenüber der historischen Offenbarung betont.
Das heißt, es gibt keine Enkelkinder Gottes, sondern nur Kinder Gottes. Das heißt, jeder sucht seinen ihm gemäßen Draht zu Gott, wie er ihn versteht, ohne vermittelndes Priestertum.
Oder noch einfacher mit einem schamanischen Lied der Indianer ausgedrückt:
„I am the weaver, I am the woven one, I am the dreamer, I am the dream!“
„Ich bin der Weber, ich bin der Gewobene, ich bin der Träumer, ich bin der Traum!“

Der bekannte Naturwissenschaftler, Hoimar von Ditfurth, hat schon in den 80er Jahren folgendes gesagt und damit zusammen mit anderen ein spezielles Denken über Spiritualität eingeleitet:
„Die Naturwissenschaftler entwachsen langsam ihrer anthropozentrischen (menschenbezogenen), die Wirklichkeit verzerrenden Weltsicht und werden durch harte Forschungsergebnisse (Nukleinsäuren und Monophosphate) zur Anerkennung einer allgewaltigen und allgegenwärtigen Geistigkeit gezwungen, die es nicht deshalb gibt, weil es unser menschliches Gehirn gibt.
Vielmehr ist es ganz offensichtlich umgekehrt, so dass die Natur schließlich uns selbst und unser Gehirn nur deshalb hat hervorbringen können, weil Großer Geist, Phantasie und Verstand von allem Anfang an gegenwärtig und wirksam gewesen sind, lange bevor sie von der Evolution in unseren individuellen Gehirnen zu Tage trat.“[52]
Viele spiritiuelle Lehrer fordern inzwischen eine Abwendung von der von den Kirchen eingeforderten Identifikation des Einzelnen mit der organisierten Kirchengemeinschaft. Sie streben die Hinwendung zur „mystischen Identifikation“ mit der realen Welt des „Hier und Jetzt“ an.
Der Begriff Ewigkeit wird dann analog als „Leben-im-Heute“ oder
„Volles-Leben-im-Hier-und-Jetzt“ verstanden.
Spiritualität bedeutet dann nicht Konzentration auf eine Heilserwartung, die sich auf Jenseitiges richtet, sondern eine tiefere Erfahrung der nur vermeintlich trivialen Alltagswelt.

Wenn ich eine solche Art von spirituellem Existentialismus als erfahrbar und erlebbar und nicht nur als ausgedacht, erlernt oder sogar verordnet bezeichne, und wenn ich sie vor dem Hintergrund der Vor- und Nachteile der männlichen Kultur betrachte, wie ich sie zu Beginn schon ausführlich geschildert habe, bedeutet männliche Spiritualität für mich aber auch, dass Männer sich, neben ihrer lustvollen Aggression, in Hingabe an das Leben üben:

Während des Tages einmal Pause machen und innehalten (noch nicht einmal angestrengt meditieren)

- Einfach nichts tun
- Im Cafe sitzen und in die Gegend schauen, ohne gleich aktiv zu werden, das heißt: Gott einen guten Mann sein lassen
- Einfach wahrnehmen, ob es Ihnen gut oder schlecht geht
- Nach Ablauf eines Tages versuchen, einen Rückblick zu halten über Gelungenes und weniger Gelungene
- Vielleicht abends „danke“ sagen – nicht nur in guten Zeiten
- Ein lautes „Ja zum Leben“ sprechen und dabei bedenken, dass es nicht nur um „meine“ Leistung, „meine“ Macht, „meine“ Führungsposition geht
- Bedenken, dass der andere auch etwas leistet, dass das Andere (Größere, Höhere, ...) zum Gelingen beigetragen hat
- Erkennen, dass Tiere und Pflanzen im Lebensprozess zentral integriert sind, dass sie eine Seele haben (alles ist beseelt)
- Erkennen, dass alles eine Vision in sich selbst trägt
- Weg vom engen Ich zum Du kommen, zur Gruppe, zur Gemeinschaft und wieder zurück zum erweiterten Ich
- Sich selbst und die Welt umarmen
- Wut kurz und kräftig ausdrücken, ohne jemanden körperlich zu verletzen
- Über sich selbst lachen
- Sich einfach über das Leben freuen, wie es ist
- Um versäumtes Leben und Lieben trauern
- Jemand anlächeln – einen anderen, eine andere
- Andere ermuntern, so zu sein, wie sie wirklich sind

B.
Reise nach Arabien

As-safar ilaa bilaad al-Arab

السفر الى بلاد العرب

I. Die Wüste Sinai. Geistig-religiöse Kulturlandschaft

1. Alte Steintafeln und das Gesetz von Sollen und Müssen

Geologisch gesehen ist der Sinai das einzige Stück Land, welches auf keiner Kontinentalscholle liegt. Die Halbinsel bildet eine Brücke zwischen Asien und Afrika und entstand im Tertiär vor zwanzig Millionen Jahren. Noch heute driften die beiden Kontinente ein paar Millimeter pro Jahr auseinander. Seiner geographischen Lage am Rande des Afrikanischen Grabens verdankt der Sinai seine einzigartige und geologisch vielfältige Landschaft: Mächtige Bergketten aus Granit, Gneis und Schiefer in prächtigen Farben, von Grau über Gelb und Rot bis zu Braun und Schwarz, oft von Lavabändern durchzogen, daneben bizarre Sandsteinberge, scheinbar endlose Wadis und die grenzenlose Wüste.
Der Sinai wird im Norden vom israelischen Negev, im Osten vom über 1.800 Meter tiefen Golf von Akaba, im Nordwesten vom Mittelmeer und im Westen von dem nur achtzig Meter flachen Golf von Suez begrenzt.
Er wurde nach dem Camp David Vertrag (1979) Stück für Stück an Ägypten zurückgegeben und gehört seit 1982 wieder ganz zu diesem Nilland. Zuvor war er fünfzehn Jahre von Israel besetzt gewesen.

Die Wüste Sinai liegt also genau zwischen dem fruchtbaren Nilland Ägypten und dem verheißungsvollen, biblischen Land Kanaan (heute Palästina, Israel und Westjordanland).

Die Wüste, sagt man, sei ein Ort der Wahrheit. Daran ist etwas Wahres.
In ihrer mitleidlosen Lebensfeindlichkeit zwingt sie zu äußerster Anstrengung des Überlebens. Keinerlei Schnörkel, keinerlei äußerer Überfluss, keine bloße Dekoration können hier bestehen.
Mit ihrer trockenen Hitze schält sie den Lebewesen alles Unnötige vom Leibe, bis nur das Wesentliche, das zum Leben Unerlässliche, verbleibt.

Die Wüste, sagen die Araber deshalb, ist der Garten, in dem Gott spazieren geht. In ihr gilt nur, was wirklich wahr ist. Sie ist der Ort der letzten Fragen.

Alle großen religiösen Gestalten, ob Buddha, Moses (Musa, جبل موسى), Johannes der Täufer, Mohammed oder Jesus haben, so steht es oft geschrieben, das Göttliche mit Leidenschaft gesucht.
Doch dabei kamen sie immer an einen Punkt, an dem alles wertlos und sinnlos erschien, vergebliche Mühe ohne Resultat, und sie erkannten, dass sich alles, was sie bisher gewollt hatten im Wüstenstaub auflöste.

Bei dieser Art von Suche mag man sich hierhin wenden oder dorthin, man flüchtet immer wieder in die gleiche Leere und schaut hinein in das gleiche Nichts. Man wird hineingezwängt in die immer gleiche Halt- und Ratlosigkeit, so dass sich alles zuspitzt auf die eine, die entscheidende Frage:

Was gilt im Letzten?
Was ist überhaupt tragfähig?

Neben diesen grundlegenden Seins-Fragen der Menschen, muss man gerade im Sinai zusätzlich auch kritische Fragen zur christlich-jüdisch-islamischen Geistesgeschichte stellen:

Schuf der Mensch Gott nach seinem Ebenbilde?
Oder umgekehrt?
Oder beides?
I am the weaver ....Sie erinnern sich an das, beide Wahrheiten verbindende, indianische Lied „Ich bin der Weber, ich bin der Teppich"...!

Ist Jahwe ein Abbild der seelischen Verfassung des damaligen Menschen?

Ist Jahwe, dieser eifersüchtige Gott (Du sollst keine anderen Götter neben mir haben!), ein Egomane?

Wurde von hier aus ein besonderes Gottes- und Menschenbild, ein besonderes Väter- und Männerbild geprägt, welches bis heute wirkt?

Tritt das innerseelische Ringen des damaligen Mannes in der durch nichts verschleierten Wildheit und Gewalttätigkeit des Mosesmythos zu Tage?

Hat hier in der Wüste Sinai das Dogma von „Sollen" und „Müssen", unter dem viele Menschen leiden und das sie in die Gefangenschaft ihrer Krankheitssymptome geführt hat, seine Wurzeln?

In Form der zehn Gebote?

Diese entstanden ja vor 3.000 Jahren genau hier (Ägypten, Sinai, Kanaan) mit großer Kraft und starker Wirkung und wurden zum Wegweiser der Menschen in vielen Gebieten des Erdballs.
Wenn man sich aber erst einmal mit gesundem Menschen- oder Männerverstand intensiv mit dieser Geschichte zwischen Fakten und Fiktion auseinandersetzt, kann man doch relativ schnell zu der Erkenntnis kommen, dass bereits das Befolgen der zehn Gebote die Menschen in eine falsche Richtung führt.

Denn ihre natürlichen sexuellen und leiblichen Kräfte, ihre innere Kraft und Potenz, die Liebesfähigkeit werden durch das ausschließliche Befolgen der zehn Gebote unterdrückt. Sie machen das Leben unmenschlich schwer, belastend und unerquicklich.

Viele machten sich deshalb schon mit Schaufel und Spaten auf die Suche nach den Steintafeln, auf denen angeblich einst die Zehn Gebote standen. Viele versuchten ihr Glück. Für Glücksritter ebenso wie für seriöse Forscher wäre der Fund der verschollenen Tafeln so bedeutend wie das Auftauchen des Heiligen Grals gewesen.
Schließlich zog Rolf Krauss, Archäologe am Ägyptischen Museum in Berlin, nach vieljähriger Forschung das Resümee, dass das gesamte Alte Testament reine „Fiktion" sei.

Dennoch finden sich in Exodus 20, 1-1 7, zehn Gebote, die einen Teil der Welt bis heute prägen:

„Und Gott, so steht geschrieben, redete alle diese Worte und sprach:
Ich bin der Herr, dein Gott, der ich dich aus dem Land Ägypten, aus dem Sklavenhaus herausgeführt habe.

Du sollst...

- Du sollst keine anderen Götter neben mir haben.

- Du sollst dir kein Götterbild machen, auch keinerlei Abbild dessen, was oben im Himmel oder was unten auf der Erde oder was in den Wassern unter der Erde ist.

- Du sollst dich vor ihnen nicht niederwerfen und ihnen nicht dienen. Denn ich, der Herr dein Gott, bin ein eifersüchtiger Gott, der die Schuld der Väter heimsucht an den Kindern, an der dritten und vierten Generation von denen, die mich hassen, der aber Gnade erweist an Tausenden von Generationen von denen, die mich lieben und meine Gebote halten.

- Du sollst den Namen des Herrn, deines Gottes, nicht zu Nichtigem aussprechen, denn der Herr wird den nicht ungestraft lassen, der seinen Namen zu Nichtigem ausspricht. Denke an den Sabbattag, um ihn heilig zu halten. Sechs Tage sollst du arbeiten und all deine Arbeit tun, aber der siebte Tag ist Sabbat für den Herrn, deinen Gott. Du sollst an ihm keinerlei Arbeit tun, du und dein Sohn und deine Tochter, dein Knecht und deine Magd und dein Vieh und der Fremde bei dir, der innerhalb deiner Tore wohnt. Denn in sechs Tagen hat der Herr den Himmel und die Erde gemacht, das Meer und alles, was in ihnen ist, und er ruhte am siebten Tag; darum segnete der Herr den Sabbattag und heiligte ihn. Du sollst deinen Vater und deine Mutter ehren, damit deine Tage lange währen in demLand, das der Herr, dein Gott, dir gibt.

- Du sollst nicht töten.

- Du sollst nicht ehebrechen.

- Du sollst nicht stehlen.
- Du sollst gegen deinen Nächsten nicht als falscher Zeuge aussagen.
- Du sollst nicht das Haus deines Nächsten begehren.
- Du sollst nicht begehren die Frau deines Nächsten, noch seinen Knecht, noch seine Magd, weder sein Rind noch seinen Esel, noch irgend etwas, was deinem Nächsten gehört“[33]

1.1. Zwischen theologischer Intelligenz und spiritueller Kreativität

Ich wollte mich nun weiter kundig machen, denn die zehn Gebote sind im christlich-abendländischen Denken ein Kernstück der sozialen Ordnung, und interviewte einen evangelisch-lutherischen Pfarrer.

Frage:

> Sind wir Laien eventuell nicht gewohnt, die ganze Widersprüchlichkeit mitzuhören, in welcher die zehn Gebote in ein Hell-Dunkel-Feld zwischen Verlorenheit und Rettung gestellt werden?

Antwort:

> Natürlich bilden die zehn Gebote für unser christlich-abendländisches Denken ein Kernstück der sozialen Ordnung. Woran soll man sich denn halten, inmitten einer Zeit des Zerfalls alter Werte, der angeblich wachsenden Unordnung, des angeblich drohenden Chaos?
> Die ewig gleichbleibende Antwort im Munde der Gesetzgeber und der Regierenden wird doch lauten: An die zehn Gebote, an die mindestens, oder an die Verfassung. Wenn doch nur jeder so leben würde, wie es hier geschrieben steht, wäre die Welt in Ordnung.

Glauben die das wirklich?
Für Moses ist die Welt auch in Ordnung, wenn das „Du sollst“ erfüllt ist.
Das kann aber kein Mensch.
Die Welt, als Schöpfung verstanden, ist schon in Ordnung, so wie sie ist.
Es ist deshalb nicht so, dass die Menschen diese Gebote nicht befolgen wollen, sondern sie sind anders als sie in diesen Geboten „gedacht“ sind. Und aus diesem Zwiespalt zwischen Sollen-Müssen-Können-Brauchen entstehen dann die Schuldgefühle, die das Leben und die Beziehungen vergiften.
Wie naheliegend und tief verwurzelt diese Denkweise ist, sieht man, wenn man sich bei einem Besuch in Paris einmal die Zeit nimmt, in den Louvre, genauer in die altorientalische Abteilung zu gehen.

Da findet man das Original einer berühmten, mesopotamischen Stele aus der Zeit um 1700 vor Christus. Es ist das erste Mal, dass uns ein Gesetzeskodex aus der Alten Welt so gut wie vollkommen in schriftlicher Form überliefert vorliegt.
Die Stele selbst hat die Form eines erhobenen Zeigefingers und an der Stelle, wo der Fingernagel sich befinden müsste, ist das Bild des Königs Hammurabi eingraviert. Nachdenklich sitzt er, die Hand um den Bart gelegt, aufmerksam zuhörend, was ihm der Gott der Sonne und des Himmels, der König aller Götter, Schamasch, zu sagen hat.
Und der zu ihm, dem König, spricht, damit er es weitersage dem ganzen Volk. Dafür steht dieser große, himmelweisende, mahnende Zeigefinger.
Es ist historisch keine Frage, dass bis in die Form der Darstellung hinein die Gesetzesstele des Hammurabi die Szene am Sinai mitgeprägt hat.

Fast ein dreiviertel Jahrtausend nach Hammurabi weiß das Judentum Israels nicht anders und nicht besser die zentrale Offenbarung seines Gottes Jahwe zu verkünden, als dadurch, dass man das uralte Denken Mesopotamiens aktualisiert.

1.2. Sind wir Männer die Knechte oder die Erben von Moses?

Antwort:

> „Hören wir diese zehn Gebote und Worte heute noch einmal im Abstand von fast 3000 Jahren, müssen wir eine Art optischen Trick verwenden, um richtig zu sehen.
> Man hat in der Fotografie gelernt, dass man dreidimensionale Bilder nur erzeugen kann, indem man die Optik des menschlichen Sehvermögens technisch nachbildet. Nur mit zwei Augen stellt sich stereoskopisches Sehen her. Zwei Kameras aus verschiedenen Winkeln, mit einander überlagernden Bildausschnitten, sind nötig, um in die Tiefe schauen zu können.
> Wenn Sie jetzt eines Ihrer beiden Augen schließen, ist alles flächig: das Nahe und das Ferne wie auf einer einzigen Ebene versammelt.
> Das eine Auge, das wir zum Verstehen der zehn Gebote öffnen müssen, wird sich richten in die Tiefe der Vergangenheit selbst.
>
> Was war damals gemeint?
>
> Welche Berechtigung liegt in den Worten?
>
> Was für ein Problem wollten sie damals wirklich lösen?
>
> Das andere Auge muss sich richten in unsere Gegenwart oder besser in unsere Zukunft.

Wir müssen uns fragen, was wir denn mit den Texten anfangen können, damit sie uns etwas sagen auf dem Weg unseres Lebens.
Dabei liegt die große Schwierigkeit schon in den Worten „Du sollst".
Noch im späten Alter konnte ein Mann wie Hermann Hesse sagen: „Sobald ich derart angeredet werde mit ‚Du sollst', regt sich in mir der Widerspruch, und ich weiß, ich werde es nicht tun!"

Es trennen uns nicht nur 3000 Jahre, es trennt uns eine vollkommen andere Bewusstseinshaltung von dieser Art des erhobenen Zeigefingers.
‚Du sollst' gilt nicht länger, sondern: „Rede vernünftig, wenn du etwas sagen willst, und dann wirst du nicht gebieten, sondern ermutigen."

Der Atem des Moses weht natürlich aus einer ganz anderen Zeit in unsere Kultur herüber. Es ist, als wären Wolken aufgestiegen über den Wäldern und Meeren tropischer Breiten und würden über fernes, fremdes Land geweht, um dort abzuregnen und Leben und Wachstum zu formen, ein anderes Leben, ein anderes Wachstum als an der Stelle und Stele, wo sie selbst entstanden.
Wir müssen uns das Recht nehmen, den Atem des Moses als Quelle für etwas anders Geformtes, in anderer Zeit und an anderem Ort Lebendiges zu verstehen.
Und das bedeutet, wir müssen alle Äußerlichkeit herausnehmen aus diesem Text.
Es kann nicht länger gelten, wie noch 1993 in der Enzyklika „Vom Glanz der Wahrheit" Papst Johannes Paul II uns wissen ließ, dass die 10 Gebote Grundlage aller Sittlichkeit seien, eben weil sie von Gott geoffenbart wurden.

Wir Menschen sind es, die entscheiden was von den zehn Geboten zu halten ist. Der Geist der Aufklärung sieht da richtiger als 200 Jahre später das kirchliche Lehramt. Der Kategorische Imperativ des Immanuel Kant sagt nämlich ganz einfach sinngemäß: „Sei vernünftig und verhalte Dich so, dass Dein Verhalten Maßgabe sein kann für jedermann, auch für eine größere Gemeinschaft!"
Damit wir uns selbst angesprochen fühlen und in der eigenen Lebenskraft verankert stehen, sind wir herausgefordert, zu dem Berg am Mittelpunkt der Welt zu finden, genauso wie Moses. Aber wir wollen einer anderen Macht der Freiheit begegnen, die uns hinausführt aus der Abhängigkeit, wie in der symbolischen Geschichte des Exodus der Israeliten aus der Sklaverei in Ägypten.

Die fundamentale Botschaft der gesamten Mosesgeschichte muss - ob Fiktion oder historisch real – folgende sein:Befreiung des Menschen zum Ort seiner Bestimmung.
Wo das nicht erfolgt, lässt sich keine Ethik gründen.
Wo ein Mensch nicht aufgebrochen ist zu seiner eigenen Personalität und Würde, müssten wir heute sagen, hat keinerlei Gesetz und keinerlei Gebot irgendeine Grundlage.

Was sich in der Bibel als Loslösung von der politischen Fremdherrschaft der Ägypter darstellt, liest sich für uns Heutige als Geschichte der Personwerdung des Einzelnen.
Vom Neuen Testament her müssen wir es noch deutlicher ausdrücken: Die hebräische, die israelitische Erlösungsgeschichte des erwählten Volkes ist der Exodus in die Freiheit selbst...

Das Neue Testament scheint zu wissen, dass es nicht genügt, im äußeren Sinne der Beeinflussung, der Außenlenkung durch andere Menschen zu entrinnen. Und das ist mir besonders wichtig:
Es ist dies wesentlich ein innerer Vorgang. Wir Menschen brauchen lange in unserem normalen Daseinszyklus, um uns in unserem individuellen Leben wirklich auszukennen. Und es ist oft schwierig, überhaupt dahin zu kommen.

Aber erst so gesehen, verstehen wir die symbolische Szenerie dieser Geschichte richtig:

Alles beginnt dabei mit der Wallfahrt zum Berge.
Solche heiligen Zentren auf Erden sind ein uraltes Symbol der Menschheit für das, was es heißt, Ordnung zu setzen, Kosmos zu bilden oder zu gründen.
Berge sind Zonen der Erde, die nach uralten Schöpfungsmythen als erstes aufgetaucht sind aus dem Urwasser. Sie sind gewissermaßen die innere Achse, um die herum die ganze Welt erst ihr Gefüge gewinnt.
Und das ist bereits der Sinn jeglicher Wallfahrt:
An die Stelle zu gelangen, wo Himmel und Erde einander berühren, wo die Welt ihr Zentrum und einen Kraftmittelpunkt hat, von dem aus sich Sinn, Perspektive und Richtung des Lebens finden lassen.
Mit anderen Worten: Den Sinai mag man in einer Völkerwallfahrt geographisch gesucht haben; ihn wirklich zu finden, bedeutet, das eigene Herz soweit zu klären, dass es offen für das Größere wird."

Das konnte ich dem Herrn Pfarrer bestätigen, denn Teilnehmer der MännerQuest in der Wildnis sprechen bei mir immer wieder davon, einer Naturkraft begegnet zu sein, die größer als sie selbst war, und dass sie genau diese Begegnung in ihrem tiefsten Herzen gesucht hätten.
Die Wirklichkeit dieser Begegnung hätten sie körperlich gespürt.
Sie hätten Potentiale bei sich entdeckt, die ihnen so noch nicht bewusst gewesen wären.
Und von daher hätten sie auch eine Verantwortung gespürt für ihre Lebens- und Arbeitsfelder. Das habe ihnen ein Gemeinschaftsgefühl und zugleich auch eine zuvor nie gekannte Geborgenheit vermittelt.

Ich fragte weiter:
„Aber nun ganz konkret, was kann man den heute mit diesen Geboten anfangen?"

Antwort:

„Ein Beispiel: „Du sollst ehren Vater und Mutter" – so steht es da als positiv formuliertes Gebot. Trotzdem werden alle, die in irgend einer Form unter der Autorität ihrer Eltern haben leiden müssen, genauso empfinden wie Hermann Hesse.
Die Ablehnung gegen jedes „du sollst", gegen jeden erhobenen Zeigefinger, hat zu tun mit der Angst und dem Widerspruch eines Kindes, das durch die Erziehungsgewalt der eigenen Eltern mehr gedrückt als geführt wurde, so dass die gängige Auslegung dieses Gebotes auch meistens schon heißt: „Du sollst den Eltern gehorchen!"...
Eltern, die man selbst in Kindertagen kaum hat leben lassen, stützen sich oft genug auf ihre eigenen Kinder, hängen sich förmlich ersatzweise an das Leben ihrer Kinder, können sie nur sehr schwer los lassen, weil in ihnen der Lebensinhalt, die Lebensaufgabe fehlt.
Wie viel Trost liegt darin, angesichts von vielen zerstörten Hoffnungen und Sinnlosigkeiten zumindest sagen zu können: Es gibt ein, zwei Menschen, die würden nicht existieren ohne uns.
Vor einiger Zeit schilderte mir ein Mann, dass er überzeugt sei, seine Mutter und seinen längst verstorbenen Vater wirklich zu ehren. Nie habe er ein böses Wort über sie gesprochen. Nur manchmal, wenn er sich einlässt auf einen anderen Menschen, seine Freundin oder in Gemeinschaft mit anderen, kann er, unbegreifbar für ihn selbst, jähzornig werden und anderen Unrecht tun. Ausgehend von diesem Problem ging das Gespräch dann in die Vergangenheit, und plötzlich höre ich, dass seine Mutter seit vielen Jahren, nicht erst seit dem Tod ihres Mannes, sondern eigentlich schon wenige Jahre nach ihrer Heirat, völlig allein stand. Ihr Mann wurde einberufen in den Zweiten Weltkrieg, sie selber musste leben mit den Kindern, fliehen ins Nirgendwo, mühsam sich durchbringen in der Hoffnung, irgendwann werde ihr Mann wiederkommen. Und als er schließlich krank und verkrüppelt nach Hause kam, war er nichts weiter als noch eine zusätzliche Belastung.
Dieser junge Mann hatte lernen müssen, den Vater zu ersetzen und alles zu tun, was er konnte, damit seine Mutter leben konnte. Sie ließ ihn keinen Augenblick aus den Augen, hinderte ihn, eine Freundin kennenzulernen, und so lernte der Junge auf seine Weise, die Eltern zu achten und zu ehren.
Wieviel Wut, wieviel Verzweiflung, wieviele unterdrückte Tränen sammelten sich dann allein in den paar Sätzen einer solchen Biographie! Was muss da alles erst einmal in aller Offenheit und Ehrlichkeit durchgesprochen werden, bis man diese Elterngestalten überwindet, um ihnen dann den Platz geben zu können, der ihnen gebührt und an dem sie jenseits der Verstrickungen geehrt sind.
Wollten wir das vierte Gebot in dieser Weise zum Sprechen bringen, müssten wir sagen:

Wenn du wirklich Gott gefunden hast und im Vertrauen auf ihn dich selbst finden möchtest, gilt es zu lernen, selbstbewusst zu sein und dich nicht einschüchtern zu lassen durch die Angst vor dem, was andere dir sagen.
Es mag eine Reihe von Verwaltungsbehörden geben, aber im Grunde gibt es keine wirklich gültige Autorität mehr für dich, wenn du lernst, erwachsen zu sein, ein Stück Selbstbewusstsein zu bilden. Selbstachtung wird dann die beste Art, das 4. Gebot zu formulieren. Es wandelt sich zu einem Lebensgesetz, mit Vertrauen und Mut das eigene Leben in die Hand zu nehmen.
Und dann wird möglich, die Bilder von Vater und Mutter zu durchleuchten, dann gewinnt man eine gewisse „Freiheit", auch den Eltern, die es wirklich gibt, der Mutter, die noch heute lebt, anders zu begegnen. Es ist ein und derselbe Vorgang, sich zu verstehen und den anderen zu verstehen. Und der ganze Bereich des Mütterlichen, des Väterlichen, dehnt sich auf all die anderen Menschen weiter aus, die jetzt ebenfalls offener, menschlicher zu verstehen sind. „Du sollst Vater und Mutter ehren" müsste, in unsere Sprache übesetzt heißen: Gewinne du für dich selbst so viel Unabhängigkeit und Selbstachtung, dass du einen eigenen Boden unter deine Füße bekommst und auch lernst, deine eigene Seite zu verstehen und zu akzeptieren.
So kann es gut gehen, alt zu werden, so ist Reifen und Entwicklung zumindest erlaubt.

Oder das sechste Gebot, das ja ein Verbot ist: „Du sollst nicht ehebrechen".
Schauen wir in die Vergangenheit, was es einmal zu sagen hatte, weist es weit weg von dem, was in unseren Tagen für gewöhnlich unter den Worten „Du sollst nicht ehebrechen" verstanden wird.
Ehebrechen bedeutete noch in den Tagen Jesu, dass ein Mann, der mit zwölf Jahren ehereif und spätestens mit 13, 14 Jahren verheiratet war, nach Belieben, wenn er Geld genug hatte, ein, zwei Frauen, wenn sie ihm Wohlgefallen oder sich im Prinzip so viele, wie er wollte, zu eigen machen konnte. Und kam er nun wirklich mit seiner Frau nicht aus, konnte er irgendeinen Grund erfinden, sie auf der Stelle zu entlassen.
Genau das diskutierte man in den Tagen Jesu: Hat ein Mann das Recht, seine Frau zu entlassen aus jedem beliebigen Grunde?
Mit anderen Worten: Man braucht die Ehe nicht zu brechen, die Männer haben jede Art von Möglichkeit, sich absolut legal der Frauen zu entledigen, die sie nicht wollen, und sich die Frauen zu holen, die sie möchten. „Du sollst nicht ehebrechen" heißt lediglich:
Du sollst nicht in den Besitzstand eines anderen Mannes eindringen. Mit Sexualität hat das im Grunde nichts zu tun; es geht lediglich, fast auf tierischem Niveau, um die Ruhe, die man braucht, sich als Pascha im eigenen Haus sicher zu fühlen.
Wir müssen uns die bis an Heuchelei grenzende Doppelzüngigkeit, speziell der Moraltheologie der katholischen Kirche, an dieser Stelle verdeutlichen, um zu bemerken, wo wir in Wahrheit stehen, wenn wir die Stimme Moses in vernünfti-

gen Worten von innen her in uns vernehmen wollen. Immer noch geht es beim 6. Gebot im Wesentlichen um die Ehe. Es geht so sehr um die Ehe, dass alle Sexualität nur in der Ehe erlaubt ist. Aber auch in der Ehe ist Sexualität nur erlaubt zugunsten möglicher Nachkommen, so dass jede künstliche Empfängnisverhütung als schwere Sünde betrachtet wird.
Erst im Jahre 2007 wurde diese Morallehre etwas gelockert, als der Papst das Wort Erotik in der Ehe in den Mund nahm. Aber man hat da trotzdem eine merkwürdige Mixtur geschaffen aus Sexualmoral und ehelichem Besitzstand, eine Verfilzung ganz verschiedener Ebenen.

Wollten wir von dem sprechen, was in Menschen vor sich geht, wenn sie einander begegnen und ihr Leben miteinander verbringen wollen, müsste man das 6. Gebot wahrscheinlich so radikalisieren, wie Jesus das in der Bergpredigt vorschlägt. Da klingt es nach Sexualethik, meint aber im Grunde etwas viel Tieferes:
Wer eine Frau ansieht und sie begehrt, der bricht schon die Ehe, meint Jesus da. Nimmt man das aus der Kleinlichkeit heraus, mit der es Matthäus selbst interpretiert, ist das Ziel doch, die Motive von Menschen zu klären. Dann geht es im Grunde nicht einmal um die Institution Ehe, sondern um die Form der Begegnung zwischen zwei Menschen. Wenn ein Mensch einen anderen liebt, möchte er bei ihm sein und leidet darunter, von ihm getrennt zu sein durch Raum und Zeit. Und die Liebe hat die Kraft, den Wunsch zu bilden und sogar das Versprechen zu geben, nie mehr voneinander zu lassen. In moralischer Hinsicht mag man das ein Versprechen der Treue nennen, aber man muss sich gleich sagen, dass die Treue aus der Liebe stammt und nicht umgekehrt.
Man kann die Liebe nicht erzwingen durch eine Gesetzgebung „Du musst treu sein" oder sozusagen auf lebenslänglich verordnen durch ein Versprechen am Altar.
Wie wenig unsere heutige Bevölkerung noch daran glaubt, dass man Fragen des Herzens durch ein Paragraphenwerk von Gesetzen lösen kann, macht eine aktuelle Befragung in Frankreich deutlich: Über 51 Prozent sind danach der Meinung, dass Liebe und Ehe nicht notwendig zusammen gehören, und sie bekennen sich dazu, auch außerhalb der Ehe miteinander zu leben.
Natürlich hat die Gesellschaft ein großes Interesse daran, zu wissen, wer jetzt mit wem zur Zahlung welcher Steuern, zur Beantragung von Kindergeld an welchem Ort in welchem Hause wohnt – das mag auf anderer Ebene legitim sein, aber für die Frage, was Menschen mit Menschen anfangen, würden wir alles durcheinander bringen, wollten wir das 6. Gebot zum Reglement einer bestimmten patriarchalischen Variante der Gesellschaftsordnung beschränken.
Ganz im Gegenteil. Wir verstehen heute unter Liebe, dass ein Mann nicht mehr herrscht über seine Frau, sie nicht wegschicken darf, wann er will, und das schon entspricht der Erklärung Jesu selbst auf die Frage: Kann ein Mann aus beliebigem Grund seiner Frau den Scheidebrief geben?
Es ist das Unglaubliche an der Person des Mannes aus Nazareth, dass er außerhalb jeder Paragraphenordnung zurückverweisen kann auf die Zeit oder vielmehr auf

den Zustand der menschlichen Seele, in dem die Welt erscheinen mochte wie ein Paradies.
So hat Gott es nicht gemeint, kann Jesus sagen, als er euch als Mann und Frau erschuf.
Liest man die Paradiesgeschichte, ist die Liebe ein wunderbares Werk der Zärtlichkeit, der Zusammengehörigkeit, weil ein Mensch gar nicht ganz werden kann ohne den anderen. Da ist nicht die Tugend das Ziel der Ordnung, sondern die menschliche Bedürftigkeit. Bedürftigkeit im Sinn von „des anderen zu bedürfen" und sich auf ein Ganzes und gemeinsamen Segen hin auszurichten. Dazu kommt das innere Wissen, dass einer dauerhaften Beziehung der Gang durchs Feuer nicht erspart bleibt: Dies lässt Liebe wachsen, und Treue ist eine Folge davon. Und fragt man: Warum fällt es den Menschen so schwer, einander zu lieben, muss man alles wieder durcharbeiten.
Niemand ist in diesen Fragen zynisch oder launisch, es sei denn, er wäre bis ins Innere hinein sehr krank. Was uns zumeist hindert, den anderen liebzugewinnen, ist der Verlust der Möglichkeit, sich selbst gelten zu lassen, sich selbst zu lieben. Das ist es, was aus der Beziehung zwischen zwei Menschen wirklich erwächst: die wunderbare Entdeckung, es trage zum Glück des anderen bei, dass es mich gibt, ich werde geliebt.
Im Schatten dieser Empfindung formt sich die Entdeckung, wirklich liebenswert zu sein. Aber um das glauben zu können, müssen alle gegenteiligen Erfahrungen nach und nach durchgearbeitet werden.
Das ist die Ursache dafür, dass in vielen Märchen und Mythen erst einmal Drachen bekämpft und schnaubende Stiere getötet werden müssen, ehe die Königstochter schließlich erlöst werden kann.
Aber so ist es.
Das sechste Gebot sollte nicht länger heißen: „Du sollst nicht ehebrechen", sondern: Lerne, wie liebenswert du selbst bist unter den Augen eines Menschen, dem du dich anvertraust, offen und ganz. Und wieder: Über die Selbstachtung, über das Selbstvertrauen zur Selbstliebe kommend, wären diese drei Gebote in sich schon Wegweiser oder Stadien, unter den Augen Gottes bei sich selbst anzukommen."

1.3. Warum haben kirchliche Rituale an Kraft verloren?

Antwort:
„In kirchlichen Ritualen wird die Körper- und Naturerfahrung ausgeklammert, während gerade darin für die Teilnehmer an nichtkirchlichen, spirituellen Ritualen die große Attraktivität liegt.
Die kirchenfernen Männer aber sind sehr „hungrig" und sie sind mutig und mündig geworden und holen sich ihre Nahrung dort, wo sie sie auch finden.

Natürliche Übergangsrituale sind so organisiert, dass in ihrem Zentrum Handelnde stehen, die als Subjekte vom Ritual so erfasst werden, dass durch sie und mit ihnen und an ihnen etwas geschieht.
Insofern kommen die Riten nicht nur aus der Geschichte des Lebens und leisten nicht nur etwas für den Vollzug des Lebens; sie sind vielmehr selbst Momente potenzierter Lebenserfahrung.
Sie entwickeln transformatorische (verwandelnde, wandelnde) Kraft.
Die Konflikte und Prozesse, die das Grundgefüge dieser Riten bilden, lassen sich in vier begrifflichen Polaritäten beschreiben:

Auf der sozialen Ebene geht es um Trennung und Bindung.
In körperlicher Hinsicht gibt es die Abfolge von Askese und Rausch.
Das psychische Erleben pendelt zwischen Angst und Lebensmut.
Die existentielle Fundierung betrifft das Verhältnis zu Sterben und Leben.

Aber bei kirchlichen Ritualen scheint die Regel zu gelten:
Sie dürfen keine Angst auslösen. Als ob man auf diese unbedachte und rationalistische Weise der Macht von Ängsten entkommen könnte.

Die Polarität ist zerbrochen; die Freude, die etwa zur Abendsmahlsfeier bei der Konfirmation gehört, kann sich doch nur einstellen, wenn der beschwerliche Weg durch Einsamkeit, Schuld und Ohnmacht, der zur Leidensgeschichte Jesu und zur Lebensgeschichte gerade junger Menschen gehört, eben nicht verdrängt wird.
Nur wenn man Ängste in ritueller Ordnung durchschreiten lernt, gewinnt man jenen „Mut zum Sein“, den die meisten Menschen heute so lebensnotwendig brauchen.

Gerade deshalb sind auch viele religiösen Riten in ihrem existentiellen Kern durch die Polarität von Sterben und Leben bestimmt.

Leben im Übergang heißt: immer neue Untergangserfahrungen überleben.
Hier liefert das Taufritual das beste Beispiel für die Verharmlosung und Reduktion der kirchlichen Praxis.
Die Dogmatik immerhin beschreibt das Taufgeschehen mit gewagten Begriffen: Sie redet von „mortificatio“ und „vivificatio“.
Der alte Adam muss sterben, damit der neue Mensch in Christus geboren werden kann. Die kirchliche rituelle Praxis ist weit entfernt davon, diese Behauptung der Dogmatik auch nur ansatzweise in einer rituellen Inszenierung darzustellen.

Martin Luther jedenfalls wollte diesen Gedanken auch praktisch dargestellt wissen:
...(die Taufe ist) vielmehr das Wahrzeichen des Todes und der Auferstehung. Aus solcher Ursach wollt ich, dass die Täuflinge ganz ins Wasser getaucht würden...
Weil die heutige kirchliche Ritualpraxis die Polaritäten, die doch zum Grundge-

füge aller Übergangsrituale gehören, zerstört, verwischt oder reduziert, wird auch die enorme Lebensenergie, die in ihnen enthalten ist, reduziert verwischt oder zerstört.
Wenn in den kirchlichen Ritualen nicht mehr gelernt werden kann, dass es durchs Sterben ins Leben geht, wie sollen dann die Menschen ihren letzten Übergang, den Sterbeprozess, bestehen?

Spiegeln nicht auch alle kollektiven Verdrängungsmechanismen, alle individuellen Todesängste den Sachverhalt wider, dass man in den kirchlichen Riten Tod und Wiedergeburt nur noch sehr reduziert erfahren kann?

Und ist es nicht so, dass, nach Bonhoeffer, die billige Gnade die Gottesbeziehung der Menschen nicht klärt und entlastet, auch billige Rituale den menschlichen Lebenslauf mit seinen Konflikten und Prozessen nicht mehr intensiv genug strukturieren können?"

Die praktische und theoretische Initiation in ein neues Verständnis von möglichen kirchlichen Ritualen habe ich durch Naturrituale und Trancereisen, durch die Begleitung von spirituellen Lehrern und durch Bücher erfahren.
Ich habe gelernt, dass es religiöse Erfahrung überwiegend nur durch ein intensives, radikales Training in durchaus traditionellen religiösen Exerzitien gibt.
In der distanzierten Betrachtung von heiligen Texten klingt alles, was dort über Bewusstseinserweiterung in Richtung von Gottesbegegnung zur Sprache kommt, entweder metaphysisch oder metaphorisch.
Nur mit Hilfe eines Lehrers, der über das Heilige nicht nur redet, sondern die Begegnung mit dem Heiligen kanalisiert, können Menschen eindringen in die Tiefen der Schöpfung und des Göttlichen.
Im Rahmen einer solchen methodisch strukturierten Annäherung können sich dann allerdings Erfahrungen einstellen, die die Grenze zwischen dem Subjektiven und Objektiven, zwischen Irdischem und Himmlischem, zwischen Zeit und Ewigkeit tranzendieren.

Ich bedankte mich fürs Interview.

2. Moses, der Eingottglaube (Monotheismus) und die Sprache der Gewalt

Das Neue am biblischen Monotheismus ist, dass er die Moral zur Chefsache Gottes gemacht hat. Sicher, das kann auch ein sehr wirkungsvoller Schritt zur Gewaltbekämpfung sein.
Was aber, wenn sich Menschen zum Vollstrecker des Willens Gottes machen und zum Beispiel einen Armen steinigen, der am Sabbat Holz sammelt?
Jan Assmann, bekannter Theologe aus Heidelberg, fragt dies in seinem
Buch: „Monotheismus und die Sprache der Gewalt“:

„Zwar gehört die Sehnsucht nach Gerechtigkeit zu den zentralen Anliegen des Neuen Testaments, andererseits aber grenzt der Eingottglaube aus, weil er die anderen Götter als „Götzen“ und ihre Verehrer als „Heiden“ einstuft.
Ob das dann in Feindschaft umschlägt, kommt auf die Spielart des Monotheismus an. Der altisraelische Eingottglaube tritt in der Bibel nur literarisch gewaltsam auf. Geschichtlich hat er jedoch bei den Juden – wenn man von den Makkabäerkriegen absieht – nicht zu wirklicher Gewaltausübung geführt. Die findet sich dann erst bei Christen und Muslimen.“[34]

In einem Spiegelinterview stellt Assmann eine weitere sehr wichtige Behauptung auf, nämlich:
„Dass die alten Religionen ihre Götter ineinander übersetzen konnten, weil sie innerweltliche Mächte verkörperten, die auch die anderen kannten und verehrten. Es gab regelrechte Vergleichslisten mit Formeln wie: Astarte = Ischtar = Aphrodite = Venus. Damals trennte die Religion noch nicht, sie war vielmehr ein Medium der Verständigung. Wir müssen zu einer Kultur gegenseitiger Anerkennung hinfinden, wenn wir den „clash (engl. Zusammenprall, Anm. d. Verf.) of civilizations“ vermeiden wollen.“[35]

Natürlich muß festgehalten werden, daß auch die Zeit vor Moses zeitweilig voll Hass, Gewalt und Schuld.
Erst Lessing hat in seiner aufklärerischen Ringparabel von Nathan dem Weisen wegführend Neues für uns Europäer formuliert.
Ein Vater hat drei Söhne und einen Ring, der die Kraft hat, seinen Träger Gott und den Menschen wohlgefällig zu machen.
Wer soll den Ring erben?
Dem Vater sind alle Söhne gleich lieb, so lässt er zwei Kopien herstellen und gibt jedem Sohn einen Ring als den wahren. Alle drei bemühen sich nun im Glauben, den echten Ring zu besitzen, um eine Gott und den Menschen wohlgefällige Lebensführung und es wird nie herausgefunden, wer eigentlich den wahren Ring bekommen hat.
Wir müssen von der Vorstellung loskommen, im Besitz einer absoluten, in geoffenbarten Schriften niedergelegten Wahrheit zu sein. Alle Religionen sind gleich weit entfernt von der Wahrheit, die wir nie besitzen, nur anvisieren können.

Die sogenannte mosaische Unterscheidung geht von einer absoluten Gotteswahrheit aus. Sie spaltet grundsätzlich andere Wahrheiten ab. Dies hatte fatale Konsequenzen auch für das abendländische Denken. Zwei Wahrheiten können nicht nebeneinander stehen. Wie im Totalitarismus!
Erst der Engländer Karl Popper bewies, dass es sogar bei physikalischen Problemstellungen zwei Wahrheiten geben kann und eröffnete damit neue Dimensionen, die bis heute in die offene demokratische Bewegung hineinreichen. Und er brachte noch einen wichtigen Begriff ins Spiel, den der „Vorläufigkeit". Das heißt, jede Wahrheit ist vorläufig.
Seine Vorgehensweise erinnert natürlich an die Geschichte von Nathan dem Weisen.

Und mein Denken geht weiter.
Was ist mit der Abspaltung des Bösen, Dunklen, des Schattens und des Teufels?
Erwin Reiser schreibt in „Der Gott und der Götze":
„Es ist die Zeit der Sonnenfinsternis, die dem Erdbeben vorangeht. Durch die Nacht strahlt wie Phosphor der bleiche Leib des sterbenden Gottes, aber er strahlt, ohne zu erleuchten. Auch die Sterne haben ihr Licht verloren; denn alles Helle hat ER in sich genommen. Einsamkeit umgibt das Kreuz, und die Erde ist wie ausgestorben. Da ruft zwischen Todesröcheln der Heiland über die Öde hinweg: „Gott, mein Gott! Warum hast du mich verlassen!"
Sein Ruf findet keinen Widerhall. Die Natur erkennt die Stimme nicht mehr, wie sie das Licht nicht mehr kennt. Aber aus der Dunkelheit ballt sich der Gegengott. Auf schwarzen Wolken thronend schwebt er heran vor das Kreuz.
Es ist Shiva, der Zerstörer, es ist Priapos mit dem obszönen Symbol, mit der höhnenden Fratze dessen, was man Liebe nennt. Und der Götze spricht: Wen rufst du? Nur wir sind noch; nur du bist und ich, dein ewiger Gegensatz, sonst nichts mehr. Du rufst nach dem Gott, den du auf dich gezogen hast. In deinem Streben nach eigener Göttlichkeit hast du die Welt entgottet; wo ist noch ein Gott außer dir?
Deinen Hass wolltest du ausrotten, aber indem du dein Schwert gegen ihn erhobst, verfielst du ihm. Nun hat sich dein Geschöpf gegen dich gewandt und dich ans Kreuz genagelt. Sieh, ich bin dein Geschöpf, die Ausgeburt deines eigenen Hasses. Vernichten wolltest du mich, aber du hast mich gemästet. "[36]

Was geschieht, wenn das Gegenteil abgespalten wird, nicht Teil des Ganzen sein darf?
Ein fruchtbarer Boden für Gewalt.
Bei den Christen die Heiden. Bei den Juden die Gojim. Bei den Moslems die Ungläubigen.

„In Wahrheit ist es Jahwe, der für Israel viele Völker aus dem Weg räumt: Hetiter, Girgaschiter, Amoriter, Kanaaniter, Perisiter, Hiwiter, Jebusiter.
„Wenn der Herr, dein Gott, sie dir ausliefert und du sie schlägst, dann sollst du sie der Vernichtung weihen. Du sollst keinen Vertrag mit ihnen schließen, sie nicht verschonen."
„Der Gott des jeweils Besiegten wird namentlich nicht mehr erwähnt: „Denn ich bin ein eifersüchtiger Gott."

Mose, der Mordbrenner, der zugleich den Menschen feierlich das Verbot zu morden überbringt – ein erstaunlicher Widerspruch."[37]

Rechtfertigen könnte man diesen nur durch das Verständnis dafür, dass die Israeliten aus einem repressiven Gewaltsystem ausziehen und die Verfolger abschütteln wollen.

Doch dann steigt Mose allein auf den Berg. Dort empfängt er die Gebote auf zwei steinernen Tafeln, auf die der Finger Gottes (bzw. Hammurabis) geschrieben hatte. Und während Mose auf dem Berg ist, fällt das Volk von Gott ab und macht sich ein goldenes Kalb, Bild für den Gott des Erfolges und der Fruchtbarkeit. Was ist eigentlich an materiellem Erfolg und Fruchtbarkeit so schlimm in dieser Welt?
Steht sie wirklich gegen Toleranz und Barmherzigkeit?
Es geht anscheinend gar nicht um das Thema Einheit, sondern um das Thema Abgrenzung und Ausgrenzung der anderen, falschen und verbotenen Götter und deren Anhänger.

Nur Moses und die auf ihn folgenden Propheten und Priester dürfen mit Gott sprechen. Nur Moses darf in seiner Gegenwart verweilen. Und das gibt ihm eine neue Autorität gegenüber dem Volk. Und daraus leitet Moses ab, dass er Gesetzgeber für das Volk ist.
Ob Fakten oder Fiktion, die gesamte Erzählung und der mosaische Dualismus von richtiger und falscher Gottheit, Gut und Böse, Gott und Teufel zeigt ihre Wirkung.

Die kulturelle Bewegung der sogenannten Gothics zum Beispiel thematisiert dieses Problem mit ihrer altertümlich bis futuristisch anmutenden schwarzen Kleidung, ihrer kunstvoll gestalteten Schminke und Haartracht sowie ihrer Vorliebe für mystische bis makabere Accessoires. Eine auffällige Erscheinung in deutschen und anderen europäischen Städten.
„Trotz ihrer großen Verbreitung und des vermehrten Chart-Einstiegs von Bands, die in der Gothic-Subkultur verwurzelt sind, umweht diese Szene allerdings aus Sicht des Normalbürgers noch immer ein Hauch des Obskuren, Sinistren und Bösen.
Assoziationen zu Satanismus, Schwarzen Messen, Nekrophilie, Blutritualen und Selbstmord sind nicht nur in Berichten der Boulevardpresse, sondern auch in den Köpfen vieler Menschen eng mit dem Begriff „Gothic" verbunden."[38]

Die Beschäftigung der Gothics mit gesellschaftlich tabuisierten Aspekten der Lebenswirklichkeit wie Tod, Leiden, Okkultismus, psychische Grenzerfahrungen, Krieg und menschliche Grausamkeit kann jedoch einen wichtigen Beitrag zum produktiven, kulturellen Umgang mit dem Bösen leisten.

Natürlich liegt auch in der Mosesgeschichte und der Offenbarung eine Leistung. Die Pharaonen wurden vor Moses als Götter angesehen mit unvorstellbarer Macht über Leben und Tod der Sklaven und Leibeigenen und über deren Tod hinaus. Während der Jahwe-Kult die Idee eines unsichtbaren und unaussprechlichen Gottes für alle einbrachte.

Gott als ein übergeordnetes, geistiges, allumfassendes Prinzip.
Aber wer überbrachte diese Prinzipien und setzte sie auf dieser Welt durch – und unter welchen Vorwänden?
Zum Glück ergänzte Jesus die harten Anfangsprinzipien des alten Testaments in seiner Bergpredigt durch Toleranz, Nächstenliebe und Barmherzigkeit. Das war auch dringend nötig.
Jan Assmann, den ich in bezug auf Moses und das Gewaltthema für sehr kompetent halte, würde meine Behauptung allerdings anders sehen. Er schreibt:
„Es scheint mir auch vollkommen verfehlt, diese Gottesidee als spezifisch alttestamentlich darzustellen und ihr den christlichen Gott der Liebe gegenüberzustellen. Die Eifersucht Gottes entspringt ja seiner Liebe und immer ist seine Gnade tausendmal größer als sein Zorn. Es ist ein liebender, der Welt und seinem Volk leidenschaftlich zugewandter Gott, der zwischen Freund und Feind unterscheidet.
Was nun unsere Frage nach den Wurzeln der Sprache der Gewalt in den biblischen Texten angeht, scheint mir das Motiv des eifernden, beziehungsweise eifersüchtigen Gottes entscheidend. Ihm entspricht nämlich auf menschlicher Seite der Gedanke des Eiferns für Gott, und damit eines der Zentralmotive der Gewalt.“[39]
Exemplarisch für alle Menschen habe auch das jüdische Volk seine Stimme gegen Knechtschaft und Unterdrückung erhoben und eine allgemein menschliche Sehnsucht nach Frieden zum Ausdruck gebracht.
Das leugnet auch Assmann nicht.
Wie kaum ein anderer weiß er um die Errungenschaften jüdischen Geistes.
„Den Juden“, schreibt er in seinem Buch, „sei es nicht um irgendwelche bestimmten Fehler des Menschen gegangen, sondern um die Einsicht in eine „grundsätzliche existentielle Sündhaftigkeit, Vergänglichkeit, Gottesferne“ des Menschen.“[40]
Aber dann stellt er doch klar, welch unwürdiges Menschenbild geschaffen wurde, und dass daraus die Forderung nach „Reue“, Sühne und der Umkehr aus der „Schuldbeladenheit des bisherigen Lebens“ erwachsen sei.
„Sühne, Umkehr – das ist die tiefe Forderung der Heiligen Schrift.
Psalm 51 spricht die damit verbundene Einkehr in sich selbst klar aus:
„Das Opfer, das Gott gefällt, ist ein zerknirschter Geist, ein zerbrochenes und zerschlagenes Herz!“[41]

Eine der rätselhaftesten Gestalten der Menschheitsgeschichte ist dieser Moses tatsächlich, der sowohl im Judentum wie im Islam – dort heißt er Musa (جبل موسى) – als Prophet verehrt wird.
An Hunderten von Orten auf dem Sinai, in Israel und dem heutigen Jordanien soll er mit seinem Stab Wasser aus dem Fels geschlagen haben.
Sigmund Freud, Vater der Psychoanalyse, behauptet, Moses, sei möglicherweise gar kein Hebräer gewesen, sondern ein ägyptischer Prinz, der die Juden in Ägypten von seinem Monotheismus überzeugte, was ihm bei den polytheistischen Ägyptern misslungen war.

„Die Figur Moses ist nach dem Archäologen Krauss niemand anderer als der Pharao Amenmesse, der 1203 v. Chr. als 25jähriger versuchte, seinen Vater Sethos II. vom Thron zu stürzen und damit das gesamte Reich in einen blutigen Machtkampf verstrickte.“[42]

So behält wohl auch der Kopenhagener Alttestamentler Niels Lemche recht, der die Verfasser des Alten Testaments als „Romanautoren“ sieht, die geschichtliche Tatsachen bewusst umdeuteten und, wo nötig, fiktiv erschufen – so wie den Bibelhelden Moses.

Dennoch. Die Geschichte hatte und hat ihre Wirkung.

Jeder Mann kann sich heute fragen, ob er Knecht, Erbe oder ein Wandler des Erbes von Moses ist und sein will?
Oder ob er seinen eigenen „Draht“ zu einem Großen Geist hat, ob er nun Manitu, Wakan Tanka, Allah oder Gott heißen mag.

Die ganze Geschichte kann auf eine innere Seelenreise reduziert werden, wie sie der Pfarrer im Interview beschrieb:
Auch wenn wir unser inneres symbolisches Ägypten (Land der Bedrückung) verlassen, finden wir das gesuchte Paradies beziehungsweise Heilige Land nicht sofort.
Statt dessen wandern wir jahrelang ziellos in der Wüste umher und wünschen uns oft, wir wären wieder in Ägypten.
Wenn während dieser Jahre des Umherziehens in der „Wüste“ wenigstens ein Element unseres Lebens stabil bleibt – der Arbeitsplatz, die Beziehung, etc. - haben wir Glück, denn dieses eine stabile Element erleichtert vielleicht die anderen Veränderungen, nach denen die Seele verlangt. Dies muss aber nicht so sein.

Warum dient die Wüste aber in der gesamten Exodusfabel immer nur als negatives Bild, frage ich mich?
Was hat sie uns Böses angetan?

2.1. Sind wir als Väter die Knechte und Erben Abrahams (ابراهيم)?

Auch diese Frage ist berechtigt. Denn Christentum, Judentum und Islam werden als abrahamitische Religionen bezeichnet und wir selbst leben in einem solchen, patriarchal geprägten Kulturraum.

Wieder eine brutale Gewaltgeschichte:
Ohne jegliche Vorwarnung oder Begründung fordert der Herr von Abraham, dem Stammvater der Juden, Christen und Muslime, laut Genesis:

„Nimm deinen Sohn, Deinen einzigen, den Du liebst, Isaak, geh in das Land Morija und bring ihn dort auf einem der Berge, den ich dir nenne, als Brandopfer dar. Und er lässt das ahnungslose Opfer, seinen Sohn Isaak, selbst das Holz drei Tage lang auf dem Marsch nach Morija schleppen. Nicht einmal ehrlich ist Abraham zu ihm:
Kurz vor der Ankunft auf dem Opferberg weicht Abraham der Frage des Sohnes aus, was denn nun geopfert werden solle. Stattdessen bindet er Isaak fest und hebt ihn auf einen zuvor errichteten Altar. Schon zückt er das Messer, um seinen Sohn zu „schlachten", wie es heißt – da endlich entbindet der Herr Abraham von dem Auftrag, sinnlos sein Liebstes auf Erden zu opfern.
Was ist das für ein Gott?! Was ist das für ein Vater?!"[43]

Welch herzlose Forderung, und wie sklavisch die Reaktion Abrahams: Keine Weigerung, keine Empörung, nicht einmal eine Nachfrage.
Stattdessen spaltet Abraham klaglos und pflichtbewusst das Holz für das Brandopfer.
Was für ein Gottesbild und Menschenbild, Männerbild und Vaterbild!

Wieder wird das innerseelische Ringen des damaligen Menschen in der durch nichts verschleierten Wildheit und Gewalttätigkeit der göttlichen und menschlichen (männlichen) Handlungen in dieser sogenannten „heiligen" Geschichte abgebildet.

Auch hier muss wieder das neue Testament herhalten, um dieses in das menschliche Bewusstsein eingebrannte Urbild zu mildern. Es ist die Geschichte des heiligen Josef, in die ein fürsorgliches, zärtliches Vater-Sohn-Bild eingewoben ist. So scheint auch Jesus von Nazareth ein überaus positives Vaterbild gehabt zu haben, obwohl letztlich die Geschichte bekanntermaßen so endet: Vater opfert Sohn am Kreuz für die Sünden anderer.

Bewegen wir uns heute immer noch irgendwie Rat suchend zwischen dem strengen Patriarchengottvater und dem verzeihenden sanften Vater?
Es scheint nicht ganz so zu sein.
Oder vielleicht doch, lediglich „verdeckt"?
Zumindest ist erkennbar, was aus alten unverarbeiteten Vaterprägungen und -geschichten in die Moderne durchschlagen kann.

Sechs Grundtypen haben Bambey und Gumbinger bei ihrer, von der Deutschen Forschungsgemeinschaft finanzierten, Vaterstudie herausgearbeitet:

„• Der -egalitäre Vater- lehnt die traditionelle Rollenverteilung ab, fällt aber trotzdem oft in klassische Familienstrukturen zurück.

• Der -fassadenhafte Vater- zeigt sich hinter der Fassade des gewissenhaften Vaters eher hilflos.

• Der -randständige Vater- steht im Dreieck Vater-Mutter-Kind weit draußen.

• Der -unsichere Vater- reagiert oft gereizt und ungeduldig.

• Der -traditionelle Vater- zieht sich auf die Ernährerrolle zurück.

• Der -partnerschaftliche Vater- engagiert sich stark.“[44]

Ich kann von mir auf jeden Fall sagen, dass ich in meinem kooperativen Führungsverständnis als Mentor und „Ältester“ in der initiatischen Männerarbeit dieses untergründige Schwanken zwischen den archetypischen Polen, hier Abraham, dort Josef, immer wieder bemerke.
Hauptsächlich versuche ich mich bei diesem speziellen Vaterthemaaspekt in meiner Mentorentätigkeit nach einer Vatersegnung zu richten, die ich von meinem Initiationsmentor erhalten habe. Mir ist dabei bewusst, dass es einen Unterschied zwischen Mentorenrolle und Vaterrolle gibt.Und auch, dass derjenige, der sich mit seinem inneren Vater arrangiert hat, aufgerufen ist, tatkräftig in der Welt zu handeln und für Recht und Ordnung Sorge zu tragen.
Wem diese Versöhnung mit seinem inneren Vaterbild aber nicht gelungen ist, der neigt zu Tyrannei und Despotismus oder umgekehrt zu Feigheit und Unselbstständigkeit. Er muss sich fragen, wo seine Machtsucht oder das Vermeiden von Macht seiner eigenen Entwicklung im Wege steht.

Die Botschaften des reifen Vaters

Ich liebe dich.
Ich gebe dir meinen Segen.
Ich vertraue dir, ich bin sicher,
Du gehst deinen Weg.
Ich werde dir Grenzen setzen
und sie durchsetzen.
Wenn du fällst,
helfe ich dir wieder auf.

Ich werde dich beschützen,
bis du dich selbst beschützen kannst.
Du bist etwas ganz Besonderes für mich.
Ich bin stolz auf dich.
Ich gebe dir die Erlaubnis,
so zu sein wie ich,
aber ebenso erlaube ich dir,
weniger zu sein und mehr zu sein als ich.

II. Bei den Beduinenstämmen in der Wüste Sinai

1. Am Roten Meer

1.1. Wüstensöhne, Stadtägypter und Pauschaltouristen

Ich landete mit der Egypt Air Maschine in Scharm el Sheik, um Wüstengebiete beim Stamm der Tarabin in der Umgebung von Nuweiba am Golf von Akaba ausfindig zu machen, die für ein MännerQuest-Naturritual in Frage kamen. Die Tarabini siedelten auch im israelischen Negev und in Jordanien.
Es war März.
Auf dem Flug von Kairo, der Stadt am fruchtbaren Nil, in den Süden der Sinaihalbinsel waren wir in einen Sandsturm geraten. Heftige Turbulenzen hatten das Flugzeug durchgeschüttelt. Die meisten Passagiere waren jedoch relativ ruhig geblieben, sogar heiter.
Der Pilot verstand sein Handwerk.
Trotz stärkster Böen landete er sicher.
Es war spät abends.
Der Flugplatz war hell erleuchtet.
Es dauerte noch ein wenig, bis wir an unserer Ausstiegsposition angekommen waren.
Beim Verlassen des Flugzeugs sah ich, dass das ägyptische Sicherheitspersonal einen kontrollierenden Blick in die sich nun langsamer drehenden Turbinen warf.
Ein Minibus brachte mich in ein Hotel direkt am Roten Meer.
Bald saß ich dort in der Cafeteria, trank einen Mokka und hörte einer unverschleierten moslemischen Nonne mit Kopftuch zu, die im Fernsehen in der Art einer Nachrichtensprecherin in melodiösem Arabisch Koranverse rezitierte.
„Staatsreligion“, schmunzelte ich innerlich vor mich hin.
Es war gegen 2 Uhr nachts.
Um 4 Uhr wurde ich das erste Mal geweckt durch den Ruf des Muezzin-Tonbandes der Hotelanlage, von dem das frühmorgendliche „Allahu Akbar wa Muhammad Rasuluh“ الله اكبر و محمد رسوله schallte (Allah ist groß und Mohamed ist sein Prophet).
Im meinem Zimmer roch es erdig.
Als ich gegen 8 Uhr auf die Frühstücksterasse trat, waberte die Luft dunstig-nebelig und viele Stühle und Tische waren mit feinstem rötlich-pulvrigem Wüstenstaub bedeckt. Der Wind blies heftig.
Das Personal war eifrig bemüht, das Mobiliar von dem allesbedeckenden, dünnen Staubfilm zu befreien.
Der Sand war mit dem Wind aus der Sahara über das Rote Meer herübergeweht.

Ich erfuhr, dass mein Bus nach Nuweiba zum Scheich des Tarabinstammes erst am nächsten Tag fahren würde.
In-schaa-Allah (So Gott will - انشاءالله).

So verbrachte ich den ersten Tag meiner einwöchigen Erkundungsreise am Strand in einer kleinen Beduinenhütte, zehn Meter vom aufgewühlten Meer entfernt. Ich hockte am offenen Holzkohlenfeuer und trank den landesüblichen Tee der Muzzeina-Beduinen. Ein ursprünglich saudiarabischer Beduinenstamm, der auch auf der Sinaihalbinsel ansässig war. Saudiarabien war, jenseits des Golfs von Akaba, ungefähr 40 km entfernt.
Zuerst gab es einen „Tschai bel Hapag" (Pfefferminztee mit Wüstenminze) اسود بنعناع شاي, dann einen „Nana" (Schwarztee) نعناع und schließlich einen „Karkade" (Malventee) شاي خبازي.
Die Beduinen waren touristenerfahren, sprachen ganz gut Englisch und ein paar Brocken Italienisch.
Italienische Tauchgruppen und Rentner, die bei der bekannten italienischen Fernsehlotterie Mare Rosso (ital. Rotes Meer) einen einwöchigen Urlaub gewonnen hatten, bevölkerten den Strand. Rom war ca. 2 ½ Flugstunden von Scharm entfernt und die Italiener lieben die Wärme.

Um mich herum saßen und lagerten auf alten bunt gemusterten Polsterdiwans, Beduinen in langen, weißen Gewändern, Stadtägypter, Israelis und leicht bekleidete, europäische Pauschaltouristinnen. Es war ein Vielvölkergemisch, das munter miteinander parlierte.
Manche rauchten ein Wasserpfeifchen.
Das Meer war 24 Grad warm und weitere Taucher aus Europa bevölkerten den Rest der Strandpromenade mit ihren halb an- oder ausgezogenen Neoprentauchanzügen.
Auch die deutsche Sprache klang ab und zu an mein Ohr.
Die Taucher warteten darauf, dass die Tauchschiffe wieder zu den Korallenriffs hinausfahren durften. Das war nicht etwa böser Wille oder Faulheit. Bei dieser Art von Märzstürmen ging nichts mehr. Man wartete.

Ich lernte weitere arabische Begriffe. „In-schaa-Allah". Kannte ich schon. Nun kamen „Bocra fill misch misch" (Sprichwort: Morgen-nicht-heute-gibt-es-Aprikosen) بالمشمش بكرة und „Malesch" (vielleicht) معليش dazu. Das war die sogenannte IBM Formel, die man in Arabien beherrschen sollte.
(„IBM", die Anfangsbuchstaben der drei oben genannten Verzögerungsweisen: I ncha Allah, B occra fill..... M alesh)

Auf den Straßen mussten kleine Sanddünen beseitigt werden.
Ein Heer von Dienern mit Luftpumpgeräten schritt die strohgedeckten Touristenhütten ab und sprühte sein Läuse- und Ameisenmittel in die zur Zeit freien Behausungen hinein.
Farbenprächtige Oleanderbäumchen wurden bewässert. Immer drei Bäumchen von einem Arbeiter.

Im Hotel, beim prachtvollen Fischessen, das ungefähr halb soviel kostete, wie in einem deutschen Restaurant, bekam ich einen eigenen Servicejungen zugeteilt. Der hatte das Geschirr schneller ab- und aufgeräumt als ich auch nur zum Essen oder Trinken ansetzen konnte. Er war ständig damit beschäftigt, irgendetwas zu tun. War mein Wasserglas halb leer, räumte er es ab und brachte ein neues, nur weil ich kurz auf der Toillette war. Der junge Mann lächelte sehr freundlich. Er war von einer Schweizer Serviceagentur geschult worden.
Die Arbeitslosigkeit in Ägypten ist enorm hoch und pro 5 Touristen entsteht jeweils 1 Arbeitsplatz.

Am nächsten Morgen waren die Straßen frei gegeben. Um sieben Uhr fuhr ich in einem alten Omnibus, der von den 50, mit Gepäck beladenen, Mitreisenden, fettigen alten Kartons, Proviantschachteln und zwei lebenden Hühnern überquoll, sechs Stunden nach Nuweiba. Unterwegs wurde der Motor oder irgendeine Bremsleitung zwei Stunden lang repariert. Das Thermometer zeigte an die 30 Grad.

1.2. Beim Scheich der Tarabin

Die Adresse des Scheichs hatte ich von meiner Freundin Hilde aus Frankfurt erhalten, die einige Jahre zuvor, vom israelischen Eilat einreisend, im an Nuweiba angrenzenden Wüstengebiet eine Kameltour mitgemacht hatte.
Der Scheich war bekannt, denn er war mit einer Schweizerin verheiratet gewesen und hatte mit ihr zwei Kinder. Diese Beduinen-Schweizer-Kinder waren nach der Trennung bei ihm geblieben. Er hatte sogar einige Jahre selbst in der Schweiz gelebt
Von Deutschland aus hatte ich ihm per Fax mitgeteilt, dass ich kommen wolle. Eines Tages fand ich dann tatsächlich eine Faxnachricht in meinem Büro vor, die ich im ersten Moment gar nicht entziffern konnte:

Liäbe Reinhold!
Ig ha Din Fax becho. Chasch nach Nuweba cho. Bringsch mir drü Ovomaltine mit.
Ig freu mi uf Di
Din Scheich
Achmed

Der Scheich hatte mir persönlich auf Schwyzerdütsch (Schweizerdeutsch) geantwortet!
Er lebte in einem der Beduinencamps nahe am Strand, begrüßte mich freundlich, natürlich auf Schwyzerdütsch, und lud mich zum Essen in sein kühles, gekacheltes, vornehmes Haus ein, das nicht weit weg von den sonst üblichen Strohhütten stand. Diese waren auch hier für Touristen vorgesehen, die eine Wüstensafari mit dem Jeep oder eine Kameltour mitmachen wollten.

Mitten im Raum stand ein winzig kleiner Springbrunnen, der asthmatisch vor sich hinplätscherte.
Scheich Achmed wollte mir eine seiner Moonland-Jeepsafaris durchs Ard del Gamar (Erde-Mond-Land), wie der Sinai von den Beduinen genannt wird, verkaufen – samt Mitternachtsbarbecue in der Wüste.
Daran war ich nicht interessiert. Ich wollte mit einem Beduinen und seinem Kamel (Gebirgsdromedar) losziehen.

Die folgende Nacht schlief ich in einem alten Bett, auf einer vom vergangenen Sandsturm gezuckerten, „mittelalterlichen" Matratze in meinem Schlafsack.
Wir hatten uns darauf geeinigt, dass ich am nächsten Morgen mit seinem Kamelführer Hassan losziehen könne.
Im Gegensatz zu den Muzzeina-Beduinen von Scharm el Sheik verstand Hassan kaum Englisch.
Außer: „ai wörk bräd, ai wörk kämmel und ai wörk fuud!".
Das bedeutete:
„Ich werde dann später Brot backen. Ich bin der Kamelführer. Ich kümmere mich ums Essen!"
Das konnte ja heiter werden.

Die Sonne stach bereits vom Himmel, als wir von der Strandebene in das erste Gebirgstal hineinkamen.
Hassan führte in seinen alten Sandalen mit strammen Schritt das Kamel, auf dem ich samt Gepäck saß. Ich schaukelte in die Wüste hinein.
Nach zwei Stunden machten wir im Schatten eines kleinen Wüstenbaumes Rast.
Dann ging es weiter, einen Gebirgspfad hinauf.
Ich musste absteigen.
Das Kamel, Verzeihung „Gebirgsdromedar", kannte seinen Weg.
Hassan lief hinter ihm und zupfte seinem Karbuschi (Name des Kamels) fleißig Zecken oder ähnliche Parasiten aus den Pobacken, grinste und sagte: „Ai wörk kämmel".
Das hieß wohl diesmal, und darin war ich mir sehr sicher:
„Ich kümmere mich um die Gesundheit meines Tieres."

Stück für Stück stellte sich heraus, dass Hassan, als einziges Mittel seines Lebensunterhaltes, solche Wanderungen mit seinem Kamel, seinem alten Wasserkessel und seinen Schlafteppichen machte.
Sein Kamel und er bildeten dabei eine wirklich spürbare Symbiose. Beide waren voneinander abhängig und seit frühester Jugend zusammengeschweißt wie ein einziges Arbeits-Lebe(n)-Wesen.

Gegen Abend „wörkte" er das landestypische Fladenbrot, indem er das dürre Holz von herumliegenden Wüstenstrauchwurzeln verbrannte. Die restliche Glut trat er mit seinen Gummisandalen glatt und legte dann den Fladenbrotteig in Form einer kleinen Pizza hinein. Diese Rohpizza wurde von oben und unten mit Glut bedeckt und war nach 15 Minuten fertig. Dazu gab es Thunfisch aus der Dose und ein paar Datteln.

Fast kitschig erschien der arabische Halbmond am Nachthimmel.
Hassan hatte sich sein Schlaflager im Sand mit den Händen zurechtgestrichen, legte seinen dünnen Wolldeckenteppich darauf und eine eingerollte Kameldecke unter den Kopf. Dann deckte er sich mit einem weiteren Teppich zu.
Vorher versuchte er, mich noch etwas zu fragen:
„Muun Amerika Telewischen not possibel?"
Ich sagte: „Repeat please?"
Er wiederholte und ich verstand, dass er im Fernsehen gesehen hatte, dass die Amerikaner auf dem Mond gewesen seien und dies wohl nicht möglich sei.
Ich sagte: „Yes possible!"
Er sagte: „Not possibel!"
Ich sagte: „Yes!"
Dann nahm ich zwei Steine. Der eine war der Mond, der andere die Erde. Dazu machte ich das Geräusch einer Rakete.
Er sagte: „Not possibel!"
Ich sagte: „Yes!"
Er zweifelte anscheinend das Video der Amerikaner über die Mondlandung an. Denn für ihn, wie sich in einer späteren Diskussion über Australien herausstellte, war die Erde keine Kugel, sondern eine Scheibe. Er hatte nämlich gehört, dass man von Scharm el Sheik mit dem Schiff nach Australien fahren könne. Immer geradeaus.
Ich war mit meinem Latein am Ende und fand es plötzlich nicht mehr so wichtig, ob amerikanische Astronauten wirklich auf dem Mond gelandet waren, ob die Erde rund wie eine Kugel war oder einer Kartoffel ähnelte.

Mitten in der Wüste schien der Mond allerdings gerade so hell, dass ich das Gefühl hatte unter einer Straßenlaterne zu schlafen.
Hassans Kamel wurde an den Vorderfüßen zusammengebunden, damit es beim Fressen der stacheligen Wüstenbüsche nicht zu weit weglaufen konnte in der Nacht.
Kein Wind wehte. Kein Blatt raschelte. Kein Geräusch durchdrang die Stille.

Ich lag in meinem komfortablen Schlafsack mit meinen warmen Hightech-Thermounterhosen und schaute in den Nachthimmel.
Es wurde eisig kalt. Die Temperatur fiel innerhalb von eineinhalb Stunden pro fünf Minuten um ein Grad. Von angenehmen 25 Grad zu Beginn der Dunkelheit auf 5 Grad. Es gab keine Wolkendecke über uns, die die Tageswärme stauen konnte. Die Hitze des Tages flog einfach davon.

Es war völlig still um mich herum. Viele Sterne und die Milchsstraße waren zu sehen. Vereinzelt auch Sternschnuppen.
Plötzlich hörte ich eine Implosion in mir selbst, in meinem ureigensten Innern. Mit einem Mal wurde mir die eisige Kälte des Universums bewusst. Ich hörte das Rauschen meines eigenen Blutes in den Ohren.
Ich war allein in der Wüste, im Universum.
Obwohl sich die Situation in meinem Inneren bedrohlich anfühlte, erfüllte mich der gesamte Vorgang eher mit Staunen.
Ich sah in den sternenübersäten Kosmos hinaus, beziehungsweise in meinen eigenen Mikrokosmos hinein!
Ich spürte geradezu, wie sich die Erdkugel im Weltraum von der Sonne des Tages wegdrehte.
War das der Knall der Stille, von dem Wüstenreisende immer mal wieder erzählten?
War das das Rauschen des Lebensflusses, das die springende Wüstenmaus gehört hatte in unserem Indianermärchen?
Hatte sie so ihre Vision und den Sog zu ihrem innersten Kern hin vernommen?

Gedankengeräusche in meinem Kopf versuchten, wieder die Oberhand zu gewinnen. Geräusche, die mein Gehirn noch aus dem belebten Scharm el Sheik mit hinüber in die Stille gerettet hatte. Das gewohnte innere Lärmen kam wieder auf, versuchte sich durchzusetzen und gewann schließlich.
Ich bewegte mich.
Hörte das leise Schaben meiner Thermarestmatte im Wüstensand. Das Stoffknistern meines Schlafsackes und meinen Atem. Hassan, der nicht weit von mir weg lag, drehte sich im Schlaf in seinem Teppich um.
Ich war wieder in der normalen Realität und „Außenwelt" angekommen.

Am nächsten Morgen würde die Sonne wahrscheinlich wieder aufgehen.
Ich zog mit Hassan weiter durch die Gegend. Aber es waren nicht die Orte, die ich mir vorgestellt hatte. Sie waren alle etwas schmuddelig. Vorherige Wüstentouristen hatten ihre Wasserflaschen nicht entsorgt und rostige Thunfischdosen zurückgelassen.
Mit Hassan konnte ich nicht viel reden. Er verstand kein Englisch. Ich noch weniger Arabisch.
Wir kehrten zu Scheich Achmed nach Nuweiba-Dorf zurück.
Hassan wollte mir vorher noch eine Art Prostituierte am Strand vermitteln, ihr Mann sei schon lange im Gefängnis Kalabusch. Er sei aus dem nördlichen El Arish und in eine Palästinensersache verwickelt gewesen.
Soviel bekam ich mit.
Tatsächlich werden die Beduinen des Nordsinai kaum am boomenden Tourismus des Südsinai beteiligt. Diese Aussage konnte tatsächlich einen realen Hintergrund haben.

Ich lud Hassan in ein ägyptisches Restaurant ein, in das er mir jedoch eher widerwillig folgte. Er war ein einfacher, armer Beduine.

Scheich Achmed verstand mein Anliegen MännerQuest (Ramadan für Männer nach spezieller Art) immer noch nicht.
Ich wollte die Erlaubnis haben, dass meine Männer vier Tage und vier Nächte alleine fastend in der Wüste sein konnten.
Ich setze zu einem letzten Versuch an und zog noch einmal einen Vergleich zwischen dem Ramadan der Moslems und dem MännerQuestfasten.
Aber es sollte nicht sein.
Er wollte mir Jeepsafaris oder Desert-Trips in Moonland (ard el gamar) mit Kamelen verkaufen und keine Männer, die ohne Führer in der Wüste blieben.
Dies sei sowieso von der ägyptischen Verwaltung verboten.

1.3. Saleh صالح, ein freundlicher Muzzeina-Beduine

Am nächsten Tag fuhr ich mit einem etwas bequemeren Kleinbus in drei Stunden nach Scharm el Sheik zurück. Ich hatte dazu gelernt.
Ich war, wie unsere Wüstenmaus, in die Prärie des Lebens hinausgezogen. Und die ersten Schwierigkeiten und kleine Schatten waren prompt aufgetaucht.

Ich checkte nach der Ankunft in Scharm el Sheik nicht mehr in meinem Touristenhotel ein, sondern bezog ein kleines, billigeres Appartment in der Nähe von Naama Bay.
Auch dort gab es am Strand des Roten Meeres eine wunderschöne Beduinencaféteria, ausgelegt mit bunten Teppichen. Hier fühlte ich mich wohl. Saleh, der Beduinenchef, war vom Stamm der Muzzeina.

Ich hatte noch zwei Tage Zeit bis zu meinem Abflug, der mich wieder nach Deutschland zurückbringen sollte.
Ich saß mit Saleh, der gut Englisch sprach, am Holzkohlenfeuer. Wundersam melodiöse, arabische Musik von Mohamed Abdu, dem zu dieser Zeit beliebtesten arabischen Sänger, umschmeichelte mein Ohr.
Genauso romantisch plätscherten die kleinen, feinen Wellen des Roten Meeres vor mir in nur zehn Meter Entfernung.
Es waren warme 20 Grad in dieser Nacht. Die Feuchtigkeit der Meeresluft hielt die Hitze des Tages fest. Das Wasser selbst war 24 Grad warm.
Die Tauchboote schaukelten friedlich vor sich hin. Ab und zu leuchtete das Wasser phosphorizierend grün auf. Italienische Tauchgruppen bewegten sich am nahegelegenen Riff, um sich die bunten Papageien- und Clownsfische wie in einem überdimensionalen Aquarium anzuschauen.

Neben mir hörte ich hebräische Laute. Auch hier saßen junge Menschen aus Israel, aus dem arabischen Raum und aus Europa locker zusammen.
Scharm el Sheik, Stadt des Friedens und der politischen Konferenzen.
Hier tauchte immer mal wieder ein arabischer Herrscher und König auf oder der ägyptische Staatspräsident Mubarak persönlich.
Weiter hinten saß ein korpulenter, traditioneller Pascha mit vier Frauen und einer entsprechend großen Anzahl Kinder.
Laut Gesetz durfte ein Mann in Ägypten vier Frauen heiraten, wenn sie bei ihm ökonomisch und sozial gut versorgt waren. Viele Beduinen und Ägypter wagten diese familiär-patriachal-soziale Versorgungskonstruktion aber nicht mehr.
Scheidung war in Ägypten möglich.

Auch hier wuselten viele Bedienstete durch die Gegend. Sie kamen oft von „Upper Egypt", aus der Umgebung von Luxor. Sie hatten zum Teil nubisches Aussehen und flüchteten vor der großen Arbeitslosigkeit am oberen Nil hierher in die Touristenhochburg Scharm el Sheik.

Saleh lullte mich am gleichen Abend mit seiner lockeren Art soweit ein, dass ich tatsächlich am nächsten Tag bereit war, eine Jeepsafari mit ihm in sein Stammesgebiet zu unternehmen, um doch noch nach möglichen Quest-Retreatplätzen Ausschau zu halten.

Auch diese Tour brachte für mich nicht das gewünschte Ergebnis, aber weitere Erkenntnisse, wie das Leben hier bewältigt wurde.

Nachdem wir abseits von geteerter Hauptstraße und Schotterpiste mit seinem alten Jeep auf die Sandpiste gefahren waren, platzte der erste Reifen. Als ich ihn mir ansah, wurde mir auch klar, warum: Er war so glatt und dünn wie ein Schlauch.
Saleh wechselte den Reifen geschwind, indem er eine großes Kuhle unter den Reifen grub, wodurch sich die Hinterachse teilweise auf den Wüstenboden senkte. Der Wagen hatte damit sicheren Halt.
Er montierte den kaputten Reifen ab und das Ersatzrad wieder auf die Felge. Ein paar Säcke ins Loch gelegt, etwas geruckelt und schon ging es weiter.

Wir trafen auf eine verdreckte Oase, in der ein alter Beduine wohnte.
Saleh verhandelte mit ihm, wonach er uns einen fürchterlich fettigen Reisbrei mit Hühnchenteilen servierte.
Ich war wieder entäuscht, denn ich konnte meine Idee einfach nicht vermitteln.
Die zukünftigen Teilnehmer konnten dieses Oasenwasser nicht trinken.
Immerhin braucht ein Europäer vier Liter Trinkwasser in der Wüste und zwar in Form von gutem, für Europäer trinkbarem, abgefülltem Flaschenwasser. Und ich wollte nicht jeden Tag während der Quest Salehs Jeep losschicken.

Ich dachte eher daran, für die zweiwöchige Questzeit ein bis zwei Gesamttransporte durch Gebirgsdromedare zu organisieren.

Auf der Rückfahrt platzte dann der Ersatzreifen.
Gott sei Dank erst auf der geteerten Hauptstraße.
Ich trampte nach Scharm el Sheik zurück und benachrichtigte die Freunde von Saleh, damit sie einen neuen Reifen besorgten und ihn zu Saleh in die Wüste brachten.
Sofort ging das Palaver los, wer das alles bezahlen sollte.
Ich gab ihnen das gesamte Geld, das eigentlich für einen Tagesausflug und eine Recherchefahrt gedacht war.
Sie zogen los, einen passablen Reifen zu finden.

Die Freunde von Saleh waren nette Burschen. Alle vom Stamm der Muzzeina. Sie hielten die kleine Cafeteria am Strand gut am Laufen, indem sie kleine Snacks, Tees und Wasserpfeifen zum Rauchen anboten. Sie wohnten das ganze Jahr über hier und schliefen nachts auf dem Teppichboden, auf dem tagsüber die Touristen gesessen hatten.
Andere Männer ihres Stammes lebten in der Wüste, ab und zu tauschten sie ihre Bedienungsmannschaft aus. In der Wüste boten sie Kameltrips in Moonland an.
Am meisten verdienten sie an kurzen, mitternächtlichen Parties mit jungen Leuten, die so ihren Ghettoblaster in der Wüste endlich einmal voll aufdrehen konnten. Auch der eine oder andere, eigentlich verbotene, Flirt ergab sich dabei. Im Morgengrauen kehrten sie dann mehr oder minder angeheitert zurück.
Alkohol war zwar für Muslime verboten, aber die großen islamischen Dichter sprachen immer wieder vom inspirierenden Wein und mit Gesetzen geht man im arabischen Kulturraum sowieso anders um als bei uns. Einmal nachgiebig, ein anderes Mal streng. Je nach Laune oder Beziehung oder je nachdem, wie viel Bakschisch man zahlen konnte... Das schafft natürlich eine besondere Abhängigkeit und „Freundeskultur".

Saleh gab mir zum Abschied freundlicherweise noch den Tipp, es bei Scheik Muosa - شيخ موسى (Scheich Moses) vom sonderbaren Bergstamm der Gebelia zu probieren.
Die Beduinen lebten im Zentralmassiv (High Mountain Region) des Sinai in der Gegend um das Katharinenkloster.
Sie würden wohl so etwas wie Meditations-Retreats erlauben. Die beste Zeit sei Mai und Oktober, weil dann die Temperatur für Europäer sowohl tagsüber als auch nachts am angenehmsten sei.
Über einen Freund besorgte er mir die Telefonnummer des Scheich Muosa.
Am frühen Morgen gegen vier Uhr wurde ich wieder durch das „Allahu Akbar wa Muhammad Rasuluh - الله اكبرو محمد رسوله" (Gott ist groß und Mohamed sein Prophet) aus dem Schlaf gerissen.
Der Ruf lies mich erneut erschauern und erstaunen. Ich erinnerte mich wieder daran, dass der Islam eine Staatsreligion war.

Ich glaubte ja auch ein wenig an Gott oder Allah oder Manitu oder den großen Geist oder an die Naturgesetze des Werdens und Vergehens. Aber dass nur Mohammed sein Prophet sein sollte, konnte und wollte ich nun doch nicht nachvollziehen.
Da hätte ich ja gleich weitersingen können: „Moses ist auch sein Prophet". Und wer noch?
Mir reichte es aus, anzuerkennen, dass es eine Kraft gab, die größer war als ich selbst.
Mit einem klapprigen Taxi ging es zum Flughafen.
Meine erste Recherche war vorbei.

Schon über Kairo, das ungefähr eine Flugsstunde nordwestlich von Scharm el Sheik liegt, beschäftigte ich mich mit meiner nächsten Rechercheise, die im Oktober zum Stamm der Gebelia führen sollte und holte meinen Sinaireiseführer heraus.

2. Der Hochgebirgsstamm der Gebelia-Beduinen

2.1. Geschichte und Lebensart

Tatsächlich fand ich darin etwas über den Stamm der Gebelia.
„Gebel" bedeutet einfach nur Berg und das war eben „der Stamm der Bergleute".

Da stand zu lesen:
„Im Sinai gibt es 20 Beduinenstämme. Die Planungs- und die Polizeihoheit liegen selbstverständlich bei der Kairoer Regierung und dem von ihr eingesetzten Gouverneur. Die Grenzen zwischen den Stammesgebieten sind während der vergangenen 400 bis 500 Jahre unverändert geblieben.
Von Bedeutung sind auf dem Sinai zwei Gruppen. Die Tiyaha, die mit großen Kamelherden von Ort zu Ort ziehenden Leute der Ebene, die einst von Schutzgeldern der Handelskarawanen lebten. Und die Tuwara, die Leute vom Berg Sinai.
Die Tuwara oder auch Gebelia sind bis heute nur als Halbbeduinen anerkannt, da sie ursprünglich nicht arabischer Abstammung sind.
Ihre Vorfahren kamen im 6. Jahrhundert als Sklaven aus Osteuropa, Rumänien, Bosnien-Herzegowina und dem Schwarzmeerraum.
Kaiser Justinian hatte sie für den Aufbau des Katharinenklosters auf den Sinai bringen lassen."[45]

Die Gebelia galten als die Beschützer des Katharinenklosters. Im Gegenzug verpflichteten sich die Mönche, ihnen regelmäßig Naturalien, vor allem Brot, zu geben. Später ernährten umgekehrt die Beduinen manch einsiedelnden Mönch, der das Kloster verließ und die Einsamkeit der Wüste suchte. Diese Art der Symbiose steht bis heute unter einer gewissen internationalen Aufsicht und damit unter indirektem Schutz.
Erst allmählich vermischten sich die einstigen Zwangsgastarbeiter der Klostermönche mit Beduinen und heirateten in arabische Stämme ein. Im 7. Jahrhundert konvertierten sie allesamt zum Islam. Laut Koran die unabdingbare Voraussetzung dafür, dass ein Mann eine muslimische Frau heiraten kann.

So bildete sich der spezielle Stamm der Gebelia, der heute zirka 3.000 Menschen umfasst und aus 15 Großfamilienclans in sehr unterschiedlicher Größe besteht. Einige der Clans sind in andere Gebiete abgewandert und haben sich mit anderen vermischt.

Von den 80 Mio. Ägyptern sind geschätzte 0,5%, also 400.000 Menschen Beduinen; etwa 10% von ihnen leben auf dem Sinai.

Sowohl Ägypten als auch Israel (während der fünfzehnjährigen Besatzungszeit von 1967 - 1982) unternahmen einiges, um die Nomaden sesshaft zu machen, wobei die Israelis weitaus geschickter vorgingen und noch heute große Sympathie bei den Beduinen, gerade auch bei den Gebelia, genießen.
Sie stellten ihnen Geld für Brunnenausschachtungen, Siedlungen und ärztliche Versorgung und Schulen zur Verfügung und hofierten geradezu die Scheichs.
So sprechen die Gebelia-Beduinen auch ganz gut Hebro (hebräisch). Verständlich, dass die Beduinen zum Teil der israelischen Besatzungszeit wie einem schönen Traum nachtrauern. Deshalb werden sie von den Ägyptern manchmal als potentielle Spione eingestuft.
Die Ägypter wandten immer wieder Druck an und verordneten den Beduinen die Sesshaftigkeit sozusagen. Sie verpflanzten sie aus den Wüstenzelten in monotone Betonsiedlungen und zwangen sie zum Militärdienst.
Plötzlich mussten Beduinen auch Geburtsurkunden haben, obwohl bei ihnen keiner das exakte Jahr kannte, in dem er geboren wurde.
Sie benötigten ein Personendokument, mit dem sie zwar billiger Grundnahrungsmittel kaufen konnten, das aber auch den Nachteil hatte, dass es die jungen Männer für den Wehrdienst leicht identifizierbar machte.
Der von Kairo auferlegte Schulzwang wird von vielen Beduinenfamilien bis heute gern umgangen. Die Geschichte der Beduinen spielt im Lehrplan keine Rolle.

Eigentlich haben die Ägypter Angst vor den Beduinen.
Die Beduinen betreiben nicht so intensiv Ackerbau und haben keine Bewässerungssysteme, wie die ägyptischen Fellachen am Nil oder die ägyptische Verwaltung im Sinai.
Der Ägypter empfindet normalerweise die Wüste als feindlich.
Sobald sie sich mit ihren Wassersystemen in die Wüste hinein ausdehnen, treffen sie auf die alten Routen und Oasen der Beduinen. In diesen Oasen gibt es ein natürliches, unterirdisches Wassersystem, das aber durch die Wasserableitungen der Ägypter zusammenbricht.
Niemals würde ein nomadisierender Beduine schattenspendende Baumpflanzungen außerhalb einer Oase betreiben. Das ist ihm zu aufwendig.
Gleichzeitig wollen sie aber auch ihre angestammten Gebiete nicht verlassen. Daher waren natürlich Konflikte zwischen den beiden Kulturen vorprogrammiert.
Die Beduinen betrachten die Ägypter auch aus dem Grund als Fremde, weil sie, in ihren Augen, zuviel quatschen und zu locker sind.
Ägypter wiederum leben am liebsten am Wasser, was bedeutet, am Nil und seinen kanalartigen Nebenarmen, am Roten Meer oder am Mittelmeer.

Beduinen können erst einmal streng, fast aggressiv erscheinen.
Sie sind ständig den übermächtig wirkenden Einflüssen des Lichtes und der Hitze ausgesetzt. Sie müssen sich ihrer Umgebung gegenüber abschließen, da sie sonst innerlich gleichsam aufgerissen würden.

Wüstenmenschen ziehen sich in sich zurück, weil sie andernfalls von der Trockenheit ausgedörrt würden. Umgeben von Steinen und Sand, kennen sie das vermittelnde Grün der lebendigen Pflanzenwelt nicht. Hinzu kommt der harte Wechsel von tiefschwarzer Nacht und grellem Tageslicht, von Kälte und Hitze, das ihren Charakter prägt.

Die Frauen versorgen den Haushalt, pflegen Ziegen und Schafe. Sie verspinnen die Haare von Ziegen und Kamelen und weben daraus nützliche Gebrauchsgegenstände, wie Decken für Zelte und Kleidung in grellbunten Farben.
Grundsätzlich halten die Beduinen natürlich wenig von staatlichen Gesetzen und lehnten lange Zeit die Lebensweise der Ägypter als „zu verweichlicht" ab.
Beduinen lächeln natürlich über einen, der sesshaft geworden ist und Frieden will. Denn aus ihrer Sicht hat er sich ein Stück Natur aus der Wüste eingezäunt, das ihm eigentlich gar nicht gehört.
Die Beduinen achten inzwischen diese Grenzen, aber ihre ursprüngliche, gelebte Philosophie ist eine andere.

2.2. Vorbereitung auf neue Begegnungen

Kaum war ich wieder zu Hause in Bremen, telefonierte ich mit meinem Freund Hans.

Er hatte vor einigen Jahren die MännerQuest in Nordschwedens Wildmark gemacht und hatte mich immer wieder mal als Co-Leiter und Outdoorkoch bei meinen Naturseminaren begleitet. Er war in der DDR früher Diakon gewesen und arbeitete jetzt als Stationsleiter in der Psychiatrie in Berlin. Er war um die 50 Jahre alt.
Hans hätte glatt in dem Film „Eisenhans", nach Robert Bly, mitspielen können. Er sah wirklich aus wie ein wilder Mann, mit seinen Motorradstiefeln, Lederjacke, überdimensionalen Hosenträgern und seinem angegrauten Bart. Vor allem aber mit seinen langgewellten, braunrötlich schimmernden Easyriderhaaren, die ihm bis über die Hüften reichten und bei seinen Motorradausritten hinter ihm herwehten, wenn er sich mit seiner uralten AWO aufmachte zu Bikertreffen oder Vatertagstouren. Er hätte fast ein rotes Signalband gebraucht, um den hinter ihm fahrenden Autos zu signalisieren, ihm nicht zu nahe zu kommen.
Das mit der Nähe war sowieso ein zu klärendes Thema für ihn. Hans war ein Mann, der innerlich im Krieg mit sich selbst gewesen war, ständig auf der Hut vor Angreifern, von denen er eigentlich nicht genau wusste woher sie kamen.
Er bekannte sich aber zu seiner Angst und war ein Mann, der offen auf der Suche war.
„Ein Mann mit breiten Schultern, aber zarten Flügeln", bezeichnete er sich damals bei der MännerQuest in Nordschweden, als ihm eine Libelle als sinngebendes Krafttier erschienen war.

In seinem Bericht nach der MännerQuest in Nordschweden sagte er:
„Und nun erschien auch noch eine Riesenlibelle, brummend, zackig, gleitend, mit Karacho über mir, aggressiv.
Greift sie mich an?
Fordert sie mich heraus?
Plötzlich sitzt sie auf meinem Oberarm. Schaut mich mit ihren großen Augen an.
Starke Schultern. Zarte Flügel.
Bin ich ein Mann mit breiten Schultern und zarten Flügeln?
Ruhig weiteratmen, sagte ich mir. Dann saß sie punktgenau auf der rechten Brust.
Was will mir das sagen?
Mit meinen Motorradstiefeln stiefle ich den Berg hoch.
Ich finde eine Schädeldecke von einem Tier. Mir könnte auch manchmal die Schädeldecke wegfliegen. Die alte Haut muss weg, damit neue nachwachsen kann.
Ich war erstaunt, welche Kraft ich hatte.
Am armseligsten war das Begräbnis, das ich am dritten Abend der Quest imaginierte.
War da niemand?
War ich den anderen völlig egal?“

Nach der Quest hatte Hans sich unter seinem rechten Schlüsselbein eine schöne Libelle tätowieren lassen.

Ich rief ihn also an, erzählte von meinem neuesten Sinaiabenteuer und fragte, ob er Lust hätte, im Oktober mit mir 14 Tage zu Scheich Muosa und dem Stamm der Gebelia zu reisen und das neue MännerQuestgebiet dort zu erkunden.
Hans fragte bei seiner Diensstelle nach und teilte mir zwei Wochen später mit, dass er mitkommen würde, zumal ihn die Mosesgeschichte auch in seiner Eigenschaft als Diakon interessierte.
Er sagte dazu:
Die jüngste Forschung geht im Einklang mit dem Psychoanalytiker Freud davon aus, dass das Alte Testament reine „Fiktionsliteratur“ sei, wie es der Wissenschaftler Rolf Krauss vom Ägyptischen Museum in Berlin nach über 20jähriger Forschung belegt sieht.
Die Figur Moses ist, nach Krauss′ Erkenntnis, kein anderer als der Pharao Amenmesse, der 1203 v. Chr. als 25jähriger versuchte, seinen Vater, Sethos II., vom Thron zu stürzen und damit das gesamte Reich in einen blutigen Machtkampf verstrickte.
Hans, der wilde Wikingertyp, der in der Sinaiwüste mit seinem rotweißen Palästinensertuch bestimmt wie ein Mujahideen - **المجاهدين** (Heiliger Krieger) aussah, hatte gesprochen.
Ich unterbrach ihn.
All das hatte ich auch schon recherchiert.
Hansens Stärke war seine Lebensgier und Lebenslust, die er sich bewahrt hatte. Das und seine Offenheit machte ihn berechenbar. Als Stationsleiter war er allerdings wohl manchmal zu streng und kriegerisch.

Doch das war ihm bewusst und er wollte zukünftig das Spielerische in seinen Führungsstil integrieren.
Als Stationsleiter trat er quasi in der typischen Archetypenrolle des Königs auf. Also ging es um die Integration des freundlichen Liebhaberarchetypen, der spielt, locker bleibt und genießt.
Und Hans wollte die Wüste genießen!
Den Süden (Al nub, النوب), das warme Wasser des Roten Meeres.

Ich mailte ihm die Ausrüstungsliste:

- *Leichte, langärmelige Kleidung zum Schutz vor Sonne und dornigen Büschen am Wegesrand*
- *2 lange Hosen/davon 1 kräftige Jeanshose und evtl. 1 leichte Baumwollhose*
- *1 Paar Shorts*
- *1 fester, dicker Pullover (für den Abend)*
- *1 Jacke (soll kräftig sein, wie bei uns im Herbst. Sie soll nachts gegen den kalten Wind schützen)*
- *Handschuhe*
- *2 langärmelige Hemden*
- *Wollmütze gegen Nachtkälte, Handschuhe*
- *1 lange Unterhose und/oder Trainingsanzug*
- *Unterwäsche/Socken für eine Woche (Biowaschmittel)*
- *1 Badehose*
- *Kopftuch, vor Ort erhältlich*
- *1 Paar feste Bergwanderschuhe*
- *Handtuch*
- *Shampoo, Zahnpasta, Seife, Zahnbürste, Kamm*
- *Sonnenbrille, unbedingt*
- *Zweite Brille*
- *Sunblocker (Faktor 30) und Lippenbalsam, evtl. auch Nasensalbe wegen trockener Hochgebirgsluft)*
- *Badesandalen für den heißen Sand am Strand (können auch billig vor Ort besorgt werden)*
- *Schlafsack bis 0, besser –5 bis –12 Grad*
- *Zelt, eventuell: bitte mit mir besprechen*
- *1 Isomatte oder Thermarestmatte*
- *1 Taschenmesser (nicht ins Handgepäck!)*
- *1 Plane von ca. 3 x 4 Meter mit Ösen als Sonnenschutz. Bewährt haben sich faserverstärkte Tarps mit Ösen in den Farben grau-grün oder braun, die in Baumärkten als Abdeckplanen erhältlich sind. Nicht zu teuer.*
- *1 Großer Rucksack*
- *1 Kleiner Tagesrucksack. Taschenmesser, Pflaster, Traubenzucker, Pullover/Jacke,*

Wollmütze, kleiner Notizblock und Kugelschreiber oder Bleistift, Trillerpfeife mit Halsband, Kälte- bzw. Wärmefolie
- *feste, große Plastiksäcke (Müll- oder Kompostsäcke) für verschiedene Zwecke, Paketklebeband, um Rucksackriemen festzukleben. Evtl. Cargo-Bag für den Rucksack, am Flughafen beim Einchecken besorgen*
- *Streichhölzer oder Feuerzeug*
- *Taschenlampe, noch besser eine Stirnlampe*
- *Dicke Schnur/Wäscheleine aus Sisal/Hanf oder Reepschnur 20-30 Meter.*
- *Nähnadel/Zwirn, Sicherheitsnadeln*
- *Moskitomittel evtl.*
- *Armbanduhr und/oder Wecker*

Weitere Details verabredeten wir am Telefon.

Als Gegenleistung weihte mich Hans per Mail noch ein wenig in die Geschichte der Kreuzzüge ein:
Im Jahr 1095 Aufruf zum Kreuzzug und Heiligen Krieg durch Papst Urban II: Jerusalem, die heiligste Stätte der Christenheit muss den verfluchten Muslimen entrissen werden. Wenn das gemeine Volk mitmarschiert, muss es keine Bußleistung für seine Sünden bezahlen.
Mittellose Ritter schließen sich dieser Idee an, weil sie sich neue Ländereien erwarten.

Vor allem die Verbindung von irdischer Grausamkeit und religiösem Eiferertum überrascht die Moslems. Die Fundamentalisten der Al Qaida - القاعدة beziehen sich bis heute immer wieder auf diesen Zusammenhang!

Vier Jahre später, im Jahre 1099, wird Jerusalem, die heilige Stadt der drei abrahamitischen Religionen, mit der Al-Aksa Moschee - مسجد الأقصى und der Klagemauer wieder zur rein christlichen Heiligen Stätte erklärt.

45 Jahre später:
1144: Erste Niederlage der Kreuzfahrer.
1148: Der zweite Kreuzug scheitert.

Der Begriff „Jihaad" - الجهاد (Heiliger Krieg) taucht auf Seiten der Moslems auf.
Saladin - سلطان صلاح الدين, ein kurdischer Offizier, schwingt sich zum Herrscher im vorderen Orient auf. Er kooperiert eine Zeitlang mit den ehemaligen Kreuzzüglern, die zu dieser Zeit still halten. Als sie wieder zu marodieren beginnen, schlägt Saladin die Kreuzfahrerbewegung nieder.
Die Gräuelvorstellung von den Europäern bleibt: In arabischen Heldenliedern werden sie als Menschenfresser beschrieben.

Zwar werden durch den Erfolg der osmanischen Türken diese Wunden der Moslems geheilt, brechen aber wieder auf infolge der technologischen Überlegenheit der Europäer, die sich während des 19. Jahrhunderts im arabischen Raum festsetzten.
In Europa und Amerika lebt das Bild der Kreuzüge auch weiter:
Spaniens Franco nutzte es. Hitlers Unternehmen „Barbarrossa" zeigte es. Eisenhower bezeichnete die Invasion in Frankreich als „Kreuzzug der Freiheit".

„Schließlich nutzte US-Präsident George Bush den Begriff politisch.
Für die meisten normalen Muslime war damit klar, dass es Bush nicht um Terroristenbekämpfung ging, sondern dass hier ein christlicher Fundamentalist einen neuen Kreuzzug entfachte.
Er traf damit auf einen Verfolgungswahn der muslimischen Welt.
Bei Muslimen, die den irakischen Diktator Saddam Hussein ablehnten, nährte diese Vorgehensweise den Hass auf die westliche Welt neu."[46]

Ich belegte noch im gleichen Sommer einen Arabischkurs für Anfänger und versuchte, mir weitere Brocken Arabisch zu merken.
Ich erfuhr nebenbei, dass die arabische Sprache samt ihrer Grammatik zentral durch den Koran vorbestimmt ist. Der Koran hat damit eine ähnlich Funktion, wie bei uns Europäern im Mittelalter die christliche Bibel für das Lateinische. Dieses Kirchenlatein wurde jedoch nur von einer bestimmten Bildungsschicht gesprochen. Der Koran und das Arabische ermöglichten aber, dass sich alle Araber, auch die armen, untereinander verständigen konnten, trotz ihrer weit auseinanderliegenden, regionalen Dialekte und Sprachen. Der Koran und das darin enthaltene Arabische erhielten dadurch eine politische Funktion. Dies sollten Nicht-Moslems unbedingt wissen. Das kann nämlich zur Folge haben, dass jemand, der den Koran beleidigt, unter Umständen auch in den Verdacht kommen kann, das Arabische und die Araber schlechthin zu beleidigen.

Mit folgenden arabischen Ausdrücken erweiterte ich meinen Wortschatz:

la - nein - لاء
aiwa - ja - ايوة
salamaleikum - Friede sei mit Dir - السلام عليكم
maasalama - Auf Wiedersehen, Friede - مع السلامة
sabahalcher - Guten Morgen mein Lieber - صباح الخير
hatab - Holz - حطب
ana saajem - ich faste - انا صايم
ana misch aayis at kallam - ich möchte nicht sprechen - انا مش عايز اتكلم
ana atkallam schwayjeh arabi - ich spreche nur wenig arabisch - انا اتكلم شوية عربي
Tesbah alaa cher - Gute Nacht bis morgen früh - تصبح على خير

Mein Bekanntenkreis staunte über meinen Wagemut, diese Sprache zu erlernen und fand mich schon sehr fortgeschritten, wenn ich das ein oder andere Wort oder gar einen ganzen Satz von mir gab.

Hans und ich flogen Ende September von Frankfurt aus über Kairo nach Scharm el Sheik. Im Flugzeug mimte ich gegenüber Hans schon mal den Besserwisser und den kompetenten Arabischlehrer.
Er war ein sanftmütiger Schüler:
„Immer nur Trinkwasser aus unseren Flaschen nehmen oder die, die im Restaurant verschlossen hingestellt werden. Auch zum Zähneputzen. Keine offenen Fruchtsaftgetränke oder Eis. Lieber Cola, Fanta, Kaffee (es gibt Mokka–Gawaha) oder Nescafe. Am Strand auch Cappucino.
Am Besten ist heisser Tee oder „Tschai bel hapag" - شاي اسود بنعناع (mit Wüstenminze) oder „Nana" - نعناع (Pfefferminztee) oder „Karkade" - شاي خبازي (Malventee).
Im Flugzeug kann man alles essen.
In Scharm el Sheik oder St. Catarina oder im Oasengarten essen wir nur gekochte Sachen. Suppen, Gemüse, etc.
Keine frischen Salate essen. Früchte nur mit Schale annehmen.
Äpfel nur im Oasengarten.
Grundsätzlich nichts essen, was mit kaltem „arabischem Wasser" gewaschen oder angerichtet ist.

Anschließend machte ich Hans noch mit einigen nützlichen Floskeln vertraut:

Shukran - Danke - شكرا
Kef halak - Wie geht's ? - كيف حالك
Kwayyiss - Gut - كويس
Misch kway-yiss - nicht gut, schlecht - مش كويس
Almaani - Deutsch - الماني
Kullu tamaam - Alles klar - كله تمام
Mia Mia - 100 und 100, sehr gut - مئة المئة

3. Verhandlungen mit Sheik Muosa - شيخ موسى

Wir saßen bei meinem Freund Saleh, dem Muzzeina-Beduinen - بدو مزينة auf den bunten Diwankissen in der Cafeteria am Roten Meer.
Hans schmauchte ein Wasserpfeifchen und war glückselig angesichts der wohligen Sommerwärme, die uns noch spät nachts nach unserer Ankunft umhüllte.
In Deutschland war es beim Abflug schon regnerisch und kalt gewesen.

Saleh hatte extra für uns noch ein paar Fladenbrote vom nahegelegenen ägyptischen Restaurant besorgt, das zu dieser späten Stunde eigentlich schon Feierabend hatte.
Der Ägypter Ali und der Beduine Saleh waren gut befreundet und gingen respektvoll miteinander um.
Saleh versuchte noch einmal, uns freundlich und liebevoll eine Jeeptour aufzuschwatzen.
Aber ich hatte meine Erfahrungen diesbezüglich ja schon im März gesammelt.
Mir war klar, dass wir am nächsten Morgen ins Hochgebirge zum Stamm der Gebelia aufbrechen würden. Die Rezeption in unserem Beduinenhüttendorf am Roten Meer hatte für uns und andere Reisende ein kleines Sammeltaxi geordert.

In die Wüste fährt man früh morgens. Spätestens gegen 7:00 Uhr sollte man aufbrechen.
Hans und ich waren übermüdet, also wurde es 7:30 Uhr.
„Allahu Akbar wa Muhammad Rasuluh" - الله اكبرو محمد رسوله - hatte uns sowieso schon gegen vier Uhr das erste Mal geweckt. Dazu kam noch das laut wummernde Stromaggregat des Beduinencamps.

Vorbei an Kontrollposten operettenhaft weiß gekleideter Polizisten mit glänzenden Litzen an den Schultern, spiegelnden Sonnenbrillen und Kalaschnikows, fuhren wir Richtung Golf von Akaba und Nuweiba, bogen dann aber bei Dahab ins Landesinnere ab.

Die Fahrt dauerte vier Stunden, einschließlich einer Teepause, die wir bei „wegelagernden", nach Touristen spähenden Beduinen samt ihren barfüßigen, wild umher rennenden Kindern machten.
Sie boten uns allerhand folkloristischen Schnickschnack an und natürlich sollten wir wieder mal eine Jeep-Desert-Safari buchen.
Wir fuhren an einem der UN-Kontrollposten vorbei, die im besagten Camp David Abkommen vereinbart worden waren, und kamen ins Naturreservat St. Katharina.

Scheik Muosa, also Scheich Moses - شيخ موسى, hatte ich aus Scharm el Sheik unsere Ankunft schon telefonisch angekündigt.

Er erwartete uns in seinem Tourist-Office unter dem geschmückten Porträt des Staatspräsidenten Mubarak. Er sprach gut Englisch, lud uns freundlich in sein abgedunkeltes Büro und bot wie üblich Tee an.
Nach einigen „How do you do“ und shokran katir - شكرا (vielen Dank), mia mia - المئة مئة (100 %, sehr gut), kullu tamaam? - كله تمام (alles klar?) und „nice to see you“ kamen wir zur Sache.

Ich sprach von einem Fasten- und Meditationscamp „like a special Ramadantour, four days and four nights alone“.
Er sagte „no problem“ und In-schaa-Allah - انشاءالله (So Gott will).
Aha, dachte ich mir und ergänzte im Geiste „IBM“ „I-n-tscha-allah, Bokra fill misch misch“ - انشاءالله بكرة بالمشمش (morgen gibt es eventuell Aprikosen) und Malesh - معليش (vielleicht).
Dann lachte er und sagte die Äpfel, Birnen, Mandeln, Trauben, Granatäpfel sind überreif. Ihr werdet nicht verhungern. Auch Aprikosen gibt’s.
War das ein Wink des Schicksals?
Ich lächelte innerlich.
Wir einigten uns auf einen halben Preis, von dem ich nicht genau wusste, ob es der doppelte war...
Die Tour sollte zehn Tage dauern.

Wir bekamen Suliman als Koch, Saddala als Bergführer sowie Mohamed als Kamelführer zur Seite gestellt.
Bei den Gebelia gibt es drei Berufsgruppen:
Den Bergführer, der ganz gut Englisch spricht, eher gebildet ist und eine Lizenz für die Bergtouren hat.
Den Koch, der oft älter ist und sich mit einer Mischung aus europäisch-arabischem Essen auskennt. Er spricht meist wenig Englisch.
Der Kamelmann, der kaum Schulbildung hat, aber meistens der Herzensmann und der gutmütigste von allen dreien ist.
Ohne diese Dreierkombi darf im Prinzip keiner in das Stammesgebiet der Gebelia.

Das Tourist-Office des Scheich Muosa und das Beduinendorf liegen direkt vor dem entscheidenden Weg zum Pass, ab dem das Kerngebiet der Gebelia beginnt.

Während Hans auf unser Gepäck aufpasste, beziehungsweise mit unseren drei Begleitern radebrechte, rannte ich noch schnell zur Bank. Sheik Muosa wollte meine Schecks nicht haben.

Die Bank sah aus wie im wilden Kurdistan, beziehungsweise in einem alten Cowboyfilm. Ein Kalaschnikow-Operettensoldat in blütenweißer Uniform hockte lässig auf einem Korbsessel, Füße auf dem Tisch. Drinnen eine Art Gefängnisraum mit einer ersten

Gittertür. Dahinter folgte eine Minitheke, hinter der ein bemützter Verwaltungsmann im weißen Hemd saß. Hinter ihm kam wieder ein Gitter, halb offen, mit einem großen Schlüsselbund im Türschloß.
Dahinter ein uralter Tresor vom Format eines vierfachen Kühlschrankes mit schweren Hebeln zum Drehen.

Ich bekam die Summe in ägyptischen 20-Pfundnoten ausbezahlt, das war die Menge die in einen Schuhkarton passte. Der Beamte gab mir eine Plastiktüte und ich ging schnellen Fußes durch das Dorf zum Scheich zurück.
Der hatte allerdings gehofft, ich würde mir die Summe in Dollar oder in Euro auszahlen lassen. Aber das entschied wohl der Bankbeamte selbst.
Also packte ich diese alten, schmuddeligen Scheine beim Scheich auf den Tisch. Er fing an zu zählen, hörte aber nach dem 50. Schein auf. Die restlichen 500 Scheine wollte er nicht mehr zählen.
Er grinste, sagte, dass ich mich verzählt habe und gab mir zwei Scheinchen zurück.
Dann packte er die Tüte in seine Schublade, ließ sich unsere Pässe zur Verwahrung geben und wünschte uns Maasalam- مع السلامة (Auf Wiedersehen, Friede!). Doch bevor wir uns verabschieden durften, sollten Hans und ich ihm noch in die Augen schauen, um den blauen Schimmer im Augapfelhintergrund zu sehen, der ihn als ehemaligen Europäer aus der Walachei auszeichnete. Seine Großväter seien vor über 1400 Jahren in den Sinai eingewandert.

Dann lacht er wieder fröhlich: „Look our nice garden, our bustan
(Oasengärten, بستان) in the mountain! Very nice. I will do all what you want!"
Trotz einer gewissen Unsicherheit, die in der vorherigen Recherchereise begründet war, hatte ich erstmals das Gefühl, in den richtigen Händen zu sein.
Hans nahm noch gierig einen Schluck Tee und war froh, dass es endlich losging.

Der Bergführer wusste wo es hingehen sollte. Der Koch war schon vorausgegangen und die Kamele würden uns mit Mohammed, ihrem Herrn, überholen.

3.1. Eine Leopardenfalle als Schwelle ins Stammesgebiet

Saddala, unser Bergführer, ging schlurfenden, gemählichen Schrittes den Bergpfad hoch.
„All o.k.?"
Alles klar! „Kullu tamaam - كله تمام (alles klar!), Mia Mia" (مئة المئة), sagte Hans.
Wir strahlten beide.

Es war bereits 15 Uhr nachmittags.
Um 18 Uhr würde es dunkel werden und wir mussten noch unseren Schlafplatz im Hellen einrichten.
An einzelnen Libanonzypressen entlang, ging es die steilen Serpentinen hoch. St. Katarina selbst liegt auf 1600 Meter. Schwitzend kamen wir auf dem Pass an.
Die Kamele mit dem Gepäck waren schon hinter uns.
Wir zogen neue Hemden an, um uns keine Erkältung zu holen. Hier oben wehte ein kühler Wind und das trotz enormer Sonneneinstrahlung.

Saddala zeigte uns eine ehemalige Leopardenfalle. Er sprach von einer „tigertrap" (Tigerfalle). Leopard also gleich Tiger. Das machte auch mehr Eindruck: Tiger (nimre - نمر).
Der Sinaileopard war kleiner als der afrikanische Leopard und ernährte sich vor allem von Vögeln und Mäusen, manchmal auch von kranken oder jungen Ziegen. Vorsichtshalber ließ Saddala uns im Unklaren, ob es hier überhaupt noch Leoparden gab.
Die Steinfalle lag direkt oben am Sattel, neben einer vom Kamelurin gelblich gefärbten Sandstelle.
Wenn der Leopard in die Falle hineinkroch, um an das Stückchen Ziegenfleisch zu gelangen, fiel eine an einem Seil hängende, große Steinplatte über den Eingang und verschloss die kleine Höhle.

Von hier erblickten wir weit unten im Wadi schon einen Oasengarten, über dessen Mauer gelbwelke Schilfrohrblätter lugten.

Saddala forderte uns freundlich auf, etwas an Geschwindigkeit zuzulegen. Wir sollten noch vor Dunkelheit unseren Bustaan - بستان (Garten) erreichen.
Er müsse auch noch nebenbei Holz (hatab, حطب) sammeln. Das waren ähnlich ausgedörrte Wurzelstückchen von Sträuchern, wie sie auch Hassan bei meiner ersten Erkundungen bei den Tarabin-Beduinen verwendet hatte. Sie lagen hier noch zahlreicher herum.
Unser Bergführer lief immer ein Stück vor, neben oder hinter uns und füllte den leeren Maismehlsack aus Plastik, in dem sich Kamelfutter befunden hatte, beständig mit Brennmaterial.

Kurz vor Sonnenuntergang kamen wir an.
Die Gebirgsdromedare, die unser Gepäck über die Serpentinen und über den Bergsattel geschleppt hatten, standen draußen vor der kleinen Oase mit zusammengebundenen Füßen, damit sie sich nicht zu weit entfernen konnten, wenn sie sich über Nacht einige von den verdorrten, stacheligen Büschen einverleiben wollten.
Die Spuren der Zerstörung, die vor 35 Jahren eine von den Bergen heruntergegangene, gigantische Schlamm- und Steinlawine hinterlassen hatte, waren noch zu sehen. Ehemalige Mauerreste und Steingeröll lagen jetzt außerhalb des neuen Bustans.

Zuerst musste ich drei stufenartige Steinblocks, die als Riesentreppe dienten, erklimmen.
Dann zwängte ich mich samt Rucksack an dem provisorisch geöffneten Drahtgeflecht vorbei, durch den hüftschmalen Einschnitt oben auf der Mauer. Das Drahtgeflecht und der Stacheldraht auf der gesamten, die kleine Oase umgebenden Mauer, schützte den empfindlichen Ort vor wilden und halbwilden Eseln, die sich nomadisierend im Hochgebirge herumtrieben und gerne hier vorbeistreunten.
Ich musste aufpassen, dass ich nicht mit den Seitentaschen meines Rucksackes am Drahtgeflecht hängen blieb.
Dann sprang ich in die kleine Oase hinein. Drinnen gab es nur noch zwei stufenartige Steinblocks, die in noch größerem Abstand platziert waren. Ein kurzes Ziehen in meiner Kniescheibe erinnerte mich an die Schwere meines Gepäckstücks.
Während wir beim Einbrechen der Dunkelheit unsere Schlafplätze herrichteten, bereiteten die Beduinen schon das erste Teegetränk vor.
Das restliche Gepäck, samt Küchengeräten und Verpflegung, war schnell von den Lasttieren abgeladen und ins Camp gebracht.
Bald hingen ein paar Petroleumfunzeln, leuchtend wie Martinslaternen, an den Apfel- und Aprikosenbäumchen. Auch die Wasserstelle zum Waschen konnte man sehen. Daneben befand sich ein weiteres Brünnlein, aus dem das kostbare Nass munter in die weiter unten liegenden kleinen Wassergräben floss, zwischen denen Hans und ich unsere erste Nacht im „Tausend-Sterne-Hotel“ kampierend verbringen sollten.
Die Liegestellen wurden vom alten Oasenwächter Oud noch schnell mit dem Rechen geharkt. Sein Gärtnergewand war abgetragen und zerlumpt.
Gerade noch rechtzeitig bemerkte ich, dass ich meine Schlafmatte mit dem Schlafsack bedenklich nah an einem Wassergraben platziert hatte, und rückte etwas weiter weg.
Wir tranken Tee und verspeisten noch ein paar harte Fladenbrote, die vom Tag übrig geblieben waren.

Bald lagen wir wohl behütet in unserer Gebeliaoase.
Saddala (صدلة), Suliman (سليمان) und Mohammed (محمد) fingen an, am Feuer monoton zu palavern.
Ich blickte zum Firmament hinauf.
Eine wunderschöne Nacht (layla jamila, ليلة جميلة) mit klarem Sternenhimmel und vielen Sternschnuppen begann.

Falls ich einmal nicht mehr in der Lage wäre, einen dieser Gärten zu besuchen, wäre mir klar, dass ich wirklich gebrechlich wäre.
Hoffentlich hatte ich noch mehr als 1000 und l Nacht trotz meiner Leukämie!
Arabischer Singsang und beißender Rauch weckten mich am Morgen. Der Kamelmann backte frisches, dünnes Fladenbrot auf einem ehemaligen Ölfassdeckel über einer Glut aus Eseldung. Unser Bergführer half ihm, indem er den Teig zurechtmachte und mit einer Weinflasche (?) auf einem mehlbestreuten Holzbrett ausrollte.

Sabah-al-cher صباح الخير - (Guten Morgen mein Lieber) schallte es mir entgegen.
Ich war stolz auf meine neu erworbenen Arabischkenntnisse und grüßte mit Sabah-an-nur! (صباح النور), hatte aber vergessen, was das hieß. Irgendwie so etwas wie „Guten Morgen, Du Licht!" Oder hatte ich geantwortet „Guten morgen, Du Sonne!?".
Schon hörte ich: „Sabah-al-asal" (صباح العسل). Das wiederum hatte ich mir gemerkt. Es bedeutete: „Guten Morgen, Du Honigsüßer!"
Ich versuchte noch ein „Sabah-al-Ussfur"(صباح العصفور), was soviel wie „Guten Morgen, Du Vogel oder Vögelchen!?" bedeutete. Die arabesken Begrüßungsformeln wurden geradezu gepflegt. Das Spiel war erst zu Ende, wenn keinem mehr etwas einfiel...
Wir waren alle gut gelaunt.
Auch Hans, der inzwischen aus seinem Schlafsack gekrochen war.

Der Tee war schon fertig und jeder bekam ihn vom bergführenden Teeausschenker persönlich umgerührt, wobei er wissen wollte, ob wir einen, eineinhalb, zwei oder drei Löffel Zucker haben wollten.
Unsere Beduinen nahmen mindestens zwei.
Dazu gab es Rührei, Feigenmarmelade, Schafskäse und Falaffel. Die Rühreier mussten verbraucht werden, denn der Trip sollte weitere steile Bergpfade hoch bis auf 2.100 Meter und noch höher gehen. Und die Eier waren das zerbrechlichste Gut.
Es war 8 Uhr und wir wollten so bald wie möglich loskommen, um der Mittagshitze zu entgehen.

Eine Schwalbe, ein herbstlicher Zugvogel aus Europa, der weiter in Richtung Saudi-Arabien wollte, grüßte uns von der Oasenmauer.

Bald war alles gepackt und wir verließen, versorgt mit einer Handvoll Misch Misch المشمش (Aprikosen) und Pistazienkernen den Garten des alten Oud.
Die getrockneten Aprikosen waren steinhart, lösten sich aber nach zehn Minuten wie ein süß-saures, fruchtiges Bonbon im Mund auf.

3.2. Beim Stamm der Awlad Said

Wir durchwanderten steinig-staubige Wadis.

Meine eigenen Questerinnerungen aus der Hochgebirgswüste der indianischen Inyo-Mountains in Kalifornien stiegen in mir auf.

Wir erblickten in der Ferne an steilen Berghängen Oasen, so groß wie ein halbes Fußballfeld. Mittags machten wir in einer unansehnlichen, verlassenen, aber schattigen Oase Rast.
Dann ging es weiter Richtung Katharinenberg, dessen Spitze in der nachmittäglichen Sonne leuchtete.
Der Jabal Katrin - جبل كاترين (Katharinenberg) ist der höchste Berg des Sinai und damit auch Ägyptens. Er ist sogar höher als der Mosesberg, der durch seine vulkanartige Kegelform einen größeren Eindruck macht, aber von unserer Seite nicht zu sehen war. Dazu mussten wir zuerst auf den Katharinenberg hochsteigen.

Diese Tour war aber am heutigen Tag auf keinen Fall mehr zu schaffen.
Also blieben wir weit unterhalb des Gebel Katrin in einer schön angelegten Oase.
Sie lag auf der Grenze zwischen dem Gebelia-Stamm und dem Stamm der Awlad Said, der auf der dem Suezkanal zugewandten Seite des Sinais beheimatet war. Die Awlad Said und die Gebelia waren befreundet und festigten in jüngerer Zeit diese Verbindung durch wechselseitige Heiraten zusätzlich.
Der Awlad Said Oasenwächter mit dem fast unaussprechlichen Namen Schpeijl hatte einen anderen Körperbau als die Gebelia, deren europäische Größe und Gewicht, trotz ihrer dunkelbraunen Haut, auffällig war. Schpeijl sah dunkler und feingliedriger, eben „arabischer" aus.
Er wirkte alt und abgekämpft auf mich.
Ich schätzte ihn auf circa 70 Jahre. Mohammed, der Kamelführer, flüsterte mir aber zu, dass er erst 52 Jahre alt sei!

Schpeijl begrüßte uns fröhlich mit „Salamaleikum alemanni" - السلام عليكم الماني (Friede sei mit Euch, Ihr Deutschen) und zog noch schnell einige Schläuche aus den Bewässerungsfurchen ab.
Unser Koch richtete die Küche ein.
Hans hatte sofort die blaugrünen, reifen Feigen gesehen, die in der Nähe des Oasenbrunnens an einem wildwüchsigen Feigenstrauch hingen. Mit einem Blick in Richtung des Oasenwächters und Fingerzeigen auf Feige und Mund hatte er seinen Wunsch schnell klar gemacht und der Abend war für Hans gerettet.
Ich war ein wenig neidisch auf seinen Erfolg, zu dem ihn seine Lebengiers getrieben hatte.
Früchte in der Wüste schmecken besser als in jeder anderen Region der Welt. Der Körper hat sehr viel Wasser verloren, die Zunge, Gaumen und Hals sind erdig ausgetrocknet.

Und so verfiel ich plötzlich auch in eine Art Feigenfressorgie. Man konnte sie samt der grünlichen Schale essen. Das Innere war rosarot und saftig und die ganze Frucht schmeckte durch die Mischung von Haut und Fruchtfleisch leicht nach Marzipan.

Suliman, der Koch, lachte und rief aus der Ferne: „kway-yiss?"- كويس (Gut?) und fragte mich, auf seine mächtige Armbanduhr deutend, wann wir zu Abend essen wollten.

3.3. Werte, Tausch und Bezahlung

Es war eine spannende Sache mit dem Tauschen und Bezahlen beim Scheich und unterwegs. Dem Oasenwächter steckten wir ein paar ägyptische Pfund extra zu.
Er wollte zusätzlich noch mein Schnitzmesser haben. Aber das gab ich ihm jetzt noch nicht.
Ich hatte mit dem Scheich angeblich den halben Preis ausgemacht.
Aber was gab er den Beduinen davon ab und wieviel konnte ich von dem glauben, was mir diese über ihre angebliche Bezahlung erzählten?
Für Scheich Moses rentierte sich diese erste Tour mit Hans und mir nicht richtig, weil drei Beduinen mit mittlerweile zwei Kamelen für zwei Touristen ein hoher Resourceneinsatz war.
Ich würde in Zukunft bei einer Anzahl von fünf bis zehn Teilnehmern circa 20 Dollar oder 20 Euro pro Person und Tag bezahlen müssen. Wir würden dann keine langen Wanderungen machen, sondern an ein oder zwei Plätzen bleiben, da die Quester in einer Region vier Tage und vier Nächte fasten wollten. Also waren nur zu Beginn und am Ende viele Beduinenhelfer und Kamele notwendig.
Bezüglich des Fastens gab mir Scheich Moses einen vorbeugenden Rat und rechnete mir vor, dass abgepacktes, „schweres" Flaschenwasser vom Gewicht und Preis her fast teurer wäre als die sonstige Verpflegung.

Ich konnte davon ausgehen, dass er bei kleinen Teilnehmergruppen den Beduinen zirka 25 % der Einnahmen abgab, bei größerern Gruppen 10 %. Letztendlich war das allerdings nicht nachprüfbar.
Wenn ich weiter versuchen würde, ihn herunterzuhandeln, dann würde er auch seine Leistung „herunterfahren". Dann gab es wahrscheinlich gewisse Engpässe bei der Essenauswahl oder in der sonstigen Versorgungslage.

Mir wurde klar, dass ich mit dem Zurückhalten meines schönen Schnitzmessers beim Oasenwächter Schpeijl richtig gelegen hatte. Mein Vorgehen erhielt die „Freundschaft" bis zum Schluss der Reise, so dass er und ich die Chance erhielten, noch ein paar Äpfel oder Rauchquarze zu tauschen, die es hier oben gab.

Sheik Muosa - شيخ موسى (Scheich Moses) bezeichnete sich als „Tourismus-Manager-Scheich", der in seinem Stamm die meiste Arbeit organisierte. Er hatte dadurch Macht und war die vermittelnde „Figur" gegenüber der ägyptischen Verwaltung. Diese hielten die Taschen auch auf.
Scheich Moses hatte ein Nummern- und Zettelsystem, mit dem er die zu vergebende Arbeit gerecht zu verteilen versuchte. Es gab natürlich Beduinen, die mehr konnten als andere. Auch das war ein Grund für mich, bei Verhandlungen nicht gar zu kleinlich zu sein.

Es gab noch einen anderen Scheich im Stamm der Gebelia, der für den Rest zuständig war, zum Beispiel für Hochzeiten etc. Das Stammesgebiet jedoch überwachten die Ägypter in Kooperation mit Scheich Muosa.
Durch die Zusammenarbeit mit ihm, war ich in diesem fernen, arabischen Land auf der sicheren Seite, was die vielen Unwägbarkeiten von Ernährung und potentiellen Krankheiten betraf. Ich fühlte mich und meine zukünftigen Gruppen wirklich geschützt. Er hatte einen bekannten Namen in einem Land, das Gesetze nicht immer formal regelte, sondern sie mal so und mal so auslegte.
Es könnte ja auch passieren, dass wir mitten in der Wüste während des Transfers zwischen Scharm el Sheik und St. Katharina liegen blieben.

4. Wadi Ghazana (وادي غزنة) und ein Paradiesgarten (Al janna, الجنه)

Wir blieben den nächsten Tag in der Oase am Fuße des Katharinenberges in Schpeijls Garten. Al janna - الجنه (Das Paradies) nannten die Beduinen diese Orte.
Außerhalb der Oase hatte sich inzwischen eine flirrend-stechende und trocken-erdige Hitze ausgebreitet. Man konnte es nur im Schatten unter den Bäumen aushalten.

Von unserem Lagerplatz aus erblickten wir das wuchtige, graue Massiv des Katharinenberges. Es war über 2.600 Meter hoch und am nächsten Morgen gegen zwei Uhr, wenn es noch dunkel war, wollten wir aufsteigen.
Wir nahmen uns vor, den Gipfel vor Sonnenaufgang zu erreichen.

Die kleine Katharinenkapelle zeigte sich uns jetzt schon, nicht weit entfernt von der ehemaligen Funkantennenanlage, die die Israelis auf der Spitze errichtet hatten. Da der Katharinenberg der höchste Berg auf dem Sinai und in Ägypten ist, konnten sie während der Besatzungszeit mit ihren elektronischen Kampfaufklärungsinstrumenten den ganzen Luftraum zwischen Kairo und Saudi-Arabien erfassen.

Drei Beduinen bedienten uns.
Sie hatten diese königliche Würde an sich, über die schon so viel geschrieben wurde. Gemächlich gingen sie ihren Arbeiten nach. Sie waren erpicht darauf, möglichst viel für uns zu tun, denn das versprach ein höheres Bakschisch, weil wir so als Kunden in eine Art von „Schuld" kamen und etwas zurückgeben wollten. Aber auch weil sie einfach Lust hatten, etwas zu tun.
Es gab sowieso zu wenig Arbeit.
Das Bakschisch in Form von Geld oder Dingen, die sie gebrauchen konnten, war, über den Betrag hinaus, den Scheich Moses ihnen gab, ein wichtiger Teil der Bezahlung und Anerkennung. Da durfte es schon mal ein kleines Fernglas oder die noch intakten Bergschuhe sein.

Schpeijl, Oasenwächter des Awlad Sai Stammes, wuchtete im Laufe des Tages mit einfachen Eisenstangen und einem großen Vorschlaghammer Felsbrocken aus der Oasenmauer.
Er war dabei, sie zu vergrößern.
Die Hitze machte ihm sehr zu schaffen.
Die Oase war eine Art unfreiwilliger Lebensvision, gleichermaßen Fluch und Gnade.
Zusammen mit seinem Sohn, den er nicht in St. Katharina hatte einschulen lassen, scharrte er die Erdkrumen, teilweise mit bloßen Händen, zusammen und trug sie zu 60 Zentimeter tiefen Erdlöchern, in der sich junge Pfirsich-, Mandel- und Apfelbäumchen vor der Sonne versteckten.
Die Oase gehörte seiner Großfamilie, deren Chef er war.

Das Wasser wurde mit Hilfe eines Benzinaggregats alle drei bis vier Tage aus einer zwanzig Meter tief geschachteten Zisterne in ein zwei Meter tiefes Betonbassin außerhalb des Gartens gepumpt. Von dort wurde es dann durch einen Schlauch und einen groben Filter in die Oase geführt. Und weiter, bis zum Koch- und Trinkwasserbrunnen der Beduinen. Dieses Wasser war für uns Europäer nicht genießbar.
Ein weiterer Schlauch bewässerte die Anpflanzungen:
Weinreben, Bohnen, eine Art „antörnende“ Tabakpflanze, Salat, Tomaten sowie alle Bäume und Bäumchen.
Die neugierigen Kinder und Enkelkinder des Oasenwächters tauchten ab und zu auf und verschwanden wieder.
Frauen zogen außerhalb der Oasenmauer mit ihren Ziegen vorbei und lenkten sie mit keifenden Rufen und Steinwürfen in die höheren Berge hinein. Unter ihren schwarzen Gewändern konnte man weitere bunte Stoffe erkennen. Sie waren barfuß und verschleiert. Ihre Augen streiften über die Oasenmauer zu uns herüber.

Nördlich hinter uns lag der schwarze Berg Abbas Pascha (جبل عباس باشا).
Saddala zeigte uns durch sein Fernglas Reste einer Straße, die auf diesen Gebel (جبل) hinaufführte.
Sie sollte es dem ägyptischen Fürsten Abbas Pascha ermöglichen, in seiner von Pferden gezogenen Kutsche zu seinem Palast zu fahren. Abbas Pascha litt an Tuberkulose und entschied sich für diesen 2.383 Meter hohen Berg. Angeblich hatten seine Diener entdeckt, dass Fleisch auf diesem Berg langsamer verrottete als anderswo.
Die Straße wurde aber nie vollendet, da der Herrscher einige Jahre nach Baubeginn starb. Ob Abbas Pascha vergiftet wurde oder durch einen Herzanfall starb, wurde nie geklärt.

Obwohl seine Herrschaft (um 1800 n. Chr.) nur kurzlebig war, errichtete er zahlreiche Straßen innerhalb des Sinai, dem traditionellen Rückzugsort ägyptischer Khediven (Herrscher).

Eine andere Version dieser Geschichte, so Saddala, und er lächelte verschmitzt dabei, sei aber, dass die Mönche ihm die Geschichte von dem Fleisch, das an diesem Ort angeblich nicht schlecht wurde, erzählt hätten, um ihn vom Mosesberg fernzuhalten, wo er ursprünglich seinen Palast bauen wollte.
Die Arbeiten seien nach seinem Tod eingestellt worden und nun lägen nur noch einige unbenutzte Granitblöcke und gebrannte Ziegel herum.
Ein paar Mauerteile enthalten noch die Überreste von Holzbalken. Die meisten wurden jedoch im Lauf der Zeit von Beduinen entfernt. Ein paar Stellen sind noch von einem weißen kalkigen Material bedeckt, berichtete der Bergführer weiter.
Bevor der Zement erfunden wurde, stellte man Mörtel aus den Splittern der Kalkrückstände her, die auf den von der Frühjahrschmelze überfluteten Felsen gefunden wurden. Sie kamen in einen Brennofen und zusammen mit Wasser ergab das gewonnene Pulver eine Art Mörtelpaste.

4.1. Schpeijl, der „alte“ Oasenwächter

Schpeijl, der so alt aussehende Oasenwächter, begann nicht weit von uns sein tägliches Gebet zu verrichten. Das Alltägliche und das rituelle Beten flossen im Islam ineinander. Manchmal hatte ich aber auch das Gefühl, dass das Gebet uns gegenüber etwas demonstrativ gehandhabt wurde.
Suliman, unser Koch, kniete sich ohne Gebetsteppich in den Staub und verneigte sich Richtung Katharinenberg. Südöstlich davon lag Mekka.

„Grundsätzlich vollzieht sich der islamische Gebetsritus in einer Folge von bestimmten Stellungen und Bewegungen, in denen sich der Mensch in einen fortwährenden Kreislauf zwischen Himmel und Erde stellt.
Zur Eröffnung des Gebetes werden die Hände in einem leicht nach oben geöffneten Winkel hinter die Ohren gehalten – eine lauschende, sich nach oben öffnende Gebärde. Der Mensch erhebt sich zum Göttlichen, indem er in dieser Stellung ausspricht „Allahu-akbar“ - الله اكبر (Allah ist der Größte).
Dann legt er seine Hände auf die Region des Sonnengeflechts, wobei die rechte Hand überkreuzend die linke greift. Das Sonnengeflecht, auch unsere „innere Sonne“ genannt, bildet die Körpermitte. Von hier strahlt es nach zwei Richtungen aus: in die Brust und Hauptesregion, in welcher die Lichtkräfte beheimatet sind und das Bewusstsein angesiedelt ist, und in den unteren Stoffwechselpol, in dem die warmen, chaotischen Naturkräfte wirksam sind.
Der Mensch befindet sich in Harmonie, wenn diese beiden polaren Richtungen ihre Verbindung im Sonnengeflecht finden. In dieser Stellung wird im Gebetsverlauf der Koran rezitiert. Danach berühren die Hände die Knie, ein Gelenk, das eine Verbindungsfunktion symbolisiert.
Danach begibt sich der betende Mensch wieder in die Horizontale, um sich dann ganz auf die Erde herunterzubeugen und mit Stirne, Händen und Knien die Erde zu berühren.
Bei diesem Vorgang senkt sich der Lichtpol in den unteren Wärmebereich herein, um sich mit den von der Erde entgegenkommenden Kräften zu verbinden. Das Herunterbeugen zur Erde ist wie ein liebevolles In-die-Erde-Hineinsinken.
Diese beschriebene „Raqaa“ - صلاة الرقعة (Gebetsabfolge) wird je nach Gebetszeit zwei- bis viermal wiederholt.
Das Gebet schließt ab mit dem Glaubensbekenntnis und dem Friedensgruß an die Engel zur rechten und zur linken Seite. Alle Moslems der Welt bilden beim Gebet, indem sie nach Mekka gewendet sind, Kreise über die ganze Welt.“[47]

Im Islam gibt es fünf religiöse Hauptfeste im Jahr und fünf Gebetszeiten am Tag. Die Zeiten der Feste sind beweglich, denn sie richten sich nach dem Mondkalender, der sich jedes Jahr um elf Tage verschiebt und 33 Jahre benötigt, um wieder in der gleichen Konstellation zu erscheinen.

Das heißt, dass die Feste durch das ganze Jahr wandern. Die Gebetszeiten allerdings richten sich nach dem Sonnenlauf. Fünfmal am Tag beten Moslems nach der Sonnenzeit.
So besteht im Islam ein starker Zusammenklang von Sonnen- und Mondrhythmen.
Der Fastenmonat Ramadan verschiebt sich also auch jedes Jahr. Einen Monat lang sollen die Gläubigen von Sonnenaufgang bis Sonnenuntergang keine Speisen und Getränke zu sich nehmen. Das ist für die Beduinen in der Wüste natürlich besonders schwierig, wenn der Ramadan im Sommer stattfindet.
Er ist aber gleichzeitig eine Festzeit, in der mehr gegessen wird als in anderen Monaten. So wird aus dem Fasten eher ein ungesundes Hungern. Er trifft damit aber auch wiederum eine besondere Intention, nämlich die, dass die Besitzenden daran erinnert werden sollen, dass viele Arme tagtäglich wirklich hungern.
Gegen Ende, am 27. Ramadan wird die „Heilige Nacht" gefeiert.
In ihr wird des Propheten Mohammed gedacht, der als Vierzigjähriger zurückgezogen in einer Höhle meditierte, als ihm der erste Vers der ersten Sure des Koran offenbart wurde. Außerdem wird in ihr Allah als der „Herr der Welten allein" angebetet und um Hilfe gebeten als barmherziger Richter jeder Seele am Jüngsten Tag.

Das höchste Fest im Islam aber ist das Opferfest. Es erinnert an Urvater Abraham, der bereit war seinen Sohn Gott zu opfern.

4.2. Der Katharinenberg und die Geschichte eines Klosters

Nach dem Gebet machte sich der Koch daran, für uns Hühnchen zu brutzeln.
Früh am nächsten Morgen, fast noch in der Nacht, wollten wir den Katharinenberg besteigen.
Ich erinnerte mich beim Abendessen an meine Großmutter Katarina, die aus einer einfachen Waldarbeiterfamilie aus dem Odenwald stammte. Sie war katholisch gewesen und war nach der heiligen Katharina benannt worden.
Ich habe sie noch gut in Erinnerung, wie sie, schon älter geworden, ihre Litaneien betete in ganz ähnlicher Inbrunst wie jetzt der Oasenwächter. Sie war auch bei ihrem Tagwerk genauso diszipliniert gewesen wie dieser Oasenwächter. Sie ging in den Wald und sammelte Brennholz oder jätete im großen Garten Unkraut und schimpfte über das harte Leben, wie ich es auch von diesem alten Mann bei der Arbeit zu hören glaubte.
Namensgeberin des Klosters bei St. Katharina Dorf und der gleichnamigen Kapelle auf dem Berg, der allerdings noch einige Stunden entfernt liegt, war ein Mädchen aus Alexandria, das Anfang des vierten Jahrhunderts bei der Christenverfolgung den Märtyrertod starb und lange Zeit eine der populärsten Heiligen war.
„Die Heilige Katharina wird in der Überlieferung als klug, schön und belesen beschrieben, ein Mädchen aus bestem Hause. In ihrer Glaubensfestigkeit versuchte sie sogar, Kaiser Maximus von der Götzenverehrung und seinem „heidnischen" Glauben abzubringen – ihr Todesurteil. Bei der öffentlichen Enthauptung floss aber nicht Blut, so wurde erzählt,

sondern Milch aus ihrem Körper. Ein winziges Stück der Marmorsäule, an die Katharina gebunden gewesen sein soll, findet sich in der heutigen Kapelle oben auf dem höchsten Berg des moslemischen Landes Ägypten."[48]
Einer anderen Legende nach, brachten Engel den Leichnam Katharinas auf den Gipfel des Berges. Angeblich fanden die Mönche den Leichnam und errichteten eigens für die von ihren Häschern geköpfte junge Frau die Kapelle.
Erst im zehnten Jahrhundert wurde das Kloster, das bis dahin der Gottesmutter geweiht war, offiziell in Katharinenkloster umbenannt.
Die Geschichte der Mönche in den Bergen des Sinai hängt, wie die Geschichte Katharinas, die historisch nicht belegt ist, eng mit der Ausbreitung des Christentums zusammen, das der Heilige Markus nach Ägypten gebracht hatte.
Viele Anhänger des jungen Christentums hatten sich – wie Antonius in der Arabischen Wüste – in die Einsamkeit zurückgezogen, um in Askese zu leben. So kamen die ersten Eremiten bereits um 300 nach Christus am Mosesberg zusammen.
Der zum Christentum konvertierte Kaiser Konstantin löste danach mit seiner Reise auf den Sinai eine wahre Pilgerwelle unter der christlichen Aristokratie des byzantinischen Reiches aus und eine Reihe von Geistlichen blieb gar für immer, um auf dem Berg unter härtesten Bedingungen als Eremit zu leben.
Im sechsten Jahrhundert wurde dann das Katharinenkloster als schützende Befestigung errichtet auf Anweisung Kaiser Justinians, der auch Erbauer der Hagia Sophia war.
Und mit ihm waren, wie dem aufmerksamen Leser schon bekannt, die Sklaven aus der Walachei, Rumänien und dem Schwarzmeerraum gekommen, die später als Moslems zum Stamm der Gebelia zusammenfanden.

Im 7. Jahrhundert betrat dann Prophet Mohammed die religiöse „Weltbühne".
So wurde Ägypten 640 nach Christus auf friedliche Weise islamisiert. Damit war das Kloster plötzlich ein vorgeschobener Posten der Christenheit. Dennoch konnte es sich, wie eine Überlieferung besagt, sicher fühlen.
Denn 15 Jahre bevor sich der Islam über ganz Arabien auszubreiten begann, war Prophet Mohammed als Reisender im Kloster zu Gast und wurde von den Mönchen höchst zuvorkommend behandelt. Da der frühe Islam ausdrücklich auf Zwangsmissionierung und die Bekehrung Andersgläubiger verzichtete, stellte der Prophet einer Abordnung von Brüdern, die ihn in Mekka aufsuchte, ein Schutzschreiben für das Kloster aus. Besiegelt mit seinem Handabdruck, sicherte er den Mönchen ausdrücklich den Erhalt der geistlichen Stätte und die Glaubensfreiheit zu. Eine Kopie dieses Dokuments findet man am Eingang des Klosters rechterhand der Stufen, die zum Gewölbe führen.
Während die Mönche noch heute auf die Echtheit des Briefes pochen, spricht die Wissenschaft von einer gekonnten Fälschung aus Mönchshand. Wie auch immer, der Brief verfehlte seine Wirkung nicht: ein ägyptischer Herrscher nach dem anderen erneuerte den Schutzbrief für das Kloster...

„Mohammeds ‚Brief' sollte noch öfter seine Wirkung entfalten. Den berserkernden Kalifen Al Hakim hielt er Anfang des 11. Jahrhunderts davon ab, das Kloster zu zerstören. Um die Soldaten zu besänftigen, richteten die pragmatisch denkenden Mönche auf Verlangen sogar eine Moschee im Kloster ein mit einem weithin sichtbaren Minarett."[49] Als christliches Kloster in einem islamischen Land verfolgten die Mönche durch die Jahrhunderte seit der Islamisierung eine geschickte und ausgewogene Politik und das Kloster verstand sich als Begegnungsstätte aller Konfessionen, seien sie noch so verfeindet.
Alle Präsidenten Ägyptens besuchten in den letzten Jahren im Beisein ihrer Frauen das Katharinenkloster. Zuletzt Mubarak mit Gattin.

4.3. Der Mosesberg (Gebel Muosa, جبل موسى), das Rote Tal (Waadi-l-ahmar , وادي الاحمر) und die springende Wüstenmaus

Mit modernen LED-Stirnkopflampen ausgestattet, stiegen Saddala, Mohammed, Hans und ich bei Halbmond auf einem langen, gewundenen Pfad, der auch für das Gebirgsdromedar gangbar war, zum Katharinenberg empor. Langsam und beständig.
Die Luft wurde merklich dünner und die Kühle der Nacht kam uns dieses Mal gerade recht.
Noch vor Sonnenaufgang waren wir oben und sahen schon weit drüben, auf der Spitze des kegeligen Mosesbergs, der in einer Entfernung von circa einem Kilometer Luftlinie aufragte, Hunderte von Blitzlichtern fotografierwütiger Touristen, die der fast zwanghaft zu nennenden Tradition gefolgt waren, „auf dem Mosesberg gewesen sein zu müssen'.

Über das Fotografieren bei Ritualen und an Heiligen Stätten kann man geteilter Meinung sein. Manche Naturvölker sagen:
„Als die Ethnologen (und Fotografen, Anmerk. d. Verf.) kamen, verschwanden die Geister." Den Beduinen der Gebelia war es hingegen recht. Es gab dort oben auf dem Mosesberg einen CoffeeShop, also viel zu tun und viele Einnahmen.

Wir warteten auf den Sonnenaufgang.
Ein Sinairabe umstrich die Katharinenkapelle, die nach griechisch-orthodoxer Tradition in weiß-hellblauen Farben renoviert worden war. Leider war sie verschlossen.
Da wir noch etwas Zeit bis zum Sonnenaufgang hatten, schauten wir uns die zerstörte Funk- und Satellitenanlage der Israelis an, die sie nach ihrem Abzug hinterlassen hatten. Sie lag ungefähr 100 Meter von der Katharinenkapelle entfernt.

Als wir zurückkehrten, hatte der Bergführer schon den Teekessel ins glühende Dungfeuer gestellt.

Suliman, unser Koch, der in der Oase zurückgeblieben war, hatte uns krustiges, trockenes Fladenbrot eingepackt, sowie Feigenmarmelade und ein paar Äpfel und Pfirsiche.
Israelis, moslemische Beduinen, die hebräisch sprachen, und eine griechisch-orthodoxe Kapelle auf dem höchsten Berg Ägyptens: welch eine Kombination! Man stelle sich eine kleine Moschee auf der Zugspitze oder auf dem Brenner vor.

Kurz vor Sonnenaufgang leuchtete der Himmel phosphoreszierend hellblau auf. Das Blitzlichtgewitter vom Mosesberg verstärkte sich. Dann wurde der Horizont dunkel und gleich darauf stieg der rotglühende Feuerball empor.
Ich hatte das Gefühl, auf der Weltkugel der Sonne entgegenzureiten, so schnell kam sie uns entgegen.
Es wurde minütlich wärmer.

Die Beduinen rauchten eine Zigarette und fragten uns ob wir wached - واحد (einen), etnen - اثنين (zwei) oder talata - ثلاثة (drei) Löffel Zucker in das winzige Teegläschen wollten.
Saddala flüsterte mir einen Beduinenspruch ins Ohr: „Tea without a bred is like fuck with- out kiss!"
Das war ein geflügeltes Wort, das er von seinem Großvater aufgeschnappt hatte, wenn der jeweilige Scheich ihnen zu wenig Brot mit auf die Bergtouren geben wollte. Sie nahmen dann einfach mehr Zucker als kurzfristigen Energieersatz mit.
Aber trotz der guten Brotlage im Moonland (Sinai) heutzutage, sahen ihre Zähne weiterhin vom Zucker braun und alt aus. Zähneputzen war bei den erwachsenen Beduinen nicht beliebt. Es fungierte nicht als Gesundheitssymbol und lag nicht in der Tradition der weißen Zähne in Europa.

Saddala wies uns mit einer Handbewegung und einem bedeutungsvollen Blick in die Ferne auf die Mutter Salbeihochebene (Umm Bargadush, ام بردقوش) hin, die entgegengesetzt vom Mosesberg lag.
Das war unser Ziel für den nächsten Tag.

Zunächst wanderten wir aber, bevor es wieder heiß wurde, hinüber auf den Gipfel des Gebel Achmar, der tiefer lag und eine ganz andere Gesteinsschicht aufwies als das graue Katharinenmassiv.
Der Rote Berg bestand aus brüchigem Gestein und gänzlich abgerundeten Felsen. Die oberste Schicht war von Wind, Eis und dem Schmelzprozess porös und bröckelte unter unseren Schritten weg.
Der Kamelführer verließ uns nach einer Weile und marschierte samt Dromedar zurück zur Oase.

Bald hockten wir in der Gipfelhöhle des Gebel Achmar und fütterten eine große Wüstenspringmaus, die aussah als ob sie schon auf Nahrung gewartet hatte. Hinten in der Höhle tröpfelte Wasser in ein kleines Steinbecken.

Vorsichtig aber fröhlich wanderten wir den Berg hinunter, vorbei an dem einen oder anderen Wassergumpen, der an den Rändern vom Frühjahrschmelzwasser noch graukalkig verfärbt war.

Saddala führte uns zu einer kleinen Forschungsstation nach ägyptischer Art: Ein zehn mal zehn Meter langer Zaun umgab ein wildwüchsiges Terrain. Weiter war nichts zu sehen. Es diente dazu festzustellen, ob sich hier irgendwelche Pflanzen ansiedelten beziehungsweise ob sich der Bewuchs langfristig veränderte gegenüber dem „Draußen“ der Wüste.
Die Population der wilden Esel hatte durch das Verschwinden der Leoparden zu sehr zugenommen. So fraßen sie zu viele Kräuter, die die Beduinen außerhalb der Oasen im Rahmen eines internationalen Unterstützungsprogramms anzupflanzen versuchten.
Prompt kamen wir an einem stinkenden Eselskadaver vorbei, der wohl in den Canyon abgestürzt oder vergiftet worden war.
Die Wüstenfüchse hatten sich schon über ihn hergemacht und begonnen ihn auszuweiden.

Gegen elf Uhr kamen wir wieder in unserem Wadi Ghazana an.
Kurz vor der Oase machten wir noch einen kleinen Umweg zu einem über 1000-jährigen Maulbeerbaum und zu einem zugemauerten Felsvorsprung, der einem großen Walkopf glich (siehe Coverfoto). An dessen Oberseite befand sich ein kleines Loch.
Saddala kletterte an der Außenwand hoch und blickte hinein. Kam wieder runter und sagte wir sollten auch hineinschauen.
Knochenreste von Einsiedlern lagen darin. Die Mönche hatten noch vor 100 Jahren hier in Symbiose mit der Oase gelebt, in der wir jetzt lagerten.
An dieser Stelle war auch die Stammesgrenze zwischen den Awlad Said und den Gebelia durch Steinkreise von 30 Metern Durchmesser markiert.

In diesem Bereich war die Stammesgrenze insgesamt organisch und auch etwas merkwürdig definiert.
Die steilen Berge und Bergspitzen waren im Besitz der Gebelia, weil diese sich am Berg auskannten, mit Touristen Kontakt hatten und auch eine Lizenz der Ägypter besaßen.
Die Täler und Oasen gehörten den Awlad Said.
Aber es gab auch ein Kerngebiet der Gebelia, in dem sie auch die eine oder andere Oase besaßen.
Der Maulbeerbaum gehörte auch zu dieser Grenze und war im Besitz von Schpeijl, unserem Oasenwächter, der ein Awlad Said war. Er hatte ihn vor vielen Jahren aus unerfindlicher Wut durch ein Feuer markiert. Ein Teil des Baumes war kohlschwarz.
Saddala vermutete, dass er damals ärgerlich gewesen war, weil er seiner Ansicht nach zu wenig an den Einnahmen aus dem Tourismusgeschäft beteiligt wurde.
Schpeijl „besaß“ in diesem Gebiet allerdings die mächtigste Oase, weil er am weitesten oben residierte. Er konnte den anderen Gärten weiter unten buchstäblich „das Wasser abgraben“. Deshalb mussten sich die Gebelia in ihrem Kerngebiet ihm gegenüber gut benehmen.

Es war eine für uns Europäer nicht immer genau erkennbare, gleichsam osmotische Grenze, die durch alte Traditionen, neue Gesetzlichkeiten und die Tatsache bestimmt war, dass auch manchmal demjenigen das Land gehörte, der sich aktiv darum kümmerte.
Dass es im schlimsten Fall Streitigkeiten geben konnte, war klar. Im besten Fall ergänzte sich das System harmonisch. Wie überall.
Und zur Zeit lief es mal so und mal so zwischen den beiden Stämmen.

Gegen zwölf Uhr, bevor es wieder glühend heiß wurde, waren wir zurück in unserer schattigen kleinen Bustanoase.

5. Die Hochebene Mutter-Salbei (Umm Bardagush, ام بردقوش), verbotene Kräuter und Spannungen zwischen den Stämmen

Am nächsten Morgen verließen wir Schpeijl und seinen schönen Bustan und brachen zu fünft auf, um die Umm Bardagousch (Mutter Salbeihochebene) als mögliches Männer-Questgebiet zu inspizieren.

Wir würden langsam gehen und ungefähr drei Stunden brauchen, um nach ganz oben zu gelangen. Unterhalb der Ebene läge ein schöner Canyon, den man als Zwischenlager für eine Ramadantour, wie unser Questvorhaben genannt wurde, nutzen könnte, wies uns Saddala ein.
Es sei dort nicht ganz so kalt und windig wie auf dem Gipfel.

Wir bewegten uns nun gänzlich auf dem Stammesgebiet der Awlad Said. Schpeijl, der Oasenwächter, wünschte uns viel Glück und versicherte uns, dass er sich freuen würde, wenn er uns im Herbst mit vielen Männern in seiner Oase sehen würde. Er würde auch noch ein wenig aufräumen, die rostigen Blechdosen, alten Wasserschlauchreste und sonstigen Unrat in sein Wüstenmüllloch werfen.
Saddala bestärkte ihn darin und sagte auf Englisch: „Please Schpeijl clean it!" und schmunzelte. Schpeijl lachte auch und freute sich, obwohl er kein Wort verstand.

Die Awlad Said bepflanzen auf ihren Gebiet die eine oder andere versteckte Gebirgsoase mit Schlafmohn, aus dem dann Opiumöl hergestellt wird. Offiziell ist dies in Ägypten streng verboten, aber es wird gemunkelt, dass die Polizei selbst ein wichtiger Abnehmer sei.
Da die Gebelia bei ihren Bergtouren mit Touristen in Berührung kommen, versuchen die Leute der Awlad Said dieses spezielle Öl über die Gebelia an den Mann zu bringen.
Dies ist den Gebelia jedoch zu riskant.
Da die Stämme inzwischen untereinander heiraten, zeigt sich langsam auch eine Strategie, die hinter dieser Heiratspolitik steckt.
Großmütter und Großväter der Awlad Said üben Druck aus auf den jungen Ehemann oder die junge Ehefrau, die von den Gebelia stammen, und wollen diese so dazu zwingen, endlich etwas für ihren ärmeren Stamm zu tun.
So traten in letzter Zeit wieder Spannungen auf.

Schlafmohn und ein Marihuana ähnliches Wüstenkraut anzubauen, bringt allerdings mehr Gewinn als ein paar Äpfel, Mandeln, Granatäpfel und sonstiges Obst, denn insgesamt kommen zu wenige Touristen in die Gärten.
Übrigens werden Touristen unter den Beduinen auch manchmal heimlich mit „sabach-al-youro" - صباح اليرو (Guten Morgen, der Du uns den Euro bringst) bezeichnet.

Vor allem junge Beduinen wollen mittels alter, stillgelegter Oasenanlagen das schnelle Geld machen. Vom Erlös kaufen sie sich dann einen Allradjeep und versuchen so in den Moonland-Tourismus einzusteigen.

Von der ägyptischen Verwaltung wird wenig unternommen, wenn die jungen Leute sich aus den Stämmen absetzen und in Scharm el Sheik oder Nuweiba, Taba oder Kairo ihr Glück versuchen.

Bisher war noch nichts über Drogenlabors, die aus dem harmloseren Opiumöl Heroin erzeugen, zu hören. Ich versuchte, das Thema differenziert zu betrachten.
In Europa wird Alkohol in Mengen getrunken und auch da macht es einen Unterschied aus, ob sich einer eine Flasche Wiskey hinter die Binde kippt oder ein Gläschen Bier genehmigt. Ich tat mich zwar schwer mit einer solch verharmlosenden Betrachtung der Opiumproduktion, aber warum sollte nicht der eine oder andere Beduine, diese „Medizin" in besonderen Fällen anwenden. Schließlich war der Schlafmohn ein Gewächs dieser Region und dieser Kultur.
Was sich infolge existentieller und ökonomischer Spannungen beziehungsweise durch die Begegnung mit den, aus Beduinensicht wohlhabenden, Touristen in Zukunft daraus entwickeln mochte, stand auf einem anderen Blatt.

Seriöse Gespräche über solche Angelegenheiten waren nicht möglich. Mir wurden „Tatsachen" erzählt, die sich im nächsten Moment als Phantastereien entpuppten: Europa habe wohl ein enormes Drogenproblem, aber hier habe die ägyptische Polizei alles im Griff. Man könne das immer aus Fernsehmeldungen erfahren.

Der Gesichtsausdruck der Beduinen signalisierte ein hohes Maß an Ernsthaftigkeit. Als ich aber den einen oder anderen fragte, ob das, was er gerade rauche, das „bestimmte Wüstenkraut" sei, wurde mir mit „nein" geantwortet. Ich solle es mal versuchen. Ich nahm einen Zug, der aber eine so starke Wirkung hatte, dass ich gleich wieder davon Abstand nahm.
„Es ist aber sehr gesund und nicht verboten", murmelte Mohammed. Ich erwiderte, dann könne ich ja etwas mit nach Scharm el Sheik mitnehmen. Da sagte er schlitzohrig, die Polizisten würden nicht wissen, dass das kein Marihuana sei. Sie würden das mit Marihuana verwechseln und deswegen ginge das nicht.
Einen Versuch mit Schlafmohnöl lehnte ich auch ab. Wir waren am Ende des für Touristen vorgesehenen Pfades.
Ich hatte von Sheik Muosa (Scheich Moses) die Erlaubnis, darüber hinauszugehen. Also stand ich unter seinem Schutz, und wollte sein Vertrauen nicht missbrauchen.

Ich machte mir Gedanken, wie die wunderbaren Gärten durch einen sanften Tourismus erhalten werden könnten und wie der alte Oasenwächter Schpeijl als „appledoctor" mit seinem Clan mehr davon profitieren könnte.

Denn mitten in dieser Hochgebirgswüste gediehen prächtige Äpfel. Äpfel brauchten dazu Schnee und Winterkälte, beides gab es hier. Denn ohne Winterkälte blüht ein Apfelbaum nicht. Ähnlich wie Karotten oder Kohl, gehört er zu den Pflanzen, die kalte Wintertemperaturen brauchen, um im Frühjahr ihre Blüten zu entfalten. Versuche, in südlicheren Gefilden Äpfel zu züchten, sind unter anderem deshalb immer fehlgeschlagen.
Amerikanische und englische Wissenschaftler haben inzwischen sogar den „Schalter" identifiziert, der es den Pflanzen möglich macht, so genau zwischen warmen und kalten Wintern zu unterscheiden, las ich in einer ökologischen Zeitschrift.

5.1. Das zukünftige MännerQuestgebiet

Wir waren im Hochgebirgscanyon unterhalb der Mutter Salbeihochebene angekommen und machten Rast. Hans und ich fühlten uns, als wären wir in Colorado oder in New Mexiko. Die roten, geschwungen Felsen bildeten die reinste Karl-May-Kulisse.

Der Kamelführer besorgte wieder einmal das wurzelige Holzzeug und bereitete Teewasser vor.
Suliman, der Koch aber, suchte länger in der Gegend herum und kam nach einiger Zeit mit einem Eselsköttel zurück.
Diesen brühte er, so wie er war, im heißen Wasser auf, trank die Flüssigkeit und erklärte, dies sei sehr gesund. Darin seien durch Enzyme aufgeschlossene Kräuter, die Substanzen enthielten, welche für den Menschen wichtig seien. Einmal im Monat solle man diese Mischung trinken.
Ich roch daran.
Sie war sehr gewöhnungsbedürftig. Ich nahm einen winzigen Schluck.
Dann stellte ich das Gläschen wieder ab.
Ich konnte das Getränk nicht trinken, während Hans begierig zugriff. Nach einem kurzen Blick zum Himmel, der fast wie ein Gebet aussah, nahm er einen guten Schluck. Lies ihn wirken, schmeckte nach wie bei einer Weinprobe und sagte zu meinem Erstaunen, „more!"
Die Beduinen lachten.
Suliman legte Wert darauf, zu betonen, dass in dieser Gegend keine Touristen auftauchen würden und die wilden Esel garantiert keine Überreste aus der Oase gefressen hätten, sondern nur ganz bestimmte Kräuter.
In den Augen mancher Stadtägypter sah dies wohl nach Kulturlosigkeit aus.
Aber war es das wirklich?
Ich hatte schon öfter von solcher Naturmedizin gehört, zum Beispiel bei den Samen in Nordschweden. Dort wurden die halbverdauten Flechten aus dem Magen des Rentiers als Spezialität gerühmt und als Suppe gegessen.
Sie waren sozusagen durch die Fermentierung im Magen für den Menschen genießbar geworden und galten als besonders heilsam.

Ich wusste auch vom Schleichkatzenkaffee, der in Hamburg pro Kilo für 500 Euro verkauft wird. Es war indonesischer Kaffee, dessen Kirschen vorher von Schleichkatzen gefressen und ausgeschieden wurden. Anschließend wurde die Kaffeekirsche nochmals einer besonderen Behandlung unterzogen.
Es soll der köstlichste Kaffee der Welt sein... .
Ich erinnerte mich auch an Rezepte von eingelegten Fliegenpilzen, die angeblich in Norditalien verspeist wurden.

Wir stiegen dann doch noch zur Hochebene hinauf und anschließend hinunter in ein kleines Seitenwadi, wo wir die Nacht unter freiem Himmel verbringen wollten. Wir waren jetzt vier Tage unterwegs und wollten dort
insgesamt zwei Tage bleiben.

Nun hatten wir uns am weitesten von St. Katharina entfernt und würden ab jetzt in einem großen Bogen über verschiedene kleine Oasen ins Beduinendorf und zum Scheich zurückkehren.
Der Kamelführer verließ uns noch vor Einsetzen der Dunkelheit. Er wollte aus einer anderen Oase Nachschub holen und frisches Flaschentrinkwasser aus dem Beduinendorf.
Am nächsten Morgen sei er wieder da.
Ich bewunderte, wie schnell der Koch (debach, طبخ) alles zurecht machte. Diesmal besorgte der Bergführer das Brennholz, da Mohammed schon losgegangen war.
Die Küche von Suliman war ein magischer Ort und Stück für Stück verriet er uns seine Geheimnisse.
Er hatte zwei Häuser, denn sein Bruder war irgendwann nach Kairo entschwunden.
Suliman war der dunkelste, fast schon afrikanisch aussehende, Beduine von den Dreien.
Die Gebelia als Europäer hatten sich ja vor über 1000 Jahren im Sinai mit Arabern und Afrikanern gemischt.
Sulimans sechs Kinder sahen entsprechend zum Teil eher arabisch-europäisch, arabisch-afrikanisch oder europäisch-afrikanisch aus. Seine Töchter Hamida (Bäumchen), zwölf 12 Jahre, und Achlem (Traum), zehn Jahre, hatte ich bei der Begrüßung und dem Verteilen der kleinen Gastgeschenke gesehen.
Sie waren noch unverschleiert, hatten also noch nicht ihre erste Menstruation gehabt. Sie sprachen etwas Englisch und wollten später, wenn sie älter wären, in einer Cafeteria, die Suliman plante, als Bedienung arbeiten.
Das war bisher im Beduinenstamm verboten. Aber Suliman hatte mir erzählt, dass sich irgendwann das Verschleierungsgebot lockern würde.
Beide Mädchen gingen in eine ägyptische Schule in St. Katharina.
In Schpeijls Clan der Awlad Said sah das noch etwas anders aus. Er wohnte weiter draußen. Seine Kinder und Enkelkinder arbeiteten in den Gärten und bauten zusätzlich die besonderen „Heilpflanzen" an. Die Mädchen waren als Schaf- und Ziegenhirtinnen unterwegs.

Suliman zeigte auf seine Schultern und prahlte heiter damit, dass er ein fünf Sterne Koch sei, wie Saddala übersetzte. Er sei in seinem Leben bisher fünf mal von Skorpionen gestochen worden.
Das sei zwar sehr schmerzhaft, aber hier oben nicht so gefährlich, wie unten in den heißen Wadis. Je heißer, desto giftiger – das war die Regel bei Schlangenbissen und Skorpionstichen.
Seine Töchter Hamida und Achlem hatte er vor dem Abstillen gegen Skorpionstiche geimpft. Er hatte einen spezifischen Skorpion gefangen, getötet und dann auf einer Nadel am Feuer geröstet.
Dann zerrieben, mit Kaffepulver gemischt und den Kindern eingeflößt. Damit war der Stich für die Kleinkinder weniger gefährlich.

„Ja, er weiß viel", pflichtete Bergführer Saddala bei, „aber manchmal gibt er den Touristen auch das falsche Mittel. Er verwechselt manchmal die getrockneten Blätter des Abführmittels mit den Blättern des Verstopfungsmittels".
Suliman fuhr unberührt in seiner Demonstration fort, er verstand nicht so viel Englisch, dass ihn dieser Einwurf hätte irritieren können und zeigte uns falschen Salbei, der giftig für die Augen sei. Mit ein wenig Aufmerksamkeit könne man allerdings leicht den echten Salbei erkennen.
Dann zeigte er uns ein Wolfsmilchkraut, das Blutungen stoppen sollte.

Je später der Abend wurde, um so mehr Geschichten traten aus ihm, dem Heiler und Magier der Küche, hervor.
Zum Beispiel die von Schlangen, die ganz leise wie eine Ziege meckerten.
Wir sollten uns umschauen, wenn wir dieses Ziegenmeckern hörten.
Das war natürlich eine erfundene Geschichte. Entferntes Ziegenmeckern hörte man in dieser Hochgebirgswüste immer wieder und in der Regel stammte es von entfernten Ziegen... Die Geschichte sollte uns wohl ein wenig Angst machen.

Dann verbrannte er zum Schluss seiner Ausführungen noch etwas Buschiges, das an den Geruch von Myrrhe erinnerte und gab uns mit bedeutungsschwerer Miene einige Weihrauchkörner, die er aus dem Klostershop (Coffeeshop) auf dem Mosesberg hatte.

Ich war schon fast bereit, ihm ein Zwischenbakschisch zu geben, wollte aber warten, bis am nächsten Morgen der Kameltreiber wieder zurück war, damit es keine Missverständnisse gab.
Suliman hatte wirklich etwas von diesem Archetypen des Magiers, der hinter die Dinge sehen kann.
Während seiner Erzählung kam mir hinsichtlich unserer drei Beduinenhelfer das Bild der Heiligen Drei Könige in den Sinn.

Ich schaute in den Sternenhimmel, sah den Großen Wagen, der auch Großer Bär genannt wird und sich um den Polarstern dreht.

Sternbilder, ein Teil uralter, okkulter Lehren, wie oben so unten, Makrokosmos wie Mikrokosmos, kosmische Harmonie, Geflecht aus Schönheit, Schmerzen, Grausamkeit und heilendem Sinn, alles Teil eines kosmischen Liedes.
I am the weaver, I am the woven one... Ich bin der Weber, ich bin der Gewobene.

Die MännerQuester, die einmal hierher kommen sollen, was sind sie?
Symboldeuter, Gottsucher und Gottfinder?

Sehen sie auch Verborgenes und kosmische Zusammenhänge?

Sind sie auf dem Weg des Wagnisses und der Hoffnung?

Sie kommen in die Wüste, wie einst die Gebelia aus Europa kamen, und werden eine wahre Heldenreise unternehmen.

Vielleicht werden nur einige die Wirklichkeit der Schöpfung erkennen und müssen doch gleichzeitig das Kleine, Unscheinbare, Unfertige achten. Darin ist das Göttliche verborgen. Jeder Mensch trägt ein instinktives Wissen darum im Herzen.
Jeder kann seinem Stern und seiner Vision folgen.
Wer kommt schon als fertiger Athlet des Spirituellen auf die Welt oder als imposanter Gottesrecke, Titan des Glaubens. Gott selbst kam ja auch in der Gestalt eines Kindes in die Welt, zumindest im Christentum.
Das Göttliche zeigt sich als das, das wird.
Wir brauchen Gott, Gott braucht uns.

Oft sind wir mangelleidende Gotteskonsumierer – gib mir dies, gib mir das!
Aber Gott oder Allah oder Manitu oder der Große Geist braucht unsere Geschenke, um zu wachsen und sich zu entfalten. Dadurch werden wir erst wirklich groß und satt und heilig.
Die entscheidende Frage ist nicht, ob der erlösende Gott auf die Welt kommt, sondern wie die Menschen ihm begegnen. Gott ist überall und immer gegenwärtig.
Doch er ist uns so nah oder so fern, wie wir es ihm gegenüber sind.

Und für die, die das Göttliche erkannt haben und ihm folgen, gibt es keine Religionsgrenzen, nur Berührungspunkte, nur Geschenke und Aufgaben miteinander zu teilen. Die Gemeinschaft der Heiligen verläuft quer durch die Religionszugehörigkeiten.
Gottes Haus hat viele Wohnungen.

Für mich war klar, dass ich hier oben „mein" Questgebiet gefunden hatte.
Dann schlief ich selig ein.

5.2. Kamelgeschichten und andere Erzählungen

Wiedereinmal weckte mich der beissende Eseldungfeuerrauch, aber auch die Unruhe um den ankommenden Mohammed mit seinem Kamel, das Wasserkisten und Proviant mitbrachte.

Nach dem Frühstück gab ich allen Beduinen ein gutes Zwischenbakschisch in Form von ägyptischen Pfund und noch gut erhaltenen Bergschuhen, die Hans und ich extra aus Deutschland mitgebracht hatten.
Unsere drei Helfer waren danach noch besser gelaunt als sonst. Sie hatten trotz aller Strenge etwas Kindliches und Natürliches. Sofort zauberte der Koch eine Extra-Portion Kekse aus seinem Proviantsack.
Da wurden Hans und ich auch wieder zu Kindern.

Der Kamelmann Mohammed, ein herzensguter Schelm, der mit seinem Kamel gut umging, hatte natürlich von der Erzählrunde am Vorabend gehört. So durften wir nicht losziehen, bevor er uns nicht auch etwas über sein Wissen und Können erzählt hatte.
Da war von gekochtem Wüstenfuchs die Rede, der kranken Kamelen eingeflößt wurde, damit sie sich hinten und vorne entleeren mussten, oder von dubiosen Zahnarztpraktiken, die folgendermaßen abliefen:
Zuerst bekam ein Kamel eine Handvoll Salz in den Rachen geworfen, damit es nach Luft schnappte und das Maul aufriss. Dann wurde ein zuvor aus Asche und verbranntem Plastikseil hergestelltes Plombengemisch in den faulen Zahn geschmiert.
Und so weiter und so weiter.

Mohammed berichtete, dass das Auge des Kamels den Kamelführer im Sommer, Allah sei Dank, weitaus größer wahrnimmt als in der Winterzeit, in der es brünstig ist. Mohammed rollte dabei sein Auge so nach hinten, dass der weiße Augapfel vor dem rotem Hintergrund hervortrat.
Aber jetzt sei Oktober und noch nicht Winter. Die männlichen und weiblichen Kamele würden erst später in verschiedene, tiefer gelegene kleine Täler und, entsprechend den Zuchtgesetzen, gemäß ihrer Paarungsnummer, verteilt.
Die Kamele hätten insgesamt sechs Merkmalnummern. So sollte sich Kamel Nummer eins mit Kamel Nummer sechs paaren. Ein Einserkamel war ein eher zierliches Tier, Nummer sechs „very strong“.
Dadurch käme es nicht zu Überzüchtungen. Nummer zwei kam mit fünf zusammen oder umgekehrt. Nummer drei mit vier. Die Summe musste immer sieben ergeben.
Die Kamelzucht selbst wurde von der ägyptischen Verwaltung finanziell unterstützt.

Die Kamelfesttradition, bei der ein junges Kamel geschlachtet und dann verspeist wurde, Mohammed machte das übliche Handzeichen für „Kehle durchschneiden“, sei bedauerlicherweise in der Besatzungszeit der Israelis verlorengegangen.

Obwohl die Zeit der Besatzung besser gewesen sei als die jetzige, hätten die Israelis damals leider Ansammlungen von über 100 Personen verboten.

Hans, der auch schweigsam sein konnte, wollte mir plötzlich auch noch etwas erzählen, bevor wir losgingen.
Er hatte leuchtende Augen.
Er hatte seinen Bruder umgebracht, im Traum.
„Wenn ich sonst träume, vergesse ich ganze Passagen", sagte er „oder kann mich überhaupt nicht mehr an den Traum erinnern; dieser jedoch ist in voller Länge und Deutlichkeit geblieben:

> *Ich habe meinen Bruder ertränkt und hatte sogar Spaß daran. Dies war mir so peinlich, dass ich lange mit mir gerungen habe, ob ich den Traum überhaupt erzählen sollte.*
> *Der Bruder ist ein Teil meiner Selbst, der Bruder „Neid".*
> *Mein Leben lang war ich neidisch auf andere, die natürlich etwas hatten das ich meinte, nicht zu haben: interessante Eigenschaften, Erfolg, bessere Eltern, Beliebtheit, Anerkennung, Eingebundheit in eine Großfamilie, Zufriedenheit und Glücklichsein, usw.*
> *Aus einer Art chronischen Mangels entstand bei mir Neid und demzufolge Gier: Das und das will ich auch haben! Wenn ich es aber ansatzweise hatte, wollte ich sofort mehr oder es unbedingt behalten.*
> *Ich konnte nicht genießen und fühlte mich wieder einmal als ganze Person verloren, unzufrieden, unglücklich, betrogen.*
> *Der zweite Aspekt des Traumes war, dass ich Spaß daran hatte, zu töten.*
> *Wie kann man denn nur Spaß am Töten haben?*
> *Dies ist höchst unmoralisch und überdies strafbar!*
> *Zum Glück waren es nur Trauminhalte.*
> *In diesem Fall war es lustvolle Aggresion.*
> *Die Agression als wesentlicher Bestandteil von mir, und dann auch noch lustvoll?*
> *Von mir in dieser Deutlichkeit meist kontrolliert und vermieden!*
> *Aggression habe ich sehr oft nur als etwas Negatives, Gewaltsames und Zerstörerisches erlebt."*

Hans strahlte mich befreit an.
Er konnte zwei Aspekte von sich selbst, Neid und Aggression bewusster wahrnehmen und annehmen.
Er schaute sinnend hinaus auf die Hochebene Mutter Salbei.

Für ihn stand fest, dass er sobald wie möglich alleine in diese Wüste wolle, mindestens für einen halben Tag. Eine Medizinwanderung machen und ein Ritual durchführen, in dem er seinen „Bruder" beerdigen wolle.

Wir zogen weiter.
Kamen an alten verlassenen, durch das Wetter verwitterten Oasen vorbei, kletterten immer tiefer hinunter ins Wadi Schel.

Es wurde heißer.
Unterwegs fanden wir Patronenreste von Jagden der Israelis und Ägyptern, die hier die letzten Steinböcke ausgerottet hatten.

Die umrandenden Mauern der kleinen Gärten, auf die wir trafen, waren teilweise von Eseln mit einem Ganzkörpersprung weggerammt worden und eingestürzt.
Die unterirdischen Wasseradern der Gärten hatten sich im Laufe der Zeit verschoben, waren durch Erdrutsche zusammengebrochen oder erhielten zu wenig Nachschub, weil weiter oben jemand das Wasser gänzlich abgepumpt hatte.
Teilweise mäanderte das Wasser im Sinai 100 Kilometer weit unterirdisch, bevor es dann in kleinen Rinnsaalen zu Tage trat.
Die kleinen Oasen waren vor ca. 80 Jahren entstanden. Es brauchte oft 15 Jahre, bis sie wirklich einen Ertrag brachten. Die Blüte einer Oase war mit 50 bis 70 Jahren. Danach „starb“ sie.
Dafür wuchsen woanders Bäume und Sträucher, die dann neu und mühselig mit Steinmauern geschützt wurden.

Viele Beduinen hatten Nierenleiden, da das Wasser keine gute Mineralstoffzusammensetzung hatte. Außerdem wanderten viele junge Beduinen in die fest gemauerten und komfortableren Beduinensiedlungen im Dorf ab. Sie bewirtschafteten dann von dort aus im Frühjahr, Sommer und Herbst teilweise die Gärten, während sie den strengen, bis Minus fünf Grad kalten, Schneewinter in St. Katharina verbrachten.

Nur ganz wenige Beduinen harrten noch in der Winterzeit hier draußen aus und blieben in der Oase wohnen.

Die eine oder andere Oase wurde mit Hilfe von kleineren, wohlgesonnenen Reiseunternehmen in Stand gehalten.

Wir erreichten das Kerngebiet des Gebeliastammes, und der Bergführer zeigte uns die Oase, in der er geboren worden war und die Oasen seines Clans.
Außerhalb der Gärten gab es viele gefährliche, halb ausgeschachtete, ehemalige Brunnenlöcher. Hier hatten die Beduinen sehnsuchtsvoll nach Wasser gegraben. Mit Hilfe von Eseln und Dromedaren Korb um Korb Erde und Stein nach oben geholt. Oft umsonst.

Ein zerfetzter Falke hing im Stacheldraht einer Mauer, die die Oase gegen die wilden Esel schützen sollte. Er hatte die Kurve nicht gekriegt.
Die Schatten der Wüste wurden mir deutlicher.
Hier machte Hans seine kleine Probequest in Form einer halbtägigen Medizinwanderung.

5.3. Probequest

Hans berichtete von der Probequest:
„Nachdem ich meinen Tagesrucksack vervollständigt hatte, ging ich über die rituelle Schwelle, innerlich frei und klar.
Wo will ich lang?
Erstaunlich, wozu Menschen in dieser scheinbar kargen Gegend in der Lage sind, um sich eine Unterkunft, ein Zuhause wie eine kleine Steinburg zu schaffen.
Welche Burgen habe ich mir gebaut, um mich zu sichern und mir ein zu Hause zu geben?
Ich kam an einen Brunnen in einer kleinen Oase, in der dieser besondere Tabak angebaut wurde. Ich fragte mich, wie kann man nur Genussmittel anbauen, wenn Lebensmittel knapp sind?
In den Tagen unserer Wanderung zur Erforschung des Gebietes habe ich viele verschiedene Brunnen gesehen. In mir wuchs großer Respekt vor den Erbauern und deren Leistungen, und ich erkannte die Wichtigkeit der Brunnen, das Wassers als Lebensgrundlage und Lebenselexier.
Wie selbstverständlich verbrauche ich im Alltag mein Wasser und brauche dazu nur den Hahn aufzudrehen. Oft, wenn ich vor so einem Brunnen stand, dachte ich, zieh dir doch Wasser aus den Brunnen, ich will es schmecken.
Jedesmal jedoch schoss mir die Mahnung von Reinhold durch den Kopf, dass das Wasser hier anders ist und schlecht verträglich für unseren europäischen Magen; also habe ich es vernünftigerweise unterlassen.
Nun stand ich also wieder vor einem Brunnen und hatte Lust auf dieses Wasser.
Ich sagte mir, Hans, du hast Lust, verbiete sie dir nicht wieder, du musst ja nicht so gierig sein, bis dir schlecht wird. Dennoch blieb die Aufmerksamkeit, zu prüfen, welche Qualität das Wasser, hat und ich achtete auch darauf, nicht zu nah an den Brunnenrand zu treten, um nicht abzurutschen.
Ich ließ einen alten Plastikeimer am Seil herunter, zog ihn voller Wasser wieder nach oben, sah mir das Wasser an: Erstaunlich klar.
Ich schloss die Augen, setzte den Behälter an und trank ganz langsam, als ob ich eine besondere Köstlichkeit zu mir nehme. Das Wasser war angenehm kühl, erfrischend, wohlschmeckend, leicht mineralisch. Ich setzte den Behälter ab, holte lange und tief Luft durch die Nase und atmete genussvoll seufzend aus. Ich trank nicht viel von dem Wasser, aber das Gefühl der Erfüllung war riesig.
Ich war zufrieden und glücklich.
So gestärkt ging ich weiter.

*Ich interessierte mich für eine Geröllfeldschneise, die wieder in die Berge führte. Schwarze und weiße Fetzen von alten Plastiktüten hingen an den Ästen von Olivenbäumen. Aha, dachte ich, Zeichen des Magiers (Farbe Schwarz) und des Königs (Farbe Weiß).**

---

*Anmerkung: Um die männlichen Grundmuster in der Wüste besser nutzen können, habe ich diese mit den Farben schwarz, weiß, rot und gelb belegt, wie sie auch zum Teil dem indianischen Medizinrad entsprechen. Ich habe die vier Archetypen: Liebhaber, Magier, König und Innerer Krieger auch den vier Himmelsrichtungen zugeordnet (siehe ab Seite 40)

Der Weg in die Richtung der weißen Fetzen war versperrt, Stacheldraht und Bretter ließen es nicht zu, diesen Weg einzuschlagen. Obwohl er mich schon reizte, er führte auf eine weite flache Ebene. Da ich ein Sterberitual vorhatte, dachte ich, ist der Weg des Magiers eh der richtige. Und so ging ich den Geröllfeldpfad weiter.

Hier standen sehr alte Olivenbäume, knorrig, krumm, sie ließen sich nicht hin und her wiegen, so starr und fest standen sie; überhaupt sahen sie aus, als ob sie bald stürben. An der Rinde des Stammes hatten sich krebsartige Verwachsungen gebildet, die ich sonst an anderen Olivenbäumen nicht bemerkt habe. Irgendwie sah das krank und abstoßend aus, die Formen wirkten auf mich wie ein Haufen Arschlöcher. Auf den vertrocknet erscheinenden Ästen wuchsen, dicht aneinandergedrängt, eine Unmenge von kleinen Austrieben.
Welche Chance haben sie zu wachsen?
Mein Gefühl schwankte zwischen Traurigkeit und Hoffnung.
Welche Chance hat Leben, wenn die Grundlage, der Ausgangspunkt, die Vorgabe schon gestört oder krank ist?
Ohne Antwort ging ich weiter. Überall Knochen von toten Eseln, schroffe Felsen und gebrochene, kantige Steine. Mir wurde unheimlich und mulmig.
Ist das der richtige Weg für mich?
Ich ging weiter in der Hoffnung, hinter der nächsten Biegung würde sich etwas ändern.
Was eigentlich?
Ich ging weiter, immer weiter und immer dasselbe: fast tote Bäume, Eselsknochen, Geröll, auf dem es sich unsicher lief. Wieder in der Hoffnung, es würde besser werden. Aber hinter jeder Biegung der gleiche Anblick und so langsam stieg in mir das Gefühl auf, wurde zur Gewissheit, dass meine Hoffnung bzw. meine Erwartung sich hier nicht erfüllen werden, dass sich nichts ändern wird, wenn ich nichts verändere.

Warum halte ich trotzdem daran fest und verlasse diesen steinigen Pfad nicht?
Genau, das kenne ich zur Genüge, höre nicht auf meine innere Stimme und mache starrköpfig weiter mit dem, was ich mir in den Kopf gesetzt habe, will nicht loslassen.
Also gut, sagte ich mir, eine Biegung gehe ich noch. Und ich wusste genau, das bringt nichts.
So war es dann auch.
Mir fiel es schwer, einzugestehen, dies ist nicht der richtige Weg.
Ich kehrte um mit dem Gefühl, vielleicht etwas verpasst oder gar versagt zu haben; dennoch auch froh.
Das Sterberitual wollte ich dann auch nicht mehr durchführen.
Ich marschierte zurück zu der Stelle mit den weißen Fetzen (Königsarchetyp).
Sollte dies der Weg sein, zumal er versperrt war?
Also verboten!?

Dennoch reizt es mich erneut, diesen Weg zu gehen.
Reizt er mich, weil er verboten scheint?
Nein, er reizt mich, weil ich neugierig bin und weil ich einen inneren Sog spüre.
Die Verbote sind im Kopf, kommen aus einem moralischen Über-Ich. Das Verbot lautete bisher, höre nicht auf Deine innere Stimme und verlasse dich nicht auf dein Gefühl oder Gespür.
Die Verbote kommen von irgendwo her. Vielleicht von meinem inneren Moses, der mich aber beinahe in eine Falle geführt hätte.

Ich dachte an lustvolle Aggression.
Was ich beim ersten Mal nicht sah, war, das ich gut an den Absperrungen vorbeikam, ohne gleich gewaltsam das Hindernis zerstören zu müssen.
Typisch Hans, wenn ich mich nicht traue, ziehe ich mich zurück oder denke, ich muss gewaltsam vorgehen, nur um meine Unsicherheit nicht zu spüren.

Ich war erstaunt, wie leicht ich die Abperrung bewältigte, brauchte nur zwei Bretter beiseite zu schieben. Hinter mir zog ich die Bretter wieder zu, sie dienten als Eselssperre. Haha! Und mir als Spiegel.
Ich „verabschiedete" mich von der Schneise und bedankte mich.
Mich ein wenig selbst belächelnd ging ich weiter und sinnierte noch eine Weile über Absperrungen, Verbote, Hindernisse, Versagungen, Wünsche, Hoffnungen und woraus sich das bei mir so entwickelt hat, frei nach dem Motto: als Kind anerzogen bekommen und als Erwachsener übernommen und unbewusst weitergeführt, ohne es so gewollt zu haben, schließlich wollte ich so einiges anders und vor allem besser machen.

Die Gegend, in der ich nun unterwegs war, wirkte freundlich und ich spürte, wie frei ich jetzt atmen konnte.
Hier war Weite!
Die Felsen mit ihren riesigen Rundungen lagen weit verstreut, und ich konnte sicher und fest gehen. Kein Vergleich zu der Geröllschneise vorher.
Nach einer Weile des Gehens kam ich auf einen großen flachen Felsen zu.
Plötzlich huschte ein Gecko vor mir auf den Stein.
Ich ging näher heran, um ihn besser betrachten zu können. Man sieht hier ja selten Lebewesen.
Der Gecko huschte weiter.
Ich ging wieder näher heran. Dieses Spielchen wiederholte sich einige Male und ich musste darüber lachen, ein Spiel wie in der Kindheit, als wir Einkriegen gespielt haben.
Dann verschwandt er unter einem Stein. Ich versuchte, ihn mit Wasser hervorzulocken, ohne Erfolg.

Vielleicht wollte er mich lediglich an diesen Ort führen?
Ich stand auf der Felsplatte, hatte einen guten Überblick über die Gegend, atmete tief durch; ein wahrhaft königlicher Platz.

Bei meinen Betrachtungen entdeckte ich seltsame Muster an den Felsen, auch an dem Platz, auf dem ich stand, so als ob jemand mit der Spraydose große, schwarzumrandete Quadrate gezeichnet hat. Sowas hatte ich vorher noch nie gesehen, seltsam.
Die Quadrate auf der Felsplatte waren angeordnet wie ein Hopsspiel aus der Kindheit, das wir Himmel und Erde genannt haben. Spontan spürte ich den Drang, genau das auch zu tun, jetzt.
Peng!!
Da waren sie wieder, die alten Geister!
Wenn das einer sieht, der denkt, ich spinne!
Darf ein König, ein Erwachsener das?
Tu lieber was Vernünftiges, würde meine Mutter sagen. Aber inzwischen bin ich ja etwas schlauer, vernünftiger geworden und fing an zu hopsen. Erst zögerlich, mich immer noch umblickend und selbst nicht glaubend, was ich da gerade tat. Ich begann zu juchzen und zu lachen und den Kopf zu schütteln.

In circa 20 Metern Entfernung entdeckte ich in einer Hopspause ein Felsgebilde, das meine Aufmerksamkeit anzog.
Das sah wie zwei überdimensionale Brüste aus. Hm, und nun?
Ich ging hin, berührte sie vorsichtig und wieder: „Wenn das einer sieht"? und kletterte auf eine rauf und setzte mich.
Welch ein Thron, erstaunlich!
Ich lehnte mich zurück und blickte in die Umgebung. Dabei hatte ich ein angenehmes Gefühl von Geborgenheit – hier konnte mir niemand etwas anhaben – am Busen der Natur.
Mir kamen die Tränen.
Ich begann, mit kleinen Steinen zu werfen. Erst ziellos, dann auf einen Felsen, einige Meter vor meinem Busenthron.
Mit der Zeit merkte ich, dass aus meiner Lust am Zielwerfen gezielte Wut wurde. Die kleinen Steine waren alle. Ich stieg hinab, nahm umherliegende Steine und drosch sie mit aller Wucht auf diesen Wutfelsen. Immer und immer wieder schrie ich „ihr verdammten Arschlöcher."
Die Steine waren inzwischen so groß, dass ich sie gerade noch heben und werfen konnte. Durch die Wucht zersprangen sie beim Aufprall nach allen Seiten. Mit Genuss und einer Art Genugtuung nahm ich das Ganze wahr.
So viel Spaß wie das machte, so erschrocken war ich auch über meine Wut.
Am liebsten würde ich schier endlos weitermachen wollen; jedoch meine Kräfte ließen nach und mir fiel ein, pünktlich zum Essen zurück sein zu müssen, sonst gibt es Ärger.
Ist das jetzt wieder so eine innere Moral- und Eselsabsperrung, bloß weil ich gerade so schön wütend war?
Ich sinnierte über Lust und Pflicht, Spiel und Verantwortung, Ungebundenheit und Verbindlichkeit, Freiheit und Notwendigkeit, die Pflicht zur Lust, Verantwortung für Lust … .

Ich verabschiedete mich von diesem wahrhaft spielerischen und königlichen Ort, bedankte und verneigte mich und goss etwas Wasser über diesen Platz. Ich hatte tatsächlich die Absicht, zurückzugehen und verspürte den Wunsch, von meinen Erlebnissen erzählen.
Oder soll ich einiges nicht erzählen?
Was würden die denken?

Erstaunlich viele weiße Steine mit kleinen roten Einschlüssen gab es hier noch. Spontan entschloss ich mich, solche Steine als Geschenk mit nach Hause zu nehmen.

Der Rückweg führte an einer verlassenen, aber noch intaktem Oase mit kleinem Steinhaus vorbei. Außerhalb der Oase lag Müll ohne Ende. Haus und Hof ausgeräumt und den Müll einfach ab über die Mauer. Das ärgerte mich mächtig, da ich die Wüste schätzen gelernt hatte.
Beim aufmerksameren Betrachten stellte ich fest: Haus und Hof sind aufgeräumt und gereinigt worden, und somit sofort bezugsfertig.
Berührt hat mich das Aufräumen und der neue Einzug.
Ich wollte in meiner Wohnung zu Hause auch mal aufräumen. Innerlich hatte ich ja schon ganz schön aufgeräumt.

Kurz vor der Rückkehr zu unserem Tageslager kam ich wieder am Brunnen vorbei. Ich stand vorsichtig am Brunnenrand und zog mir einen Eimer Wasser hoch. Klar, kühl und erfrischend schmeckte es. Auf einmal hatte ich den Impuls, mir den Eimer Wasser über den Kopf zu gießen. Diesmal gab es nur den Hauch des Zögerns und schon juchzte ich und schrie vor Vergnügen. Ich nahm meinen Rucksack, ging den direkten Weg zurück und hatte das Gefühl, ein bisschen „verrückt" im wahrsten Sinn des Wortes zu sein."

Wir blieben noch ein paar Tage, die wir ruhiger verbrachten, in der Gegend und gingen dann, vorbei an einer biblisch anmutenden Quelle mit Namen Ayn (Auge), in Richtung St. Katharina zurück.
Ein Rinnsaal tröpfelte aus einer darüberliegenden Spalte über einen herunterhängenden Binsenbusch in ein kleines gemauertes Becken.
Es war die klassische Stelle, an der Moses hätte mit seinem Stab an den Felsen schlagen können... „und es floss Wasser heraus".
Aber es floss ja hier sowieso heraus.
Es war schmuddelig geworden und deshalb nur noch für die Kamele genießbar.

Über den Passsattel, vorbei an der Leopardenfalle, stiegen wir dann wieder die steilen Serpentinen hinunter ins Dorf zurück.
Wir hatten das Questgebiet gefunden.
Uns war klar, dass wir die Oase des alten Awlad Said, Schpeijl, als Basislager für die Vorbereitung der MännerQuest nutzen wollten.
Anschließend hoch oben die Om Bardagousch-Ebene als Kerngebiet der MännerQuest.

Dort konnten wir die teilnehmenden Initianden vier Tage und vier Nächte aussetzen. Danach konnten sie wieder in den Paradiesgarten von Schpeijl zurückkehren und von ihrer Heldenreise erzählen.

Der Scheich und die Beduinen verstanden die Idee und freuten sich jetzt schon, dass wir im Mai nächsten Jahres wieder mit vielen Männern kämen. Die gleichen Beduinen würden uns dann begleiten, ergänzt durch einige Kameltreiber mit ihren Lasttieren.

Bevor wir ins Minitaxi nach Scharm el Sheik einstiegen, musste uns Saddala noch die Geschichte vom Wolf, vom Leoparden und vom Wüstenfuchs erzählen:
„Wolf, Leopard und Wüstenfuchs waren es leid, immer nur alleine und jede Woche in der Wüste zu jagen und zu fressen.
Also verabredeten sie eine Arbeitsteilung. Jede Woche sollte nur einer jagen. Die Beute sollte aber durch drei geteilt werden.
In der ersten Woche jagte der Wolf und brachte einen Esel mit. Sie waren alle drei zufrieden.
In der zweiten Woche brachte der Leopard eine Ziege. Wieder wurden sie alle satt.
In der dritten Woche brachte der Fuchs... ein kleines Wachtelhühnchen. Wolf und Leopard waren empört. „Wartet doch mal ab. Lasst uns alle drei nach Scharm el Sheik ans Rote Meer fahren".
Gesagt, getan!
Wolf und Leopard saßen am Strand in Scharm el Sheik. Der Fuchs nahm Anlauf und schleuderte das mickrige Hühnchen ins Wasser.
Wolf und Leopard schauten sich verdutzt an.
Der Fuchs listig: „Heute gibt es mal Hühnchensuppe"!

Hans und ich kehrten als als glückliche Expediteure und „Waschbären" (Initiationsmentoren) nach Deutschland zurück.

III. MännerQuest in der Hochgebirgswüste des Sinai

Es wurde ernst.
Ich lernte weiter Arabisch und fing sogar an, erste Buchstaben von rechts nach links zu schreiben.
Rechts nach links.
Vor vielen Jahren gab es in Ägypten eine Werbekampagne eines deutschen Pharmaunternehmens für ein bekanntes Kopfschmerzmittel. Aber in Kairo lachten die Leute.
Was war geschehen?
Der europäische Grafiker, der das Plakat herstellte, hatte vergessen, dass im arabischen Kulturraum von rechts nach links geschaut wird beim Lesen. Die Araber sahen also zuerst eine lächelnde Frau, dann eine Frau, die das Medikament zu sich nahm... dann aber eine Frau, die vor Kopfschmerzen aufstöhnte.

1. Teambildung mit Hilfe eines Medizinbeutels

Ich besorgte diesmal vorab schon kleine Gastgeschenke.
Auf einem Flohmarkt in Bremen entdeckte ich gut erhaltene Kinderschuhe für die malträtierten Kinderfüßchen der Beduinenkinder. Als ich den dunkelhäutigen Mann danach fragte, wusste er den Preis nicht, da sein Freund nebenan etwas anderes „vertickerte".
Er rief zu seinem Freund etwas Arabisches hinüber, das ungefähr „wie viel?" (kam - كم) bedeutete.
Sein Freund sagte: „wahid Yuro" - واحد يورو (ein Euro). Zu mir aber sagte er „etnen Youro" - اثنين يورو (zwei Euro).
Ich sagte zu ihm: „Dein Freund hat aber einen Euro gesagt!"
Er lachte lauthals auf und sagte: „Du sprichst Arabisch! Hier, Du kannst die Schuhe für einen Euro haben!"
Der andere Araber lachte auch.
Und ich dachte mir, was in den Zeiten der Globalisierung alles möglich ist.
Jetzt bringe ich billige Kinderschuhe eines arabischen Vaters von Europa in den Sinai.
Ich deckte mich auch mit kleinen Sonnencremetuben ein. Die Beduinen hatten manchmal ausgetrocknete Haut. Eine Freundin gab mir ein echtes Kurbelradio mit. Das würde dazu beitragen, dass nicht so viele alte Batterien entsorgt werden müssten. Ich hatte auch schon an einen Sonnenkollektor gedacht. Aber der würde nichts bringen. Das Benzin im arabischen Sinai war noch viel zu billig. Der Liter kostete 30 Cent.

Für Hamida und Achlem, die Kinder meines Koches, gab es Buntstifte und die Geschichte der Bremer Stadtmusikanten mit dem Esel an unterster Position in Englisch.
Für den alten Oasenwächter Schpeijl eine Säge.

Ich schrieb das Projekt als „MännerQuest in der Hochgebirgswüste Sinai" aus und hatte bald drei Männer gefunden.
Hans wollte unbedingt wieder mitkommen und fragte Kurt, der mit ihm in Schweden die Quest gemacht hatte und ein rebellierender Pfarrer im Ruhestand war.
Kurt veranstaltete Väter-Söhne-Projekte in Kooperation mit meinem Männerkreis und machte bei mir, wie Hans, die Fortbildung zum Mentor und Spezialcoach für Männer.
Mit einem Diakon und einem Pfarrer bewaffnet, da konnte ja nichts schief gehen im Heiligen Land, dachte ich mir!

Die Chemie zwischen uns stimmte auch jenseits formaler Absprachen, zuverlässiger Disziplin und Rollenzuweisungen, wer für was im Team zuständig war.

Kurt suchte seinen Weg nach dem Beruf und er suchte vor allem nach tieferen Lebensprinzipien als denen, die in seiner eigenen Kirche verkündet, aber nicht eingehalten wurden.
Er war gesellschaftlich sehr engagiert und in der Einzelfallseelsorge tätig gewesen. In den letzten Jahren hatte er dann die Männerarbeit für sich entdeckt.
Seine Fragen, die ihn vom Herzen her beschäftigten, waren:
Wie kann ich als „Ältester" Verantwortung über mich hinaus übernehmen?
Wie kann ich jeden Tag mit Bewusstheit leben?

Kurt hatte auch einen kleinen Hang, faule Kompromisse einzugehen, weil er es allen recht machen wollte.
Auch eine gewisse Müdigkeit machte ihm zu schaffen, die ihn oft durch die Tage treiben ließ, ohne Ziel und Bedeutung. Ebenso die Verdrängung der Tatsache, dass er den Herbst des Lebens erreicht hatte und sich mit Jüngeren in ihrer körperlichen Vitalität verglich.

Er wollte neue, kraftvolle Riten kennen lernen, um mit diesen Riten zu dienen. Ab und zu machte er manches Mal heimlich eine christliche Taufe an alten, heidnischen Quellen.
Am meisten aber war er daran interessiert, an einem Männernetzwerk mitzuarbeiten und seine Aufgabe als „Ältester" wahrnehmen zu können.

Sein Medizinname, den er in Nordschweden erhalten hatte, war „Kräftige Axt". Er hatte damals einen großen Baum mit viel Lust und guter Aggression gefällt.

Er erzählte damals:

> *„Ich habe auf den Baum eingehauen mit Ho und Hej..... ich habe mich nicht wiedererkannt. Ich war nackt mit der Axt. Ich habe nicht gedacht, dass ein Baum so schnell fällt. Ich habe Schmerz und Trauer gespürt, aber die Handlung nicht bedauert.*

Ich bin auf einen Berg gestiegen und hab gesungen. – ... Ich flieg um die Welt... ich war sicher ich kann fliegen... wenn ich jetzt springe ... stürze ich ab, das war aber kein Gegenbeweis, dass ich nicht fliegen kann.
Habe ein Schwemmholz gefunden, eine Maske. Die war fast fertig, mit Griff daran und zwei Augen. Ich dachte, da muss ein Mund rein, der wirklich was zu sagen hat, und nicht einer, der predigt und sich selbst nicht dran hält.
Ich bat die Geister, Tiere und Lebewesen vor Ort um Verzeihung,
gab meinen Söhnen den Segen, auch einem Freund und meiner Frau.
Im Sterbekreis hatte ich mein Moskitonetz vergessen und angesichts der furchtbar dämonischen Kriebelmücken gesagt, „Hoffentlich ist es bald vorbei“.... und es war bald vorbeigewesen.
Meine Kraft kriege ich nur von Männern.
Das Seewasser war ein Symbol für das Wasser des Lebens. Ich habe am Morgen einen Becher voll aus dem See getrunken.
Da saß ich nun mitten in der Waldwildnis Nordschwedens in meinem Steinkreis.
Trennung vollzogen und Schwelle überschritten, entkräftet durch das viertägige Fasten, hatte die ganze Nacht durchgewacht und immer wieder im Gebet um eine Vision gefleht.
Das Abendrot ging ins Morgenrot über, Zweifel und Anfechtungen überkamen mich.
Was, wenn gar nichts passiert?
War ich nicht ein Phantast, mich auf solch eine abenteuerliche Sache einzulassen?
Da plötzlich geschah es:
Der Wind in den Bäumen, das Knistern des Feuers in der Nacht und das Echo von meinem Herzschlag, das durch die Erde, auf der ich lag, verstärkt wurde, sprachen in einem vielstimmigen Chor zu mir:
„Du bist ein geliebter Sohn der Mutter Erde“.

Ein vorher nie erlebtes Gefühl von Frieden, Geborgenheit und Dankbarkeit erfüllte mich. Natürlich fielen mir als Pfarrer dann auch die Geschichten von der Taufe Jesu und von der Verklärung auf dem Berg Tabor ein. Aber es war das erste Mal in meinem Leben, dass ich von innen her verstanden habe, worum es bei diesen Geschichten geht.“

„Libelle“ Hans und „Kräftige Axt“ Kurt sollten also meine Assistenten bei der ersten MännerQuest im Hochgebirge der Wüste Sinai sein.

Wir drei stellten zusammen einen Medizinbeutel her. Er bestand aus einem großen Stück Leder, das zu einem Bündel zusammengebunden wurde.
Jeder legte einen für ihn persönlich bedeutungsvollen Gegenstand in das Bündel, der sein derzeitiges Thema oder ein zukünftiges repräsentierte. Der Medizinbeutel versinnbildlichte unseren geistigen Teamzusammenhalt.
Er war Ausdruck der Bereitschaft, etwas vom Eigenen ins Team zu geben. Wir fühlten uns dadurch enger und gleichberechtigter verbunden, obwohl ich die Führung übernahm.

Ich legte zerbrochene Eierschalen hinein, die ein geschlüpftes Birkhühnchen in einem schwedischen Wald hinterlassen hatte.
Sinnbild: Zerstörung und neues Leben.
Hans gab eines seiner kleinen rot-weißen Steinchen dazu, die er auf der Probequest im letzten Herbst gefunden hatte.
Sinnbild: Verbindung von Königsarchetyp (weiß) und Liebhaber (rot) auf seiner Arbeitsstelle als Stationsleiter stärken.
Kurt hatte ein Fläschlein Opiumöl dabei. Es stand für den körperlich sinnlich-ekstatischen Anteil des Religiösen, den er weiter festigen wollte.

2. Warum Männer in die Wüste müssen

Eine wichtige Station des Mannwerdens ist das Alleine-Ausgesetzt-Sein in der freien Natur. Ein erwachsener Mann sollte sich diesen Kräften gestellt haben, vor allem, um schließlich dem Weiblichen gegenüber unabhängiger und innerlich selbstverständlicher gegenübertreten zu können. In der Natur kann sich der Mann Kräften freiwillig „unterwerfen", die größer sind als er selbst.
Deshalb stehen die vierzig Tage, in denen sich Jesus der Wüste stellte, für die psychische und physische Herausforderung eines Mannes, der seine Reifung sucht zwischen guter Aggression und Hingabe.
„Jesus begegnet in der Wüste seiner eigenen Wahrheit. Jesus stößt in diesen Raum der Dämonen vor. Er stellt sich ihnen. Er macht sich mit ihnen vertraut und gewinnt Macht über sie. Jesus erlebte das wilde Tier in sich. Er läuft nicht davon, sondern versucht, sich mit dem Wilden und Tierhaften auszusöhnen. Zugleich erfährt er die Engel bei sich. Jeder Mann hat auch eine Engelseite. Die kann man genauso verdrängen. Wenn man jedoch nur die Engelseite sieht, ist man in Gefahr, seine Männlichkeit zu verlieren und sich auf einen spirituellen Weg zu begeben, auf dem man abhebt. Das tut der Seele nicht gut. Die frühen Mönche wussten um diese Gefahr. Ein Altvater rät, einen jungen Menschen, der auf seinem spirituellen Weg in den Himmel zu fliegen scheint, an der Ferse zu packen und auf die Erde zu stellen. Jesus verbindet in seiner Wüstenzeit beide Seiten in sich. Ausgesöhnt mit der Tierseite schaut Jesus Gott. Die Tiere stehen im Traum immer für die Weisheit des Instinktes, für das Triebhafte und für die Sexualität. Dieser ganze Bereich ist bei Jesus integriert. Er hindert ihn nicht an der Gottesschau, sondern ist gerade der Nährboden, auf dem die Spiritualität erwächst. Das Bild von den wilden Tieren und den Engeln besagt noch etwas anderes: Am gefährlichsten Ort auf Erden war Jesus sicher und geborgen. Jetzt konnte er überall hingehen. Jetzt konnte man ihn nicht mehr kaufen, einschüchtern, versuchen oder zähmen."[50] So Anselm Grün in seinem Männerbuch „Kämpfen und Lieben."

Wenn ein Mann durch die Erfahrung seiner eigenen Wahrheit das Göttliche erkennt und von ihm authentisch spricht, kann er Männern helfen, die von entfremdeten und manipulierten Gottesbildern beherrscht werden.
Heilen ist hier vor allem: Befreien von krankmachenden Lebensmustern und Vorstellungen von Gott und von der Welt.

2.1. Absicht des Initianden Gustav A.

Gustav war ein besonderer Mann und total erpicht darauf, mit mir in den Sinai zu kommen.
Er hatte seine guten Gründe, denn ich hatte ihn für eine MännerQuest in Nordschweden zwei Jahre zuvor abgelehnt.
Er war damals noch „nasser" Alkoholiker und hatte mir ziemlich wirre Briefe geschrieben.
Er bezeichnete darin seinen Vater als schwach und depressiv. In einem persönlichen Telefonat hatte er mir gesagt, dass er nicht sein wolle wie sein Vater und ziemlich empfindlich sei gegen Autoritäten. Er selbst aber soff damals ziemlich viel Alkohol und konnte damit überhaupt nicht umgehen.
Sein genaues Thema war: Abhängigkeit und Freiheit.
Das Thema vieler Männer, die zwischen diesen beiden Polen keine Brücke ohne Feuer-Wasser bauen konnten.

Ich hatte ihm darauf geantwortet, dass in Nordschweden die Situation auftreten könne, dass wir zusammen mit der gesamten Männergruppe auf einem stürmischen See mit Kanus in Not geraten und ich dann Sicherheitsanweisungen geben müsse, die – wie auf einem Schiff – nicht diskutierbar waren. Gustav hatte auf diese Ankündigung hin lange gezögert und mir nicht das Signal gegeben, dass er meine fachliche Autorität akzeptieren würde.
Vielleicht vermutete er auch eine kleine Falle, die ich ihm gerade am Telefon stellen wollte, ob er selbstbewusst und männlich genug wäre, mir zu widersprechen.
Wie gesagt, er war damals ziemlich verwirrt.
Als ich ihn abgelehnt hatte, überwies er mir, wahrscheinlich immer noch leicht im Tran, hundert Euro und bedankte sich für meine klare Entscheidung, ihn nicht mitzunehmen.
Es sei das erste kraftvolle „Nein" eines Mannes gewesen, den er akzeptieren konnte.

Bei der Vorbereitung zur MännerQuest in der Wüste fragte er mich nun natürlich, was der Unterschied zu Schweden sei.
Ich beschrieb ihm die Hochgebirgswüste Sinai von der Landschaft und Kultur her als fremder als das uns vertrautere, nördliche Schweden mit seinen mittleren Höhenzügen.
Während in Schweden die Gruppe enger aufeinander angewiesen war, konnte hier andererseits auch jemand in der Oase bleiben, nach St. Katharina oder sogar nach Scharm el Sheik zurückgebracht werden.

Dies war in Nordschweden nicht so leicht möglich.
Dort bedeutete das eine umständliche und fast nicht zu bewältigende Aufgabe.
Wie sollte ich dort jemanden in die Zivilisation zurückbringen?
Erst vierzehn Tage später trafen wir alle gemeinsam wieder am Ende eines langen Sees auf den wartenden Landrover.
Es war in Schweden nicht so leicht, jemanden zurücklassen wie im Sinai, wo ich ihn in die Obhut eines Beduinen geben konnte.
Nordschweden war sowieso anders.
Dort mussten die Männer mehr ihre muskuläre Körperkraft beim Kanufahren einsetzen. Sie mussten Regen und Sturm trotzen und sich am Feuer trocken halten können. Sie brauchten auf jeden Fall ein wasserdichtes kleines Zelt gegen aufkommende, gefährliche Moskitoschwärme oder gegen Kälte.
Beim Fasten geht die gefühlte Temperatur nochmals um einige Grad herunter. Man musste mehr Nahrung zu sich nehmen in der Wildmark Nordschwedens.

Im Sinai verlangsamte sich dagegen der Körperrhythmus.
Man bewegte sich bedächtig. In der Wüste war es leichter, sich in einen träumerischen Status fallen zu lassen, der ganz dem einzelnen Individuum angepasst war. Es war nachts auch ohne Zelt auszuhalten. Drei bis vier Liter Wasser mussten am Tag getrunken werden. Wir wurden von den Beduinen gut versorgt.

In Schweden dagegen baute ich mit meinem Team und den Teilnehmern ein eigenes Basislager auf. Jeden Tag mussten die Quester über den See herüber ins Basislager paddeln.

Hier bei den Beduinen waren wir in der Vorbereitung und Nachbereitung alle zusammen in der schattigen Oase. Die Männer würden in der Vorbereitung mit ihrem kleinen Tagesrucksack aus dem schützenden Garten hinausgehen. Während des Fastenrituals mussten sie allerdings ihre sechzehn Liter Wasser plus ihr gesamtes Gepäck mit Schlafsack und herbstlicher Schutzkleidung gegen die Nachtkälte mitnehmen. Es waren lange Fußwege angesagt in groben Bergstiefeln.
In Schweden wanderten wir kaum und hatten meistens Gummistiefel an.

Natürlich rief auch der Genius loci andere Geister und Träume, andere Informationen hervor.
Im Grunde war die MännerQuest aber gleich.
Es ging um den Bezug zu der zugleich grausamen und faszinierenden Schöpfung (Faszinosum et Tremendum), um Achtsamkeit im Inneren und Äußeren, um Aggression im guten Sinn, um Hingabe und um die Kraft der vier Archetypen.

Natürlich wurde in Schweden der äußere „Krieger“ und „König“ mehr gebraucht als im Sinai.

In sternklaren oder mondhellen Nächten tauchten in der Wüste magische Schatten aus der Natur und aus dem eigenen Inneren auf.
Während der Mittsommernacht in Nordschweden verließ die Männer das orientierende Zeitgefühl. Sie fielen aus der Zeit heraus und mussten sich auf ihr nichtlineares, inneres Zeitgefühl verlassen.
In der Wüste waren die zwölf Stunden Tag und zwölf Stunden Nacht durch Sonnenaufgang und Sonnenuntergang vorprogrammiert.
Dennoch verschätzte man sich enorm, wenn die Sonne stundenlang gleißend weiß am gleichen Fleck zu stehen schien. Nachts konnte man sich, wenn es nicht zu mondhell war, an der Bewegung des Großen Bären, der sich um den Polarstern dreht, fast stundengenau orientieren.
In meiner ersten Wüstennacht war ich deswegen aber auch verwirrt, weil ich mich beim Schlafen gedreht hatte und in meiner Schlaftrunkenheit auch nicht mehr wusste, wieviel Uhr es war.

Schließlich nahm ich drei Initianden mit. Wir im Team waren drei, dazu sollten noch drei Beduinen kommen. Eine kleine feine Männergruppe.

Gustav teilte mir in seiner Absichtserklärung für die initiatische Reise in den Sinai in seinem besonderen, witzig-ironischen Stil, der mit querlogischem Verstand gewürzt war, unter anderem Folgendes mit:

> *In meinem sechsundvierzigsten Jahr befinde ich mich nun, als Lebewesen, Säugetier, Mensch und mittlerweile – auch – Mann, hier auf der Erde und den Großteil dieser Zeit habe ich – quasi selbstbestimmt – in Unfreiheit verbracht. Zuerst war ich – ganz natürlich – abhängig von meinen Eltern, später hielt ich mich – ganz unnatürlich – an anderen Abhängigkeiten fest.*
>
> *Vor mir selbst sehr lange verheimlicht, versuchte ich unter anderem mit dem Ver-/Missbrauch großer Mengen Alkohol, Zigaretten und auch dem unachtsamen, verschwenderischem Konsum anderer Güter und einer merkwürdigen, selbstbezogenen, scheinbar aufopfernden Art und Weise, und nur mit mir selbst beschäftigten, uferlosen Denken, sowie ziel- und maßlosen körperlichen Dauerläufen (einmal hundert Kilometer) mein sehr großes, tiefes Verlangen nach Abhängigkeit, meine letztlich unstillbare Gier zu befriedigen.*
> *Zu diesen von mir ganz und gar gelebten Mustern gehörte es „ganz selbstverständlich" mich als Opfer zu betrachten.*
> *Nur äußerst selten und wenn überhaupt, dann allenfalls flüchtig, kam mir in den Sinn, das ich „Täter" dieses Lebens bin.*
> *Seit circa zwanzig Jahren nehme ich, anfangs äußerst sporadisch und mit großer Angst, zuletzt des Öfteren mit immer mehr Zutrauen (trotz gelegentlicher Rückfälle mit/in Angst) Kontakt zur Unabhängigkeit auf.*

So kann ich seit einiger Zeit vom Saufen und schon etwas länger vom Rauchen lassen. Meine letzte Paarbeziehung endete vor zwei Monaten.
Beruflich stehe ich seit vier Monaten in einer für mich ungewohnten, sehr selbständigen Aufgabe und seit einem Schwitzhüttenritual findet auch mein Denken zunehmend angemessen Raum.

Trotz meines mittlerweile wesentlich unabhängigeren Verhaltens spüre ich doch die enorme Tiefe meiner Abhängigkeit, wird mir das große Ausmaß meiner Sucht zunehmend bewusst (selbst die Freiheit suchte ich süchtig).
Das süchtige Leben möchte ich loslassen, mich davon verabschieden, es zurücklassen. Ich möchte diese Art der Angst, diese unstillbare Gier, dieses von ständigen Wiederholen bestimmte Leben hinter mir lassen.

Ich suche das Ende der Suche, möchte mein Leben künftig freudig in seiner Gesamtheit – eben nicht nur intellektuell, sondern mit allen mir zur Verfügung stehenden Möglichkeiten, auch denen die da vielleicht noch wachsen mögen – praktisch probierend erforschen. Ich möchte mich „auf-machen" in die/meine Mitwelt, offen, entschlossen und achtsam auf dieser Erde ein/mein selbstbestimmtes Leben frei führen.

Ich schrieb ihm zurück:

Lieber Gustav!
Hier das Feedback (wörtlich übersetzt: Rückfütterung) zu Deiner Absichtserklärung. Sie ist nach der urältesten Methode, nämlich der „Spiegelung" verfasst. Wir spiegeln unsere Seele im anderen Menschen, in der Natur, in allem, was um uns herum ist. Es soll keine Interpretation oder Kommentierung sein, obwohl dies menschlich gesehen oft nicht ganz zu vermeiden ist.

Dieser Mann beschäftigt sich mit den Themen Freiheit und Abhängigkeit, Täter und Opfer. Durch diese Ebenen dringt aus meiner Sicht das Bedürfnis nach einem Kompass für eine gewisse „Angemessenheit" durch.
Was ist angemessen? Vermessen? Besessen?
Da will er forschen, ausprobieren, Sucht und Süchte hinter sich lassen.
Beziehung zur Frau anders gestalten.
Gegenseitigen Respekt wünscht er sich grundsätzlich in Beziehungen.
Sein neues Leben möchte er behutsam angehen. Manchmal hat er von der Freude in einem neuen Leben schon etwas gespürt.
Die MännerQuest in der Weite der Bergwüste bietet ihm grundsätzlich einen Spiegel seiner Selbst und, davon ausgehend, auch einen Raum für Verwandlung.
Ich bin sicher, dass die Visionssuche etwas in bezug auf die geheimen Hoffnungen und Wünsche in Bewegung bringt.
Mögen alle guten Geister und alle Lebenselemente bei ihm sein.

Welche konkreten kleinen Schritte wird er in der Wildnis in der Vorbereitung, im Hauptritual und in der Nachbereitung tun?
Was passiert in den vier Tagen draußen, alleine?
Welche konkreten eigenen Qualitäten zeigen sich?
Er wird eigene Naturrituale gestalten.

Das was er erlebt beim Hauptritual wird sein Monomythos, seine Geschichte werden. Wenn er sich auf die vier Archetypen/Urmuster des Mannes: König, innerer Krieger, Magier und Liebhaber einlassen kann, (das Lebensrad dieser vier Kräfte spiegelt auch die Elemente Feuer, Wasser, Erde, Luft wider) wird er entdecken, mit welchem Element ihn am meisten verbindet.
Er kann sich in diesem Zusammenhang fragen:
Welche Kraft brauche ich?
Welche besitze ich bereits?"

In diesem kräftigen Naturritual wird er einen zellulären Reinigungsprozess, vor allem im Kernritual der viertägigen Fastenzeit, durchmachen.
Dieser Reinigungsprozess wird ihm den Abschied von Altem, Gewohntem erleichtern. Vier Tage und vier Nächte, Rückkehr am Morgen des fünften Tages, mit dem All-einssein, haben die wenigsten Männer in der modernen Welt gewagt. Dieser Mann wagt es.

2.2. Absicht des Initianden Wolfgang B.

Ich schrieb ihm auf seine Absichtserklärung:

Dieser Mann aus ...... beschreibt zu Beginn seine prägende Herkunft und seine Spannung zwischen freier, geistiger Denkbewegung und verschulten Sachfragen als Ingenieur. Er kann Dinge kaum würdigen, die er geschafft hat, ist erschöpft. Er kommt aus stressigen Situationen. Das Wort zusammenreißen taucht in seiner Absichtserklärung öfter auf.
Dennoch wird er auch offener und transparenter.

Was hält das Leben für ihn bereit?
Welche Dinge muss er hinnehmen?
Was will dieser Mann?
Wo hat er Mut, etwas zu ändern?
Kann er das eine vom anderen unterscheiden?
Er bekommt Unterstützung von einer Therapeutin und anderen Menschen. Er will präsent sein, da wo er ist.
Sein Innerstes spüren.
Er will seinen roten Faden finden...

Ich wollte ihm auf jeden Fall vor der Sinaireise mitteilen, dass die MännerQuest keine klassische Therapie ist. Diese Grenze musste gezogen werden, denn die Männer, die ich bisher erreichte, verstanden oft das Wort Therapie gleichbedeutend mit klassischer Psychotherapie.

„Psychotherapie ist aber die Behandlung von Entwicklungs- und Persönlichkeits(ver)-Störungen und dadurch bedingter sozialer Fehlanpassungen zur Wiederherstellung oder Förderung persönlicher, psychosozialer Gesundheit.
Wenn ich eine initiatische MännerQuest in einem solchen sozialen Umfeld als Therapie (oder als Naturtherapie, Ökotherapie usw.) bezeichne, suggeriere ich unter Umständen, dass man sich eine notwendige Psychotherapie auf diesem Wege sparen kann.
Man beobachtet aber auch umgekehrt, dass einige Psychotherapeuten eine MännerQuest zur „Therapie" erklären, womit sie sich dann kraft ihrer beruflichen Qualifikation als Psychotherapeuten bei einem Minimum an Quest-Eigenerfahrung (von Ausbildung ganz zu schweigen) bereits für eine Questleitung als kompetent ansehen. Sie kommen gar nicht auf die Idee, dass es sich um etwas anderes handeln könnte als um die Verlegung des Therapiezimmers in die Natur.

Man gewinnt nichts dazu, wenn eine Quest als Therapie bezeichnet wird. Man kann aber Wesentliches verlieren:
Nämlich das Bewusstsein dafür, dass es sich bei der Quest um Initiation handelt und wir vor der Situation stehen, dass in unserer Kultur (auch bei jedem von uns) heutzutage das Wissen vom Wesen, von der Dynamik, von den inneren Gesetzmäßigkeiten und von der wirksamen sozialen Inszenierung der Initiation weitgehend verschüttet ist."[51]

Die zentrale Metapher für Quest ist der Begriff der Geburtshilfe, also männliche Hebammenarbeit.
Bei Initiation geht es um einen rituellen, persönlichen Vollzug der Symbolik von Tod und Wiedergeburt. Insofern geht es in der Vorbereitungsphase um symbolische Sterbebegleitung und bei der Rückkehr um symbolische (Wieder)-Geburtshilfe. Initiation inszeniert und begleitet die persönliche Bekräftigung und soziale Gültig- und Fruchtbarmachung einer geistig-seelischen Entwicklung.

2.3. Absicht des Initianden Thomas C.

Mit Thomas traf ich mich persönlich in Bremen.
Es fiel ihm schwer, und das war auch schon kennzeichnend für ihn, die Essenz seiner Absicht kurz und prägnant zu formulieren.

Ich komme nicht von einem Ort, eher von einem leidvollen Zustand, von einem bisher wenig gelebten und oder wenig richtig gelebten, unentschiedenen, inkonsequenten Leben.
Ich habe Hunger nach Leben.
Innerlich fühle ich mich jetzt, mit vierzig, immer noch oft als kleiner Junge – und werde oft noch „junger Mann" genannt.
Bin quasi ohne Vater in der Jugend aufgewachsen und auch ohne andere männliche Vorbilder. Ich habe immer unbewusst einen Mentor gesucht. Trotz vielen Nachdenkens war ich immer unsicher in meinen Entscheidungen.
In der Zwischenzeit zog das Leben an mir vorbei, wurden mir Entscheidungen abgenommen, versäumte ich mein Leben.
Die letzten dreißig Jahre kommen mir vor wie eine Zeit des vergeblichen Kämpfens, Träumens, Sehnens, Mühens um Anerkennung, Respekt, Achtung, Selbstwert, Selbstachtung, um Weiterkommen, Erfolg, Freude, Freunde, eine Frau die ich lieben kann.
Aber auch des ständigen sich Selbstbeweisens.
Andere sagen, ich hätte viel geschafft, vom Bergmann zum Ingenieur bei einem großen Deutschen Konzern.
Alles ist immer so anstrengend, kostet so viel Energie, so viel Kraft, so viel Lebenszeit, das ich hinterher denke, das war es nicht wert.
Ich sehe nur, wo ich gern wäre und wo ich nicht bin.

In meiner Brust befindet sich seit langem ein festsitzender Schmerz, ich komme nicht an ihn heran.
Ich kann ihn nicht lösen, weder in fünf Jahren Feldenkraistraining noch in Hunderten von Stunden Gesprächstherapie und wahrscheinlich auch nicht mit Familienstellen.
Ich empfinde manchmal (oft) eine ungerichtete Wut, grundlose Aggressivität, Verachtung, auch Hass und Neid, aber auch Trauer, Melancholie.
Meine eigenen Dämonen sind meine Arroganz, meine Vorurteile, meine Eitelkeit, meine Süchte (Essen, Sex, Wissen), meine Inkonsequenz, meine mittlerweile mangelnde Disziplin – denk ich jedenfalls.

Mir fehlt mittlerweile die Kraft und der Enthusiasmus, die innere Kraft für viele Dinge.
Mit fünfunddreißig war ich noch hochmotiviert, jetzt macht mir nichts mehr richtig Spaß.
Ich will all das endlich hinter mir lassen, auch das Kind und den kleinen Jungen in mir.
Ich will die Schwere in mir, diese Last auf meinen Schultern, die Depressivität, Larmoyanz, die Selbstver- und beurteilung, die Unsicherheit in mir endlich hinter mir lassen.

Ich suche nach dieser männlichen, inneren Kraft, die ich manchmal bei anderen verspüre, die sich manifestiert in natürlicher Konsequenz, Willensstärke, Selbstsicherheit, Überzeugungskraft, Zielgerichtetheit, Disziplin, Entschlossenheit, Power, Freude, guten Freunden, Spaß, Erfolg, Zufriedenheit, Lebenslust und Liebe.
Ich suche nach mir selbst, wer ich wirklich bin.
Was will ich wirklich?
Was kann ich von meinen Träumen umsetzen?
Ich suche nach meinem Platz im Leben, nach einer Gemeinschaft, in der ich mich wohl fühle, ich will ein volles, ganzes, leidenschaftliches Leben, um am Ende meines Lebens in Frieden und ohne Verbitterung sterben zu können.
Sterben zu können mit dem guten Gefühl, „gelebt" zu haben.

Ich mache diese MännerQuest im Sinai in der Hoffnung auf Klärung.

Was der richtige Weg für mich ist, wie ich mehr Leben in mein Leben bringen kann, wie ich selbstbestimmter und vertrauensvoller leben kann.

Ich will wissen:
Soll ich meinen Traum von der eigenen Lernsoftware-Firma weiterverfolgen, nochmals alle meine Kräfte zusammennehmen und es diesmal richtig machen, alles und jedes Risiko auf mich nehmen, um diesen Traum wahr werden zu lassen?
Ich glaube sehr, das ich glücklich wäre, wenn ich das schaffen könnte, aber auch ebenso ins Bodenlose abstürzen könnte, wenn ich es nicht schaffe!
Oder wäre es nur der ultimative Versuch eines Selbstbeweises: „Seht her, ich bin selbständig und erfolgreich!"
Ich bin ein Mann!?

Wie finde ich dieses Gefühl der inneren Sicherheit und Kraft in meinem Tun?
Wie muss, wie kann ich mich verändern, damit ich endlich ein ganzer, selbstverantwortlicher, entschiedener Mann sein kann?

Ich antwortete ihm in einem ersten Schreiben:

Dieser Mann hat Hunger nach dem Leben.
Er wird oft noch „junger Mann" genannt und fühlt sich nicht als Mann.
Er ist oft unsicher bei Entscheidungen.
Er hat das Gefühl, sein Leben versäumt zu haben oder zu versäumen.
Er hat wohl viel Leistung gebracht, aber er fragt sich, ob es das wert war.
Er ist aus seiner Sicht da, wo er nicht hinwollte.
In seiner Brust sitzt ein tiefer Schmerz.
Nichts macht ihm richtig Spaß.
Er will den kleinen Jungen hinter sich lassen.

Er sucht nach der inneren männlichen Kraft.
Er sucht nach sich selbst, nach seinem Platz in diesem Leben.
Konkret:
Soll er das Ziel der eigenen Lernsoftware-Firma neu verfolgen?
Aber wie? Konkret?
Was müsste er tun?
Was lassen?
Was bedeutet es ein Mann zu sein?!

3. Im Spiegel der Wüste. Angst und Vertrauen

In seinem Buch „Charakter und Bestimmung“ spricht James Hillmann davon, dass schon in einer kleinen Eichelkapsel auch die große dicke Eiche mit der ganzen Ausstattung, mit der Art wie die Äste wachsen, enthalten ist. Alle Informationen sind bereits vorhanden.
Das widerstrebt uns allen, weil wir glauben, wir müssten etwas tun, ändern. Wir dürften uns nicht einfach „zurücklehnen“.
Hillmann aber sagt, wir sind bereits der, der wir sind und bringt ein Beispiel von „Manolete“, dem berühmtesten aller spanischen Stierkämpfer:
Dieser sei als kleiner Junge, sehr ängstlich und schüchtern gewesen. Habe sich hinter dem Rock der Mutter versteckt. Auch habe er nicht mit den anderen Jungs Fußball gespielt. Er hat viel geweint. War kränklich.

Aus der Sicht der klassischen Psychologie würde man sagen, da könnte etwas passiert sein. Missbrauch? Dominanter Vater schüchtert sein Kind ein!
Das wäre eine Bewertung der Situation. Die Eicheltheorie (in der kleinen Eichel steckt der große Baum) besagt, dass der „Genius“ des Jungen bereits wusste, dass er einmal Stierkämpfer werden würde.
Und wenn man vor einem mehreren Tonnen schweren Stier steht, würde man sich auch an einem roten Tuch festhalten, um sich dahinter zu verstecken, wie hinter dem Rockzipfel der Mutter.
Das hat nichts mit Bewusstheit oder Unbewusstem zu tun.
Der „Genius“ weiß, was notwendig ist.
Hillmann bringt auch noch ein anderes Beispiel:
Ein berühmter Geiger wollte als Kind eine Geige geschenkt bekommen. Die Eltern schenkten ihm eine Spielzeuggeige. Der Junge warf sie in die Ecke und wollte eine richtige Geige. Er selbst wusste nicht, was er da tat. Sein Genius wusste, dass er ein berühmter Geiger werden würde. Der Genius hat etwas mit der Einzigartigkeit jedes Menschen zu tun. Und mit seinem Beitrag für die Gemeinschaft und die Welt.

Ich machte den Initianden in Vorgesprächen durch die Hillmannbeispiele Hoffnung.
Sie fühlten sich von zu hohem Erwartungsdruck entlastet und auch davon, sich für alles verantwortlich fühlen zu müssen.
Ich erzählte ihnen auch von den Frühjahrsregenfällen in einem Teil des kalifornischen „Death Valley“, die das „Tal des Todes“ in einen Garten Eden verwandelt hatten.
Es war ein Blumenmeer entstanden: Gelb, Lila, Weiß und Orange bedeckte die sonst vollkommen ausgedörrte Erde des heißesten und trockensten Ortes der USA. Seit Jahren hatten Milliarden robuster Samen, tief im Wüstenboden versteckt, auf diesen Moment gewartet.

Im Spiegel der Natur und besonders einer Wüste können wir uns selbst erkennen.
Wir sehen, wo wir stehen und entscheiden, wohin wir gehen werden. Steine, die uns im Wege liegen, können zu Wegmarken werden. Halbverdorrte Sträucher zu Orientierungspunkten. Ein Felsbrocken, der uns bedrohlich erscheint, wird zum Anhaltspunkt in der verwirrenden Schönheit und Vielfalt. Wasser aus einem Brunnen erfrischt uns nicht nur äußerlich.
Wie im menschlichen Leben, so in der Natur.
Die Natur kommuniziert auf ihre Art mit uns. Die Kräfte der Natur können uns einerseits mit elementarer Gewalt bedrohen, andererseits erwecken sie durch ihre Sinnlichkeit und durch ihre Elemente Erde, Wasser, Feuer und Luft in uns immer wieder neue und alte Lebenskräfte.
Wie das Theater bietet sich die Natur mit ihren Pflanzen, Tieren, Wind und Wetter als Spiegel und Bühne nicht nur für den Lebenszyklus mit seinen verschiedenen Abschnitten, Kindheit, Jugendzeit, Erwachsen-Sein und Alter an, sondern auch für unseren inneren Entwicklungsprozess hier und heute.

Die unberührte Natur ist der neutralste und unvoreingenommenste Spiegel und Zeuge, besser als der geschulteste Berater und Seminarleiter.
Wenn ein Teilnehmer aufmerksam, wach und präsent ist, hat er wunderbare und spannende Begegnungen in und mit der Natur und mit sich selbst. Wenn nicht, stolpert er über den kleinsten Ast.
Meistens geschieht beides, weil wir Menschen nicht perfekt sind. Es kann sogar passieren, dass wir Szene für Szene einen Teil unserer noch verborgenen eigenen Lebensgeschichte ausagieren, wie Hans bei seiner eigenen Quest in Nordschweden und seiner Probequest im Sinai im letzten Herbst.

Die Landschaft draußen mit ihren Bewohnern gibt uns Hinweise, manchmal zarte, manchmal deutliche, wie wir uns verhalten und wer wir wirklich sind. Teilweise schaut die Natur uns zu, wie das Publikum dem Schauspieler, sie bezeugt, was wir da tun. Für den Teilnehmer aber entsteht automatisch und fast nebenbei ein Stärke- und Schwächeprofil im Spiegel der Natur.
Langsam erkennt er sich selbst und inwieweit er mit seinen äußeren und inneren Kräften tatsächlich in Einklang ist. Stück für Stück, fast unbewusst, beginnt er die Kommunikation mit sich selbst im Inneren und mit der Umgebung draußen. Die Natur spricht mit ihm, der Teilnehmer spricht mit der Natur.

Und deswegen ist eine Quest etwas anderes als eine klassische Psychotherapie.
Kurt, Hans und ich einigten uns darauf, die Initianden in der Art zu unterstützen, wie es in folgendem Mentorengebet gut zum Ausdruck kommt:

Dich so loszulassen
dass Du die Fehler machen kannst
die Du machen willst
dass Du mich ablehnen kannst
dass Du neue Werte finden kannst
dass Du Deine Meinung ändern kannst
wenn ich Dich gerade verstanden habe
dass Du Dir zuviel Sorgen machen kannst
dass Du Dir nicht genug Sorgen machen kannst
Dich so loszulassen

Ich muß Dich ziehen lassen
in ein unbehütetes Leben
in ein einsames Leben
in Dein Leben
getragen von Deinen Entscheidungen
denn ich kann nicht Dein Vormund sein
ich kann nicht über Dich bestimmen
nicht in Kleinigkeiten
ich muss lernen Dich loszulassen so einfach und doch so schwer

Inschaa-Allah - انشاءالله - So Gott will!

Wie oft sehnen wir uns danach, verstanden zu werden!
Es kann einem Menschen aber nichts Schlimmeres widerfahren als vollkommen verstanden zu werden, sagte einmal der Psychologe C. G. Jung.
Wir bilden uns ein, dieses Verständnis würde uns unsere Einsamkeit und das Gefühl der Leere nehmen. In unserer Vorstellung ist tiefes Verständnis eine Form von Vertrautheit. Doch unsere Sehnsucht richtet sich damit womöglich auf ein falsches Ziel.
Jeder von uns ist einmalig und befindet sich auf der Suche.
Das fühlt sich natürlich wie Trennung und Einsamkeit an.
Oft können wir uns selbst nicht verstehen. Zu vieles gärt unter der Oberfläche und ist uns noch völlig fremd.
Wenn uns nun unser Partner voll und ganz verstehen würde, was dann?
Dann gehörten wir nicht mehr uns selbst!
Wer hat schon den Überblick über sein Leben?
Einem anderen Menschen ist dieser Überblick über unser Leben noch weniger möglich. Vielmehr gehört es zu den Tatsachen des Lebens, dass wir fortwährend reifen und immer tiefere Schichten unserer Persönlichkeit entdecken.
In manchen Beziehungen gelingt es uns, den anderen an diesen tieferen Schichten unseres Selbst teilhaben zu lassen. Das kann in einem Gespräch geschehen, in dem wir verstehen und verstanden werden und die Nähe finden, nach der wir uns sehnen.

In der Vorbereitung auf die MännerQuest beteilige ich mich kaum an Versuchen einer Antwort auf die offenen Lebensfragen. Ich sorge nur für eine klare und sozial bezeugte Formulierung des gegenwärtigen Standes der Fragestellung.
Diese Infragestellung des Gegebenen geschieht von einer inneren Entwicklungsbewegung her, von einer bereits angelegten, höheren inneren Warte aus. Wüssten wir nicht vorbewusst schon von unserem neuen Wachstum, könnte gar keine Frage entstehen.
Woher sollte sie auch kommen?
„Das Auftauchen einer tiefen Lebensfrage, das Infragestellen der derzeitigen persönlichen Lebensgestaltung und Sinngebung, ist letztlich eine Form, in der wir die Tatsache wahrnehmen, dass innerlich die Notwendigkeit, Bereitschaft und Fähigkeit zur Weiterentwicklung in die nächste Lebensstufe hinein herangewachsen sind,was noch nicht heißt, dass wir sie auch schon klar erkennen und gestalten können.“[52]

Auf die existenzielle Verunsicherung durch die plötzliche Fragwürdigkeit des Lebens reagieren besonders wir Männer reflex- und krampfhaft mit abwehrender Gegenspannung: Die Verunsicherung wird bekämpft und unterdrückt, meist durch Projektion nach außen und Abwehr gegen andere, das erschütterte Gegebene wird mit Zähnen und Klauen oder einsichtig, aber ratlos festgehalten.
Es folgt meist ein schneller, pragmatischer Lösungsversuch nach dem alten Rezept: „mehr desselben“. Ergebnis: Mehr des Problems!
Damit wird die Verunsicherung durch die Lebensfrage tendenziell in den Hintergrund gedrängt, die produktive Herausforderung abgelehnt, die Notwendigkeit zur Entwicklung geleugnet und der nächste Entfaltungsschritt beengt und verkürzt.
Eine heilsame Nutzung der Verunsicherung liegt in ihrer äußersten Zuspitzung und im zeitweiligen Ertragen der damit verbundenen Anspannung, ohne zu frühe Versuche einer Antwort. Ich setze mein Vertrauen darauf, dass sich in der MännerQuest das innere Wissen vom eigenen Wachsen auf eine stimmige Weise von allein Bahn brechen wird.
Durch Annehmen und Zuspitzen der Frage, durch ihre rituelle Gestaltung entfaltet und formt sich die schon angelegte Antwort, als inneres Bild reift sie voll aus bis zum spontanen Eintritt in das Wachbewusstsein.
Das „schreckliche“ Fragezeichen erweist sich zuletzt als der Haken, an dem die segensreiche Antwort hängt.
Aus diesem Wissen sage ich dem Kandidaten:
Arbeite nicht denkend und planend an machbaren Lösungen, gib Dich verloren, suche den Rat aller Welt in Deinen Mitgeschöpfen und flehe bei der für Dich höchsten Instanz um ein Gesicht– um einen ersten Blick auf Dein neues Gesicht.

Dazu gibt es eine schöne Geschichte aus dem Sufismus, einer mystischen Form des Islam: Ein Strom, entsprungen in fernen Bergen, geflossen durch viele Landschaften, erreichte zuletzt den Sand der Wüste. Und wie er vorher alle Hindernisse überwunden hatte, so versuchte er es auch diesmal. Er schickte sein Wasser in die Wüste, doch da dort versickerte es. Er wusste indes, dass er diese Wüste durchqueren musste, es gab keinen anderen Weg.

Eine verborgene Stimme, die irgendwoher aus dem Sand kam, wisperte: Der Wind überquert die Wüste, und das kann auch ein Strom.
Der Strom entgegnete, er habe sein Wasser in die Wüste geschickt, aber sie habe es verschluckt. Der Wind könne fliegen, er aber nicht.
„Wenn Du in Deiner gewohnten Weise gegen dieses Hindernis anrennst, wirst du nie darüber hinwegkommen. Du wirst entweder verschwinden, oder ein Sumpf werden. Du musst dem Wind erlauben, Dich darüber hinweg zu tragen, zu Deiner Bestimmung".
„Aber wie könnte das geschehen?"
„Indem Du zulässt, vom Wind aufgesogen zu werden."
Dieser Vorschlag schien dem Strom unannehmbar. Schließlich war er nie zuvor aufgesogen worden, er wollte sich nicht verlieren. Und wenn man sich erst einmal verloren hat, so dachte er, wie konnte man sicher sein, dass man sich wiederfindet?
„Vertraue", sagte die Stimme der Wüste, „dem Wind. Er trägt dein Wasser über die Wüste. Und wenn das Wasser dann fällt wie der Regen, wird es wieder zum Fluss."
„Wie kann ich wissen, dass dies auch so eintrifft?" „Es ist so. Und wenn du es nicht glaubst, dann kannst du nichts anderes werden als ein Sumpf."
„Aber kann ich nicht der Strom bleiben, der ich heute bin?"
„In keinem Fall", sagte die Stimme.
Als er das hörte, kam dem Strom das Echo ferner Erinnerungen zurück aus den Tagen, als er oder ein Teil von ihm in den Armen des Windes gelegen hatte. Und der Strom machte sich leicht und ließ sich aufnehmen vom Wind, der ihn sanft trug und nach vielen Meilen sacht wieder freigab auf den Höhen eines neuen Gebirges.
Der Strom war glücklich: „Nun habe ich mich wirklich selbst gefunden." Die Stimme der Wüste sagte: „Der Sand hat, was Dir widerfahren ist, geschehen sehen, Tag für Tag, denn er erstreckt sich unermesslich weit." Und das ist der Grund, warum gesagt wird, der Weg, den der Strom des Lebens nimmt, ist in den Sand geschrieben."[53]

Mystik ist Bestandteil fast jeder Religion und besagt nichts anderes, als dass Glaubensregeln, die Propheten und Priester aufgestellt oder interpretiert haben, nur eine von vielen Möglichkeiten sind, mit Gott und der Schöpfung, dem Bewusstsein der einen Wirklichkeit oder dem „Licht", der „Liebe" oder dem „Hier und Jetzt" in Verbindung zu treten.
Während die Theologen versuchen mit ihrer Kompetenz, Gott zu erklären, und dann doch in Fiktionsliteratur und Erzählungen ausweichen, geht die Mystik offener und direkter vor.
Die Weisheit des Herzens ist nicht mit schlauen Worten und Gesetzen zu erkennen. Eher durch Meditation, ekstatischen Tanz, Naturerlebnisse, etc., in denen die sogenannte „union mystica" (Vereinigung mit dem Großen Geheimnis/Geist) direkt erfahren werden kann, aber nicht muss.

Erstaunlicherweise ähneln diese sehr den Grundprinzipien des Indianermärchens von der ihr Auge herschenkenden, springenden Wüstenmaus:

1. Auslöschung der sinnlichen Wahrnehmung
2. Aufgabe des Verhaftetseins an individuellen Eigenschaften
3. Sterben des Ego
4. Auflösung in das göttliche Prinzip

Alle Teilnehmer der Reise erhielten letzte Organisationshinweise (Visa, Geldumtausch, Flugzeiten, Gastgeschenke, Trinkwassergewohnheiten in arabischen Ländern, ein paar arabische Begrüßungsformeln, Bakschischregelungen, etc.etc.), aber auch noch einmal Hinweise zur inneren Haltung:
„... Handys sollten während unserer Rückzugszeit in der Wüste nicht betätigt werden. Bitte nur während der ersten beiden und an den letzten beiden Tage fotografieren. Ihr würdet euch selbst um die Intensität und das Geheimnis dieses 4000 Jahre alten Rituals bringen. Auch ein Fernglas vernebelt den Blick in die innere Weite.
Die Quest ist ein Initiationsritual und das bedeutet „weg sein" von der mütterlichen Zivilisation.

Wir sechs Männer saßen im Flugzeug der staatlichen Egypt Air-Linie Frankfurt-Kairo-Scharm el Sheik.
Der Pilot schloss seine arabische Begrüßungsrede und den organisatorischen Hinweis, wann wir in Kairo landen würden mit einem Inschaa-Allah - انشاءالله - So Gott will!

Hans und ich grinsten. Wir kannten das schon!

Danach folgte die Sure über die Erschaffung der Welt in arabischer Schrift über die Monitore und eine melodiös-pathetische Stimme aus dem Lautsprecher erklang.
Ich verstand nur ... und Allah ... und gab Ihnen ... und Ihnen gab er. Dann dann kam etwas mit den Vögeln des Himmels. Schließlich wurde fast ohne Übergang, allerdings in anderem Tonfall, das Flugzeug, in dem wir saßen, mit einem Vogel verglichen und Werbung für die staatliche Fluglinie Egypt Air eingeblendet.
Wir flogen mit MS (MS gleich Masr, مصر, bedeutet Ägypten) 786 Ramses (رمسيس).

Um die Aufregung beim Start etwas zu verdrängen, erzählte ich Kurt und Hans einen Witz der Beduinen, die wie schon beschrieben meist in etwas gespanntem Verhältnis zu den Stadtägyptern in Kairo standen:

Der Präsident des Libanon, der König von Saudi-Arabien und Präsident Mubarak von Ägypten sitzen im Flugzeug.
Zuerst hält der Libanese seine Hand aus dem Flugzeug. Es kommt eine Taube geflogen und pickt ihn leicht in die Hand. Er sagt: „Das ist mein Land!"
Dann macht der König von Saudi-Arabien dasselbe. Ein Falke pickt in seine Hand. Er sagt: „Das ist mein Land!"

Dann kommt Mubarak daran und hält seine Hand heraus. Es kommt nichts geflogen. Als er seine Hand wieder zurückzieht, sieht er das seine Armbanduhr gestohlen wurde und sagt: „Wir fliegen gerade über Kairo!"

Wir landeten pünktlich in Kairo und kamen gut durch die einzelnen Kontrollposten am Flughafen. Auch Dank meiner wenigen arabischen Worte, die wahre Begeisterungsstürme bei den Polizisten auslösten:
„Er spricht arabisch!" (هو يتكلم عربي)
Tatsächlich fühlen sich viele Araber geehrt und so geht auch im übertragenen Sinn manch verschlossene Tür auf, wenn man wenigstens „Salamaleikum" - السلام عليكم (Friede sei mit Dir) oder „mia mia" - مئة المئة (100% gut) oder „kollo tamem" - كله تمام (alles klar) oder „shukran" - شكرا (Danke) sagen kann.

Der Flughafen in Kairo hat natürlich eine hektische Atmosphäre, vor allem wenn man nachts aus dem internationalen Flughafengebäude herauskommt und mit Gepäck zum nationalen hinüber wechseln muss.
Dennoch sind die Mitarbeiter und Angestellten freundlicher und kooperativer als am Frankfurter Flughafen. In Kairo „wuseln" die Menschen viel eleganter umeinander herum als die mürrischen Fluggäste in Deutschland.
Die letzten beiden Male war der Wechsel von international nach national einfach. Es waren nur fünf Minuten Fußweg. Dieses Mal aber war der Weiterflug nach Scharm el Sheik zu Terminal vier verlegt worden.
Ich war irritiert und fragte einen Polizisten. Dieser wusste Bescheid, orderte uns einen Minibus und fuhr nach aggressiv klingenden Palaver mit dem Fahrer, was aber sicherlich nicht so gemeint war, fröhlich mit uns und seiner Kalaschnikow-Maschinenpistole und sonnenbebrillt (nachts!) dorthin.
Der Fahrer fuhr sehr schnell. Bauarbeiter knieten am Straßenrand und verrichteten auf ihrem Gebetsteppich ihr Abendgebet.

Der Flug über das Wüstengebirge des Sinai verlief dieses Mal ruhig.

Saleh holte uns mit seinen Freunden persönlich vom Flughafen ab und schon bald saßen wir in seiner Cafeteria am Roten Meer. Um Mitternacht hatte es noch fünfundzwanzig Grad.
Auffällig viele Russen waren am nächsten Tag an unserem Strandabschnitt.
Hans identifizierte sie leicht, da er aus der DDR kam und ihm der Klang der Sprache vertraut war.
Ägypten hatte unter Gamal Abdel Nasser eine Art sozialistische Politik betrieben. Und durch die politische und öknomische Öffnung Russlands, waren nun viele Kinder dieser damaligen Politikingenieure zum Urlaub machen ins Land gekommen.

Sie benahmen sich nicht besonders freundlich zu den Ägyptern und Beduinen und erinnerten mich an die Großmannsucht der Amerikaner. Dabei ließen die Russen, laut Strandverwaltung, häufig das eine oder andere Erinnerungsstück aus den Appartments „mitgehen".

Aber auch eine große Gruppe von Frauen und korpulenten Müttern aus Kairo war angekommen, betreut von einem kleinen dicklichen Mann, der wohl der Busfahrer war und nicht viel zu sagen hatte.
Von Kairo konnte man (frau) günstig die 600 Kilometer nach Scharm, wie es die Ägypter nannten, fahren.
Nun stimmten die Frauen, die alle westlich gekleidet waren und kein Kopftuch und schon gar keinen Schleier trugen, um Mitternacht lauthals Gesänge an und begleiteten sie durch rythmisches Klatschen.
Sie johlten und lachten.
Immer wieder deuteten sie erheitert auf die rotgebrutzelten Oberschenkel der leichtbekleideten Europäerinnen hin. Mir schien es fast, als ob das ägyptische Müttergenesungswerk unterwegs war oder eine Gruppe von Gewerkschafterinnen, die es in Kairo auch gab. Ägypten war kein islamisches Land aus einem Guss.

Riesige, mit Lichteketten behangenen, Vergnügungsjachten der saudi-arabischen Scheichs dümpelten in nicht zu großer Entfernung vor sich hin. Die Mannschaften der Schiffe waren oft Pakistanis, die fast wie Sklaven gehalten wurden. Ihr Lohn war allerdings weitaus höher als in ihrem Heimatland.

Nach einem eintägigen Akklimatisationsaufenthalt in brütender Hitze am Strand des Roten Meeres, fuhren wir am übernächsten Morgen in einem kleinen Transferbus zu Scheik Muosa (Scheich Moses) und den Gebelia-Beduinen.

4. Vater Plappermaul (Abu Rallabah, ابو رلبح)

Nach einigem Handeln und der Übergabe der Gastgeschenke, vor allem die Kinderschuhe und die Sonnencreme waren willkommen, gab es ein kleines Mittagessen im Garten unseres Kochs Suliman nahe beim Dorf. Anschließend ruhten wir uns ein wenig aus.
Hamida und Achlem, seine jüngsten Töchter, bedienten uns.
Er hatte sein einfaches Haus mit ein paar Hohlblocks erweitert und einen schattigen Vorraum zur Verfügung. Weiter war er mit seinen Cafeteriaplanungen noch nicht gekommen.
Unser Hauptgepäck wurde inzwischen von den Beduinen auf den Gebirgsdromedaren festgezurrt.

Schon auf den steilen Serpentinen überholten sie uns. Wir hatten nur den Tagesrucksack zu tragen und unsere Wasserflasche.
Es war nicht mehr so brütend heiß und schwül wie in Scharm el Sheik. Ich hatte mich mit Sheik Muosa wieder einmal auf einen „guten" Preis geeinigt.
Dieses Mal würden wir keine Rundtour machen, sondern drei Tage in Schpeijls Garten bleiben, dann einen Tag auf die Hochebene Mutter Salbei gehen, dort die Quester vier Tage und vier Nächte in der Wüste aussetzen und dann zum Abschluss nochmals zwei Tage in der Oase verbringen.
Saddala konnte dieses Mal nicht mitkommen. Deshalb begleitete uns Hussein, der fast perfekt Deutsch sprach.
Scheich Moses nahm mein Projekt wirklich ernst.

Unser neuer Bergführer Hussein wurde im Stamm, wie sein Großvater, Abu Rallabah - ابو رلبح (Vater Plaupermaul) genannt. Dieser hatte früher am Katharinenkloster vom Dach des Kontrollhäuschens am Eingang den Reiseführer gemimt und den Klosterbesuchern Geschichten erzählt.
Hussein selbst war gebildet, sprach auch gut Englisch.
Es war schon etwas Besonderes, von einem Beduinen in der Wüste in stakkatosteifem, aber gut artikuliertem Deutsch mit „Wie geht es Ihnen?" begrüßt zu werden.
Husseins Familie hatte mehr Einfluss im Stamm als andere. Sein Vater sollte sogar Scheich werden, wollte diese schwieriges Amt aber dann doch nicht übernehmen.
Hussein sagte dazu: „Er wollte ein guter Mann bleiben!"

Das passte natürlich nicht so gut zur Aussage mancher Beduinen, die sich über Sheik Muosa beschwerten. Anscheinend fanden sie keinen besseren. Er konnte wohl die Spannungen zwischen der ägyptischen Verwaltung und den Beduinen handhaben ohne dabei innerlich zu sehr mit sich selbst in Widerspruch zu geraten. So wurde Sheik Muosa sozusagen zusätzlich noch Außen- und Arbeitsminister für Tourismus beim Stamm der Gebelia.

Husseins Bruder war längere Zeit mit einer Französin verheiratet gewesen, die auch im Stamm gelebt hatte.
Jetzt stand gerade die Scheidung bevor. Wie so oft bei diesen Ehen.
So war es ja auch bei Scheich Achmed und der Schweizerin in Nuweiba bei den Tarabini gewesen. Die kulturellen Unterschiede waren zu groß.
Andererseits hielten die Ehen in Deutschland auch nicht unbedingt länger.
Aber für einen Beduinen war, von seinem moralischen Grundverständnis aus und angesichts der ökonomischen Folgen, eine Scheidung immer noch dramatischer als bei uns, obwohl sie offiziell, das heißt nach ägyptischem Gesetz, erlaubt war.

4.1. Veränderung der Kulturen hier und dort

Durch die Globalisierung und die kurzen Kommunikationswege wird sowohl bei den Beduinenstämmen des Sinai als auch bei uns in Europa einiges durcheinandergewirbelt.
Soziale Werte und Normen ändern sich schnell.
Die ehemalige Großfamilie existiert bei uns schon längst nicht mehr. Inzwischen gibt es die Patchworkfamilie oder das Singletum.
Männer müssen ihr Rollenverständnis in der Familie und im Beruf an die veränderte Zeit anpassen. Frauen auch.
Die ehemalige Wohlfühlinsel Europa exportiert ihre High-Tech-Produkte in die Welt. Andere Länder exportieren ihre billigen Arbeitskräfte und ihr spannendes Kulturverständnis, unter anderem aber auch den fundamentalistischen Islam nach Deutschland.
Die Stammesgesellschaften werden durch Fernsehen und Tourismus abrupt mit Werten und Normen konfrontiert, die sie nur schwierig umsetzen können.
Bei uns das persönliche Schuldbewusstsein, dort das kollektive Schamgefühl.
ein Beispiel:
Wenn ein Beduine einen Autounfall schuldhaft verursacht, hat er zwar kaum eine Versicherung im Rücken, aber dafür den Stamm, der sich aus der Tradition heraus „mitschämt" und „mitschuldig" fühlt und dafür aufkommt. Bei uns wird eine solche materielle Schuld meist individuell oder über eine anonyme Versicherung beglichen.
Verdient ein Beduine mehr als die anderen, gibt er automatisch davon ab. Er steht unter dem inneren Diktat einer gemeinsamen Ehr-, Scham-, Schuld,- und Anerkennungs- bzw. Achtungskultur.
Bei uns wird Erfolg aus einer „Ich-habs-alleine-geschafft"- Ideologie heraus definiert.
Wir haben das Problem der Überalterung.
Hussein, Mohammed und Suliman kommen noch aus Familien mit zwölf Kindern. Sie selbst werden allerdings statistisch gesehen in Zukunft nur 4 bis 5 Kinder haben. Auch in Ägypten, Tunesien und anderen nordafrikanischen Staaten sinkt interessanterweise die Kinderquote rasant.
Die bäuerliche-halbnomadische Lebensweise der Gebelia wird sich durch den „sanften Tourismus" vielleicht noch eine Weile halten können.

Die Kultur der Awlad Said, die wenig am Tourismusgeschäft beteiligt sind, nicht mehr so lange.
Die Spannung zwischen den beiden Stämmen könnte sich verschärfen. Es sei denn, die Awlad Said steigen in größerem Format ins harte Drogengeschäft ein. Aber gerade dann wäre ein Konflikt mit den Gebelia und auch innerhalb der Gebelia zwischen alt und jung vorprogrammiert.

So wird auch vermutet, dass Beduinen aus dem ärmeren Norden des Sinai und der Umgebung von El Arisch an den Anschlägen in Taba, Nuweiba oder Scharm el Sheik beteiligt gewesen sein könnten. Oder dass sie zumindest nichts dagegen unternommen hätten, weil sie an den touristischen Geldströmen des Südsinais nicht teilhaben können.

4.2. In die Seelenlandschaft hinein

Wir standen am Bergsattel eines Ausläufers des Abbas Pascha-Berges, der durch seine steil abstürzende Flanke den Einmarsch der Zivilisation bis jetzt verhinderte.
Von der Leopardenfalle aus blickten wir noch ein letztes Mal zurück auf St. Katharina mit seinen kleinen Bauten aus exakt quadratischen Hohlblöcken, mit genau gezimmerten Türen, eingepassten Fensterzargen und einer Abfalltonne vorm Haus.
Auf dem Dach die Satellitenschüssel und ein Wasserbehälter, der unregelmäßig von ägyptischen Tankfahrzeugen gegen Bares betankt wurde. Im Haus ein Gasofen für den eiskalten Winter.
Durch das Beduinendorf schlängelte sich eine kleine Teerstraße, die aber abrupt im Dorf endete, weil, laut Aussage des Scheichs, der ägyptische Bauingenieur zu viel Geld in die eigene Tasche steckte. Na ja, der Scheich musste sich ja auskennen.
Aber so war hier die Realität.
Das Zentrum St. Katharinas war fast im westlichen Stil erbaut und folglich in ägyptischer Hand. Nur die Moschee hatte arabischen Charakter. Rechter Hand lag die ägyptische Schule in städtisch-europäischem Baustil.
In sie gingen Hamida und Achlem tagtäglich und lernten fleißig Englisch.
Die kerzengerade geschnittene Hauptpiste aus Asphalt zog sich wie ein langer Strich hin zum Horizont, in Richtung Scharm el Sheik und touristischer Zivilisation.
In der Vorbereitunsphase meiner Seminare sorge ich grundsätzlich für eine Atmosphäre, die es dem Teilnehmer erlaubt, für das Eigene, ihm Gemäße durchlässig und transparent zu werden. Ich führe ihn behutsam und dennoch konsequent von einer künstlichen und trotz aller Technik begrenzten Welt hinweg. Weg von Räumen mit vollautomatisierten Klimaanlagen, Neonlicht, exakten und geraden Flächen, hin zu einem freien natürlichen Raum, in dem seine eigenen echten und lebendigen Kräfte leichter sichtbar werden und zum Ausdruck kommen können.
Bereits hier hinter der Leopardenfalle, hin zum ursprünglichen Stammesgebiet der Gebelia und Awlad Said gab es kaum gerade Linien.

Hier waren die Oasengärten vor 35 Jahren aus Hunderttausenden von Steinen per Hand wieder neu aufgebaut worden, nachdem eine fünf Meter hohe Schlamm und Geröllwelle den größten Teil weggerissen hatte.
Nichts fürchteten die hier oben Ansässigen mehr als sintflutartige Sturzbäche und Gewitter.
Sie hatten alles wieder aufgebaut. Einige Beduinen waren ertrunken.
Ich erzählte den Initianden, dass in der Wüste mehr Menschen in den angeblich so gemütlichen Wadis im Schlaf überrascht werden und ertrinken als dass verdursten.
Hans machte eine herbe Ergänzung dazu und sagte: „Die Deutschen sind meistens die am Besten ausgerüsteten Toten!"

Ich zeigte auf die Leopardenfalle und bedeutete den drei Initianden, dass die Quest und Fastenzeit einerseits erfordert, sich hinzugeben, andererseits aber auch, einen verlorenen Seelenteil zu jagen.
Die Indianer nannten solch eine Quest „Soulhunting".
Ich sagte den Männer, dass sie diesen Teil zwar nicht mehr kennen, aber ihn doch als Schmerz und Loch im Herzen manchmal spüren würden.
Dabei blickte ich Thomas freundlich an, denn er hatte genau dieses Thema in seiner Absichtserklärung geschildert.

Ich nahm die Leopardenfalle als Symbol für die Fähigkeit, bei der Seelenjagd eher mit Geduld, Schlauheit und Aufmerksamkeit zum Ziel zu gelangen als mit dem Aktionismus eines trampeligen Wüstlings.
Dieser war in der Wüste sowieso nicht erfolgreich, da man so eher schlapp machte und erschöpft wurde.
Es ging darum, listig zu sein und natürlich auch um eine klare Intention.
Es ging um die Verbindung des weiblichen und männlichen Prinzips.
Die Beduinen lockten das Tier in eine Falle.
War das nun männlich oder weiblich?

„Arbeite nicht denkend und planend an machbaren Lösungen.
Gib Dich verloren, suche den Rat aller Welt in Deinen Mitgeschöpfen und flehe bei der für Dich höchsten Instanz um ein Gesicht – um einen ersten Blick auf Dein neues Gesicht", sagte ich.
„Oder grabe (symbolisch gesehen) Brunnenlöcher, wie die Beduinen, intuitiv und gleichzeitig genau beobachtend.
Wo wachsen grüne Sträucher und Bäume?
Wie könnte Deine unterirdische (Lebens) Ader verlaufen?
Integriere das Weibliche in das Männliche!"
Wir mussten los, denn dieses Mal wollten wir keine Zwischenrast in Ouds Oase machen, sondern gleich zu Schpeijl hoch.
Weitere Kamele überholten uns.

Hussein erzählte, genau wie bei der letzten Tour Saddala, vom falschen Salbei, der giftig für die Augen sei und stellte uns die in der Wüste vorkommenden Minzarten vor.
Es war Anfang Mai und im Wadi herrschte frühsommerliche Stimmung.
Die orangeroten Blüten der Granatapfelbäume leuchteten weit, während die der Apfel- und Birnbäume schon abgefallen waren.
Kleine hellgrüne Fruchtknollen bildeten sich an den Zweigen. Rosengewächse rankten sich über die mit Stacheldraht bewehrte Oase von Oud.
Das Schöne und Fruchtbare musste geschützt werden, dachte ich mir.
Welch ein Kontrast. Hier das Liebliche und dort, außerhalb der Oase, die unwirtliche, geröllartige Hochgebirgswüste mit ihren gefräßigen Eseln.
Wir nahmen dieses Mal eine Abkürzung und übernachteten nicht bei Oud.
Die Kamele nahmen einen anderen Weg.
Es war später Nachmittag und in unserem schmalen Canyon wurde es schattig und kühl.
Die Sonne stand weit im Westen und ab und zu lugte im Osten schon die erleuchtete Spitze der Katharinenkapelle hervor.
Das Wadi hatte viele grüne Stellen und vereinzelt floss soviel Wasser, dass es fast schon wirkte wie kleine Bäche.
In den ausgehöhlten Steingumpen stand das Wasser dreißig bis vierzig Zentimeter hoch.
Sie hatten eine Länge von zwei Metern und waren sechzig Zentimeter breit. Fünf Meter weiter versickerte das kostbare Gut im Wüstensand. Dann aber kam wieder ein Gumpen, bei dem man am getrockneten Algenrand abmessen konnte, wie hoch das Wasser direkt nach der Schneeschmelze, Anfang März, gestanden hatte.
Oben bei Schpeijl seien diesen Winter zwanzig Zentimeter Schnee gefallen. Selbst in St. Katharina habe es geschneit. Es sei deshalb ein so gutes Wasserjahr wie seit vielen Jahren nicht mehr, erzählte unser Bergführer.

Ich erinnerte mich an meinen Wachtraum bei meiner VisionQuest in den indianischen Inyomountains in Kalifornien, als die Thymianbüsche wie kleine Korallenriffe aussahen und die trockenen herumfliegenden Blätter zu Schmetterlingen wurden, die fröhlich im Wüstenwind flatterten. An den Schleifspuren im Gestein des Canyons sah und hörte ich damals das rauschende Wasser, das vor Hunderten von Jahren dort geflossen war. Der Flussgeist kam damals zurück und auch mein eigener Lebensfluss begann bei der damaligen Quest zu fließen.

Wir kamen erneut an einem Eselskelett vorbei, das die Initianden beeindruckte, vor allem weil Knochen und Hautreste so leicht wie Balsaholz oder Pergamentpapier waren.
Kadavergeruch war keiner mehr festzustellen. Hitze, Kälte und Wind hatten jedes Leben hinweggeweht.
Schpeijls Sohn Farragh (فرج) kam uns freudestrahlend entgegen.
Wir hörten schon das Stromaggregat fleißig wummern und Wasser ins Rückhaltebecken pumpen.
Bald waren wir da.

Der alte Oasenwächter der Awlad Said begrüßte uns warmherzig, als ob er uns sehnsüchtig erwartet habe. Er machte allerdings ein gequältes Gesicht.
Ich wusste nicht warum.
Später klärte mich Hussein hinter vorgehaltener Hand und unter Kichern auf: Er hatte zuviel Opium genommen und litt, infolge der Entspannung im Darm, an einer fürchterlichen Verstopfung.
Schpeijl wollte von uns Durchfallmittel haben, aber Hans sagte, das wäre töricht. Wenn er eine so starke Verstopfung habe, könne das Medikament seinen Darm quasi sprengen, wenn er nicht gleichzeitig abführen könne. Seine unteren Eingeweide würden beschädigt werden.
Wir schlugen ihm deshalb vor, sich in Begleitung in das kleine Hospital nach St. Katharina bringen zu lassen, weil die Sache nur mit einem Einlauf bewältigt werden könne.
Natürlich wurde in den umliegenden Gärten darüber spekuliert, wie groß das Klistier wohl gewesen sei und wie schrecklich es in dem kleinen Hospital wohl gestunken habe.
Den Kameltreibern gab ich Bakschisch und den Enkeln und Kindern des Schpeijlclans Mastix (hebräisch: Kaugummi) mit der Auflage, wieder aus unserem Garten zu verschwinden. Sie durften nicht bei der Vorbereitung der MännerQuest dabei sein und hielten sich deshalb in einer nahegelegenen Oase auf. Sie waren einfach zu neugierig und penetrant. Weiteres Bakschisch und Mastix sollte es erst am Ende der zehn Tage geben.
Ich sah in den aufmerksamen Augen dieser liebenswerten Wüstlinge, dass sie sich den Tag genau merkten, an dem es etwas abzuholen geben würde. Ein Junge zeigte uns schon mal seine kleinen Rauchquarze und Bergkristalle, die er dann zum Tausch mitbringen würde.

4.3. Die Sprache der Wüste

Wir verteilten die Schlafplätze.
Am Eingang des Gartens schliefen Hans, Kurt und ich.
In der Mitte, im ummauerten kleinen Areal der Küche und in der Nähe des Versorgungsbrunnens, die Beduinen und am anderen Ende des Gartens die Initianden.
Wir holten schnell unsere Sachen hervor, denn bald würde es dazu zu dunkel sein.
Es dauerte dann noch ein Weilchen, bis der Mond aufging.
Hussein und Mohammed schnitten leere Wasserflaschen in der Mitte durch und füllten die so entstandenen Becher mit Wüstensand. In diese wurden Stearinkerzen gesteckt und fertig waren die arabischen Windlichter.
Eine heimelig geborgene und geschützte Stimmung breitete sich in unserem Männergarten aus.
Schon duftete es nach gebratenen Hähnchen und nicht viel später machten wir mit unseren Initianden eine letzte Einweisungsrunde in die Gepflogenheiten und stillen Örtchen eines solchen Wüstengartens.
Diese lagen nämlich draußen in der Wüste.

Die Notdurft konnte nur, ausgerüstet mit Stirnlampe und Feuerzeug zum Verbrennen des Toilettenpapiers, getätigt werden. Sie vertrocknete schnell und den Rest schnappten sich die halbwilden Esel in ihrer Gier nach Mineralstoffen, die sie im Kot fanden.
Die Beduinen verrichteten ihr Gute-Nacht-Gebet in Richtung Mekka, wodurch ich den Questern gleich die Südostrichtung und die Ostrichtung zeigen konnte, in welcher das Katharinenmassiv lag.

Hinter uns, am Nordhimmel, stand der Große Bär/Große Wagen, der sich um den Polarstern drehte, um einiges weiter oben als im Oktober.
Die Oasentür musste penibel verschlossen werden wegen der Esel.

An unserem Gesprächsrundenplatz im Garten markierte ich noch die vier Himmelsrichtungen/Archetypenrichtungen mit den Farben und den Elementen:

Weiß/Norden/König/Luft
Schwarz/Westen/Magier/Erde
Rot/Süden/Liebhaber/Wasser
Gelb/Osten/Krieger/Feuer

Das ergab gutes, ernsthaftes „Spielmaterial" im Rahmen der kleinen Männerkosmologie während der Quest, fast wie auf einem indianischen Medizinrad.

Mir fiel ein, was Hildegard von Bingen, die große christliche Mystikerin, über die Grün- und Vitalkraft gesagt hatte:
„Die Elemente sind im Menschen, und der Mensch wirkt mit ihnen. Feuer, Luft, Wasser und Erde sind untereinander so eng verknüpft, dass keines vom anderen getrennt werden kann, sie halten sich gegenseitig fest. Ja, die Welt würde zugrunde gehen, wenn ein Element vom anderen getrennt existieren könnte, sie sind unauflöslich miteinander verkettet."

Wir sangen noch ein Lied zu den vier Elementen, nahmen noch ein Gläschen Tee mit einem, zwei, drei oder vier Beduinenlöffel Zucker zu uns und verschwanden, nachdem wir die Frühstückszeit ausgemacht hatten, in unseren Schlafsäcken.
Suliman, der Koch, verabschiedete uns mit einem „Tesba alaa cher" - تصبح على خير (Gute-Nacht-bis-morgen früh).
Ich breitete vorsorglich meine lose Außenzelthaut über den Schlafsack. Hans ebenso.
Kurt und die Initianden sollten selbst herausfinden, wie kalt es hier oben auf 2100 Meter werden konnte.
Noch war es sommerlich warm.
Das Palavern der Beduinen lullte mich ein.
Sie hatten bestimmt viel zu erzählen und ihre Mitbringsel zu begutachten oder auszutauschen.

Bei der MännerQuest ergeben sich, aufgrund des unterschiedlichen „genius loci" (Geist des Ortes), logischerweise andere Vorbereitungsübungen im Sinai als in Schweden:

Während ich in Nordschweden als erstes ein Sicherheits- und Kanutraining ansetze, kann ich hier damit beginnen, zu überprüfen, ob die Männer innerlich gut vorbereitet sind. Sicherheitsübungen folgen erst danach.
Die Initianden hatten zu Hause in Deutschland eine selbstkreiierte, eintägige Fastenwanderung mit selbstkreiierten Naturritualen zu absolvieren.

Ich hatte damals geschrieben:

> Die Medizinfastenwanderung ist eine eintägige Reise auf dem Antlitz der Erde. Sie ist ein Spiegel, in dem sich die Zeichen und Symbole in der äußeren Welt widerspiegeln. So kann sie wesentliche Hinweise auf die Dir eigene Art und Kraft der VisionQuest geben. Deshalb ist sie unerlässlich, ich kann mit niemandem arbeiten, der sie nicht unternommen hat.
> Die Medizinwanderung führt Dich, soweit möglich abseits von Menschen und ihren Siedlungen, einen Tag lang durch die Natur. Während der ganzen Zeit isst Du nicht und trinkst nur Wasser, das Du bei Dir trägst.
> Es geht nicht darum, einen besonders herausfordernden oder schwierigen Weg zu nehmen. Auch ist es nicht nötig, weite Strecken zurückzulegen oder die ganze Zeit zu laufen. Aufenthalte an Plätzen, die Dich anziehen, selbst Schlafen und Träumen dort, können wichtig sein. Das einzige, worauf es ankommt, ist Deine Offenheit für die Schönheit des Lebens und die Wirklichkeit des Todes, so wie die Natur Dir beide zeigt.
> Du beginnst die Medizinwanderung bei Sonnenaufgang und kehrst bei Sonnenuntergang von ihr zurück. Am Anfang steht eine kleine Zeremonie, in der Du aus natürlichen Materialien eine einfache Schwelle markierst. Du überschreitest die Schwelle in dem Bewusstsein, dass dahinter eine andere als die gewohnte Welt beginnt – eine Welt, in der Landschaft, Ereignisse und Begegnungen symbolische Bedeutung haben. Dein Weg soll nicht vorgeplant sein. Du hältst einfach die Augen und Ohren offen und gehst überall hin, wohin Du Dich gezogen fühlst, weil Deine Aufmerksamkeit dorthin wandert. Sei Dir ohne Wünsche und Urteile einfach der Lebendigkeit und Bewusstheit der natürlichen Umgebung und ihrer Botschaften an Dich bewusst. Vertraue jenseits von Verstehen-Wollen darauf, dass Du während der Medizinwanderung bestimmte Wesen und Kräfte der Natur anziehst, die sich Dir zeigen und symbolische Hinweise auf Deine Gaben, Deine Lebensrichtung und auf Dir gemäße Zeremonien geben.
> Schaue, lausche, staune.
> Irgendwann auf der Wanderung wirst Du einen Gegenstand finden, bei dem Du spürst, dass er für Dich ein Symbol von Bedeutung und Wichtigkeit ist. Diesen Gegenstand nimmst Du mit, er ist Symbol für Deine Visionssuche. Bring ihn zur MännerQuest im Sinai mit (wenn er zu groß oder unhandlich ist fertige eine Skizze an) und lasse Dich bis dahin von ihm immer wieder an Dein Vorhaben erinnern.
> Bei Sonnenuntergang kehrst Du zu der Schwelle zurück, über die Du am Morgen gegangen bist, und überschreitest sie in dem Bewusstsein, dass Du in die Alltagswelt und den gewohnten Rahmen von Wahrnehmung und Bedeutung zurückkehrst.

Zerstreue hinter Dir die Materialien, aus denen die Schwelle besteht.
Es ist sinnvoll, Dir die wesentlichen Details der Medizinwanderung aufzuschreiben und mit niemandem darüber zu reden, bis Du sie in der Vorbereitungsphase zur MännerQuest mit mir und den anderen Questern teilst.

Ich empfehle Dir allerdings, aus Sicherheitsgründen vorab jemanden von der Absicht und dem ungefähren Aufenthaltsort Deiner Wanderung zu unterrichten und Dich nach Deiner Rückkehr wieder zu melden.
Wenn Du mit dem Auto ins Naturgebiet fährst, iss vorher und hinterher etwas. Während der Schwellenzeit wird nichts gegessen. Kompass und Karte sind nicht sinnvoll. Nach der Medizinwanderung nach Zecken absuchen oder absuchen lassen.

In der Vorbereitung zur MännerQuest hören wir uns alle, das Leitungsteam und die anderen Initianden, die Geschichte dieser Medizinfastenwanderung an.
Ich betrachte sie nach einem bestimmten Raster und gewinne dabei aus der Geschichte ein Bild von Balance und Einstimmung des Kandidaten in der Natur.

Dabei geht es im wesentlichen um folgende Gesichtspunkte:
Innere und äußere Balance in der Natur, wie bewältigt der Initiand Herausforderungen?
Sicherheit der Person: Mögliche Gefahren und Ressourcen zu ihrer Bewältigung.
Welche natürlichen Botschaften kommen über welche Kanäle an?
Fähigkeit zur Sinngebung: Übertragung äußerer Erfahrung nach innen.
Ritueller Gestus, Umgang mit der Schwelle.
Gefahren, Prüfungen:
Welche inneren/äußerenSchwierigkeiten sind aufgetaucht?
Wurden sie wahrgenommen?
Wie?
Welche Schattenthemen deuten sich an?
Gaben und Ressourcen: Welche Kräfte standen zur Verfügung?
Auch archetypische des Kriegers, Königs, Liebhabers, Magiers?
Wurden sie eingesetzt? Wie?
Kommunikation: Welche natürlichen Helfer zeigten sich?
Sinngebung: Wurden ihre Botschaften erkannt und auf das eigene Leben angewendet?
Belohnung und Schätze: Was ist das Geschenk der Medizinwanderung?
Wie kann es zum Nutzen der Erde und der Gemeinschaft verwendet werden?
Symbol: Was wurde mitgebracht? Wofür steht es?

Alle hatten diese Art von Vorprüfung im April im Harz, Odenwald und in den Wümmeniederungen in Norddeutschland getätigt.
Gustav erzählte am nächsten Morgen in unserem schattigen Wüstengarten als Erster von seiner vorbereitenden Wanderung.

Ich konnte erkennen, dass er viel Erfahrung in der Natur hatte und eine heftige Regenphase in einem Unterstand gut überstanden hatte.
Als Pfleger im Krankenhaus kannte er auch den Fastenprozess, so dass dabei auch nichts zu befürchten war.
Am Ende der Medzinwanderung hatte er allerdings vergessen, die Schwelle wieder zu beseitigen.
Er hatte sehr viel zu erzählen, und als ich ihn auf das Vergessen der Schwelle ansprach, sagte er mir, dass er sowieso sein ganzen Leben lang auf einer Art mystischen Wanderung sei, voll von Geheimnissen.
Ich bat ihn, die Schwelle geistig-imaginativ, beziehungsweise in einem kleinen Nachholritual zu beseitigen.
Ich bestärkte ihn in seiner Idee von der mystischen Wanderung, gab aber zu Bedenken, dass es auch noch andere Realitäten gäbe. Ebenso fragte ich ihn, ob er nicht wenigstens eines dieser Geheimnisse lüften wolle, zum Beispiel das um die Bedeutung der Plastikrose, die er auf einem Waldweg gefunden habe.
Da kam er dann doch noch auf sein „künstliches" Liebesleben zu sprechen, vor allem während der Trinkzeit, die er ja gerade bendet hatte. Und dass dieses „Plastikgefühl" immer noch in ihm stecke. Er lebe, als ob er einen dünnen Schutzfilm aus dünnem Plastik um sich herum habe, der ihm aber auch Schutz bedeute.
Er lebte sein inneres Leben offensichtlich in Distanz vom äußeren.
Er sprach zwar von echten Gefühlen, war sich aber nicht sicher, ob das seine eigenen waren oder die, die er von seinem „schwachen" Vater übernommen hatte.

Thomas, ein gewichtiger Muskelmann, erzählte als Nächster von seiner Wanderung.
Er hatte die beste Ausrüstung von allen hier in der Wüste und sogleich fiel mir die Bemerkung von Hans über den am Besten ausgerüsteten Toten ein.
Thomas war sozusagen isoliert in die Natur gegangen, ohne tiefer mit ihr in Kontakt zu treten. Das Fasten hatte ihm enorme Probleme bereitet und er hatte Kopfschmerzen bekommen.
Er war ein Mann, der sehr viel über das Leben nachdachte, aber wenig im szenischen Kontext erfassen konnte, das heißt, er stellte Informationen und Gefühlsbewertungen gleichwertig nebeneinander.
Er hatte etwas Steinernes und Gepanzertes.
Interessanterweise hatte er einen spitzen Stein von der Medizinwanderung in Deutschland mitgebracht, der seine Aggression, Wut und Groll auf alles, auch auf sich selbst, verkörperte.
Er gestand mir, dass er früher einmal Muskelaufbautraining mit Anabolika betrieben hatte. Er war sehr unsicher. Es ging ihm schlecht. Er bekam beim Erzählen feuchte Augen.
In ihm sah ich den kleinen trotzigen Jungen, der es dem Leben oder seinem Vater zeigen wollte. Irgendetwas in ihm schien abgekapselt und strahlte eine sehr starke Vereinsamung aus. Er hing einer uralten Beziehung zu einer Frau nach, von der er nicht loskam.

Wolfgang brachte von der Medizinwanderung ein Holzschwert mit. Das Instrument eines Kriegers. Eigentlich wollte er ja königlich agieren, wollte ruhiger und gelassener werden. König sein und souverän. Er sehnte sich nach innerer Ruhe und sprach darüber, dass er eine bigotte Mutter hatte. Er hatte wenig Vertrauen in die Welt und hatte eine Kleiberfeder mitgebracht.
„Ja, wär ja ganz schön", seufzte er: „der Kleiber, ein Vogel der nur so strotzt vor Selbstbewusstsein. Ein Vogel, der weiß, was er will! Schlägt kurz Krawall, damit die Konkurrenz sich trollt".

Ging der Erzähler bei der Medizinwanderung zu sehr in die Tiefe, deutete zuviel und interpretierte sich selbst, fragte ich nach dem konkreten Ereignis/Situation zum Beispiel mit einer Pflanze oder einem Tier.
Ich zog also die „Energie" an die Oberfläche, vom Abstrakten zum Konkreten des jetzigen Lebens.
Ging jemand zu sehr an die Oberfläche des Jetzt – sagte er zum Beispiel „da war das und dann das und dann das...", zog ich die „Energie" in die Tiefe.
Fragen können daher sein:

Was hast Du gesehen?
Was hast Du gespürt?
Wo war das?
Wer war dabei? (Pflanze, Tier, Stein)
Wie hast Du das mit Dir verbunden?
Was bedeutet das für Dich?

Der Archetypentest (siehe Seite 42) ergab wie so oft, dass die Männer „normal" waren, was bedeutete, dass sie beim König und Krieger, also bei den Themen „Überblick und Durchsetzung" wenig Kreuze gemacht hatten. Liebhaber und Magier waren soweit in Ordnung.

Ich frage mich natürlich, welche Naturaufgabe wäre für den einen oder anderen sinnvoll?
Ich wies die Kandidaten aber zuerst grundsätzlich in die Kommunikation mit der Wüste und die symbolischen Spiegelungsvorgänge ein.

Nach dem Mittagessen gingen sie deshalb das erste Mal hinaus in die Wüste.
Ich zog eine Linie und stellte ihnen das nördliche Gebiet außerhalb der Oase zur Verfügung.
Im schlimmsten Fall konnten sie so bei der Leopardenfalle oder in St. Katharina Dorf landen. Das Gebiet war ihnen vom Anmarsch her vertraut.
Ich betonte noch einmal, dass wir für das Projekt eine Sondererlaubnis hatten und bat sie, Scheich Moses und die Beduinen nicht in Verlegenheit zu bringen.

Folgende Anweisungen gab ich noch mit:
1 Kleiner Tagesrucksack.
Du hast ihn in der Wüste immer als Notgepäck bei Dir, wenn Du Dich von Deinem Lagerplatz entfernst. Hinein gehören: Tuch zum Abbinden, Wasserflasche, Taschenmesser, Pflaster, Traubenzucker, Pullover/Jacke, Wollmütze, kleiner Notizblock und Kugelschreiber oder Bleistift, Trillerpfeife mit Halsband, Kälte- bzw. Wärmefolie, Toilettenpapier, Beduinenkopftuch, Verbandszeug, Uhr, Sonnenbrille, Sonnencreme mit starkem Schutzfaktor, etc.
Dann gab es noch eine Einweisung zur Gefahr einer Dehydration.
Es war ja neben der Wüstenwanderung gleichzeitig eine Hochgebirgswanderung. Daher brauchten sie knöchelhohe Bergschuhe (auch wegen der Schlangen und Skorpione).
Keine Steine einfach so umdrehen, nicht in Löcher greifen. Immer rückwärtsschauen. Markante Punkte merken. Maximal eine Stunde gehen. Dann Pause. Dann wieder zurück. Trinken üben.

Holz (hatab, حطب) mitbringen, nicht nur für sich selbst, auch für das gemeinsame Essensfeuer. Ich erhoffte mir davon weniger Eselskötelrauchgeruch.

Geschwind lernten sie noch ein paar arabische Worte: Sheik Muossa, Wadi Ghazana, Dhalil (Führer) Hussein, Bustan Schpeijl, Awlad Said (اولاد سعيد).

Dann wies ich sie in zwei Naturübungen ein.

> **Übung 1:**
> Lass Dich von einer Pflanze, Busch, Baum, Strauch „finden" ... irgendwo wirst Du Rast oder Pause machen, etwas zieht Dich an:
> Wie lebt diese Pflanze?
> Woher bekomt sie ihre Nahrung?
> Lebt sie alleine? Ist sie stachelig? Oder lieblich-weich? Verletzlich?
> Lebt sie in Symbiose mit anderen Pflanzen?
> Wie kam sie da hin?
> Was sagt sie Dir?
> Drückt sie symbolisch gesehen etwas aus, was mit Deinem Anliegen zu tun hat?
> Wie ist sie verwurzelt?
> Behindert sie der Stein, die Umgebung, von denen sie einst oder noch jetzt ihre Mineralstoffe bekommt?
> Lebt sie geschützt? Versteckt? Oder offen auf „freier" Flur?
> Was sagt die Pflanze über Dich aus?
> Stelle ihr eine Frage aus Deiner Absichtserklärung oder über etwas, was Dich spontan bewegt!

Übung 2:
Mach dassselbe mit einem Stein, der Dich „findet“ oder einem Felsbrocken.
Schau Dir seine verschiedenen Seiten an.
Welche Zeichen, Bilder, Symbole zeichnen sich auf seiner Oberfläche ab? Erkennst Du ein Auge, Kreis, Loch, Richtungspfeil auf ihm oder andere Dinge und Hinweise?

Die drei konnten es kaum erwarten, hinaus zu kommen.
Kurt wollte auch in die Wüste hinaus.
Alle zeigten mir, in welcher Richtung sie sich von der Oase entfernen und welches Ziel sie ungefähr erreichen wollten.

Hans und ich ruhten uns aus und tranken einen Gahava, einen türkischen Mokka also.
Aus dem Wort „Gahawa“ wurde später übrigens „Gahafe“ und das war die eigentliche Wurzel des Wortes „Kaffee“, das über den Bosporus und die Türkei nach Wien und so nach Europa gekommen war.

Ich erzählte Hussein von meinem Vorhaben die Männer abends in einem, durch ein Holzfeuer erleuchteten, großen Steinkreis über ihre ersten Wüstenerfahrungen und Übungen berichten zu lassen.
Er empfahl mir, einen Kreis nur fünf Minuten von der Oase entfernt zu nehmen, den er auch ab und zu zum Meditieren benutzte.
Dieser Steinkreis war direkt neben einer alten, kaum mehr erkennbaren Grabstätte der Beduinen angelegt. Einfache, einen halben Meter hohe, verwitterte Steinstelen zeugten noch von einzelnen Ruhestätten.
Hussein, alias Abu Rallabah (Vater Plappermaul), bat mich, abends auch eine Geschichte erzählen zu dürfen. Auf Deutsch!
Mir wolle er sie gleich zur Probe mitteilen, ob ich sie auch verstehen würde.
Er begann:

Es war einmal ein König, der hatte einen Sohn. Der sollte heiraten. Der Sohn hatte auch einen schönen Vogel in einem Käfig von seinem Vater geschenkt bekommen, der früher seiner Mutter, der Frau des Königs gehört hatte. Aber die Mutter war schon tot. Der Sohn sollte aber auf den wunderschönen Vogel im Käfig aufpassen.
Als seine Braut ihn besuchte, öffnete er den Käfig. Er wollte seiner Geliebten zeigen, wie schön der Vogel fliegen konnte. Der Vogel flog davon.
Damit der König das nicht merken sollte, besorgte er einen neuen Vogel auf dem Markt. Aber eine Nachbarin hatte das gesehen und dem König erzählt.
Der König kam nun zu seinem Sohn und wollte den Vogel sehen und auch hören, weil er so schön singen konnte.
Aber er entdeckte, dass es ein falscher Vogel war. Er war sehr wütend, aber weil er seinen Sohn über alles liebte, verzieh er ihm und sprach: „Dass Ihr beide euch liebt, ist mir wichtiger als der Vogel“ ... und am Abend feierten sie ein großes Fest.

4.4. Erzählungen und Weisheiten

Mit Windlichtern zogen wir am Abend in den großen Erzählkreis am Beduinenfriedhof. Mohammed, der Kamelführer, wollte auch mitkommen, obwohl er kein Deutsch verstand. Er war einfach nur neugierig. Suliman blieb im Garten. Jeder der Männer hatte sein gesammeltes Strauchwurzelholz dabei.

Ich freute mich auf die Geschichten.

Bei einem meiner Theaterlehrer hatte ich im Schauspielunterricht gelernt, wie es recht mühelos gelingen kann, eine erzählende Person von einer Geschichte wegzubringen, die sie sich nur ausgedacht hat.
Es ging damals darum, das authentische Erzählen zu üben, damit der Zuhörer es wirklich nacherleben konnte.
Diese Methode hat etwas mit physikalischem (leiblich-körperlichem) Widerstand zu tun, ähnlich wie auch die Stimme beim Singen durch körperliche Stützarbeit geformt wird.
Es ging darum, den Erzähler zu irritieren, damit er gezwungen war, sich wirklich zu „zeigen". Er konnte dadurch auch weniger gezielt grimassieren und etwas „Schlaues" erzählen, sondern musste seine ihm gemäße Weisheit unkontrolliert aus seinem Inneren emporsteigen lassen. Er wurde präsenter. Trotz der Irritation gelang dies allerdings nur, wenn der Erzähler diese Form vertrauensvoll akzeptierte oder die Irritation natürlich eingebaut wurde.
Ich legte innerhalb des großen Erzählkreises einen kleinen inneren Kreis an von circa drei Meter Durchmesser. In diesem Kreis brannte ein Feuer, das natürlich auch rauchte.
Die Aufgabe beim Erzählen war nun, ein Feuer zu erhalten, das hell genug war, um den Erzähler sehen zu können. Das Feuer entwickelte aber auch Rauch, dem die vortragende Person ausweichen musste. Sie fühlte sich „gestört".

Immer wenn die Stimme monoton zu werden drohte, forderte ich den Erzähler auf, etwas mit dem Feuer zu machen. So konnten sich die Männer nicht am Ausgedachten festhalten, sondern waren gezwungen, das zu erzählen, was sie wirklich erlebt hatten.
Das waren nicht immer tolle, dramatische Geschichten. Dafür waren sie einfach, ehrlich und echt.
Oft wurde es gerade wegen der „Störung" eine kleine feine, sogar geniale Geschichte, von der der Protagonist vorher selbst nicht wusste, dass sie in ihm steckte.
Der Genius des einzelnen Mannes konnte so sichtbar werden und zeigte sich, selbst wenn der Erzähler, beeinträchtigt durch alte Verweigerungsmuster, Trotz oder Verklemmungen und Verdrängungen gar nicht wollte.

Lerneffekte, die sich bei dieser Methode ergaben und gefördert wurden:

- *Natürliches Sprechen und klare Gestik, die der „verlängerte Arm" der eigenen Persönlichkeit war.*

(Eine große Stärke traditioneller Männer war, dass sie einfach und klar ihre Meinung zum Ausdruck bringen konnten und dann schwiegen. Moderne Männer waren manchmal unsicher und sprachen weitschweifend, nebulös oder gar nicht.)

- *Die äußere Gestik und Mimik entfaltete sich, da die innere geistige Haltung stimmig war. Die Verbindung von körperlichem Ausdruck und geistiger Klarheit erzeugte eine besondere Ausstrahlung und Präsenz.*
- *Augenkontakt zu der Person gegenüber wurde als Stützpunkt, Fokus und Kraftquelle genutzt.*
- *Das eigene Profil und die Erweiterung des Repertoires in Präsentations- und Entscheidungssituationen konnte erprobt werden.*
- *Authentische Kommunikation von kraftvollen Geschichten und Leitbildern wurde geschult. Und natürlich wurde das Geschichtenerzählen selbst gefördert.*

Es ging dann nur noch darum, dies im Alltag zu nutzen und natürlich weiter zu üben.

Gustav begann, wie immer, und berichtete.

Er hatte wirklich viel Holz dabei und die Hälfte konnte er bestimmt an die Beduinen abgeben, die sich schon freuten, das Holz dieses Mal nicht selbst suchen zu müssen. Gustav war auf jeden Fall ein sehr sozial denkender Mann.
Er hatte wohl bei der mittäglichen Einweisung nicht mehr mitbekommen, dass die grünen Pflanzen stehen bleiben sollten, denn er hatte eine mitgebracht. Es war so seine Art, nicht konzentriert genug sein zu können oder die Dinge durch Querdenken und Misstrauen zu verkomplizieren. Vielleicht war es aber einfach nur die Aufregung gewesen. Gustav musste noch klarer im Kopf werden.
Zu seiner Entschuldigung muss gesagt werden, dass die Pflanze wirklich verdorrt aussah. Dennoch war sie am Leben. Das merkte er jetzt deutlich, als er sie als „Holz" ins Feuer warf und sie ihn mit Rauch eingaste, sozusagen als Rache.
Gustav versuchte krampfhaft, mit seinem Feuer zu spielen. Er, der naturerfahrene Routinier, machte Scherze. Jetzt musste er sich zeigen, ohne seine „Folie", die ihn sonst umgab. Etwas kindlich Neugieriges und Spielerisches trat zu Tage.
Die Pflanze aber hatte zu ihm gesprochen: „Schau genauer hin!"

Thomas war einer Strauchblume begegnet mit ihren Pflanzen-Freunden. Seine Erkenntnis: Nur mit Freunden in guter Gesellschaft geht es einem gut, auch wenn die Umwelt feindlich ist.
Er hatte seine Vereinsamung bestätigt bekommen, aber auch einen Hinweis, wie er sie überwinden könnte. Jedenfalls nicht durch mehr Leistung.
Thomas ging es wieder schlecht und er wollte nicht mehr sagen. So ließ ich ihn am Feuer sitzen und es einfach aushalten, dass er sich zeigen durfte, wie er war.
Er bekam feuchte Augen und fluchte kurz vor sich hin. Wir zuhörenden Männer im Kreis waren schweigsam für ihn da, atmeten innerlich durch und trugen mit ihm die anfänglich ungemütliche Stimmung.

Wolfgang hatte weder Stein noch Pflanze mitgebracht, noch seine empfohlene Übung gemacht. Ich konnte das akzeptieren, denn er hatte eine spannende Begegnung mit zwei Futter suchenden Eseln am steilen Berghang gehabt.

„Sie schritten den Pfad ab, den einzig möglichen Weg, der sie in Serpentinen und weiten Bögen in die Berge führte. Sie hatten offensichtlich ihre Aufmerksamkeit auf das gelenkt, was unmittelbar vor ihnen lag. Kein Tritt ging daneben, aber auch kein Blick zu weit voraus. Eine gute Schule für das „Im Hier und Jetzt sein"!

Sie waren unglaublich schön in ihrer Einfachheit. Sie gingen ihren Weg in kleinen sicheren Schritten, ob bergauf, ob bergab."

Wolfgang hatte nicht soviel Holz dabei und durfte sich etwas von Gustavs nehmen.

Dann kam Kurt an die Reihe, unser Pfarrer im Ruhestand.

Ich saß auf mittlerer Höhe über dem Wadi, mit dem Rücken an einen Stein gelehnt. Nach einiger Zeit fiel mir ein riesiger Fels auf, der das Gesicht eines alten Mannes zeigt. Zuerst dachte ich:

Ja, so ein alter, weiser Mann möchte ich werden. Dann jedoch, nachdem ich fast eine Stunde dieses Gesicht betrachtet habe, fällt mir auf, dass irgend etwas nicht stimmt.

Und dann überfallen mich förmlich die Bilder:

Das ist ja das Gesicht des alten Moses. Sein rechtes Auge zeigt die beiden Tafeln des Gesetzes: „Du sollst!"

Das linke Auge aber ist blind.

Die ganze linke Seite des Gesichtes ist wie weggewischt oder weggesprengt. Unter den Tafeln des Gesetzes ist eine Gestalt zu sehen, die eine übergroße Last trägt, fast darunter zusammen bricht, jedenfalls nicht aufrecht gehen kann.

Zur Einäugigkeit des Moses fallen mir weitere Bilder ein:

Das pralle, lustvolle, sexuelle Leben, repräsentiert durch das goldene Kalb. Aber das wird verteufelt.

Das Leben erstarrt aber so, wird zu Stein, ohne Energie.

Bevor das „Du sollst" gesprochen wird, muss doch die liebevolle Frage kommen:

„Was brauchst Du?"

Mir fällt die ganze leidvolle Geschichte mit meinem Stiefsohn Tobias ein, den ich während seiner Drogenabhängigkeit immer wieder mit Forderungen, die alle mit „Du sollst" begannen, traktiert habe.

Für Moses ist die Welt in Ordnung, wenn das „Du sollst" erfüllt ist.

Auf dem anderen Auge sehend werden, das heißt auch:

Das Abgeschobene, das Verdrängte und Verteufelte, den Schatten in das eigene Herz zu nehmen und es dort zu wandeln.

Ich sehe die Landschaft:

Durch das Wadi getrennt, liegt rechts der Kopf des Moses, links aber, da wo das Herz sitzt, liegt wie ein Paradiesgarten grün und üppig unser Beduinengarten von Schpeijl.

Ich kriege diese beiden Seiten in meinem Leben auch oft nicht zusammen.

Die Männer und die Wüste hatten gesprochen.
Aber nun kam Hussein noch dran und erzählte uns die Geschichte vom König, seinem Sohn und dem Vogel im Käfig.
Hussein begann:
Es war einmal ein König...und plapperte munter darauf los.
Aber was war das!?
Abu Rallabah erzählte den Schluss der Geschichte ganz anders als er sie mir mittags erzählt hatte:

> *„Da war der Vater sehr wütend und warf den Sohn hinaus und jagte ihn fort vom Königspalast mit folgenden Worten: ‚Der Vogel hat mich immer an Deine Mutter erinnert und jetzt ist er fort'! Und der Sohn musste mit seiner Geliebten weggehen!"*

Ich war baff.
Ich fragte Hussein, nachdem wir in die Oase zurückgekehrt waren, warum er das Ende anders erzählt habe.
Er sagte mir: „Suliman ist älter als ich und er hat mir gesagt, dass die Geschichte so erzählt werden muss!

Ich wollte nicht weiter in Hussein dringen und ein Gespräch über Tradition und Moderne beginnen.

Ich ließ es also so stehen, „schnappte" mir aber Kurt und Hans.

Wir gingen aus dem Garten hinaus und blickten zum Sternenhimmel. Die Abendmaschine der Egypt Air flog über uns, von Scharm el Sheik kommend, in Richtung Nordwesten, also Kairo.
Wir blickten hinüber zum Katharinenmassiv und unwillkürlich auch in Richtung des nicht sichtbaren Mosesbergs. Wir waren uns unausgesprochen einig.
Da war er wieder, der mahnende und strenge Zeigefinger des Moses und des Hammurabi.
Es gab ihn immer noch in dieser Gegend.
Aber bei uns auch und wer weiß, wo noch überall.

Nach dem Abendbrot zeigte ich den Männern noch einmal den Großen Wagen und die vier Himmelsrichtungen und gab ihnen auch die arabischen Übersetzungen:

- **Norden** (Schamal, **شمال**), Richtung Polarstern, dort wo ungefähr Zypern lag
- **Süden** (Dschanub, **جنوب**), Richtung Scharm el Sheik, zum Roten Meer, Richtung Jemen
- **Westen** (Gharb, **غرب**), Richtung Golf von Suez
- **Nordwesten**, Richtung Kairo
- **Osten** (Shark, **شرق**), Richtung Golf von Akaba, Saudi Arabien.
- **Nordosten**, Jordanien, Israel.

4.5. Der Verwaiste verlässt den geschützten Garten

Am nächsten Tag lernten die Männer, ein schattenspendendes Sonnensegel zu bauen, sowie sicherheitstechnische Dinge zu beachten.

Hans inspirierte die Männer spezielle Naturübungen(siehe ab Seite 64) zu tätigen.
Es ging auch um die Frage: „Was nehme ich mit auf die Mutter Salbeihochebene ins Questgebiet und was lasse ich in der Oase. Zum Beispiel das Zelt, das ja schon immer Thema gewesen war. Die Männer rangen mit sich, ob sie mehr Schutz brauchten für ihren inneren und äußeren Prozess oder weniger...
Die Struktur der vier Questtage (siehe ab Seite 60) wurde nochmals durchgesprochen.
Es gab letzte Einzelgespräche.

Die Initianden erkannten langsam, dass sie sich selbst freiwillig aus dem Paradiesgarten „hinauswarfen", sich selbst zu „Ausgesetzten" erklärten. Sie ließen sich hiermit bewusst darauf ein, sich gemeinsam dem Thema der „Verwaisung" zu stellen.
„Im 21. Jahrhundert, in dem der Satz ‚Gott ist tot' allgemein verbreitet ist, repräsentiert der Archetyp des Verwaisten die herrschende philosophische Meinung. Existentialisten wie Albert Camus meinen, dass die Absurdität des modernen Lebens ein Ergebnis des Todes Gottes und damit des dem Leben innewohnenden Sinns ist.
Da kein Sinn im Leben gesehen wird und hoffnungsvolle, optimistische Gefühle fehlen, fragt Camus: „Warum leben? Warum sich nicht einfach umbringen?"[54]

In seinen späteren Jahren findet Camus eine Art Sinn durch die Solidarität mit allen „Verwaisten" dieser Welt.
Wenn nicht alle gerettet werden, was nutzt dann die Rettung eines einzelnen?
Der rebellische Mensch lässt die Verheißung des Paradieses und seiner Besonderheit und damit die Illusion der Unsterblichkeit hinter sich, um zu lernen, zu leben und zu sterben, um ein Mensch zu sein und nicht ein Gott.

Wenn wir den kindlichen Wunsch nach dem Paradies, das Verlangen nach Unsterblichkeit und den Glauben an einen für uns alle sorgenden, gleichsam elternähnlichen Gott aufgeben, beginnen wir, erwachsen zu werden.
Wir erkennen, dass wir alle sterblich, verwundet und auf gegenseitige Hilfe angewiesen sind. Dass dadurch auch die Schöpfung und das Göttliche in die Welt kommt, sogar mit einer gesunden Portion Konfrontation und Aggressionslust.
Die Rettung des Verwaisten und „ Ausgesetzten" kann nicht von oben kommen von Gott, der Kirche, dem Staat, der Geschichte, sondern nur durch gemeinschaftliches Handeln.
Von einem bestimmten Zeitpunkt an geben Verwaiste enttäuschende Autoritäten auf und übernehmen die Kontrolle über ihr Leben, nicht um irgendeiner universellen Wahrheit willen, sondern als Reaktion auf ein inneres Gebot.

Ein solcher Mann erkennt keine absoluten, objektiven Wahrheiten mehr an, nur noch relative, subjektive.
Er erkennt, dass es keine mächtigere und verantwortlichere Macht gibt als ihn selbst. Nichts und niemand in der Außenwelt wird sie für uns festlegen.
Ob wir verantwortungsbewusste Alternativen in existentiellen oder spirituellen, in männlichen oder weiblichen Archetypenmodellen suchen, wir müssen die Verantwortung für unser Leben übernehmen und unsere Abhängigkeit von allen anderen erkennen, die genauso verwaist sind wie wir.
Das Geschenk, das der Archetyp des Verwaisten bereithält, ist ein Selbstvertrauen, das auf dem Bewusstsein unserer wechselseitigen Abhängigkeit beruht.

Die Beduinen waren gespannt was am nächsten Morgen passieren würde. Drei weitere Beduinen mit zwei Kamelen waren bereits eingetroffen und hatten frisches Wasser für uns und die Quester mitgebracht.
Jetzt saßen schon 12 Männer, Europäer und arabische Beduinen, um das gemeinsame Feuer.
Wir wollten um sechs Uhr am nächsten Morgen frühstücken.
Dann unsere Plätze abbauen und den Rest in einer kleinen Hütte im Garten verstauen. Noch behielten die Initianden die Uhren.
Morgen hatten sie viel Zeit, ihr Questgebiet zu erforschen und ich würde mit Hans, Kurt und den Beduinen ein schönes Schwellenritual vorbereiten.
Die letzte Nacht vor dem großen Hauptritual würden wir dann alle noch einmal zusammen in der Wüste verbringen.

Am letzen Abend in der Oase entspann sich noch ein Gespräch unter uns Europäern. Abu Rallabah, alias Bergführer Hussein, hörte uns aufmerksam zu. Er hatte schon vom Sufismus gehört, war aber selbst ein „normaler, toleranter Moslem".
Hans, unser Diakon, kannte sich am besten aus:
„Der Kern des Sufismus ist die innere Beziehung zwischen dem Liebenden (Sufi) und dem Geliebten (das Göttliche).
Durch die Liebe wird der Sufi zu Gott geführt, wobei der Suchende danach strebt, die Wahrheit schon in diesem Leben zu erfahren und nicht erst auf das Jenseits zu warten. Dies spiegelt sich klar in dem Prinzip, zu sterben bevor man stirbt wider, wie auch in der christlichen Mystik oder bei einer Quest, das überall im Sufismus verfolgt wird. Dadurch versuchen die Sufis, die Triebe der niederen Seele bzw. des tyrannischen Ego zu bekämpfen, damit sie in positive Eigenschaften umgeformt werden.
Leider wird bei ihnen auch der Leib und Körper abgewertet und die Triebe nicht so gesehen, als seien sie direkt mit dem Göttlichen verbunden. Auch hier tritt altes, religiöses Misstrauen gegenüber unkontrollierter Erotik und sexueller Lust/Potenz zu Tage.

Viele Sufis, so sie nicht Anhänger einer strengen Scharia (radikale Gesetzgebung, die formalistisch aus dem Koran abgeleitet wird) sind, glauben, dass in allen Religionen eine grundlegende Wahrheit zu finden sei, und dass die großen Religionen von ihrem Wesen her gleich seien. Manche Sufis gehen sogar so weit, dass sie den Sufismus nicht innerhalb des Islams, also einer Religion angesiedelt sehen, sondern meinen, dass die Mystik über der Religion stehe."

4.6. Deutsch-arabische Ritualmeister

In theatralischer Pose stand Abu Rallabah auf einem erhabenen Felsplateau und sprach dennoch sanft und ernsthaft:
„Ich übergebe Euch für vier Tage und vier Nächte unser Stammesgebiet und, im Namen von Schpeijl, das Land der Awlad Said. Seid achtsam! Es ist wild, schön und gefährlich!"
Dann führte er die Initianden noch in ein paar arabische Worte ein:

Ana sajem - انا صايم (ich faste)
Ana ussali - انا اصلي (ich bete)
Ana misch ais atkalam - انا مش عايز اتكلم (ich möchte nicht sprechen)
Dhalil - دليل (Führer ist...) Hussein
Bustan Wadi Ghazana Schpeijl - انا ابن بستان وادي غزنة (ich gehöre zum Bustan Wadi Ghazana vom Schpeijl Clan)
Ramdantour Sheik Muossa - شيخ موسى (wir machen ein Fastenritual, erlaubt vom Scheich Moses)

Die Männer waren im doppelten Sinne „heiß". Sowohl körperlich als auch seelisch.
Sie konnten ab sofort die Canyons, Wadis und die Hochebene erkunden, um ihren Platz in dieser unendlichen Wüste zu finden.
Sie konnten soweit gehen, wie sie wollten.
Sie mussten erst in fünf Stunden wieder zurück sein.
Ich gab zu bedenken, dass sie auch noch sechzehn Kilogramm Wasser zusätzlich zu ihren rund zwanzig Kilogramm Rucksackgepäck an ihren Platz zu transportieren hätten.
Es gab herrlich geschwungene kleine Hügel und Schüsseln, aber die Männer liebten die schroffe Hochebene, wollten weit weg. Typisch Männer!
Ich gab noch einen letzten Hinweis:
„Gehe erst einmal dahin, wohin Du wirklich willst. In einem zweiten Schritt müsst ihr euch wieder miteinander verbinden.
Die Männer kannten die Wüste noch nicht wirklich. Ich war mir intuitiv fast sicher, dass sie sich im allerletzten Moment wieder dem jetzigen Zwischenlager annähern würden.

Die beiden zusätzlichen Kameltreiber verabschiedeten sich, nachdem ich allen Beduinen das obligatorische Zwischenbakschisch gegeben hatte.
Wir waren weit von touristischen Pfaden entfernt und auf 2200 Meter, nur noch 400 Meter niedriger als der Katharinenberg.

Dieser musste immer als Fixpunkt im Osten erkennbar sein.
Über ihm ging morgens die Sonne auf.

Am letzten Abend vor der Quest übte ich mit Hussein, Mohammed, Kurt und Hans Arabisch und plante das Schwellenritual im Detail.
Wir waren nun eine Gruppe von deutschen und arabischen „Waschbären" (rituelle Mentoren auf Zeit) mitten in der Hochgebirgswüste Sinai.

Abu Rallabah sollte und wollte den König spielen.
Der fröhliche Mohamed den Liebhaber.
Kurt war der Magier mit Sonnenbrille.
Hans der lustvolle Krieger.
Ich war der Zeremonienmeister.

Wir übten alle gemeinsam die Sätze in Deutsch und Arabisch. Mohammed sprach Arabisch und Englisch, da er keinen Zugang zum Deutschen fand.

Ana al malek - انا الملك (Ich bin derKönig)
Ana al askari - انا العسكري (Ich bin der Krieger)
Ana al sachr - انا الساحر (Ich bin der Magier)
Ana al bachlawan - انا البهلوان (Ich bin der Liebhaber)
Naar - النار (Feuer)
Moje - ميّة (Wasser)
Ard - ارض (Erde)
Hauwa - هواء (Luft)
Ana al schamal - انا الشمال (Ich bin der Norden)
Anal al shark - انا الشرق (Ich bin der Osten)
Al dschanub - انا الجنوب (Ich bin der Süden)
Ana al gharb - انا الغرب (Ich bin der Westen)
Ana aljoum awed - انا اليوم الاول (Ich bin der erste Tag)
Anal aljoum etnen - انا اليوم الثاني (Ich bin der zweite Tag)
Ana aljoum talata - انا اليوم الثالث (Ich bin der dritte Tag)
Ana aljoum arba - انا اليوم الرابع (Ich bin der vierte Tag)

Wir übten mit Mohammed:
"I am the colour red, I am the lover, I am the south, I am the second day", kam vom Kamelführer und der Südkraft.
„Isch bin der König, Isch bin die kristallklare Luffft des Winters", von Abu Rallabah, unserem Bergführer.

Dann bereiteten wir zwischen zwei riesigen Steinzähnen und in den Himmel ragenden Felsen den Schwellenkreis vor.

Suliman kochte eine letzte Gemüsesuppe für die Initianden.
Die Lager- und Schlafplätze waren ähnlich aufgeteilt wie im Garten. Jede Gruppe schlief an einem eigenen Platz.
Mit langen Seilen wurde eine überdimensionale Zeltplane aus schwerem Stoff zwischen drei gigantischen Felsen aufgespannt.
Hier oben gab es keine größeren Schattenplätze mehr.

Die Beduinen sammelten eine Menge Holz für die Nacht und erweiterten den steinernen Windschutz, den sie schon im letzten Oktober angelegt hatten. Die Gegend hier oben konnte man fast mit Nepal, Afghanistan oder Tibet vergleichen.
Ein paar wilde Esel beäugten uns und Hans grinste wegen des zu erwartenden Eseltees. (Tschai bel hamar, frei übersetzt „Tee mit Esel"...)

Die Initianden trafen leicht sonnenverbrannt oder mit spröden, aufgerissenen Lippen nacheinander im Basislager ein. Erschöpft sanken sie nieder und schliefen sofort ein.
Sie waren gewarnt.
Thomas kam zuletzt, zwei Stunden später als die anderen.
Er hatte sich verlaufen. Der Katharinenberg hatte ihm, Gott sei Dank, letztlich die Orientierung ermöglicht.
Wir besprachen, dass sie ihre Plätze enger zusammenlegen mussten. Alle waren sofort damit einverstanden. Sie waren jetzt realistischer und konnten die Gegend hier oben nach der Erkundung besser einschätzen.
Noch einmal stiegen wir auf das Felsplateau des Morgens hoch.
Sie gaben ihre Uhren ab.

Vor dem Dunkelwerden trugen sie noch Wasser in die Richtung des „indianischen Postamtes", wie wir es nannten. Es war der Platz, an dem einer morgens, einer mittags, einer abends einen Sicherheitsstein ablegen musste, um zu zeigen, dass nichts passiert war.
Wir verabredeten weitere Sicherheitssignale. Von dem Sicherheitsplatz aus, suchten sich die Männer das Gebiet, in welchem sie ihre Fasten- und VisionQuest erleben wollten, in realistischer Entfernung voneinander,.

Sie waren bereit.

Sie wollten hinaus in die Wüste, sich tiefer erfahren in ihrem ureigenen männlichen und menschlichen Wesen.
Jetzt waren sie im Kerngebiet ihrer Seelenlandschaft angekommen, die ihnen spiegeln und erzählen konnte, was mit ihnen los war.
Ich erinnerte sie nochmals an unsere Anreise:
Frankfurt, Kairo, Scharm el Sheik, Scheich Moses, die Leopardenfalle, die Oase von Schpeijl.
Immer weiter weg von der Zivilisation, immer näher dem eigenen Innersten.

Sie gehen hinaus und kämpfen während des Fastenrituals mit sich und ihren Drachen, die den Schatz und das Gold bewachen. Sie begeben sich auf eine innere und äußere Heldenreise. Das Drehbuch scheint aus dem heiligen Lebenstheater selbst zu stammen. Pflanzen, Tiere, Steine, Wesen dieser Wüste sprechen in dieser außergewöhnlichen Reise ins Unbewusste zu den Männern.
Interpretieren und spüren müssen dies die Männer selbst.
Sie werden Widerstände gegen manches haben, was auf sie zukommt. Werden unsicher sein und Angst bekommen vor dem Neuen, das vielleicht zuerst wie ein Drache oder Dämon erscheint.
Aber auch Wege bieten sich an oder ein Durchbruch in Form eines unvorhergesehenen Ereignisses. Sie werden ringen, schreien und fluchen. Sie werden geprüft und finden hoffentlich überraschend Lösungen und ihr persönliches Gold.

Der eine oder andere Mann wird innerlich im letzten Moment sagen:
„Ich bin nicht stark genug", und sich fast einreden, dass er noch warten muss, bis er darauf vorbereitet ist, den Ungeheuern zu begegnen, die sich in den Schatten von morgen verbergen.
„Ist er jedoch seiner Vision würdig, wird er sich schließlich doch in völliger Unschuld und mit größtem Vertrauen auf den Weg zum Großen Fluss machen wie springende Maus und die Heiligen Berge sehen.
Warte deshalb nicht auf große Stärke, bevor du dich aufmachst, denn die Bewegungslosigkeit wird dich nur weiter schwächen. Warte nicht darauf, bis du alles glasklar siehst, bevor du losgehst: Man muss dem Licht entgegengehen."[55]

Es gab ein letztes Süppchen.

Typisch Gustav.
Erst jetzt erzählte er mir, dass sein Vater vor drei Monaten gestorben war. Alles und vieles hatte er mir mitgeteilt. Sogar etwas Asche seines Vaters wollte er in den Wüstenwind streuen. Sein Vater war in Holland eingeäschert worden und so war es ihm überhaupt möglich, an die Asche seines Vaters zu kommen.

Seine Frage, mit der in die Wüste hinausging, war:
„Wie kann ich mich besser von Autoritäten abgrenzen und mir selbst näher kommen?"
Dazu bat er um mehr Kraft des Liebhabers.

„Wie finde ich einen guten Platz im Leben"?
Thomas hatte seiner Frage „ohne Anstrengung" hinzugefügt. Ich riet ihm, diese Art der Suggestion herauszunehmen. „Ohne Anstrengung" war eine Verneinung. Unser Gehirn würde sich mehr das Wort „Anstrengung" merken als das kleine Wort „ohne". Vielleicht konnte er stattdessen das Wort „leichter" einfügen.
Es könnte also dann leichter werden einen guten Platz zu finden.

Er bat um mehr archetypische Kraft des Königs.

Wolfgangs Frage lautete:
„Wie finde ich zu der mir gemäßen Kraft?"
Er bat um mehr Krieger- und Durchsetzungskraft.

Bevor sie entschieden, ob sie ihr Zelt als Schutz mit hinausnehmen wollten, sollten sie erst einmal diese Nacht hier im Zwischenlager draußen schlafen.
Das Abführmittel zur Einleitung des Fastens sollten sie erst am nächsten Morgen an ihrem Platz nehmen, um nachts nicht in Bedrängnis zu geraten.

Am Morgen beim Verblassen des letzten Sternes weckten wir die Männer sanft.
Es war fünf Uhr.
Die Abmachung „Verblassen des letzten Sternes" verwendeten wir auch, um die Rückkehrzeit nach der vierten Nacht zu definieren.

Nur Wolfgang wollte sein Zelt mitnehmen, um sich zusätzlich zu seinem Schlafsack darin einwickeln zu können. Die beiden anderen verzichteten.

Die beiden Kamele, Karbuschi und Sambo, bewachten, geschmückt mit bunten Bändern der vier Archetypen und Himmelsrichtungsfarben, den Eingang zum Schwellenkreis.
Einzelnen betraten die Initianden den Kreis, in dem Hussein als König im Norden mit seinem weißen Beduinengewand stand.

Pfarrer Kurt war wie schon gesagt der Magier, Diakon Hans der Krieger, Abu Rallabah der schlaue König und Mohammed der Liebhaber.
Alle vier hatten sich mit den entsprechenden Farben das Gesicht bemalt.
Ich war der Zeremonienmeister.
Wir sangen Lieder und weihräucherten die Initianden.
Die „Vier Kräfte" sagten in Deutsch-Arabisch-Englisch ihre Texte.
Es war ein feierlicher und berührender Moment.
Dann erkundigte ich mich ganz offiziell noch einmal bei jedem Mann nach seinem Vornamen und der Frage, von welcher archetypischen Kraft er mehr erringen wollte.

Thomas war der erste. Er sah sehr ernst aus.
Am Ende seiner „Entlassung" ertönte von uns ein gemeinsames: „rihla saida" - رحلة سعيدة
(Gute (Helden) Reise).

Nacheinander gingen sie mit ihrem schweren Gepäck in die Wüste hinaus.

5. Ehre, Scham und Achtung in der arabischen Kultur

Zusammen mit den Beduinen nahmen wir ein kleines Frühstück ein, bauten das Zwischenlager ab und kehrten in die schattenspendende Oase von Schpeijl zurück.
Dort wischten wir uns die Farbe aus dem Gesicht und bekamen ein besonderes zweites Frühstück.
Der Koch sagte, wir seien die Führer. „Autoritätspersonen", wie Gruppenführer, werden in Arabien besonders gewürdigt.
Danach schliefen wir und ruhten uns für den Rest des Tages aus.
Meine Anspannung fiel von mir ab.
Der banale Bustanalltag hatte uns wieder.
Die Quester waren jetzt dabei ihren Platz einzurichten.
Ich hatte ihnen einen Brief mitgegeben, den sie am ersten Tag öffnen sollten. Es war der Vatersegen (Seite 124), den ich von meinem Initiationsmentor, Gregory Campbell, erhalten hatte.

Kurz vor Sonnenuntergang am gleichen Tag kam der alte Schpeijl mit großem Hallo grüßend und lächelnd aus der Klinik zurück.
Doch Schpeijl hatte noch eine merkwürdige Überraschung für uns parat.
Er druckste herum, und es hatte auch den Anschein, als ob er gegenüber den anderen Beduinen nicht mit der ganzen Wahrheit herausrücken wollte.
Stück für Stück erfuhr ich, dass genau für die Zeit der Rückkehr der Initianden eine größere israelische Gruppe ein Geburtstagfest in unserem Garten feiern wolle.
Sie kämen aus Haifa und wären gute Freunde.
Mir war sofort klar, dass das nicht in Frage käme.
Wenn die Quester zurückkamen, war erst einmal Stille angesagt und kein fröhliches Durcheinander.
Es stellte sich heraus, dass Schpeijl vom Stamm der Awlad Said ohne das Wissen des Scheichs Muosa, der ja zu den Gebelia gehörte, diesen Deal abgemacht hatte.
Das war ohne Weiteres möglich, es war ja sein Garten. Gleichwohl hatte der Scheich im Auftrag der ägyptischen Verwaltung eine gewisse Oberaufsicht über das gesamte Gebiet.
Außerdem hatte Schlitzohr Schpeijl auch eine Abmachung mit dem Scheich über unsere Anwesenheit getroffen. Eine größere Gruppe brachte ihm aber mehr Geld, und wer wusste schon, was der Scheich ihm bezahlte für unseren zehntägigen Aufenthalt.
Für mich war das alles nicht mehr durchschaubar. Ich wollte natürlich die besonderen Beziehungen der Beduinen zu den Israelis hier im Hochgebirge respektieren, denn schließlich kamen sie in größeren Mengen zum Mosesberg und zum Katharinenkloster, das heißt, sie waren für die Existenzsicherung der Beduinen der naheliegendere Geschäftspartner. Sie kannten sich oft noch aus der besseren Besatzungszeit der Israelis oder zumindest die Eltern dieser Israelis, die kommen wollten.
Was nun?

Ich war verunsichert und musste diese Angelegenheit mit Schpeijl und dem Scheich klären.
Ich hatte mich gerade entschlossen, mit einem Beduinen nach St. Katharina zurückzugehen, als Hussein schmunzelnd sagte, ich könne auch den Scheich zu mir kommen lassen.
„Das können Sie", sagte er noch mal auf Deutsch und zwinkerte mit einem Auge.
Immer wenn es ernst wurde, sprach er mich mit „Sie" an.
Wollte er ein wenig Rache in Sachen Scheichamt üben und mich dabei benutzen?
Mohammed ginge am nächsten Morgen sowieso ins Dorf, um Nachschub zu besorgen, und könne dem Scheich Bescheid sagen.
Ich war überrascht und musste überlegen, ob ich es schaffte, einen Scheich zu mir kommen zu lassen. Das hatte natürlich auch etwas mit meiner inneren Grundhaltung gegenüber dem Autoritätsverständnis in Arabien zu tun.
Ich vertraute Hussein und sagte, der Scheich solle kommen, es wäre etwas Wichtiges zu klären. Mir war klar, dass Mohammed ihm sowieso alles „steckte".
Schpeijl hatte unsere Pläne mitbekommen und war etwas verwirrt.

Am zweiten Tag der rituellen Kernzeit kam gegen Sonnenuntergang tatsächlich Scheich Muosa zusammen mit Mohammed.
Der Sheik war etwas außer Puste und fragte irritiert was los sei.
Er sei schon seit fünf Uhr auf und etwas krank. Ich schaute auf sein Bäuchlein ...
Auf dem Dromedar reiten war bei den schmalen Gebirgspfaden nicht möglich.
Ein Streitgespräch zwischen Schpeijl und Sheik Muosa begann.

Beide waren von unterschiedlichen Stämmen, die zwar kooperierten, aber auch unterschiedliche ökonomische Interessen hatten. Wir durften ja freundlicherweise auf dem Gebiet der Awlad Said eine Quest machen und da hatte Scheich Muossa als Gebelia keinen ganz direkten Zugriff.
Plötzlich lachte der Scheich lautlos, klopfte Schpeijl auf den Rücken und sagte:
„Die Israelis kommen gar nicht." Er habe einen Anruf erhalten, dass in Israel wieder einmal nach einem Attentat eine Ausreisesperre verhängt worden war.
Schpeijl war schockiert und wollte es nicht glauben.
Mohammed bestätigte die Information, die er über sein kleines Transistorradio auf Kurzwelle empfangen hatte.
Mein Ärger legte sich etwas, aber ich war immer noch unsicher.
Schpeijl hockte sich in eine Ecke in der ummauerten Küche.
Der Scheich zog zwei Flaschen Coca Cola aus seinem Rucksack und lud uns zu einem Gläschen ein. Dann fummelte er an seiner Spielzeugtaschenlampe herum. Per Laserstrahl zeichnete sich in der Dunkelheit des Gartens eine halbnackte Bauchtänzerin in der Luft ab.
Dann legte er richtig los.
Ich sei der beste beste Wüstenführer hier oben mit dem Ramadantourprojekt und ich würde ja auch kommen, wenn die Israelis nicht kommen. Ich sei von nun an sein Freund.
Wieder war ich verunsichert. Freute mich aber auch ein wenig.

Später gesellte sich Schpeijl wieder zu unserer Gruppe. Aber er war weiterhin sichtlich bedrückt. So ganz „gegessen“ schien die Sache noch nicht.
Wir unterhielten uns dann noch eine Weile, eher um die Spannung etwas zu mindern, über den Unterschied zwischen der Quest und dem moslemischen Ramadan, der sechs Wochen dauerte und ein soziales staatsreligiöses Ereignis war, und dass dabei nachts zuviel gegessen wurde.
Aber wenn wir im Oktober kämen, könnten wir das ja erleben.
Denn dieses Jahr fiele der Ramadan genau in die Zeit, in der wir wiederkommen würden.
Dass da oben drei Europäer auf der Hochebene saßen, fanden sie bewunderswert.
Sie fragten immer wieder: „Ohne Essen?“

Für die Beduinen war Einsamkeit und bewusstes Alleinsein nicht das Thema. Sie waren sowieso ganz oft alleine in der Wüste unterwegs. Manche Beduinen wanderten fünf Stunden zu einer Oase, arbeiteten dort alleine ein paar Tage und kehrten dann wieder zurück.
Da blieb viel Zeit zum Alleinsein...

„Wir freuen uns, wenn wir wieder jemanden sehen.
Manchmal rollen wir riesige Steinkugeln, zehnmal so groß wie ein Fußball, durch die Wüste, und wenn ein anderer sie nach Wochen findet, rollt er sie wieder woanders hin.
Das nennen wir Beduinenfußball.
Wir sind dadurch miteinander verbunden. Wir denken uns dann, hier war ja mal einer und hat den Steinball bewegt.
Manchmal kann man ihn nur ein halben Meter bewegen.
Manchmal muss der Stein aber auch hin und hergerollt werden zwischen zwei Oasen, die 500 Meter oder 1000 Meter voneinander entfernt liegen. In der Mitte steht dann ein großer Fels als Markierung. Da sind dann Striche eingeritzt und man kann sehen, wie das Spiel steht. Aber manchmal kann man den Stein nur zentimeterweise bewegen. Aber im richtigen Fußball geht es auch um Zentimeter. Bei uns dauert es dann einige Jahre bis ein Tor fällt!“
Hatten sie mich verkohlt?

Aber dass da oben drei Deutsche sind, die vier Tage und vier Nächte allein sind ohne Essen, war schon bewunderswert. „Ohne Essen?“

„Und ihr betet auch?“ Ich bejahte.
Hussein kalauerte: It is instant Ramdan, but very very strong and intensive. I can not do that!
Wenn Abu Rallabah Englisch sprach, wurde er etwas fließender, weicher als in seinem strengen Deutsch, das er hauptsächlich von Touristen gehört hatte.

Hans und Kurt bastelten in der Zwischenzeit, während die Quester draußen waren, aus Schilfrohr, rostigen Blechdosen und bunten Tüchern ein lustig-klimperndes Windspiel und Mobile. Schpeijl amüsierte sich prächtig, so was hatte er noch nie gesehen.
Uns anderen ging das Geklimper des Klangspiels, das sich bei starkem Wind eher zu einem Scheppern veränderte, auf die Nerven und so hängten sie es außerhalb der Oase an einem alten Baum auf.
Am nächsten Tag hatten die Esel die Schilfrohrstangen gefressen und die rostigen Blechdosen rollten wieder durch den Wüstenstaub.

An diesem Tag lud Schpeijl uns alle samt Scheich zum Ziegenessen ein. Er hatte aus einer seiner halbzerfallenen Steinhütten, die außerhalb des Gartens lagen, mit Hilfe seiner Brüder ein uraltes Sofa herausgeschleppt. Sein noch älterer Teekessel war geputzt.
Ich war mir sicher, dass er etwas gut machen wollte.

Die moslemische Stammes- und Clankultur im Sinai ist durch drei wichtige Wertesäulen geprägt: Scham, Schande und Achtung.
Es gab nicht, wie in Europa, so sehr das persönliche Schuldbewusstsein, sondern das kollektive.
Wenn jemand Mist gebaut hatte, schämte sich der ganze Clan und half dabei, diese Schande wieder gut zu machen. Das gleiche galt dann aber auch umgekehrt. Wenn jemand etwas Besonderes geleistet hatte, fiel der Erfolg auf alle zurück.
Vom Oasen- und Wassersystem her gesehen, hatte der Schpeijlclan die meiste Macht hier oben und erhielt auch Achtung und Anerkennung. Da konnte der Tourismusscheich der Gebelia nicht viel ändern.
Auch die jungen Leute der Awlad Said waren stolz.
Wenn dieser Clan verärgert war, konnte er den weiter unten liegenden Gebelia-Gärten buchstäblich „das Wasser abgraben“. Die Geschichte mit dem Maulbeerbaum hatte hier noch keiner vergessen.

Wir sprachen über Gott und die Welt und wieder einmal über die Drogenprobleme in Europa. Die hiesigen Schwierigkeiten blieben außen vor. Einerseits verachteten die Beduinen den amerikanischen Lebensstil, andererseits würden sie am liebsten dort wohnen.
Hier überlagerte der reine Existenzkampf so manches Thema, das wir in Europa besprechen würden. Jammern auf hohem Niveau wie in Deutschland gab es in der Wüste grundsätzlich nicht.
Ich sprach die Beduinen auf die Vermüllung durch Plastik in bestimmten Wüstengebieten an. Sie konterten, dass das Plastik nicht bei ihnen produziert wurde. Ihre Produkte würden fast alle verrotten.

Dann zeigten sie uns ihr Schija-Spiel.
Hans konnte sich so was merken und zeichnete es auf:

SCHIJA- das Spiel der Beduinen

Für die zwei Spieler Spielsteine von je 25 in gleicher Farbe oder Form bereithalten.

Ziel des Spieles

Die Steine seines Mitspielers sind durch verschiedene Methoden aus dem Spiel zu entfernen.

Ablauf des Spieles

Das Spielfeld ist anfangs leer und wird zu Spielbeginn mit den Spielsteinen gefüllt. Es umfasst 7 mal 7 Kuhlen. Die mittlere bleibt beim Auslegen frei. Es werden vom Beginner insgesamt 23 und vom Zweiten insgesamt 25 Spielsteine auf das Spielfeld abwechselnd gelegt. Der Beginner legt zunächst nur einen Spielstein ins Feld. Dann folgt der Zweite mit drei Spielsteinen. Nun werden abwechselnd jeweils zwei Spielsteine gelegt bis alle ausgelegt sind. Der Beginner zieht zunächst in das einzige freie Feld in der Mitte des Spielfeldes, um mit dem Spiel zu beginnen. Dabei versucht er Spielsteine des Mitspielers zu entfernen oder sich neu auf dem Spielfeld zu positionieren. Der Beginner kann solange nach seiner Wahl waagerecht oder senkrecht ziehen wie er mit jedem Zug Spielsteine entfernen kann. Danach wechselt das Ziehen auf den Zweiten bis dieser nicht mehr ziehen kann. Das Spiel geht solange weiter bis einer alle Spielsteine verloren hat oder absehbar ist, dass das eintreten wird.

Entfernen der Steine

Variante 1: Durch Ziehen bringt man einen Mitspielerspielstein in waagerechter oder senkrechter Linie zwischen seine eigenen. Dabei können durch geschickte Positionierung gleichzeitig auch zwei oder sogar drei Spielssteine entfernt werden.

z. B.

Variante 2: Der Zweite kann unter bestimmten Bedingungen von dem Beginner Spielsteine entfernen lassen. Der Zweite sucht sich dabei, wenn er am Zug ist, jederzeit bei eingetretenen Bedingungen eigene Spielsteine aus, die er freiwillig entfernt. Im Verhältnis 1 zu 2 muss der Beginner nun eigene Spielsteine seiner Wahl entfernen. Spielsteine können nur aus einem Bereich entfernt werden, in dem sich nur eigene befinden. Dabei muss es wenigstens einen freien Platz zwischen den Spielsteinen geben.

Aber Spielsteine, die so Platz schaffen, dass im nächsten Zug des Mitspielers ein eigener Spielstein geschlagen werden könnte, dürfen nicht entfernt werden.

z. B. *aber*

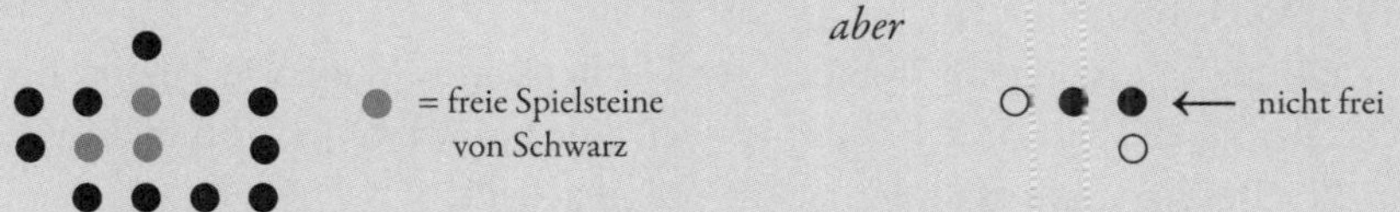

Weiß muss 6 Spielsteine abgeben. Weiß verliert, wenn er das nicht kann oder eben absehbar ist, dass er keine Chance mehr hat.

Strategie des Spieles:

1. Durch geschicktes Auslegen seiner Spielsteine am Anfang kann man sich gute Ausgangspositionen verschaffen.
2. Durch geschicktes Positionieren während des Spiel können viele Mitspielspielsteine entfernt oder Bereiche geschaffen werden, aus denen eigene Spielsteine entnommen werden können.
3. Durch lang anhaltendes Palavern oder Geschichten erzählen kann der Mitspieler ermüdet oder abgelenkt werden.

Am dritten Tag, den die Initianden nun schon fastend draußen in der Wüste waren, stiegen wir, wie vorher verabredet, zur Kontrolle auf die Hochebene hoch. Aber keiner der Quester zeigte sich an der verabredeten Notfallstation.
Nur aus unserem Flaschenwasserdepot fehlten zwei Flaschen. Also hatte sich einer der Quester etwas Nachschub besorgt, oder ein Beduine, der vorbei gekommen war, hatte sich bedient.

Auch die darauf folgende Zeit verging wie im Flug.
Kurt und Hans begannen, ihr Arabisch zu festigen.
Außerdem wollte Kurt nun auch einmal auf den Katharinenberg steigen, um einen Sonnenaufgang und die Blitzlichtgewitter der Touristen auf dem Mosesberg zu erleben.
Beim Abstieg besuchte ich mit ihm wieder die Wüstenmaus beim Gebel Achmar, die sich tatsächlich sofort zeigte, als wir wieder ein paar trockene Krümel von unseren Zwieback ähnlichen, „Dschaburrah"- Stangen fallen ließen.
In einzelnen Gumpen des Wadi Achmar stand das Wasser so hoch, dass man sich hätte reinlegen können. Aber es war grün-gelblich verfärbt und roch schon etwas abgestanden. Außerdem hingen Schläuche darin, die das Wasser hinunter in die Gärten leiten sollten. Der Schpeijlclan musste ganz schön kraxeln, um diese Art der Wasserversorgung zu gewährleisten.

Wir kamen wieder bei der Mönchseinsiedelei (siehe Coverfoto) mit den Skeletten vorbei und an dem alten angekokelten Maulbeerbaum.
Ab und zu spekulierten wir darüber, wie es wohl den Initianden ginge.

Zur Abholung der Quester am fünften Morgen stiegen wir schon in der Dunkelheit mit zwei Dromedaren ins Questgebiet hoch, denn wir wollten oben sein, bevor der letzte Stern verblasste, um uns noch mit den vier archetypischen Farben anzumalen, ein leichtes Frühstück fürs Fastenbrechen herzurichten und die Tiere zu schmücken.

Wie ein Mondwanderer sah der erste Mann auf dem Grat aus, als er sich vom heller werdenden Himmel abhob.
Wie in Zeitlupe schritt da ein fremdes, schwer bepacktes Wesen in langen Bögen über Schotterhänge zu uns herunter. Es konnte noch eine Stunde dauern, bis er da war. Er hatte die letzte Nacht überstanden und um eine Vision gefleht.
Ich hatte den Männern für die letzte Nacht hier in der Hochgebirgswüste des Sinai einen verschlossenen Brief mit dem Goethezitat mitgegeben, das mich selbst oft in Krisen begleitet hatte:

Alles geben die Götter ihren Lieblingen. Alles. Ganz.
Die Freuden und die Schmerzen. Alles. Ganz!

Ich erinnerte mich an meine eigene letzte Questnacht.
Ein großer schwarzer Wolfshund war mir im Halbschlaf erschienen, sprang auf federnden Pfoten mit riesigen Sätzen, aber auch spielerisch mit dem Schwanz wedelnd, auf mich zu.

Ich bekam Angst. Er sah gefährlich aus mit seinen weißen Zähnen. Ich blieb stehen und atmete ruhig weiter, wie es mir damals Greg im Krankenhaus empfohlen hatte. Dann sprang er mich an und kaute vorsichtig auf meiner Hand herum, wollte spielen und nach Herzenslust herumtollen. Er kam meinem Gesicht mit seiner feuchten Schnauze immer näher und beschnupperte mich. Als er mich zärtlich ableckte, wachte ich auf.
Ich dachte mir damals, dass sich vielleicht nur meine verborgenen Schattenseiten und meine innere Kraft auf diese Art zeigen wollten.

Der erste Mann betrat an den Kamelen vorbei den Schwellenkreis.
Wir räucherten ihn ab und sangen das indianische Lied:

Die Erde, das Wasser, das Feuer, die Luft,
ein Tanz, ein Tanz, ein Tanz, ein Tanz....

Dann fragte ich ihn wieder ganz offiziell nach seinem Vornamen.
Es war Thomas.
Abu Rallabah, Mohammed, Kurt und Hans stellten sich wieder als die vier Kräfte vor.
Ich war wieder Zeremonienmeister.
Dann gingen wir alle fünf vor ihm auf die Knie. Drückten seine Füße fest auf den Erdboden und sprachen feierlich: „Willkommen bei uns Männern auf der Erde!"
Bald waren auch Gustav und Wolfgang da.
Wir schwiegen.
Die Quester waren zu erschöpft.
Ab und zu hatten wir einen schüchternen Augenkontakt.
Die Beduinen gingen wie gewohnt aufmerksam und sensibel mit der Situation um. Ihre Stärke war es, sich einzuschwingen auf das, was gerade erforderlich und sinnvoll war.

Nach dem Fastenbrechen belud Mohammed die Kamele. Wir sollten vor der großen Hitze wieder unten im Garten sein.
Wir marschierten los.
Die Quester drehten sich noch einmal ungläubig in Richtung Mutter Salbeiebene um, ihrem Questgebiet, in dem sie vier Tage und vier Nächte verbrachten hatten.

Suliman, unser Koch, hatte auf den Stufen des Rückhaltebassins außerhalb der Oase einen Wasserbottich aufgestellt und darin Rosenblätter gestreut. Frische Handtücher und Seife lagen dabei.
Auf dem Balken über der Eingangstür standen Wasserflaschen mit Blumensträußen. Wie ein geschmückter Triumphbogen sah das Ganze aus.
Der Koch lächelte die erschöpften Quester liebevoll an und gab ihnen einen arabisch-weichen Händedruck.
Die Männer schauten in den Oasengarten, als ob sie ihn noch nie gesehen hätten.
Nach einem kräftigendem Frühstück bauten sie ihre Schlafplätze auf, diesmal in einem anderen Teil des Gartens als symbolisches Zeichen der Veränderung.
Es war still in der Oase. Alle ruhten. Auch die Beduinen waren früh aufgestanden.

6. Heilende Questberichte von Europäern

Am Abend hörten wir die erste Questerzählung.
Mir ging es dabei darum, durch eine Zeitbegrenzung die Konzentration auf das Wesentliche zu fördern. Zu diesem Zweck gab es auch für Hans und Kurt noch ein paar Merksätze:

Alles, was der Kandidat erzählt, ist wahr – ohne Wenn und Aber.
Das einzig Wesentliche sind die Erlebnisse jenseits der Schwelle.
Der Inhalt liegt in den Bildern, Wahrnehmungen, Gefühlen des Kandidaten.
Nichts Neues hinzufügen, keine Stellvertreter-Interpretation.
Vernetzung und Sinn, anstelle von Kausalität und Logik.
Synchronizität anstelle von Chronologie (Zeitpfeil-Ordnung).
Alles ist Symbol, Symbol ist Sinn, Sinn ist höhere Wirklichkeit.

Die gröbsten Fehler: Die („richtigere“) Bedeutung von etwas zu kennen, Wert oder Wahrheit des Berichteten zu bezweifeln, eigene Interpretation entgegenzustellen, Geplauder über Unwesentliches hinzunehmen, auf Antworten/Kommentare über den Spiegel einzusteigen, Gruppenkommentare oder -diskussionen zuzulassen.

Das richtige, den Kandidaten fördernde Vorgehen:
Sinngebung fördern durch Nachfragen beim Erzählen (nur im Notfall!).
Was hast Du da gedacht, erfahren, eingesehen, verstanden?
Wenn das ein Traum wäre, was würde er dir jetzt sagen?
Neben dem Kandidaten sitzend, mit ihm gemeinsam die Person dort draußen anschauen.
Nur die Bilder des Kandidaten verwenden und ggf. durch Informationen ergänzen, die eine Sinngebung ermöglichen oder vertiefen.
Die Existenz dessen, was ist, benennen und für sich wertvoll erklären.
Vom Kandidaten formulierte Erkenntnis und Sinngebung durch möglichst wörtliche Wiederholung bekräftigen und gegebenenfalls eine Erweiterung anbieten.
Hervorhebung persönlicher Qualitäten und sozialer Aktion durch Benennung.
Hervorhebung einer lebensfördernden/verantwortungsvollen Haltung durch Benennung des Gegenteils (… viele andere … nicht).
Solidarische persönliche Verbundenheit auf der Baris eigener Erfahrung kurz benennen.

In der Nachbereitungsphase schaue ich mir sozusagen das vom Teilnehmer aus der Natur mitgebrachte „Gold“ an.
Ich unterstütze ihn dabei, das Gefundene zu reflektieren, sei es ein konkretes, sinnstiftendes Symbol, ein merkwürdig geformtes Blatt oder ein glitzernder Stein, sei es in Form einer aufregenden Begegnung mit einem kleineren oder größeren Tier, sei es eine innere Erkenntnis oder einfach ein „Aha–Erlebnis“, und dieses Erlebnis in den persönlichen und beruflichen Alltag zu integrieren. Die meisten wollen ihre Geschichte erzählen.

Auf der Bühne des Lebens, in den Begegnungen mit seiner Familie, seinen Freunden und den Reaktionen seiner Kollegen wird sich für den Quester später widerspiegeln, dass er an Präsenz und Ausstrahlung dazugewonnen, seine persönliche Kompetenz im Spiegel der Natur erweitert hat.

Gustav berichtete:

Beim Abschiedsritual wünschte ich mir die Farbe Weiß und den König als Unterstützung für den ersten Tag, also habe ich die Königskraft jeden Morgen extra angerufen. Die ersten beiden Nächte achtete ich darauf, mit dem Kopf nach Norden zu ruhen.

Einerseits war ich beeindruckt von dem Abschiedsszenario (Steinportal, Kamele, Vier-Kräfte-Darsteller), andererseits belächelte ich mich selbst, beurteilte die Situation als kitschig und dachte wohl noch so was wie „was mache ich hier eigentlich?"
Ich fühlte mich körperlich ungewohnt schwach, war aber überaus zuversichtlich, „es zu schaffen" und zwar insofern, dass ich gar nicht daran dachte, Zweifel zu haben. Ich war auch von einer ganz ruhigen Freude erfüllt.
Aber da war auch noch etwas anderes, etwas das ich schon einige Zeit mit mir herum trug, eine leise Furcht vielleicht, bald zu sterben.
So war ich auch etwas traurig.
Das Bild und die Stimme des Königs Hussein, der mich umkreiste und dabei wiederholt äußerte, „Isch bin die Luft", und dabei das Wort „Luft" so luftig aussprach, dass ich die Luft im Laut förmlich spüren konnte, das vergesse ich so schnell wohl nicht „Luffft!", das war irgendwie anmutig und hat mich auch etwas amüsiert und an das Königsprinzip der kristallklaren Winterluft erinnert.
Vorherrschendes in dem Gefühlsgedenkgemenge war „so-jetzt!"
„Tapfer" ist ein Wort, das irgendwie auch ganz gut dahin passt.

Auf was für einen Berg ich wollte!
Schon bei der Ankunft am Vortage, bei der ersten Recherche und Gebietserkundung, war mir klar, „den werde ich nehmen", erstmal weil er mir nah erschien und ich wegen meinem Fuß nicht so weit laufen wollte, aber auch wegen seines südlichen Antlitzes.
Zwei Gebilde an der Südwand des Berges, Mäulern ähnlich, groß genug um mich davon schützen zu lassen (Sonne, Wind), lockten mich richtiggehend an.
Der gewählte Anstieg führte mich zum Osten des Berges.

Einige Zeit versuchte ich die verschiedensten Varianten, alle brach ich aus Vorsicht (zu waghalsige Kletterpassagen, wie mir schien) ab. Nun musste ich wieder arg runter und versuchte es dann direkt über den Südhang, was so erstmal auch nicht klappte. Schließlich, schon leicht zweifelnd, gelang mir der Aufstieg zur Kuppe nach einem weiteren Anstieg.
Die Kuppe war als Kraftplatz, Tanzplatz und Ausguck ideal, zudem befand sich westlich der Kuppe eine mannsbreite, lange und hohe Kerbe mit ebenem Boden, mein künftiger Schlafplatz.

Gleichwohl nahm ich wahr, dass der Berg noch mehr zu bieten hatte, aber erst einmal versprenkelte ich Wasser in die vier Himmelsrichtungen.

Auf unerklärliche Weise war ich irgendwie nicht vom Berg unterschieden, oder anders ausgedrückt, war er die lebendige Verkörperung meiner Vergangenheit. Ich fürchtete mich nie, der Berg gab mir mehr als die notwendige Geborgenheit.
Meine beiden Schlafplätze umhüllten mich quasi mit Berg.
Der Süden des Berges mit seinen riesigen „Mäulern" taugte allerdings nicht zu dem, was ich mir davon versprochen hatte.
Dort hatte ich die einzigen wirklichen schmerzhaften „Erlebnisse" dieser Tage – Kindheit, Jugend, Sucht, Kieferbruch (absichtlich herbeigeführte Selbstverstümmelung bei der Bundeswehr!).
Der Westen des Berges hatte die wenigste Sonne, die zudem früh unterzugehen schien. Auch wegen der fehlenden Aussicht wirkte diese Seite sehr unfreundlich, fast kühl.
Mit dem Norden freundete ich mich immer mehr an. In dieser Richtung lag unsere Oase, die ich gut sehen konnte.
In der dortigen „Muschel" fand ich eine kleine gelochte Perle. Über den Osten war der Berg uneinnehmbar.

Zunächst war ich ja auch, wegen meines „Fußschadens", etwas unsicher beim Gehen. Das änderte sich zum Glück zusehends. Alsbald saß jeder Tritt und ich hatte etwas von der Sicherheit eines Schlafwandlers....
Angesichts des Berges und meiner Verbindung mit ihm, kam mir in den Sinn: Vertrauen, Zutrauen, Respekt, Verbundenheit – der Berg ist mein Ich, ich bin der Berg und der, der an, in und auf ihm lebt, also mit ihm existiert.

Am Nachmittag des zweiten Tages bereitete ich das Ritual vor (ich wollte Steine zerschmettern für alle „Kotzbrocken", die mir im Leben so über den Weg gelaufen waren und mir nun in den Sinn kommen wollten). Das war nicht gut überlegt, dennoch begann ich mit der Umsetzung:
In einem südlichen „Maul" bildete ich aus dort vorhandenen Steinen und Verkrustungen einen Steinkreis und wollte nun zunächst größere Steine im Kreis deponieren, die ich von weiter unterhalb heranschleppen musste. Beim ersten Stein (der sollte Rosenkranz, Feldwebel bei der Bundeswehr und Anlass meiner versuchten Selbstverstümelung, gelten) durchfuhr es mich, wohl wegen seiner Schwere.
„Na Gustav, übernimmst du dich da nicht etwas?" und schon durchpfiff meinen Rücken ein Blitzschlagschmerz. Dennoch trug ich den Stein – quasi mit aller Gewalt – in den Kreis und ließ ihn so fallen, dass er in zwei Teile zerbrach.
Nun machte ich mich sofort zu meinem Lager auf und kümmerte mich um meinen Rücken, legte mich auf meine mitgebrachte Nadelreizmatte, erholte mich von dem Schrecken.
Wirkung: Ich fühlte mich erleichtert, befreit.
Ich habe den Eindruck, dass dies der Abschluss eines langen Prozesses war.
Der endgültige Abschied von der „kindlichen" Opfersicht.

Ohne all diese Kotzbrocken wäre ich heute nicht der, der ich bin, sie gehören einfach zu meiner Geschichte, meinem Leben. Wenn ich jetzt an sie denke, rührt sich kein großer Groll mehr in mir.
Der Rücken hat sich zwar im weiteren Verlaufe immer wieder mal bemerkbar gemacht, ich brauchte die Schmerzen jedoch nicht mehr zum Verstecken.

Am Sterbetag streute ich die Asche meines Vaters in den Wind und sprach die Vatersegnung, die ich eigentlich für den ersten Tag vom Questleiter erhalten hatte.

Die letzte Nacht war eine herrliche Nacht, die Sterne, der Mond....
Ich zog immer mehr Kleidung über und fror kaum, hatte alle meine Klamotten mit in den Kreis genommen.
Die Nacht dauerte lange, ging aber auf eigentümliche Weise dennoch schnell vorbei. Überhaupt wirkte sie irgendwie surreal, schwer greifbar für den Verstand.

Zu Beginn des Abends dachte ich kurz, was mach ich denn nur die ganze Nacht, aber sofort antwortete ich mir: „Wenn sonst nichts geschieht, kümmerst Du Dich einfach nur ums Feuer!" Das tat ich dann auch meistenteils und hatte damit genug zu tun.
Ein armlanges Holzstück mit Gestrüpp dran übergab ich dem Feuer zuerst. Es brannte schlecht, qualmte dafür aber um so doller. Ich war froh, nicht einen zu kleinen Steinkreis gemacht zu haben, so dass ich zumindest an dessen Rand etwas Atemluft bekam.

Verrückt kam mir vor, dass ich zu Beginn viel Holz brauchte, später dann aber kaum noch. Mit dem Feuer hatte ich, insgesamt gesehen, sehr viel Freude. Es war mir wie ein Partner, um den ich mich kümmern musste.
Ich dachte auch mal so etwas wie: „Du bist jetzt einfach da."
Ich habe immer wieder Lieder gesungen. Das war königlich.
Einmal wurde ich wohl etwas ungeduldig, begann zu rätseln, wie spät es wohl sei, aber da musste ich mir gleich eins Schmunzeln bei dem Einfall: „Du bleibst einfach für immer hier, es sei denn es wird hell" – und schon spielte die Zeit keine Rolle mehr.
Mein Flehen um eine Vision, war – ehrlich gesagt – wohl eher leise und zaghaft.
Gelegentlich zweifelt es an der Oberfläche noch, aber tief in mir vertraue ich mir selbst und fühle mich in der Welt geborgen, weiß um meine Freiheit und Unabhängigkeit.
Mit Männern ist der Umgang unbeschwerter, meistenteils besser geworden. Ich fühle mich irgendwie runder.
Das mir gegebene wesentliche Geschenk, der Kern meiner Vision: Selbstvertrauen!
Beim Eintritt in den Schwellenkreis hing ich innerlich noch am Berg, war aber auch sehr neugierig, was jetzt passieren würde.
Obwohl ich die vier Tage nicht als schwierig oder als besondere Prüfung empfand, war ich jetzt überaus stolz ...
Der Pfarrer-Magier mit der dunklen Sonnenbrille verunsicherte mich:
Wie?

Ich sollte meinen doch so gut zurecht gelegten Plan nochmal überdenken?
Mein Denken hing noch länger daran und ich konnte auch dem Kriegerhans nicht so recht zuhören, konnte aber seinem Blick standhalten. Allerdings standen wir so nahe beieinander, dass ich ihm nicht in beide Augen gleichzeitig schauen konnte und dann nicht wusste, welches ich fixieren sollte.
Der Liebhaberbeduine war köstlich.
Vom König Hussein weiß ich nix mehr.
Als die „Vier Kräfte" mich an den Füßen und Unterschenkeln packten und sagten: „Willkommen auf der Erde bei uns Männern!", habe ich mich etwas erschrocken.
Ich war nicht nur stolz, ich fühlte mich auch geehrt... und ein bisschen durcheinander war ich auch...

In einem späteren Coachinggespräch sagte mir Gustav:
„Mein konkreter Gewinn war die Aussöhnung mit dominierenden männlichen Personen (Feldwebel Rosenkranz) aus der Vergangenheit. Ich kann mich jetzt angemessener von männlichen Autoritäten abgrenzen, mich besser mitteilen und freundliche Zuwendung von Männern annehmen.
Ich will in Zukunft in schwer überschaubaren pflegerischen Situationen mein Mitgefühl mit den Patienten bewahren. Vielleicht übernehme ich auch in unserem Krankenhaus so was wie eine betriebliche Mentorenschaft.
Ich erkenne meine eigene Dominanzfähigkeit. Diese wird mir bestimmt bei beruflichen und persönlichen Planungen helfen."

Als Medizin- und Heilungsnamen gaben wir Gustav den Namen „Bergkönig singt sein Lied".

Der Medizinname war wie ein zweiter Name, der die Männer an diesen Teil ihrer männlichen Initiation erinnern sollte, die sie hier oben durchgestanden hatten. Er sollte sie fördern, aber auch etwas von ihnen fordern. Zur Namensfindung nahmen wir ein zentrales Bild aus der Quest selbst, von dem der Initiierte erzählt hatte.

Am nächsten Morgen nach dem Frühstück war Thomas mit Erzählen an der Reihe:
Ich machte mir Sorgen da oben allein in der Nacht. Hatte Angst vor Einbildungen, Gespenstern und Urängsten, die normalerweise so aufkommen, wenn man nachts allein in der Natur ist.
Und dass ich zu wenig Wasser zur Verfügung habe und gegen Questende mit Durst in der Hitze schmoren müsse. Auch mit dem Wasser so sparen müsste, das ich am Ende mich total verdreckt und unwohl fühlen müsste.

Ich nahm an, dass vielleicht unbändige, unkontrollierte Wut aufsteigen würde, ich totalen Hass haben würde, mir vielleicht die Seele aus dem Leib schreien würde.
Teilweise habe ich ein wenig auch erwartet, dass sich bei mir vermutlich gar nichts bewegen würde. Dass es für mich wieder mal eine vergebliche Mühe wäre.

Ich habe aber die Hoffnung gehabt, vielleicht doch mit einer größeren inneren Kraft und inneren Selbstsicherheit zurückzukommen.

Ich hatte einen abgelegenen Platz und einen majestätisch-königlichen Ausblick. Ich wuchtete dreißig bis vierzig Kilo schwere Steine umher.
Zwei Falken schraubten sich in der Thermik. Das war das Gegenteil zu dem, was ich tat.

Jeden Tag 100 Steine geschleppt in Erinnerung an die Naziopfer. Es war wirklich sehr anstrengend. Das Steineschleppen habe ich irgendwann gelassen. Nur noch kleinere Steine geschleppt.
Mein eigener König kann ja die Regeln ändern.

Erkenntnisse mit Hilfe der ursprünglichen Natur waren:

Steine:
Seile immer wieder anders daran festzurren. Ich brauche feste Fundamente, feste Verbindungen im Leben, ich habe – trotz vieler Bemühungen – zuwenig davon.

Wind:
Gleichmäßiger Wind kann eine starke, positive, tragende Kraft sein.
Böiger Wind kann eine negative, fortreißende, zerstörerische Kraft sein.

Fels/Felsformationen/Gebirge:
Schutzlosigkeit und Schutz, Härte und Schroffheit des Lebens und Geborgenheit, Abgründe und Throne, Gefahr, Verletzung, Tod und pure Kraft.

Exponierte Felsen (Königsarchetyp):
Eine königliche Aussicht, ein königlicher Platz ist stark exponiert, man muss dafür bereit sein, viel Wind und „fortreißende" Windstöße in Kauf zu nehmen. Die Natur kann königlich sein, und kann dabei doch unvermutete Unbilden und Tücken bergen.

Falkenpaar:
Wir, die Könige der Luft hier, wissen dass du da bist und zeigen uns Dir als Zeichen. Wir sind Dir wohlgesonnen. Du bist den richtigen Weg (die Quest zu machen!) gegangen. Lass es Dir gut gehen, lass dich von der Thermik des Lebens tragen so wie wir, in königliche Höhen, leicht, mühelos, königlich!
Du schaffst es.
Esel:
Junges Eselsgerippe bei Abstieg in den Canyon gesehen. Wenn man unerfahren ist, und hier nicht aufpasst, stürzt man sich zu Tode. Wenn man unwissend, unachtsam und nachlässig ist, geht man mit einer Firmengründung pleite.

Oase mit Palme:
Ich finde meinen Platz (meine Hauptfrage), die Geborgenheit, die Ruhe, den Frieden, die Quelle/Nahrung, die ich brauche, wo es windstill ist.
Wo genug Licht und Schatten ist.
Wo ich entspannen kann, ausruhen kann. Mich wohl fühlen kann.

Felsthrone in Geröllhalde:
Mir kann es auch an einem unwirtlichen Ort (inmitten der Rauheit der Natur und Gesellschaft) gut gehen.
Ich finde meinen Thron. Jeder andere Mensch hat auch seinen Thron. Es gibt für alle Throne. Alle Männer können Könige sein.

Quarzadern:
Quarzsteinader in rotem Stein. Ich habe einen Königsweg vor mir, ich soll etwas aufbauen, erschaffen, ich soll die Lernsoftwarefirma gründen, aber auch liebevoll mit mir und anderen umgehen. Liebevoller König sein.

Canyon/Schlucht:
Durch meine Unachtsamkeit hätte ich mir an der Klippe bald beide Beine/Knöchel oder mehr gebrochen und hätte vielleicht die Nacht da draußen im Canyon verbringen müssen, vielleicht auch noch eine weitere oder vielleicht hätte man mich gar nicht gefunden.

Was treibt mich eigentlich immer weiter?
Ich hatte es doch gut bei der Oase mit der Palme.
Hätte ich nicht mit dem Erreichten zufrieden sein können?
Ich ging wieder einmal trotzdem weiter.

Ritual:
Verbrennung eines Sisalseilringes mit vielen Bändern getätigt, stellvertretend für die vielen Verletzungen, Verrat, Enttäuschungen und misslungenen Beziehungen.
Das Ritual sollte mich von diesen Menschen und ihren Verletzungen, meinem Schmerz, meiner Wut und meinen Gefühlen des Bedauerns befreien.
Habe in einem Steinkreis vor dem Liebhaberstein und -tuch vier Kerzenlampen nach Beduinenart im Halbkreis um Liebhaberstein aufgestellt. Dieses Ritual war ganz wichtig für mich. Es sollte meine Zukunft symbolisieren. Jede der vier Kerzenlampen stand für etwas, von links nach rechts:
1) eine gute Arbeit, gute Kollegen, Freude und Spaß an der Arbeit
2) an einem guten Wohnort wohnen, gute Freunde in der Nähe haben, gute Nachbarn haben
3) die Frau, die ich liebe und mit der ich Kinder haben kann
4) Genuss und Lebensfreude an allem im Leben

Ich wurde immer sparsamer und geschickter mit dem Holz.
Es war irgendwie cool, nachzuempfinden, wie sich die kriegerischen Vorfahren an den Feuern gewärmt haben müssen.
Es war archaisch. Es hatte „was".

Die Zeit ging rasend schnell vorbei. Kaum war es Morgen, da war es schon wieder Abend. Kaum war der erste Tag angebrochen, da gab es schon den vierten. Die Zeit zieht an mir rasend schnell vorüber. So wie mein Leben, vor lauter Hetzen, Hasten und unleidiger Arbeit.
Bei der Rückkehr war mir das Ritual im Kreis schon vertraut. Die Verbeugung der „Männer" hatte was besonderes, das war ein schönes, anerkennendes Gefühl.

Ich war enttäuscht, dass die Quest vorüber war.
Dass ich wieder zurück muss in das unwirkliche Leben. Ich wollte diesen Raum nicht mehr verlassen, die Atmosphöre, das „Geborgensein" in der Gruppe, die Gemeinsamkeit mit den Männern.

Wir gaben Thomas den Heilungs- und Medizinnamen „Schwebender Falke entdeckt seine Oase".

Last, but noch least folgte Wolfgang:

Ich fand es einfach „ungerecht" und ätzend, kurz vor der Quest krank zu werden. Ein wenig hat es mich vielleicht daran gehindert, mich noch mehr zu öffnen, weich zu machen. Auf der einen Seite hatte ich ein sehr großes Vertrauen in die Quest, gleichzeitig wollte ich kein zu großes gesundheitliches Risiko eingehen. Ich fühlte mich gestört und genervt beim Hinausgehen.
Diese ständig triefende Nase bei circa fünfunddreißig Grad im Schatten – ich hatte die Nase gestrichen voll. Und doch war alles gut so.
Ich fühlte mich geborgen bei den Männern in der Gruppe, geborgen bei Reinhold, Hans und Kurt.
Ich hatte die Erwartung, das loslassen zu können, was mich im Alltag umgarnt und oft fesselt. Ich hatte gleichzeitig die Angst, nicht genug von dem loslassen zu können, was ich, wie sonst auch vieles, bewusst oder unbewusst kontrolliere und dass so die Quest für mich nicht richtig „funktioniert".
„Funktionieren", was für ein Wort?!
Ich hatte große Angst vor diesem „Nicht-funktionieren".
Bei allen anderen klappts natürlich, bloß bei mir nicht...
Ich hatte erwartet, dass ich vom Fasten ein Hungergefühl haben würde. Wochen vorher habe ich mir Sorgen gemacht wegen Skorpionen und Schlangen.
Beim Rausgehen, beim tatsächlichen Tun waren sie wie weggeblasen und der Übersicht und der gesunden Vorsicht gewichen. Fast alle diese Sorgen waren beim Rausgehen weg. Fast all das war vorher.

Ich hatte Angst vor dem Alleinsein. Alleinsein mit mir selbst. Alleinsein kenne ich gut. Allein, das bin ich oft genug.
Aber wann bin ich wirklich bei mir?
Ich war sehr gestärkt beim Überschreiten der Schwelle.
Ich spürte die Männer, die Gemeinschaft. Ich spürte die Kraft von allen.
Ich war froh, einen Platz unter ihnen zu haben. Endlich einen Plaz in einer Männergruppe. Bei all meiner Einsamkeit.
Ich sah die Weisheit und Ruhe der „Alten", aber ich sah auch deren Ängste und Empfindungen. Kaum einer hatte sich verschlossen. Wir waren in den wenigen Tagen eine angenehme Runde geworden.
Ich mochte sie.
Ich genoss das Ritual.
Fast kampfeslustig ging ich über die Schwelle.
Ich spürte das Neue, das Anderssein dahinter. Und ich spürte Ruhe. Endlich Ruhe, Geborgenheit und einen Rhythmus. Rhythmus, im Takt mit dem „Großen Ganzen".
Ich spürte das Wohlwollen derer, die im Lager blieben. Ich empfand das Ritual als einen sehr herzlichen und stärkenden Abschied beim Gang in eine andere Welt. Die, die zurückblieben, waren mir wohl gesonnen.
Wie oft musste ich von zu Hause weggehen, während meine Eltern das, was ich tat, nicht gut fanden!
Rausgegangen bin ich für die Kräfte des Kriegers, die Farbe Gelb!
Meine Frage war:
Wie kann ich Zugang zu meinen Kraftquellen finden?
Wie kann ich überhaupt Kraft für meinen Weg bekommen, für mein Leben, für meine Aufgaben?
Unmittelbar im Norden konnte ich in in diesen Wüstentagen von meinem Platz aus oft den „Dämonenstein" sehen.
Wie Kimme und Korn einer Schusswaffe, bildete er eine Achse mit meinem Platz und der Himmelsrichtung Norden. Er stand mir im Weg, wenn ich dorthin schauen wollte.
Sobald die Dämmerung einsetzte, stand er provozierend vor mir und forderte mich zum Kampf. Im gleißenden Sonnenlicht des Tages schien er weit weg und unberührt, wartend.
Aber ich war gerüstet für diesen Kampf.
Ich hatte ihn erwartet.
Er hat mich jahrelang gelähmt. Gelähmt und angetrieben gleichzeitig. Er lastete auf mir.
Ich brauche ihn nicht mehr. Ich will ihn nicht mehr. Ich kämpfte gegen ihn, auch in der letzten Nacht. Es war eine gute Lehre. Ich brauche den Kampf nicht zu fürchten.
Ich gehe allzu oft schlecht gerüstet oder waffenlos in den Kampf. Oft verweigere ich ihn.
Ich muss mich und meine Waffen besser pflegen. Es sind gute Waffen. Sie sind stark und gut. Ich brauche mich ihrer nicht zu schämen. Kämpfen ist nichts Schlechtes. Ich muss das Streiten auch mal annehmen.
Für mich, meine Kinder, meine Familie, unser Leben, alles.
Es soll ein guter Kampf sein.

Ich hatte mir schon von der Medizinwanderung ein kleines „Holzschwert" mitgebracht. Eine schöne handliche Waffe.
Ich hatte sie am Tag des Kriegers geschmückt, bemalt und einen Griff angeschnitzt. Aber sie war zu leicht für einen großen Kampf.
Auf den kleinen Wanderungen um meinen Platz in der Wüste hatte ich ein Steinschwert gefunden. Genau das richtige.
Einen Tomahawk.
Schwer spitz, gewaltig. Tödlich. Gefährlich.
Aber gut. Gut für einen wichtigen Kampf gegen meinen Dämonen, den ich jetzt loswerden wollte. Der, der mich jahrelang verfolgt und getrieben hatte. Getrieben wohin?
Im Sonnenuntergang war er im Norden aufgetaucht.
Riesig, groß, schwarz. Bedrohlich und bisher unüberwindbar. Bis zu diesem Abend.
Ich habe in alle Richtungen gekämpft. Mit links und rechts. Ich habe um meine Kraft gekämpft und gebetet.
Ich habe „Kraaaaaaaaaaaaaaft" in alle Richtungen gebrüllt.
Ich fand meine Stimme wieder, die ich mir auch jahrelang verboten hatte.
Es war gut und half mir mit meinem schweren Schwert. Ich kämpfte lange und schwer.
Töten und loswerden konnte ich den Dämonen nicht.
Ich hatte mich geirrt. Aber ich hatte seinen Respekt.
Später kehrte ich im Geiste an den Ort des Kampfes zurück und umarmte diesen Dämon.
Jesus soll ja auch mit seinen Dämonen gekämpft haben.
Es war nicht leicht. Ich legte die Waffen nieder. Er hatte gar keine in der Hand.
Womit hatte er gekämpft?
Er hatte auch ein Gesicht.
Ich nutzte seine Kräfte. Das Spüren meiner selbst!
In dieser Männergemeinschaft konnte ich öfter zur Ruhe kommen und zu mir selbst.
Im Alltag spüre ich mich oft nicht.
Meist nur über sportliche, körperliche Aktionen, oder über Besonderes. Höhepunkte – beruflich, privat. Tolle Dinge. Diese Höhepunkte sind schnell vorbei.
Die nächsten Gipfel zu weit. Der Alltag mit seinen Feinheiten bleibt mir häufig ein Rätsel.

Ich habe es genossen, „Zeit zu haben". Nicht auf die Uhr schauen zu müssen. Es war eine gute, erdende Erfahrung. Mit der Sonne und dem Himmel eins zu sein. Ich liebe es, so zu leben. Die Zeit so zu spüren, war ein Genuss.

Die Frage und die Angst war: „Was bleibt von all den Ritualen, Übungen – dem Gold dieser Reise?"
Ich kannte den Effekt des Vergessens. Wie diese Energie halten, mitnehmen, lernen? Ich wusste um meine Schwierigkeiten, um die Wirkung dieser Erfahrungen in meiner Einsamkeit im Alltag.
Ich fühlte mich sehr gestärkt!

Aber die Angst vor dem Unterschied zu zu Hause war groß. Ich hatte auch einige Erwartungen.
Die Quelle für mich ist die eigene Wertschätzung. Ein Buch der Wertschätzung habe ich begonnen. Ich versuche täglich, mich daran zu erinnern und mich „wert zu schätzen".
Das fällt mir sehr, sehr schwer...

Medizinname: „Ein Mann schätzt sich selbst".

7. Das Gold der Wüste und die Sehnsucht des modernen Beduinen

Ich nahm die goldpaillierte „Erzählweste“ wieder an mich, die sich der jeweils Vortragende übergestreift hatte.
Nun würde es in den Schritten der Nachbereitung darum gehen, den Schatz zu sichern und die Kraft und Nahrung aus der Wüste für den Alltag wirklich und wirkend zu nutzen. Für sich selbst und andere.
Wahrscheinlich musste das Gold im übertragenen Sinn ab und zu „geputzt“ werden, also ein Erinnerungsanker in schriftlicher Form oder in Form eines gemalten Bildes gesetzt werden.
So konnte später leichter überprüft werden, ob auch wirklich eine Veränderung eintrat.

Am gleichen Abend bekamen die „Initiierten“ dann ihren Medizinnamen in einem kleinen Ritual verliehen, das wir oben am Steinkreis, neben dem Beduinenfriedhof, abhielten. Kurt, Hans und ich waren uns bei allen schnell einig gewesen.

Die Themen der drei Männer waren in ihrer Absichtserklärung, ihren Medizinwanderungen und am meisten natürlich in der monomythischen Erzählung klar zu erkennen. Monomythisch bedeutet, im Gegensatz zum kollektiven Mythos, dass jeder seinen eigenen individuellen Mythos, seine ureigene Geschichte im Kerngebiet seiner Seelenlandschaft erjagt hatte.

Aber nun tauchten neue Fragen auf:

Was ist der nächste, kleinste Schritt?
Bis wann?
Was könnte ein größerer Schritt sein?
Woran misst Du seine Umsetzung?
Wer kann Dich dabei unterstützen?
Welche Helfer gibt es?

Aus den vielen individuellen Monomythen-Mythen könnte sich in ferner Zukunft ein neuer gemeinschaftlicher Männermythos ergeben, der sogar über diese Zeit hinausreichte, quasi wie bei einem „Ministamm auf Zeit“.

Welche Themen aber wären während eines solchen individuellen und doch sozialen Questrituals bei unseren drei Beduinen Hussein (Abu Rallabah), Mohammed und Suliman zum Vorschein getreten?

Wie würde ihre Absichtserklärung aussehen?
Wie würde bei ihnen eine Heldenreise definiert?

Ihre Kultur war am Verschwinden.
Vielleicht ging es mehr um materiellen Wohlstand, eine Auslandsreise, eine bessere Arbeit. Aufheben der Diskriminierungen? Ein neues Auto, Fernsehapparat, Computer, Waschmaschine?
Mehr Mitspracherecht innerhalb ihrer eigenen, undurchschaubaren Stammeshierarchie?
Wahrscheinlich um mehr individuelle Freiheit im Clan.

Eine bessere Gasheizung für den kalten Winter?
Vielleicht um mehr Rechte für die Frauen, obwohl dies dem einen oder anderen Mann nicht passte?
Ich war mir sicher, dass es um den Wunsch nach mehr Wasser gehen würde, woher auch immer das hierher kommen sollte.

Bestimmt ging es um mehr Achtung und Anerkennung der eigenen, gewachsenen Beduinenkultur und des eigenen Clans und Stammes.
Eventuell wollten sie alle mehr Unabhängigkeit vom Scheichtum und der ägyptischen Verwaltung?
Schnelleres Geld mit Opium?
Einen Jeep?
Ein kleines eigenes Reisebüro?
Hussein plante mit seinem Bruder ein solches in der Gegend von Nuweiba. Er wollte sich unabhängig von Scheich Muosa machen. Denn dieses Gebiet hier war Scheich Muosa von den Ägyptern zugeteilt worden. Nachdem zuvor Scheich Muosas Vater es in der Besatzungszeit von den Israelis zugesprochen bekommen hatte.

Unsere Beduinen kannten Fernsehbilder und Fotos aus Bildbänden über die seenreichen Wälder Skandinaviens oder über das grüne, allerdings auch zubetonierte Europa.
Eine offene Problemdiskussion darüber war so nicht möglich, wie ich mir das erhofft hatte.
Manchmal wurden bestimmte Dinge angesprochen, wie Verhütung oder Viagra, das von den Israelis heimlich eingeführt und teuer verkauft wurde.
Aber die Beduinen verstrickten sich leicht in Widersprüche, wie zum Beispiel bei der Sache mit dem Opium und der Polizei oder mit der Wahl des Scheichs.

In der christlichen Kultur des Westens sind Schuld, Scham, Anerkennung, Achtung in Folge von Wohlstand und Bildung, Säkularisierung und Mobilität stark individualisiert.
Familien und Clans haben in Westeuropa ihre sozioökonomischen Funktionen fast vollständig verloren. Die Ausnahme bildet der Balkan, wo hier und dort noch archaische, ethnische Familienstrukturen existieren, und wo die Familienehre bisweilen noch durch Blutrache und Mord gewahrt wird.

Angeblich gab es auch bei den Gebelia und Awlad Said noch solche Strafen, obwohl dies klar von der ägyptischen Verwaltung und per Gesetz verboten war. Küssen war zum Beispiel vor der Ehe streng verboten. Sex sowieso.

„Individuelles Verantwortungsbewusstsein und persönliches Schuldbewusstsein – säkulare Ausprägungen calvinistischer Tugenden – haben im Westen in hohem Maße zur Entwicklung von Freiheit, Demokratie und einer Rechtsmoral beigetragen, die sich in säkularen Gesetzen niederschlägt.
Phänomene, die der islamischen Welt fehlen.
Ehre, Scham und Achtung sind in einer traditionellen islamischen Kultur nicht nur konstituierende Merkmale der Beziehungen zwischen dem Individuum und seiner näheren Familie oder seinem ethnischen Umfeld, sie scheinen häufig auch in den Beziehungen zwischen dem Islam einerseits und der säkularen jüdisch-christlichen Kultur andererseits eine Rolle zu spielen. Die Schriften Bin Ladens und anderer islamistischer Denker – wie auch die Kommentare der heutigen arabischen Presse – sind geprägt von der Sehnsucht, respektiert zu werden. Denn viele traditionelle Araber sagen, dass sie durch den gottlosen Westen, der ihre Länder und Völker überrollt und ihre Gesellschaften mit „teuflischen" Verlockungen vergiftet hat, gedemütigt werden.
Islamisten, wie Bin Laden und seine zahllosen Bewunderer, fühlen sich in ihrer religiösen und kulturellen Ehre gekränkt. Die kollektive Schande, die sich dadurch über ihre Kultur und Religion (was großteils identisch ist) ausgebreitet hat, wird so letztlich zum Brandsatz ihres Hasses".[56]
Aber vielleicht steht für uns in Europa auch einiges an Veränderung an?
Sollten wir nicht wirklich anfangen, die egoistische und nur konsumorientierte Individualisierung zu bremsen?
Wären nicht wieder soziale Netzwerke und neu inspirierte Gemeinschaften – nicht nur unter Männern – aufzubauen?
In vielen Regionen des Nahen Ostens gelten die Nomaden, bisweilen auch die Halbnomaden, als Störenfriede bei Entwicklungsprojekten, beim Straßenbau oder der Ansiedelung von Industrieanlagen, so dass man sie umsiedelt oder mit anderen Mitteln versucht, sie zu einer sesshaften Lebensweise zu bewegen.
Vielerorts ist das auch gelungen.
Auch auf dem Sinai gibt es, neben den umherschweifenden, auf Oasen und Brunnen angewiesenen Beduinen, inzwischen viele Sesshafte, von al Arisch im Norden bis zur Süd- und Ostküste des Sinai mit seinen Badeorten, die in den vergangenen zwanzig Jahren aufgeblüht sind und touristisch ebenso wichtig wurden, wie die klassischen, pharaonischen Stätten im Niltal.
Einstmals war das Wort „Beduine" in seiner Grundbedeutung identisch mit „Araber".
Antike Quellen berichten immer wieder von den stolzen Wüstennomaden, die in das Fruchtland einbrachen, am Nil, an Euphrat und Tigris. Mit Verachtung blickten die Beduinen, deren Gebiete von Nordafrika bis in die iranische, von Arabern besiedelte Westprovinz reichten, auf die ansässigen Fellachen (Bauern) herab.

Von der touristischen Erschließung profitieren gewiss auch Teile der beduinischen Gesellschaft auf dem Sinai, allerdings in oft extrem ungleicher Weise.
Und die Fremden aus Europa, Israel oder, was seltener geworden ist, aus Amerika, bringen Sitten und Gebräuche mit, die nur sehr schwierig mit der Beduinenkultur zu vereinbaren sind. Deshalb war es mir so wichtig, ein rituelles Fastenprojekt zu etablieren, das zum Teil an alte Meditationspraktiken der Wüste erinnerte und auch die religiösen Belange der Einheimischen respektierte.
Grenzüberschreitende Pauschaltouristen bieten ein weites Feld der Betätigung für fundamentalistisch und islamistisch gesinnte Prediger, die ihren Hass auf die Fremden so loswerden können.

Was die Beduinen selbst betrifft, so ist natürlich nicht auszuschließen, dass die unter Terrordruck stehenden Staatsregime die Beduinen als willkommenen Sündenbock präsentieren wollen, nach dem Motto, die mittlerweile verachteten, ungebildeten Wüstensöhne trügen Schuld, nicht aber Fanatiker in der Stadtbevölkerung.

Ein uralter Antagonismus kann wieder aufbrechen. Denn der Gegensatz zwischen Beduinen und Sesshaften spielt keine geringe Rolle, wenn es darum geht, große Teile der Geschichte der arabischen Völker zu verstehen. Die Beduinen hatten ihre große Zeit, als es ihnen gelang, mit ihren kraftvollen Auf- und Ausbrüchen aus der Ödnis der Wüste, die von den Sesshaften errichteten, aber innerlich dekadent gewordenen Reiche in Nordafrika oder im Vorderen Orient zu zerstören und neue Dynastien zu errichten.

7.1. Gastfreundschaft und Bakschischfest

Es war Mittag.
Der letzte Tag im Garten.
Ein Falke schwebte geräuschlos in die Oase. Thomas und ich blickten uns plötzlich an.
Die kleinen Vögel verhielten sich still in den Büschen. Der größere Falke konnte sie nicht erreichen.
Erst wenn sie aufschreckten und zum nächsten Garten zu entfliehen versuchten, ging die Jagd los.

Es wurde merklich heisser in der Wüste. Es war nun Mitte Mai.
Die Enkelkinder von Schpeijl tauchten auf. Wir hatten ihnen ja Mastix (hebräisch: Kaugummi) und so weiter versprochen. Sie hatten ihre großen Rauchquarze und ein paar kleine Bergkristalle zum Tauschen und Verkaufen dabei.
Schpeijls Familie würde nach uns die Oase für den Sommer belegen, der unten im Dorf vierzig Grad, in Scharm el Sheik bis zu fünfzig Grad heiss wurde.
Auch die Beduinen wussten, dass wir bald aufbrechen würden.

Die zusätzlichen Kameltreiber waren schon nachmittags angekommen und wollten neugierig von Suliman, Abu Rallabah (Hussein) und Mohammed hören, wie die „Germans-Ramadan-Tour" verlaufen war.
Sie hatten eine geschlachtete Ziege dabei.
Wir bereiteten das Bakschischfest vor und verpackten unsere Geschenke (Planen, Bergschuhe, Messer, Gürtel, Jacken, etc. und natürlich anteilig das Geld in ägyptischen Pfund und Euro).

Wir schmückten den Garten mit Bändern in den vier Farben und übten unsere Lieder noch einmal. Auch die Beduinen sprachen die eine oder andere Überraschung ab.

Abends im Kreis beim Beduinenfriedhof überreichte jeder von uns im Team den Teilnehmern ihren Medizinnamen auf einen Zettel geschrieben, in einem arabesk verzierten Kästchen. Die nun „Initiierten" lasen ihn dreimal laut vor und verbrannten dann das Papierchen. Etwas Asche und ein wenig Wüstenerde wurden stattdessen in das Behältnis getan.

Danach begann das Bakschischfest.
Ich bedankte mich für die tolerante Haltung unserer arabischen „Wüstlinge" gegenüber unserem Ritual, ihre Geschichten, ihr Wissen, ihre Kraft und ihre Freundlichkeit, ihr Verständnis und ihre Gastfreundschaft. Anschließend versprach ich, dass wir im Oktober während der arabischen Ramadanzeit zurückkommen würden.
Zumindest Kurt, Hans und ich.
Für die „Initiierten" war vorerst keine zweite Quest vorgesehen. Es sei denn, jemand wollte uns als Assistent begleiten.
Dann hockten wir alle beim Ziegenessen zusammen und sangen indianische und arabische Lieder.
Nach einer Weile zogen sich die Beduinen an ihr eigenes Feuer im ummauerten Teil der Küche zurück.
Sie waren neugierig, was die Geschenkepackungen enthielten.
Wie sie da hockten mit ihren dunkel-feurigen Augen, erinnerten sie mich an Fotos, die ich in meiner Kindheit im Familienalbum meines Großvaters gesehen hatte. Auf braunem, vergilbtem Fotopapier war damals mein Onkel Alois zu sehen, in einer Oase an einer Mauer hockend. Er war als Schulden beladener Mann bei der Fremdenlegion gelandet, dann nach Arabien gegangen und nie mehr wiedergekehrt.

Klagen und Revierschreie der Esel begleiteten uns in der letzten Nacht.

Am Morgen zogen wir wieder in Richtung St. Katharina. Eine Beduinenfrau in rotem Kleid begegnete uns mit ihrer Ziegenherde und bat uns um Sonnencreme und ein kleines Bakschisch.

Dann querten wir die Leopardenfalle und warfen einen letzten Blick zurück ins Stammesgebiet der Gebelia und Awlad Said.

Abu Rallabah gab uns ein letztes Rätsel auf, das wir bei unserer Rückkehr im Oktober beantworten mussten:
„Wo ist der Sand des Paradieses zu finden?"
Er würde es uns verraten, wenn wir wirklich wiederkämen im Herbst und ihm ein Schweizer Taschenmesser mitbringen würden.

Ein Abschiedstee beim Scheich und bald waren wir in Scharm el Sheik.
Saleh begrüßte uns freundlich in seiner Cafeteria am Roten Meer.

Am nächsten Morgen flogen wir zurück nach Europa und fühlten uns mit unserem veränderten Zeitgefühl wie ein paar verspätete Zugvögel.

C.
Die Wüste als Heilungsbiotop

Fi-s-sahraa safaa

في الصحراء شفاء

I. Die etwas andere Paradiesgeschichte

Rotgoldener Granatapfelstrauch
Für das Paradies zu stachelig
Daneben weinlaubüberrankt
Steingefasste Zisterne
Dazwischen zeitlos träumend
Meiner Mutterbodenbett

Nacht stürzen Sterne
Kalte diamantene Verheißung und füllen die Zisterne
Daraus steigen unerlöste Seelen
Greifen nach Granatapfelfrucht
Dem verlorenen Lebensbaum
Wilde Esel klagen inbrünstig draußen in der Wüste
Der Wind singt durchs Wadi
Zeit der allumfassenden Liebe ist immer da.[57]
K.T.

... das Paradies ist verriegelt und der Erzengel hinter uns.
Wir müssen die Reise um die Welt machen und sehen,
ob es vielleicht von hinten irgendwo wieder offen ist.
Müssten wir wieder vom Baum der Erkenntnis essen,
um in den Stand der Unschuld zurückzufallen?[58]
Heinrich von Kleist

1. Der wirkliche Ursprung des Paradieses

Bei meiner Recherche zum Paradiesmythos traf ich auf das gleiche Problem wie bei der Beschäftigung mit dem Mosesmythos.
Was ist Fiktion? Was sind Fakten?
Es wurde mir schnell klar, dass Einflüsse des fernen Orients auf Begebenheiten des Vorderen Orients getroffen waren.
Viele Weisheitslehrer verkündeten damals und noch heute, das Paradies sei ungreifbar. Der Mensch könne sich ihm nur annähern, sei es durch Askese, Schmerzvermeidung, Tugend, Lust oder Pflicht, es aber nie dauerhaft erreichen. Oft wurde es als eine Art Ort und Biotop beschrieben.

„Die Idee, dass das Paradies kein Zustand ist, sondern ein Ort, entstand zwischen 4000 und 2000 vor Christus im Zweistromland zwischen Euphrat und Tigris.
Dort schwärmten die alten Sumerer auf Tontafeln von einem glücklichen Land namens „Dilmun“ – ein sauberer Ort –, betonten sie, ein überaus glänzender Ort.
Dieses Land war ewig grün und fruchtbar. Mensch und Tier lebten in Harmonie. Reine Quellen strömten, unsterbliche Götter und Göttinnen genossen das Leben – und ganz umsonst.“ [59]
Das Wort Paradies (Pairidaeza) stammt aus der altpersischen Sprache und bedeutet „Umzäunung“ oder „umfriedeter Garten“. Die dortigen, raffinierten Gartensysteme dienten wohl als Blaupause für das Paradies.
Und wieder einmal nahm der vordere Orient eine Idee aus Persien auf, wie beim Codex Hammurabi, der mit seinem erhobenen „Du-sollst-Zeigefinger“ den Mosesmythos zentral beeinflusst hatte.
Diesmal war es Zarathustra, der persische Prophet des Gottes Ahura Mazda (1000 vor Christus).
Er war der eigentliche Künder eines lieblichen Landes. Einer Glückswelt, die jedem offen steht, sofern er nur die drei Forderungen des zarathustrischen Glaubens erfüllt: gute Worte, gute Gedanken, gute Taten.
Das Paradies beschrieb er als Wohnstatt der Zukunft und Aussicht auf Belohnung. Vor dem Erscheinen Zarathustras waren die Stätten der Toten Orte des Schreckens gewesen, außer für ein paar privilegierte Gottgleiche und Halbgötter. Bei Zarathustra war das Paradies offen für jeden Verstorbenen. Der Kult war quasi demokratisch und äußerst menschenfreundlich.
600 vor Christus stießen die ersten jüdischen Schriftgelehrten auf seine Ideen und nahmen sie teilweise in ihre Gedankenwelt auf, mischten aber auch wieder die alten Schreckensideen mit hinein. Der Rest ist den meisten von uns bekannt:

- Erschaffung Adams
- Spaziergang und Empfang göttlicher Weisungen
- Schlange bereit zum Werk der Versuchung
- Erschaffung Evas aus Adams Rippe
- Mahnung des Herrn, nicht vom Baum der Erkenntnis zu essen
- Schlange bereit zum Werk der Versuchung
- Eva zur Sünde bereit
- Auch Adam beisst in den unseligen Granatapfel
- Beide erkennen, dass sie nackt sind und gesündigt haben
- Gottes Richtspruch
- Vertreibung aus dem Paradiesgarten
- Schließung des Gartens und Einsatz von Wachengeln
- Im Schweisse Deines Angesichts, sollst Du Dein Brot essen
- Dann erst wieder Rückkehr ins Paradies, dessen Gefilde der Koran am üppigsten beschreibt.

„Bei der nach-zarathustrischen Paradiesidee geht es vor allem darum, dass es etwas gibt, das wir im Moment nicht haben, aber uns wünschen können. Bei den Muslimen etwa, wird alles, was im irdischen Leben verboten ist, im Paradies zugelassen, besonders natürlich Sex und Alkohol."[60]

Seit der Mensch spricht, mit Zeichen und Symbolen zu tun hat, kann er über sein unmittelbares materielles Sein hinaus in die Zukunft denken. Er kann versuchen, den Ist-Zustand zu überwinden, kann planen, kann sich fragen, was das Ziel des Lebens sei.
Natürlich handelt es sich beim Paradiesgedanken auch um ein Bild, das den Urzustand im Mutterleib beschreibt und die Dynamik einer Geburt:

1. Vereinigung/Allverbundenheit/Symbiose
2. Trennung
3. Geburt

Auch die initiatische Heldenreise ähnelt diesem Grundgedanken

1. Ruf des Helden
2. Abstieg und Tiefpunkt
3. Wiederaufstieg

Und er findet sich auch in vielen politischen Mythen, zum Beispiel in den großen Erzählungen vom Sozialismus. Zunächst der Urkommunismus ohne Privateigentum, dann der böse Kapitalismus, dann Sieg des Sozialismus und Wiederherstellung des Urzustands auf höherem Niveau.
Die Lehre von der Erbsünde, die angeblich von den Eltern auf die Kinder übergeht, ist hingegen ein recht spätes Produkt des Kirchenlehrers Augustinus, der seinerseits ziemlich ausschweifend gelebt hatte. Er hatte in einer späteren Lebensphase mit den Lehren des

vorderasiatischen Propheten Mani geliebäugelt, der den Körper als Werkzeug der Dämonen verdammte. Darum lehrte Augustinus, die Wollust Adams und Evas habe das Leid der nachfolgenden Generationen bewirkt. So wurde, laut Kirche, jede sexuelle Lust zum neuen Sündenfall.
Die abrahamitische Tradition hat drei klassische Definitionen der Sünde hervorgebracht. Menschen sündigen, wenn sie den Geboten Gottes nicht gehorchen, die Moses gegeben oder die als Neues Gesetz durch Jesus/Mohammed verkündet wurden. Sündhaftigkeit ist die korrumpierte oder gefallene Natur des Menschen. Wir sündigen, weil wir die lüsternen Kinder der rebellischen Ureltern Adam und Eva sind.
Wir sündigen, weil uns das Vertrauen zu Gott fehlt.
Diese letzte Aussage wäre für mich noch am ehesten zu akzeptieren, da ohne Vertrauen in den Großen Geist, das Leben wirklich anstrengend werden kann. Aber immer wieder dringt der Begriff der „Zerknirschung" und der Leibfeindlichkeit des Menschen bei den großen Religionen des Sinai durch, wie dies der Theologe Assmann besonders in Bezug auf die jüdische Religion beschrieben hat.

Biologen und Archäologen finden übrigens bis heute keinen Beweis dafür, dass die ursprünglichen menschlichen Wesen in einem Zustand der paradiesischen Unschuld und Seligkeit lebten, aus dem heraus sie fielen, obwohl sie in ihren animistisch-beseelten Kulturen an den Großen Geist und das Hier und Jetzt glaubten. Aber dies war eher ein spiritueller Existentialismus, der für die damalige Realität angemessen war und den Naturvölkern das Leben erleichterte.

Sam Keen schreibt in seinem Männerbuch „Feuer im Bauch":
„Dass wir uns durch unseren einzigartigen Individualismus von anderen Menschen abgetrennt haben und immer mehr zu überheblichen Fremden geworden sind, ohne eine Gemeinschaft oder einen Kosmos, in dem wir uns zu Hause fühlen.
Im Vergleich zu unserem Gefühl der Isoliertheit mutet beispielsweise das Lebensgefühl des afrikanischen Buschmanns total entgegengesetzt an: Der erste Mann lebte in einer ungewöhnlichen Nähe zur Natur. Es gab keinen Flecken, an dem er sich nicht heimisch gefühlt hätte. Er kannte... nicht das furchtbare Gefühl, nirgendwo hinzugehören, isoliert zu sein, wusste nichts von der Sinnlosigkeit, die das Herz des modernen Mannes vernichtet. Wo immer er sich aufhielt, er verspürte ein Gefühl der Zugehörigkeit und, was noch entscheidender war, wo immer er sich aufhielt, wusste er, dass man ihn kannte. Die Bäume kannten ihn; die Tiere kannten ihn, so wie er sie kannte; die Sterne kannten ihn. Er setzte sich zu allem in Bezug, so dass er von ‚unserem Bruder, dem Geier' sprechen konnte. Er blickte zu den Sternen empor und sprach von ‚Großvater Sirius', denn das war die größte Ehrenbezeugung, die er verleihen konnte."[61]

Die Reise ins Ich verläuft schraubenförmig immer weiter nach unten und innen, bis wir verstehen, dass wir bisher in einer Illusion befangen waren, die uns schon von Geburt an eingesponnen hat – die Illusion, dass wir Abgetrennte, Vereinzelte sind.

Und dann differenziert er:
„Tatsächlich aber sind wir zwar Einzelwesen, die aber nur innerhalb einer Gemeinschaft gegenseitiger Abhängigkeit existieren können. Es gibt kein Ich ohne ein Du. Wenn uns bewusst wird, wie isoliert wir gewesen sind, dann spüren wir zum erstenmal unsere Einsamkeit und sehnen uns danach, wieder aufgenommen zu werden ins große Ganze. Wie der verlorene Sohn, der eines Tages allein in einem fremden Land erwacht und anfängt, von der Heimkehr zu träumen.“[62]

Weshalb reden wir uns dennoch immer wieder ein, es habe einst vollkommene Harmonie geherrscht?
Anscheinend deshalb, weil dann Glückseligkeit die Regel und Tod, Krankheit, Streit, Hunger, die ganzen Unerträglichkeiten des Daseins, nur Fehlentwicklungen wären, die wir durch ein gottgefälliges Leben korrigieren könnten.
„Solche Vorstellungen werden uns gern eingebläut, sonst gäbe es kein Erlösungsbedürfnis. Notfalls muss auch mit Gewalt erlöst werden.
Zurzeit fallen vor allem Muslime durch solchen Eifer auf. Ein ähnliches Grunddesign haben aber auch Juden- und Christentum. Alle drei sind abrahamitische Religionen und anerkennen Moses als Propheten.
Jeder Versuch, die vom eigentlichen Ursprung veränderten Paradieskonzepte in die irdische Realität hineinzukopieren, muss schrecklich enden, weil das im wirklichen Leben kaum gelingen kann.“[63]

Deshalb muss man dann Leute finden, die daran schuld sind, dass das Paradies doch nicht realisiert werden kann: die Kapitalisten oder die Juden oder das Weiße Haus oder die Männer oder die Frauen oder „Linke“ oder „Rechte“.
Verfolgung und Vernichtung sind also keine Begleiterscheinungen, sondern der heiße Kern der verdrehten Paradiesverwirklichung.
Vielleicht würde es uns besser gehen, wenn wir uns nicht mehr auf die Erlösung von allen Übeln fixierten – sondern die ursprüngliche eigene Mangelhaftigkeit, den eigenen Schatten oder auch die teilweise Leere dieser Welt als gegeben akzeptierten.
Statt überhitzter Paradiesvorstellungen und euphorische Ego-Manie würden dann eher Ernüchterungsprogramme helfen, um etwas Krankheit und Armut Stück für Stück im Hier und Jetzt zu lösen, statt alle Übelstände auf einmal bereinigen zu wollen.

2. Ort im Hier und Jetzt

„Pairidaeza" heißt also im Persischen „Umfriedung" – und so gibt es angeblich kein Paradies ohne Mauer. Sie ist die Grenze zum Nicht-Garten, zur „bösen" Wildnis und Wüste, die Grenze zwischen Gut und Böse.
Das aber ist zu hinterfragen.
Noch heute kann man im Vorderen Orient paradiesische Biotope erleben.
„Es gibt Plätze, an denen Kühle und Stille den Erschöpften umfangen. Wasserläufe stehen glitzernd vor einem alten Palast, zerschneiden das Grün in rechteckige Felder. Kiefern, Platanen und Ulmen zerstreuen das Licht zu Edelsteinen.
...Bei den Christen stießen die Datteln und Granatäpfel der Wonnegärten auf Skepsis. Auch Martin Luther mäkelte, dass das Reich des Herrn nun mal nicht von dieser Welt sei und der Gläubige sich nicht um Gold, Krone, Tanzen, Springen kümmern soll."[64]

Ein Priester des Zarathustrakultes würde übrigens nicht von der Brücke ins Jenseits und nicht von den Jungfrauen sprechen, die dem Gerechten im Jenseits beglücken, wie es im Koran steht. Nichts von prächtigen Blumen und geläuterten Geistwesen, die nach Moschus, Ambra und Kampfer duften.
Er würde lächeln und sagen: „Wenn du gut bist, hast du auf Erden schon das Paradies! Und wenn du schlecht bist, hast du hier schon die Hölle in dir!"

Karlfried Graf Dürckheim, Initiatischer Therapeut würde das allerdings in dieser Form nicht akzeptieren:
„Denn weil der Mensch nach den Geboten und Verboten der Kirche lebt und die Gesetze des Staates beachtet, steht er weiterhin in Abhängigkeit zum Kollektiv. Und auch die „guten" Werke, mit denen er sich freikaufen möchte, erweisen sich als nutzlose Mittel zum Zweck.
Wenn du Mensch werden willst, musst du zwei Bedingungen erfüllen: Zu Sterben bereit sein und eine Aufgabe, eine Lebensaufgabe auf dich nehmen.
Es gilt, die bequeme Oase der Gewöhnung zu verlassen und dich in die Wüste des Alleinseins zu begeben. Oft werden dir gute Freunde langweilig, es gibt nichts mehr zu besprechen. Der Weg des Einsamen, den gehst du nun. Bis du dich wiederfindest in einer anderen Oase, wo dir neue Freunde begegnen. Dieser Weg ist nicht einfach.
Du entziehst dich der Menschwerdung, wenn es dir an Mut und Demut mangelt. Dann wertest Du das geistige Prinzip der besseren Einsicht ab und du negierst die Erfahrung. Du überlässt dich dann lieber dem Glauben und den Glaubenssätzen. Oder du gebärdest dich als aufgeklärter Realist und verdrängst transzendente Erlebnisse aus Angst, dass Dir kollektive Anerkennung versagt wird. Viele Menschen andererseits, die zur Transzendenz hin angelegt sind, scheuen die bürgerliche Bloßstellung, nämlich ihre Schwäche zu zeigen."[65]
Viele Männer in unserer Gesellschaft betrifft dies.

3. Naturreligion, Weiblichkeit und die Schlange

Der Kampf gegen das Böse war in der abrahamitischen (jüdisch-christlich-islamischen) nach der Sonne ausgerichteten Himmelskultur gleichzeitig immer eine verdeckte Auseinandersetzung mit den alten, überlieferten Religionen und Erdkulten.

Im Baalskult wurden noch die Naturkräfte und deren Fruchtbarkeit gottgleich verehrt. Bei ihm gab es eine Gotteserfahrung im ritualisierten exstatischen Kult. Baal oder auch Bel war gewöhnlich auch der oberste Berg- und Wettergott, auch kriegerisch-mächtiger Gott in der ägyptischen Königsideologie.
In der Bibel wird der Ausdruck „Baal" dann synonym zum Namen einer Reihe von Lokalgottheiten. Er wurde besonders in Nordisrael über Hunderte von Jahren verehrt.
Die antiken Berichte über die angeblichen Kindesopfer sind äußerst umstritten. Der Name lebt zum Beispiel in Balthasar und Hannibal (phönizisch „Baal ist gnädig") fort. Auch das Wort Beelzebub geht auf ihn zurück und stellt im Neuen Testament eine Bezeichnung für den Teufel dar.
Die Mythen Kanaans beschäftigten sich zentral mit Baal. Indem er die Dürre beendete, war er dort der Spender der Fruchtbarkeit und dies war die Grundlage seiner Popularität. Als Gewittergott, der die Wolken wie Kälber vor sich hertrieb, war er auch äußerst dynamisch, mächtig und kampfkräftig. Dies war die zweite Grundlage seiner Popularität. Dargestellt wurde er einherschreitend mit erhobenem Arm, mit dem er Blitze schleudert. Der für Wasser, Brot, Wein, Öl, Kräuter und ihr Gedeihen verantwortliche Gott, war in einer bäuerlichen Kultur natürlich von besonderer Bedeutung.
Gemäß der kanaanitischen Mythologie und unter Voraussetzung des synkretistischen Baal-Jahwe-Kultes hatte der Schlangengott die Macht, die Gaben der sexuellen Ekstase, der Fortpflanzung, der Gesundheit und Unsterblichkeit auszugießen.
Interessanterweise war im Alten Testament die Schlange noch ein Geschöpf Gottes und verkörperte nicht das Böse. Erst in der späteren christlichen Tradition wurde die Schlange mit dem Teufel gleichgesetzt und zu einem Symbol für das Böse.
Im gesamten Nahen Osten wurde der Schlangengott als Gottheit des sexuellen Genusses, der Gesundheit, Weisheit und Fruchtbarkeit verehrt.

Was bietet die Schlange in der biblischen Paradies- und Genesiserzählung Adam und Eva an? Sie sagt, sie wisse, wie die Menschen wie Götter werden könnten.
Doch für den Jahwe-Anhänger war die Schlange kein wohltätiger Gott, sondern ein Versucher und Betrüger. Für ihn verdirbt diese sexuelle Gottheit den Menschen, verführt ihn zur Sünde und verursacht seine Vertreibung aus dem Garten des Paradieses. Mit anderen Worten, der kanaanitische Gott wird der Teufel des Jahwisten.

Als universelles Symbol steht die Schlange in Zusammenhang mit der sogenannten Kundalini- und Sexualenergie, das heißt mit der Energie, die am weitesten in die Urzeit zurückreicht. Somit ist die Schlange eines der ältesten dem Menschen zugänglichen Bilder.

Manchmal wird die Schlange als männlich, manchmal auch als weiblich gesehen und symbolisch eng mit Tod, Zerstörung, verkehrtem Leben und auch Verjüngung in Verbindung gebracht.
Im Traum eines Mannes kann eine Schlange erscheinen, wenn er die weiblich-erotischen Anteile in sich nicht erkennt oder wenn er Zweifel an seiner Männlichkeit hat.
Eine Schlange, die sich in den Schwanz beißt, repräsentiert Vollkommenheit und die Einheit von Materiellem und Spirituellem. Von einer Schlange gefressen zu werden, zeigt das Bedürfnis und die Fähigkeit, zum Ursprünglichen zurückzukehren und die Auffassung von Zeit und Raum hinter sich zu lassen.
Da Schlangen manchmal auch giftig sind, hat man sie natürlich auch mit dem Tod und allem, wovor sich der Mensch fürchtet, in Verbindung gebracht.
Eine Schlange, die sich um einen Stab windet, weist allerdings darauf hin, dass gegensätzliche Lebensenergien integriert sind, die wiederum unbewusste Kräfte freisetzen, die Heilung, Wiedergeburt und Erneuerung schaffen. Die schwarze Äskulapschlange steht für heilende Vorgänge und ist das Wappentier der Ärzte.

3.1. Erotik als Quelle spiritueller Bewusstwerdung

Biblische Bilder und Symbole sind also Teil unserer Kultur und, wie am Moseskult zu sehen, leider oft auch patriarchaler Prägung. Aber man kann in der Bibel auch Bilder, Erzählungen und Gedichte der Befreiung, wie das des Auszugs aus der Knechtschaft in Ägypten, finden oder die des unschuldig ausgesetzten Kindes im Schilfkorb oder der Liebe im Hohelied des König Salomon.
Aber es bedarf des wachen zweiten Auges, wie unser Pfarrer bei seinem kreativen spirituellen Akt erläuterte, den er gegen die herkömmliche theologische Pseudokompetenz stellte.
„Bilder, Texte und Symbole müssen sozusagen zerlegt werden und, auf das Heute bezogen, neu zusammengesetzt und mit alltäglichen gemeinsamen Erfahrungen verbunden werden.
Die wichtigste Frage lautet: „Was macht unsere Realität wirklich aus"?
Es muss quasi ein Fenster geöffnet werden, um den Wind der Gegenwart mit seinen jetzigen „heiligen" Geschichten in die alten Symbole hineinzulassen.
Oder man verzichtet lieber gleich auf die alten Geschichten und lebt für sich selbst und andere seine eigene Geschichte im Hier und Heute. Das Wichtigste aber ist, den Körper, den Leib, die Erotik und die sexuelle Lust mit hinein zu nehmen.

Was die Erkenntnistheorie angeht, heißt das, man sollte sich nicht länger auf eine Weise Wissen aneignen, in der der Körper außer Acht gelassen wird, also ohne Beachtung der Gefühle, ohne Beachtung der elementarsten Dinge, wie zum Beispiel die Leiblichkeit und Maskulinität der Männer, die wir zum Leben brauchen."[66]

Verstand und Intelligenz sind an körperliche Prozesse gebunden und können vom Körper nicht losgelöst werden.
Was sorgt dafür, dass Gefühl und Verstand zusammenkommen, wer erhält sie?
Was gibt dem Körper die Dimension der Vergangenheit und die Dimension der Zukunft?
Es ist die dynamische Erotik, die sie erhält, die Gefühle mit Erinnerung verbindet. Die erotische Dimension unseres Seins ist ein Geheimnis, es ist die Fähigkeit zu genießen und Genuss zu geben und etwas zu schaffen, was nicht existiert.
Wenn ein Mensch diese Seite nicht lebt, entfremdet er sich von sich selbst. Damit ist nicht nur eine außerkörperliche Sphäre gemeint, sondern eine in uns selbst.
„Das ist so wie beim Orgasmus, in dem wir fast aus uns heraustreten und nicht zurückkommen. Und doch erleben wir diese Grenzsituation in uns selbst. Die Erotik ist ein wichtiges Element, das dafür sorgt, dass die anderen Erkenntnisinstrumente nicht mechanisch angewandt werden, sondern kreativ bleiben. Erkenntnis zu produzieren ist Schöpfung. Produkte zu bearbeiten und herzustellen ist Schöpfung, aber alles das kann unterdrückenden Charakter bekommen.
Die erotische Dimension sorgt dafür, dass es ein befreiender Prozess werden kann.
Eine natürliche Erotik, nicht nur im sexuellen Sinne, gehört dazu und gibt Dingen erst ihren Sinn, indem sie aus einer Situation des Mangels nicht nur ökonomisch eine Utopie entwickelt, sondern eine Kultur- und Kommunikationsform mit Liedern und Gesängen und Heilungsritualen schafft. Die dabei hilft Notsituationen zu meistern oder Alternativen zu entwickeln, wie dies die Naturvölker zum Beispiel im synkretistischen (Mischung aus christlichen und naturreligiösen Riten) afro-brasilianischen Condomble-Kult noch heute tun."[67]
Oder, wie es sich im orientalischen Bauchtanz zeigt, der aus einem Tempel- und Fruchtbarkeitstanz entstanden ist. Die Vorurteile gegenüber Bauchtanz sind zwar geringer geworden, aber das Bild von halbnackten, aufreizend tanzenden Frauen, die ein bisschen mit den Hüften wackeln, geistert immer noch herum.
Es gibt nun aber weltweit wundervolle Tänzerinnen, die eine andere Sprache sprechen und beweisen, dass der orientalische Tanz Technik, Übung, Kreativität, Können und Wissen verlangt.
„Es gibt im Orientalischen Tanz viele Stile und Auffassungen, die von Tänzerin zu Tänzerin variieren. Die Tänzerinnen sind sehr individuell und zeigen im Tanz ihre Persönlichkeit.
Es gibt einen unglaublichen Reichtum an Bewegungen in diesem alten Tanz, und zwar nicht nur Hüft-, Becken- und Bauchbewegungen, sondern auch Bewegungen des Brustkorbs, der Schultern, der Arme, Kopfbewegungen, Schrittkombinationen, Drehungen, Sprünge."[68]

Der orientalische Bauchtanz spiegelt Bewegungen aus dem Akt des Gebärens und dem Liebesakt wider, denn seine Wurzeln liegen in rituellen Fruchtbarkeitstänzen vor der Zeit des Patriarchen Moses, in den Zeiten, in denen Tanz und Religion noch eine Einheit waren, und alle existentiellen Prozesse in magisch-rituellen Tänzen ertanzt wurden, wie Jagdtänze, Kriegstänze, Heilungsrituale, Knaben- und Mädchenweihe, Beschwörung, Geburt und Fruchtbarkeit zeigen.
An die Stelle der Fruchtbarkeitsgötter und -göttinnen traten vielerorts die abrahamitischen Religionen.
In den arabischen Ländern, Ägypten und der Türkei gibt es aber bis heute keine Hochzeit ohne Tänzerin, wobei die ärmeren Schichten selbst tanzen, statt tanzen zu lassen. Die Tänzerinnen befinden sich dennoch in einer merkwürdigen Position zwischen Bewunderung und Verachtung.

Die ursprünglichen Fruchtbarkeitstänze der Männer und Frauen überlebten im christlichen, körper- und frauenfeindlichen Europa allerdings so gut wie nicht.

„Das Christentum hat oft die Liebe zu Gott von der leidenschaftlichen Liebe zwischen Mann und Frau getrennt. Man sollte zwar Gott aus ganzem Herzen lieben. Aber die Liebe zwischen Mann und Frau verdächtigte man, dass sie einen eher von Gott abhalten würde. Doch ohne eine starke Erotik wird auch die Liebe zu Gott kraftlos. Sie verliert die Buntheit der Phantasie und die Kraft der Leidenschaft. Viele Männer haben sich von der Kirche abgewandt, weil sie den Archetyp des Liebhabers, den sie in sich spüren, nicht mit den kirchlichen Auffassungen von Liebe und Sexualität in Einklang bringen konnten. Sie fühlten sich von der Kirche oft verletzt, weil sie ihre Sexualität immer mit Schuldgefühlen belegt.
Wer sich für die Liebe öffnet, der macht sich verwundbar. Aber ohne Liebe kann man den inneren Reichtum seiner Seele und seines Leibes nicht entdecken. Die Liebe lässt das Leben im Mann strömen. Zum Liebhaber gehört nicht nur die Fähigkeit, eine Frau zu lieben oder sich einem Mann gegenüber in freundschaftlicher Liebe zu öffnen. Der Liebhaber möchte auch die Beziehung zu Gott prägen.“[69]

Männer können ihrer erotischen Kraft trauen, und sich an ihrer Sexualität freuen. In seinem ungeheuren Bedürfnis nach Liebe wird der Mann allerdings immer wieder erfahren, dass er die Frau mit Sehnsüchten auflädt, die sie überfordert.
Die Liebe zur Frau kann den Mann in eine spirituelle Dimension führen. Wenn sich ein Mann verliebt, kann er eine Verzauberung seines ganzen Wesens erleben. Ohne die Erfahrung des Verliebtseins bleibt die Beziehung des Mannes zum Götlichen nüchtern, leer, auf bloße Pflichterfüllung ausgerichtet.

II. Heilsame Geschichten aus der Wüste

1. Islamischer Ramadan und indianisch inspirierte Fastenquest

Hans, Kurt, Thomas und ich saßen mit neun Initianden im Flugzeug der Egypt Air auf dem Flug nach Kairo und warteten auf das Essen.
Aber es gab nichts, noch nicht.
Es war Ramadan und der Pilot wartete, bis in Mekka die Sonne untergegangen war. Dann beendete er das Fasten mit dem Fastenbrechen und wies die Bedienungscrew an, das Essen auszuteilen.
Eine derartige Konsequenz bezüglich des islamischen Ramadan hatte ich wirklich nicht erwartet.
Es musste nun rasend schnell gehen, denn wir hatten nur noch eine halbe Stunde Zeit bis Kairo.
Thomas, der nach seiner Quest im Mai den Heilungs- und Medizinnamen „Schwebender Falke entdeckt seine Oase" erhalten hatte, wies mich auf die ersten Lichter Kairos hin.
Ich dachte mir, dieser Falke hat gute Augen.
Thomas hatte sich nach seiner Quest entschlossen, bei mir die Fortbildung zu machen, und so hatten wir während des Fluges ein vertiefendes Gespräch darüber, wo er jetzt mit seinen Erkenntnissen von damals stand.

Seine Hauptfrage war damals:
„Wie finde ich einen guten Platz im Leben?"
Sein konkreter Veränderungswunsch war:
Mehr feste Verbindungen im Leben schaffen.
Sich von der Thermik wie ein Falke tragen lassen, ohne sich besonders anzustrengen.
Sich schützen, beim Exponieren aufmerksam sein, nicht nachlässig werden.
Unterscheiden zwischen König (Führungskraft) und Krieger (Experte).
Es sich gut gehen lassen, leicht mühelos, liebevoll mit sich selbst umgehen.
Den eigenen (inneren) Platz erkennen, wo Ruhe und Frieden herrschten.
Andere Menschen auch Könige sein lassen.
An einem guten Wohnort wohnen, gute Freunde in der Nähe haben, gute Nachbarn haben, eine Frau, Kinder haben, sowie Genuss und Lebensfreude an allem im Leben.

Also eine ganze Menge.

Sein erster Entwicklungsweg dahin, der aus der Quest heraus und auch durch die Feedbacks von anderen Männern und Mentoren deutlich geworden war:
Mehr unter Menschen gehen, um aus der Einsamkeit und Isoliertheit herauszukommen, sich mehr zu zeigen und nicht nur über sich zu reflektieren und zu reden, sich mehr Erfahrung anzueignen als Wissen anzulesen.

Ich hatte ihm als vorbereitende Aufgabe für die neuerliche Sinaireise die Aufgabe gegeben, sein Kraft- und Wappentier, den Falken, als Spiegel zu nutzen und in Imaginations- und schamanischen Trancereisen, diese „Instanz“ um Rat zu fragen.
Die Idee war, dass er beim Denken, das er doch gerne im Übermaß betrieb, nicht so sehr um sich selbst kreiste, wie ein Geier, sondern eher innerlich fokussierend zustieß wie ein Falke.
Er stellte nun im Laufe dieser Praktiken fest, dass er einerseits ein fulminantes Ortungsgedächtnis hatte wie ein Falke, dass ihn aber bereits das kleinste Geräusch ablenken konnte. Am schwersten fiel es ihm immer noch, auf den Lebensströmen zu gleiten und aufzusteigen. Er hatte grundsätzlich das Gefühl, dass es bergab ging. Er verlor in der Vielfalt den Überblick und konnte sich nicht auf kleine Schritte hin fokussieren.

Wir setzten zum Landeanflug auf Kairo an.

Bei den neun Initianden war wieder einmal ein Theologe dabei.
Diesmal ein Katholik aus der Schweiz.

Es war wirklich erstaunlich, wie viele Pfarrer, Diakone und Theologen dieses Naturritual in der Wüste Sinai machen wollten oder in Nordschweden schon vollzogen hatten.

Seine Absicht für die MännerQuest war klar:
Er wollte sich mit 43 Jahren vom jungen Erwachsenenalter verabschieden.
Fragen die dahinter standen waren:
Welche Vor- und Nachteile hatte das bisherige Alter?
Welche Vor- und Nachteile/Rechte, Pflichten, Freiheiten, Kräfte sollen im neuen Lebensalter gelebt werden?
Gibt es dafür Vorbilder?
Weitere Fragen, die sich für ihn stellten, waren:
Worin unterscheidet sich die Spiritualität der Kirche von der der Naturvölker und ihrer natürlichen Religion?
Außerdem wollte er sich als Männercoach und Initiationsmentor selbstständig machen.
Daraus ergaben sich zusätzliche Fragen:
Wie sicher fühle ich mich beim Organisieren von eigenen Seminaren, beim „Risikoeingehen“?
Welches sind meine Stärken und Schwächen?
Was habe ich anderen Männern zu geben?

Welchen Männern, welchen Alters, welchen Berufsgruppen?
Welche archetypischen Kräfte sind bei mir stärker entwickelt? Welche schwächer?

Wir waren gelandet.

Beim Auschecken und wieder Einchecken in Richtung Scharm el Sheik ging es diesmal sehr fröhlich zu.
Die Menschen hatten nach dem ganztägigen Hungern gut gegessen und scherzten und herzten miteinander. Kontrollen wurden dementsprechend kaum durchgeführt.
Es war Ramadan.
In Scharm el Sheik herrschte in der gleichen Nacht das gleiche Bild. Überall fröhliche Menschen.
Probleme tauchten erst auf, als wir 13 Männer nach unserem eintägigen Akklimatisationsaufenthalt am Strand des Roten Meeres in die Wüste fuhren.
Der Fahrer aß und trank während der Pausen der Fahrt durch die Wüste nichts und war folglich während der gesamten Transferfahrt müde und unkonzentriert. Dennoch hatte der Ramadan auch etwas für sich.
Die operettenhaft gekleideten Kontrollposten mit ihren Kalaschnikows schliefen, ließen den Schlagbaum unbewacht offen oder gähnten nur müde und ließen uns unkontrolliert durch.
Preußische Disziplin war sowieso nichts für den ägyptischen Charakter, auch außerhalb des Ramadan.
Aber der islamische Ramadan war wirklich eine besondere Zeit in den arabischen Ländern. Selbst Kriegshandlungen wurden dann eingestellt.
Wir landeten heil, aber etwas angespannt bei Sheik Muosa.

Sheik Muosa versuchte uns freundlich zu begrüßen, es war inzwischen schon wieder zwölf Uhr mittags, aber es gelang ihm nicht so recht.
Er sah schlecht aus, hatte Ringe unter den Augen und klagte über Magenschmerzen. Wahrscheinlich hatte er die letzte Nacht zuviel gefeiert.
Dennoch versuchte er wieder einen zu hohen Preis für die Tour zu verlangen. Ich erinnerte ihn daran, dass er mich noch im Mai als besten Führer in der Wüste gelobt hatte und versuchte ihn herunterzuhandeln. Der eigentliche Hintergrund der damaligen Lobpreisung war in Wirklichkeit, dass wegen eines Anschlags in Tel Aviv weniger israelische Touristen in die Berge gekommen waren.
Sheik Muosa lachte und willigte sofort in mein Gegenangebot ein.

Hussein, alias Abu Rallabah, begrüßte uns mit seinem steifen Deutsch und sagte:
„Wissen Sie, es ist Ramadan! Das ist auch anstrengend in der Wüste. Wir trinken den ganzen Tag kein Wasser und rauchen dürfen wir auch nicht".
Ich hatte das Gefühl, dass er mich in diesem Moment etwas anschielte, was wohl auch mit dem Fasten zusammen hing.

Das konnte ja heiter werden.
Wir gingen in Sulimans Garten und aßen eine Kleinigkeit. Suliman und Abu Rallabah aßen nichts und demonstrierten so Stärke.
Er erinnerte uns sogar an das Rätsel:
„Wo findet man den Sand des Paradieses"?
Er wollte wissen, ob wir die Antwort erraten hätten und ob wir ein Schweizer Taschenmesser dabei hätten, falls wir die Lösung nicht wussten?
Ich ließ ihn einen Moment im Ungewissen, hatte mich aber bei meinem Arabischlehrer erkundigt, woher der Sand des Paradieses kommt.
Antwort: Er kommt von der Stelle, auf der gerade Deine Mutter barfuß steht.
Das Taschenmesser schenkte ich Hussein trotzdem.

Wir sahen, dass die vielen Dromedare unser Gepäck schon in Richtung Schpeijls Oasengarten trugen und machten uns auch auf den Weg dorthin.

Wir gingen wieder den steilen Pass hoch, an der Leopardenfalle vorbei, wo ich den neuen Initianden erklärte, wie sie ihre verlorengegangenen Seelenteile jagen sollten.

Kurt, Hans und Thomas kannten die Route schon fast genauso gut wie ich, und nach einigen Stunden zogen wir in Schpeijls Oase ein.

Schpeijl bewegte sich wegen der Hitze und des Ramadan langsamer als sonst.

Die Kamele hatten uns zwar überholt, aber unterwegs war einiges verloren gegangen und einige Gepäckstücke beschädigt worden. Eine teure Thermarestmatte war aufgeschlitzt, weil der Kameltreiber im Tran zu nahe an der mit Stacheldraht bewehrten Bustanmauer entlang marschiert war.
Es war Ramadan.
So hatte ich mir das nicht vorgestellt.

Dennoch hielt das kleine Disaster Hans und mich nicht davon ab, wieder einmal eine Feigenfressorgie im Bustan einzulegen.
Den anderen verrieten wir nichts davon.
Auch die Äpfel und Trauben waren reif, die Paradiesgranatäpfel schon überreif und von den zahlreichen Vögeln angepickt.
Die Beduinen aßen dieses Mal vor uns zu Abend.
Sie hatten mich darum gebeten, weil ihr Hunger nach dem ganztägigen Fasten zu groß war. Ansonsten war es in der großen Tradition der arabischen Gastfreundschaft vorgesehen, dass der Gast zuerst begann.

Sie hatten immer wieder auf ihre mächtigen Armbanduhren geschaut, denn die Fastenbrechenszeit verschob sich jeden Tag etwas. Ich hatte Erbarmen mit ihnen.

Dann reichten sie jedem von uns mit bedeutungsschwerem Blick einige Datteln, wie es der Koran verlangte.
Der symbolhafte Sinn dieser Anweisung war, dass die Armen während des Ramadans eingeladen waren.
Fast auf die Minute genau, tauchten einige arme Beduinen aus den umliegenden und ferneren Gärten auf und gesellten sich unseren Beduinen zu.
Wir dreizehn Männer aus Deutschland, Österreich und der Schweiz zogen uns zurück.
Noch nie zuvor war mir so deutlich geworden, dass ich nun nicht im Kreis der Beduinen war.
Es war ihr Ritual.
Energetisch gesehen, schlossen sie uns deutlich aus.
Sie sprachen anders arabisch als sonst, weil sie Koranverse austauschten, die sich auf die Ramadanzeit bezogen. Sie scherzten und lachten und erzählten über den Tag, der so schwierig war, zumal sie noch für uns arbeiten mussten.
Aber sie hatten uns ja extra damals im Mai zum Ramadan eingeladen, sagte ich mir.
Dennoch, das war ihre Zeit.

Ich erfuhr auch etwas davon, wie stark kontrollierend dieses soziale Ereignis wirkte. Es förderte das Zusammengehörigkeitsgefühl des Stammes und aller Moslems, auch wenn das übermäßige Essen spät in der Nacht und am frühen Morgen ungesund war.
Wir Europäer hatten in dieser Zeit einen anderen Rhythmus und nahmen den Ablauf der Tage anders war, weil unser Körper und Leib, und dadurch auch unser äußerer und innerer Wahrnehmungsapparat anders reagierte.
Ich hatte noch nie einen solch direkten Einfluß eines Ritual auf eine große Stammes- und Religionsgemeinschaft erlebt, obwohl doch viele Menschen in den Städten nicht besonders gläubig schienen.
Der Ramadan war weitaus mächtiger als unser christliches Weihnachts- oder Osterfest.

Die Lebensgeister unserer Beduinen meldeten sich nach dem Abendessen schnell zurück. Sie begannen zu rauchen und zu stöhnen. Als ich die Schischa, also die Wasserpfeife, auspackte, die ich als Geschenk aus Scharm el Sheik mitgebracht hatte, waren sie verblüfft

Und dann geschah wieder einmal etwas, das die Doppelbödigkeit einer dogmatischen Gebots- und Verbotskultur widerspiegelte.
Abu Rallabah kam zu mir und bedankte sich freudig erregt für dieses schöne Geschenk. Dann schaute er sich wieder einmal hilfesuchend nach Suliman dem Koch um, der um einiges älter war als er, ob er das Geschenk annehmen dürfe.

Dieses Mal murmelte Suliman etwas vor sich hin und schaute dabei verlegen in seine Tasse Tee.
Abu Rallabah nahm daraufhin die Wasserpfeife zu sich, stellte sie in die Küche und sagte zu mir, dass es grundsätzlich nicht erlaubt sei, Wasserpfeife zu rauchen. Das habe mit dem Ramadan nichts zu tun.

Ich war erstaunt, denn in Scharm el Sheik hatten doch alle während des Ramadan geraucht. Beduinen, Stadtägypter, Pauschaltouristen.
Nach einer Stunde saßen alle Beduinen im ummauerten Küchenareal, das nicht so leicht einsehbar war, und schmauchten fröhlich und laut lachend die Wasserpfeife. Zug um Zug wurden sie müder und schliefen bald ein.
Vielleicht träumten sie von den zweiundsiebzig Jungfrauen, die ihnen im Paradies versprochen wurden.

Am nächsten Morgen gegen vier Uhr ging das Palavern und Frühstücken los, ohne dass das inbrünstige Beten der Ramadan-Koranverse vergessen wurde.
Der neue Tag musste wieder ohne Wasser und Schischa überstanden werden.

In unserem Questablauf standen die Erzählungen über die Medizinwanderungen der Initianden, Kommunikationsübungen mit der Natur – ob Pflanze, Stein oder Tier -, Teachings zu den vier Himmelsrichtungen und den ihnen zuzuordnenden, archetypischen Kräften an.

Der Große Wagen hing in den Abendstunden mit seiner Deichsel weitaus tiefer unter dem Horizont als im Mai.
Es folgten, wie im Mai, die authentischen Berichte am Feuer in der Nähe des alten Beduinenfriedhofs.
Die Tage darauf standen im Zeichen von Outdoor-Sicherheitsübungen und weiteren Quest-Vorbereitungen.
Ein Teilnehmer hielt sich partout nicht daran, ein Beduinenkopftuch aufzusetzen. Ich befürchtete, dass er einen Sonnenstich bekommen würde, und musste ihn mehr als herzlich ermahnen, nicht die Gruppe und das Projekt zu gefährden.

Die Beduinen tranken wirklich nichts. Den ganzen Tag.
Ich war darüber fast so erstaunt wie sie, die sich darüber wunderten, dass die Quester vier Tage und vor allem vier Nächte nichts essen würden.
Die Beduinen wurden noch unkonzentrierter.
Kurt, Hans, Thomas und ich mussten aufmerksam bleiben.

Wir marschierten hoch auf die Mutter Salbei Ebene (Om Bardagousch) in unser Zwischenlager.
Die Initianden hatten alle ihre Absichten offen dargelegt, warum sie dieses MännerQuestritual machen wollten. Ich hatte ihnen schon zu Hause eine Gliederungshilfe für ihre Fragestellungen gegeben:

> *Die MännerQuest und Visionssuche ist ein Ritual der bewussten Gestaltung von Übergängen im Leben. Die Wirksamkeit jedes Rituals hängt von der Klarheit der Absicht ab, mit der es vollzogen wird.*

Die Absichtserklärung hat den Sinn, den für Dich anstehenden Übergang genau zu benennen:
Woher kommst Du?
Was willst Du hinter Dir lassen?
Wonach suchst Du?
Willst Du etwas genauer benennen und wahrnehmen?
Willst Du für etwas danken?

Die Frage, die Du Dir stellen und aus Deinem gegenwärtigen, täglichen Leben heraus konkret beantworten solltest, lautet:
„Wozu gehe ich vier Tage und vier Nächte fastend in die Wildnis?“

Geht es Dir um eine Trennung, wie z.B. Scheidung, Beendigung oder Abschluss von etwas, Entschluss, Abschied, Loslassen?

Geht es Dir um eine Schwellensituation, wie z. B. Übergang in etwas Neues, Wandlung, neue Zielrichtung, Status- oder Aufgabenwechsel, Auftauchen aus einer langen Depression, Transformation, Erneuerung?

Geht es Dir um einen Neubeginn, wie z. B. Rückkehr, neue Verbindung, Vereinigung, neue Verantwortung, neues Gleichgewicht, Neuanfang überhaupt?

Je gründlicher und lebenspraktischer Du Dir diese Fragen beantworten kannst, desto tiefgreifender und deutlicher können die Wesen und Kräfte der Natur antworten und desto genauer kannst Du den Sinn dieser Antworten erfassen.

Durch Feedbacks im Kreis der Männer war einiges deutlich geworden. Manches wartete noch auf Lösung.
Fragen und Themen mit denen sie hinausgingen waren:
Wie möchte ich als Mann in Zukunft leben?
Offenheit, Hingabe und mich annehmen, wie ich bin.
Was soll ich erarbeiten?
Wie komme ich dahin?
Heil und ganz werden, erwachsen und zum Mann werden.
Lebensaufgabe finden.
Wie kann ich Verantwortung übernehmen?
Wie finde ich zu mehr Lebensfreude und zurück zur Ungezwungenheit der Jugend?
Wie kann ich mich selbst mehr lieben?
Was nährt mich wirklich?
Einsamkeit und Abschied von der Vergangenheit.
Wie kann ich meinen Schatten, meine verborgenen und verbogenen Seiten, besser wahrnehmen?

Es gab Männer, die unzufrieden und von vielen Selbstzweifeln geplagt waren, sich unsicher fühlten. Es fiel ihnen schwer sich zu zeigen.
Es ging um angemessenen Umgang mit sich selbst und der Umwelt.
Es gab lange Listen von Ängsten und Defiziten.
Oft fehlte die Priorität.

Wir machten ihnen Mut, dass draußen im symbolischen Sinn eine kleine Tür aufgehen würde zu einem neuen „Raum" und daraus die Kraft entstünde, weitere Türen selbst aufzumachen.

Es gab Männer, deren Familienleben harmonisch war oder zumindest erschien. Beruflich sah es dann meistens anders aus.
Sie hatten viele Jobs ausprobiert, aber auch hier fehlte oft der Fokus auf ein Ziel hin. Es war genau der Mangel, den Richard Rohr bei den soften Männern festgestellt hatte, und warum sie diese zweite Reise in die Wildnis brauchten.

Dann gab es Männer mit Risikobereitschaft, aber ohne Durchsetzungsvermögen. Wo sollte das enden?
Sie schwankten zwischen hohen Ansprüchen und verschiedenen Ideen.
Sie benötigten ein reales Gefühl und Wissen, um ihre wirklichen Stärken und Schwächen zu erkennen, um daraus dann eine kraft- und sinnvolle Entscheidung treffen zu können.

Der eine oder andere Mann wollte ein „weiser" Mann werden, aber wie sollte das umgesetzt werden?
Mit welchen Männern wollten sie später zusammen sein?
In welcher Form?
Was hatten sie anderen Männern zu geben?
Was brauchten sie von anderen Männern?
Welche Männer konnten sie unterstützen?

Bei anderen wiederum fehlte die Balance zwischen Nähe und Distanz in Beziehungen, sowohl zu Frauen als auch zu Männern.
Es fiel ihnen grundsätzlich schwer NEIN zu sagen ... und das, was sie wirklich wollten...
Weitere Fragen tauchten auf:
Kann ich Sicherheit geben?
Kann ich vertreten, was ich will, denke, empfinde?

Es gab aber auch Männer, die auf ihr Leben zurückschauen konnten und dankbar waren.
Sie konnten während der MännerQuest in der Wüste feiern.

Alle Männer wollten dem Leben mehr vertrauen lernen.

Nun waren sie gut vorbereitet. Wir hatten aufmerksam beobachtet, welche archetypische Kraft sie vom Vier-Kräfte-Rad schon besaßen und von welcher sie mehr brauchten.
Wo sie feststeckten und welche Naturübungen und -rituale für sie draußen während der Quest sinnvoll wären.
Sie würden später bestimmt gerne im großen Erzähl- und Heilungskreis der Männer darüber berichten.

Wieder stand Abu Rallabah, alias Bergführer Hussein, auf dem großen Felsplateau und übergab theatralisch den Initianden das Land der Awlad Said und Gebelia.

Am nächsten Morgen trat jeder der Männer zaghaft zwischen den sich wendenden Köpfen der Dromedare und ihren leicht gefletschten Zähnen in den Schwellenkreis. Die Kamele bewachten den Ritualkreis wie Wächter.

Die Männer wilderten sich selbst aus.
Allein in der Wüste, außerhalb der Gesellschaft, kam es nicht mehr darauf an, allen zu gefallen, harmonisch zu leben, von allen gestreichelt zu werden.
Sie konfrontierten sich mit wilden Heuschrecken, aber auch mit wildem Honig, der Nahrung der Ausgestoßenen, der Randgruppen und der Verwaisten. Sie kamen nicht nach Duftdeo riechend aus der Wüste zurück...
Sie wollten sich mit der wilden männlichen Energie auseinander setzen.

Auch die wilde Seite Gottes wollten sie kennen lernen, die eigentlich ihr eigenes ursprüngliches Selbst darstellte. Es ging um Passion, um Leiden und Leidenschaft, um „Compassion", also Mitgefühl mit allem Lebendigen.

Wir kehrten, zusammen mit den müden Beduinen, in die Oase vom „alten" Schpeijl zurück.

2. Zwischenfälle in der Zwischenzeit

Nach zwei Tagen und Nächten der Zwischenzeit und viel Schlaf schienen mir die Beduinen am dritten Morgen etwas erholter.
Für uns vier Europäer waren drei Beduinen als Bedienungspersonal wirklich genug.
Mohammed verabschiedete sich nachmittags, um eine Nacht in seinem Dorf zu verbringen. Er wollte eine „leila dschamila" (wunderschöne Nacht) bei seiner Liebsten verbringen und viel essen.
Das Kamel, das für die Sicherheit da war, nahm er mit.
Die anderen Beduinen und ihre allabendlichen Ramadangäste rauchten fröhlich die „verbotene" Schischa und gaben sich wieder ihren Träumen über glutäugige Araberinnen und blonde deutsche Frauen hin oder der Phantasie, dass es in Deutschland wohl wie in einem Schlaraffenland zuginge.

Wir vier machten uns auch einen schönen Lenz und legten uns gegen neun Uhr abends schlafen.
Für die Quester war es die dritte Nacht. Sie würden sicher das vorgeschlagene Sterberitual zelebrieren.
Für den nächsten Morgen war geplant, dass ich zusammen mit Hussein und Thomas den Kontrollgang auf die Om Bardagousch Ebene machte.

Doch dazu kam es nicht.

Mitten in der Nacht, um ein Uhr, wurde ich von zwei Questern geweckt. Sie waren den ganzen Weg von der Mutter Salbei Ebene herunter in die Oase gekommen, nachdem sie schon fast drei Tage und Nächte gefastet hatten.
Ich war sofort hellwach. Sie sahen sehr geschwächt aus.

Ein Mann sei im Questgebiet zusammengebrochen. Sie hätten die Notsignale gehört und ihn unter größten Mühen schon ins obere Zwischenlager gebracht.
Zwei andere Quester seien bei ihm.
Er habe sich übergeben müssen und ganz eingefallene Wangen. Er habe wohl eine Aspirin gegen Kopfschmerzen genommen und jetzt furchtbare Magenschmerzen.
Thomas und ich boten den beiden unsere Schlafplätze an und machten uns mit dem Bergführer auf zur Umm Bardagousch.
Kurt und Hans blieben bei den beiden Questern im Garten.
Der Koch machte sich auf den Weg ins Dorf, um Scheich Muosa und Mohammed zu informieren und mit Kamelen zurückzukommen.
Ich richtete ein Stoßgebet gen Himmel, dass nichts Schlimmes passiert sein möge. Dann „flogen" wir förmlich den Berg hoch. Es war leicht bewölkt und nicht gerade mondhell. Aber wir schafften es in der halben Zeit.

Der Mann lag gekrümmt in seinem Schlafsack und stöhnte vor Schmerzen. Hussein bereitete einen Schwarztee vor, während ich dem Kranken ein „Holding“ gab, so dass er sich halb sitzend wie ein Kind gegen meinen „Vaterbauch“ lehnen konnte.
Das tat ihm sichtlich gut. Er spürte Sicherheit.
Auch die beiden anderen erschöpften Quester waren froh, dass wir endlich da waren.
Der Mann stöhnte und bestätigte, dass er wohl zuviel Aspirin geschluckt hatte. Ich wäre nie auf die Idee gekommen, dass einer der Männer während des Fastenprozesses so ein aggressives Medikament zu sich nehmen würde, das laut Beipackzettel Magenblutungen erzeugen konnte.
Aber es war so wie es war.

Ich hielt den Mann eine Stunde im Arm.
Es war jetzt vier Uhr morgens. In einer Stunde würde es hell werden.
Der Kranke legte sich hin und schlief ein.
Das erste Mal im Leben war ich erfreut, einen Mann schnarchen zu hören. Ich wusste nicht genau, was er hatte. Er klagte über fürchterliches Magenbrennen.
Ich fühlte mich hilflos.
Der Kreislauf des Mannes sackte immer mehr ab.

Nachdem er wieder wach war, bat ich ihn die Augen aufzumachen und nicht nur nach „Innen“ zum Schmerz zu schauen, sondern um sich herum die Männer zu sehen.
Thomas und ich zogen ihn in die Höhe und machten Gehübungen mit ihm. Dadurch kam sein Kreislauf wieder in Schwung.

Die Morgendämmerung kam.
Wir mussten los, bevor es zu heiß wurde.
Wieder einmal lag ich instinktiv richtig. Dem Kranken ging es durch die Außenreize zumindest subjektiv besser, weil er dadurch von seinem Schmerz abgelenkt wurde.
Wir verabschiedeten uns von den Questern, die ihre Fastenquest fortsetzten und gingen Richtung Oase zurück.
Unterwegs nahm Thomas, der selbst ein 90-Kilo-Muskelmann war, den anderen schwergewichtigen Mann auf den Rücken und trug ihn, mit kurzen Zwischenpausen, wie ein heiliger Christopherus den steilen Bergpfad hinunter.
Thomas hatte das richtige Gespür gehabt. Der Mann musste im direkten Sinn getragen werden und wollte im symbolischen Sinn auf den Arm.

Gegen acht Uhr, gerade bevor die große Hitze begann, waren wir wieder in der Nähe des Bustans. Den letzten Teil schaffte der Kranke aus eigener Kraft.

Hussein besorgte einen speziellen, magenbitteren Tee aus der Küche.
Kurt und Hans begleiteten die beiden Rettungsquester wieder in das Fastengebiet auf die Umm Bardagousch zurück.

Der Rucksack und die sonstigen Utensilien des Kranken mussten noch heruntergebracht werden.
Das Feuer im Bauch des Questers ließ nach, flackerte aber immer wieder auf. Obwohl er körperlich sterbenskrank aussah, empfand ich ihn emotional sehr weit geöffnet.

Er wollte mir unbedingt erzählen, was passiert war:
Er sei mit der Frage hinausgegangen:
„Wie möchte ich als Mann in Zukunft leben?“
Und das war ihm noch wichtiger:
„Wie kann ich offener und hingebungsvoller werden. Wie kann ich mich annehmen wie ich wirklich bin?“

Er begann leise und zaghaft zu sprechen:

Im Ritualkreis schaute ich in das Auge des arabisch sprechenden Liebhabers und etwas sehr Weiches kam da rüber. Dennoch war plötzlich meine Farbe nicht mehr Liebhaberrot, sondern Kriegergelb.
Das ist typisch für mich! Im letzten Moment entscheide ich anders als beabsichtigt.

Ich bin hoch zu meinem Lager.
Ich wollte die beste MännerQuest abliefern, die je abgeliefert wurde!
Ich sagte mir, ich mach die Berge und die Wüste platt!
Der ursprüngliche Platz war aber zu windig. Ich verlegte mein Platz weiter runter und war als König nun entspannt. Es gab den Luxus der Zeit. Mir fiel nur auf, dass keine Diener da waren. Ich ruhte viel aus und machte Steinkreise.
Ich lass die Vater-Segnung und das Flattern des Schattensegels ging mir auf die Nerven.
Meinen Schlafplatz verlegte ich an einen anderen Platz. Da schien mir der Mond ins Gesicht.

Das Abführen gelingt nicht so gut.
Zu Beginn des zweiten Tages Sodbrennen in der Speiseröhre.

Ich versuchte, es mir in der Liebhaberrolle gut gehen zu lassen. Viel geruht im Schatten.
Ich fand es nicht leicht, aus dem Erwachsenen „rauszugehen“ ins Kind. Liedchen gesungen, Tänzchen aufgeführt.
Ich zog meine Hose aus und hatte nur noch das Hemd an. Fühlte sich an wie Strandurlaub als Kind. Als Jungen wurden wir so an den Strand „gejagt“.
Es war ein göttlich befreiendes Gefühl.
Am zweiten Tag nahm ich Aspirin gegen Kopfschmerzen.

Dann wurde es mir übel.

Die Gerüche der Wüste, der Staub, Eselsköttel, Steine, Pflanzen... Scheißwüste!!!
Es wird mir übel. Immer mehr. Ich versuchte, mich zu entspannen.

Ich war erstaunt, wie viel aus meinem Magen rauskam, und es hatte am Ende eine rötliche Färbung. Habe mich hingelegt. Da ging es besser.

Mein Vaterthema kam mir hoch. Mein Vater war ein strenger Pastor gewesen. Er hat mich kaum unterstützt. Er war kein Vorbild. Er hat sich von der Mutter unterdrücken lassen.
Ich bin ihm ähnlich!

Irgendwie dachte ich mir, dass das Kotzen mit meinem alten Leben und der gespeicherten „Scheiße" zu tun haben könnte. Sachen, die ich in mich reingefressen habe. Meine Geschichte mit dem Essen fiel mir ein. Ich fresse in mich hinein. Ich schlucke viel. Halte noch die andere Wange hin. Da habe ich gefühlt, dass es ein innerer Prozess ist.

Am Magiertag im Steinkreis gesessen.
Wichtig ist es gute Freunde zu haben und Liebe zu bekommen. Liebe ist wunderbar. Ich will lernen, mich selbst zu lieben.
Das war die Grunderkenntnis des gesamten Prozesses:
Ich will mich lieben, wie ich wirklich bin.

Ein paar Tränen kamen, für mich unüblich.
Loslassen bestimmter Verhaltensmuster steht an. Zum Beispiel zuviel Bestätigung von Außen zu holen.

Dann kam noch einmal ein Riesenschwall mit Blut heraus. Ich dachte mir, entweder ich verrecke oder ich hole Hilfe, was ich sonst nie mache.
Mit letzter Kraft gab ich das Rettungssignal.

Zwei Männer geleiteten mich vom Berg hinunter.
Ein Mann hat mich getragen auf seinem Rücken. Unglaublich.. Ich bin ein kleines Bündel und er trägt mich. Das hat mir so gut getan. Ich habe soviel Kraft von ihm aufgenommen, dass ich das letzte Stückchen des Weges selbst gehen konnte.

Mohammed und Suliman waren inzwischen mit den Rettungskamelen eingetroffen.
Ich wollte den Mann aber nicht sofort ins Hospital bringen lassen.
Erst gegen Abend.
Es war einfach zu heiß.
Außerdem war Ramadan.
Sulimann kochte noch einen weiteren Magentee, der die vermuteten Verätzungen der Magenschleimhaut mildern sollte.

Plötzlich hörte ich deutsche Stimmen an der Eingangstür unserer kleinen Oase.
Es war ein deutscher Arzt aus dem Klinikum in Haifa, der mit einer israelisch-ägyptisch-palästinesischen Gruppe unterwegs war, um die Heilkräuter der Wüste zu untersuchen.
Welch ein Zufall.
Letzten Mai hatte ich das Spektakel mit Schpeijl wegen der nicht erschienenen israelischen Reisegruppe, jetzt kam eine Gruppe aus Israel gerade zur rechten Zeit.
Der Kräuterarzt interviewte unseren Bedauernswerten, ging raus in die Wüste und brachte ein Kraut mit, aus dem er ihm einen Tee zubereitete.
Ich fühlte mich erleichtert.

Dann hörte ich ihm zu, wie er seine Wandergruppe und Freunde über Gartenkultur, sowie Fauna und Flora im Gebirge rund um das Katharinenkloster unterrichtete. Er schenkte mir auch ein paar schriftliche Infos über sein Wissen, das er sich Stück für Stück erworben hatte.

2.1. Gartenbau, Flora und Fauna

In den Gärten der Beduinen findet man, neben den obligatorischen Dattelpalmen und Olivenbäumen, den Christdorn oder Lotosbaum, dessen kleine, rote Früchte essbar sind.
Außerdem wachsen in den Gärten mehrere Aprikosen-, Apfel- und Birnensorten, Pflaumen, Guaven, Limonen, Orangen, Quitten, Granatäpfel, Weintrauben, Feigen, Melonen, Mandeln, aber auch Minze, Tabak, Rauke, Rosmarin, Tomaten, Gurken, Auberginen und vieles vieles mehr.
Die Gebelia- Beduinen waren in früheren Tagen großartige Gartenbauer und sie waren es auch, die die Pflanzungen der Mönche hegten und pflegten. Heutzutage jedoch verlassen viele das Hochland und suchen sich Lohnarbeit im Bereich Tourismus.
Viele Gärten vertrocknen, zerfallen und verwildern daher, und die Kunst des Gartenbaus geht Stück für Stück verloren.
Das wusste ich schon.
Mir war aber nicht bekannt, dass ein spezielles Projekt zur Bewahrung und zum nachhaltigen Gebrauch von Heilpflanzen durchgeführt wurde.
Er erzählte weiter, dass auf der Sinaihalbinsel rund 1000 Pflanzenspezien wachsen. Etwa die Hälfte davon kommt allerdings auf nur zwei Prozent des Gebirges rund um das Katharinenkloster und den Mosesberg vor.
Die Pflanzen kennen ausgeklügelte Tricks, um in der regenarmen Hitze Jahre oder Jahrhunderte zu überleben.
Akazienwurzeln etwa können fünfunddreißig Meter lang werden und erreichen auf diese Weise das Grundwasser. Andere bilden nahe der Oberfläche Wurzelsysteme bis zu einer Fläche von hundert Quadratmetern.

Eine weitere Überlebenstechnik besteht im Einsparen beim Wasserverbrauch. Dazu gehört das Vermindern der Verdunstung durch Aufnahme von Salz im Zellsaft.
Das Jochblatt zum Beispiel, nimmt überdies sein Kohlendioxid nachts auf, so dass durch die geöffneten Spaltöffnungen keine Feuchtigkeit entweicht. Tagsüber bleiben diese geschlossen.
Auch für ihre Vermehrung hat die Pflanze intelligente Mechanismen entwickelt und sogar die Fähigkeit zur Messung der Niederschlagsmenge: Nur wenn genug Wasser gemessen wird, keimt der Same.

Die berühmte „Rose von Jericho" rollt innerhalb von Minuten ihre eingekrümmten Zweige aus, so dass reife Samen austreten können. Einige Samen bleiben aber zurück, falls sich das Jahr doch noch als zu trocken erweist.
Die Dattelpalme wächst nur dort, wo es ständige Wasservorkommen gibt, also vor allem in den Oasen. Sie liefert nicht nur die Dattelfrucht, sondern verschiedene Teile von Stamm und Blättern werden zum Haus- und Dachbau verwendet, zu Körben geflochten, als Füllmaterial unter Kamelsättel gegeben usw. Natürlich dienen die trockenen Blätter auch als Brennmaterial.

Zu den auffälligsten Pflanzen im Südsinai gehört der Akazienbaum. Die Akazien stehen in den Trockentälern und können jahrelange Trockenheit mühelos überleben. Sie liefern den Ziegen der Beduinen willkommenes Futter: Sowohl die Blüten als auch die Samen zählen zu deren Leibspeise. Obwohl die Akazien lange, spitze Dornen tragen, werden die Äste von Kamelen gern abgeknabbert. Die trockenen Zweige der Akazien werden von den Beduinenfrauen vom Boden aus, mit langen Stangen aus den Bäumen herausgeschlagen und als Brennholz verwendet.

Zwei weitere, sehr häufige Pflanzen im Südsinai sind der Ginsterbusch und der Weiße Saxaul, der dem Ginster sehr ähnlich sieht, aber viel größer wird und eine hellere Rinde hat.

An den Felswänden aus Granit und Sandstein sieht man oft riesige Kapernbüsche. Die Beduinen verwenden davon nicht – wie wir – die Knospen, sondern die reifen, bitter schmeckenden Früchte, die aussehen wie kleine Gurken. Wunderschön sind die Blüten: große, schneeweiße Blätter, aus denen lange, dünne, lilafarbene Staubgefäße herausragen.

Bilsenkraut ist in geringen Mengen berauschend, in größeren Mengen jedoch hochgiftig.

Kürbisgewächse gibt es, deren Fruchtfleisch einen Bitterstoff enthält, der abführend wirkt.

Der Sodomsapfelbaum wird bis zu fünf Meter hoch und ist giftig. Er hat dicke, feste Blätter, die die Zweige dicht umgeben. Die Früchte ähneln Äpfeln.

Die Teufelskralle oder Gamander besitzt einen wunderbar aromatischen Duft und wird von den Beduinen als Aufguss getrunken.

Die verschiedenen Wermut- und Beifußgewächse des Sinai riechen sehr intensiv und werden ebenfalls als Aufguss getrunken.

Der Zilla oder Kameldorn löst sich im voll entwickelten Zustand von seiner Wurzel und wird vom Wind wie ein Ball durch die Täler getrieben. Nach Regen schießt die Pflanze bis weit über einen Meter hoch. Sie werden von den Ziegen gerne gefressen.
Fast geheimnisvoll wurde es, als der Arzt und Führer der Gruppe über den Brennenden Dornbusch, den die Klostermönche verehrten, sprach. Er erzählte, dass es sich eigentlich um den syrischen Blasenstrauch handele. Die Pflanze sei so beschaffen, dass sie aussehe, als stehe sie in Flammen, wenn das Sonnenlicht in ihr funkle.

Auch über die ansässigen Tierarten wusste er Interessantes zu berichten:
Luchs und Fuchs, Gazelle, Steinbock, Hase und Hyäne, Klippschliefer, Wüstenmaus und Wüstenratte.
Natürlich auch Eidechse, Skink, Waran, sowie über zwanzig Schlangenarten und Skorpione.
Eine Vielfalt von Vögeln: Bussard, Falke, Adler, Felsentaube, Sinairabe, Steinhuhn. Einige Arten von Geiern. Dazu kamen die Zugvögel, wie Störche, Schwalben und Wachteln.
Nutztiere waren das Kamel (Gebirgsdromedar), Esel, Ziege und Schaf.

2.2. Ein Falke heilt sich selbst

Am Abend begab sich Kurt mit unserem Patienten und Mohammed ins Dorf.
Der Scheich organisierte alles vorbildlich, und der Mann bekam eine Infusion im kleinen Hospital in St. Katharina und anschließend ein schönes Essen vom Scheich. Er blieb dann im Dorf, bis wir dahin zurückkehren würden.
Kurt aber wollte unbedingt wieder zu uns zurückkommen.

Das Schönste aber war, dass mein Assistent, den ich auch den „ungläubigen“ Thomas nannte, mächtig stolz war, dass er dem kranken Quester geholfen hatte.
Thomas, der von so vielen Selbstzweifeln zerfressen war, hatte einen anderen Mann „bevatert“ und ihn im wahrsten Sinn des Wortes ein Stück des Lebens getragen.
Sein eigener Vater war, als Thomas zwölf Jahre alt war, bei einem Motorradunfall ums Leben gekommen. Darunter hatte Thomas sehr gelitten und wollte eigentlich selbst „getragen“ werden.
Am schwersten war es ihm aber bis dahin gefallen, auf den Lebensströmen zu gleiten und aufzusteigen. Er hatte grundsätzlich das Gefühl, dass es für ihn immer bergab ging. Er verlor in der Vielfalt den Überblick und konnte sich nicht auf kleine Schritte hin fokussieren.

Jetzt hatte er das erste Mal einem anderen das gegeben, was er selbst am meisten brauchte. Danach fühlte er sich beschwingt, wie ein schwebender Falke, der seine Oase als Mentor und Waschbär in der initiatischen Männerarbeit gefunden hatte.

Kurt, unser rebellischer Pfarrer im Ruhestand, traf am nächsten Tag wieder bei uns im Garten ein. Er war noch sehr berührt davon, was mit dem kranken Quester geschehen war. Wir gingen mit ihm hinaus in die Wüste und schauten hoch zum Großen Wagen. Er sagte zu uns:

Einen Gott haben, das heißt, etwas zu besitzen, worauf Du Dein ganzes Vertrauen werfen kannst.

Das Kernthema vieler Männer, wenn sie sich auf der Erde und der Schöpfung der Natur nicht gehalten fühlen, ist die ständige Angst und das Empfinden, bedroht zu sein, zwar mit den Füßen über die Erde zu gehen, aber doch über dem Abgrund zu schweben.

Wonach ein Mann meistens fragt, ist Vertrauen in das Leben.

Wie verzweifelt suchen Männer danach, einen Grund für ihre Existenz zu finden! Genauer gesagt: Alle, die wir leben, werden irgendwann entdecken müssen, dass es einen solchen Grund zwar gibt, aber wenn wir nur oberflächlich auf die Natur und Schöpfung schauen, die uns hervorgebracht hat, dann fragen wir uns doch oft: „Was rechtfertigt, dass wir sind?"

Gut, es gibt einige, die sich auf der Erde und im Kosmos geborgen fühlen, die Gesetze von Natur und Schöpfung erkennen und so anerkennen wie sie sind. So haben sie glücklicherweise wenig Grund darüber nachzugrübeln.

Aber spätestens sobald sie miterleben, dass jemand an ihrer Seite stirbt, können auch sie erschüttert werden.

Wozu lebt man wirklich?

Woher kommen wir, und wohin gehen wir?

Inmitten all dieser Angst liegt die Versuchung außerordentlich nahe, sich an irgend etwas zu klammern, das man machen, herstellen oder auch durch die eigene Leistung werden könnte.

Und so liegt es gerade heutzutage sehr nahe, uns die Frage, wer wir sind, durch das beantworten zu lassen, was wir in Händen haben. Das kann Macht sein, Eigentum, die sichere Rente oder der Titel im Beruf, das Fortkommen in der Karriere oder der naive Glauben an einen kindlichen lieben Gott, an die aufklärerische Naturwissenschaft oder die Psychologie.

Woran glauben wir wirklich, angesichts der basalen Angst in unserer Existenz?

Es gilt meiner Meinung nach alles zu erkennen, was Dich einengt, was Dich versklavt, was Dich abhängig macht, was Dich süchtig werden lässt, indem Du ein absolutes Verlangen nach Geborgenheit an etwas heftest, das nur relativ ist und das Du immer wieder, immer wieder brauchst, um Dich zu betäuben.

Gott, Schöpfer, Allah oder Großer Geist bedeutet für mich: Das, was Dich aus dem Unsichtbaren trägt, was Dich frei werden lässt, was Dich aufrichtet in Deiner Angst, was

Dich festigt gegen das Gefühl von Ausgesetztheit und Einsamkeit, gerade während einer MännerQuest.
Da ist plötzlich zwischen dem tiefsten Innersten des Menschen und der Gottheit, welcher auch immer, kein Gegensatz mehr, sondern ganz im Gegenteil, eine große Einheit:
Aus dem innersten Verlangen dieses Mannes redet Gott selbst. Was ein Mensch wirklich möchte, ist seine Freiheit, nicht seine Unfreiheit.
Nur wenn er sehr viel Angst hat, trägt er förmlich Verlangen danach, die Verantwortung von außen abgenommen zu bekommen. Ob das der Staat, das soziale Netz der Gesellschaft tun soll oder irgendeine Kirche, sei dahingestellt.
Allein das Göttliche anzuerkennen, ist im Grunde das tiefe Verlangen des Menschen, ein Mensch zu sein. Das meiste andere, außerhalb dieses Geheimnisses, das wir Gott nennen, engt ein, schafft keinen Aufblick vom Berge zum Himmel oder zu den Heiligen Bergen von springender Maus, unserem Quester, sondern lenkt seinen Blick hinunter in die Tiefen des Abgrunds.

Dann erzählte mir unser „ehrwürdiger" Pfarrer im Ruhestand noch einen schönen Witz auf Englisch:

A new young monk arrives at the monastery. He is assigned to help the other monks in copying the old canons and laws of the church by hand.
He notices, however, that all of the monks are copying from copies, not from the original manuscript. So, the new monk goes to the abbot to question this, pointing out that if someone made even a small error in the first copy, it would never be picked up.
In fact, that error would be continued in all of the subsequent copies.
The head monk says, „We have been copying from the copies for centuries, but you make a good point, my son".
So, he goes down into the dark caves underneath the monastery where the original manuscript is held in a locked vault that hasn't been opened for hundreds of years.
Hours go by and nobody sees the old abbot.
So, the young monk gets worried and goes downstairs to look for him.
He sees him banging his head against the wall.
His forehead is all bloody and bruised and he is crying uncontrollably.
The young monk asks the old abbot, „What's wrong, father?"
With a choking voice, the old abbot replies, „The word is celebrate."

3. Heimkehr in den Garten der Männer

Die anderen Quester kamen alle gesund in die Oase zurück. In unserer Erzähl- und Seelenwerkstatt hörten wir die wundersamen Geschichten aus der Wüste draußen, die für viele wie ein Heilungsbiotop gewirkt hatte.

3.1. Der lustvolle Derwisch

Unser katholischer Theologe aus der Schweiz erzählte als erster:

Das Aufbruch-Segens-Ritual im Männerkreis gibt mir endgültig Kraft fürs Abenteuer der Quest.
Ich freue mich sehr, am ersten Morgen meinen Platz aufzubauen. Mit starker Königsenergie richte ich ihn mir ein.
In der Nähe sehe ich eine Steinformation; ähnlich einem Königsthron. Sie hat eine hohe Rückenlehne, der Sitz geht nach unten weg. „Aha, die Schattenseite des Königs, ein kleiner Thron am Abgrund."
Ein König kann sich auf einen falschen Platz setzen, wo er abstürzen kann.

In einer Felswand sah ich am Nachmittag einen Bischof, der sich in einen tanzenden Derwisch verwandelte.
„Der aus der Mitte heraus tanzt, der Sterben und Tod kennt", das ist mein Königsbild.
Ich werde es der Kirche nicht zugestehen, dass ich bitter werde, wie der Bischof.
Der Wille ist bei mir da, das eigene Haus zu bestellen.
Ich bin mein eigener Chef, der Chef meines Hauses. Ich lasse es nicht zu, dass jemand anders die Kontrolle über mich gewinnt.

Der Liebhabertag ist lange eine Plage. Unlust kommt auf.
Wann geht endlich die Sonne unter, wann geht der Mond auf?
Ich verbinde mich intensiv mit meinen Mitquestern, sonst würde ich aufgeben.
Ich sehe ein Affengesicht: „Mensch, mach Dich nicht zum Affen!"
Doch der Affe verschafft mir Zugang zu meinem inneren Liebhaber.
Als junger Mann in einem Lager hatte ich hinten in der Wandergruppe von Jugendlichen die typischen Geräusche und Bewegungen des Affen nachgemacht.
Im Dialog mit meinem inneren Affen schöpfe ich neue körperliche Lust aufs Hiersein und aufs Leben.
Am Tag des Magiers geht es wieder besser. Ich denke darüber nach, was ich tun würde, hätte ich nur noch ein Jahr zu leben. Das Bewusstsein der Sterblichkeit nehme ich mit in den Steinkreis des Abends.
Ich bete intensiv und freue mich über meine innere Durchlässigkeit.

In der Nacht wache ich auf.
Wegen eines Konfliktes bei meiner Arbeit wälze ich mich herum.
Der innere Abwerter meldet sich massiv, ich zerfleische mich selbst, bis es mir gelingt, dem Abwerter Einhalt zu gebieten.
Ich bete am Morgen um ein inneres Bild und sehe sogleich einen Igel. Ich komme mit ihm ins Gespräch. Der Igel will seine Stacheln einsetzen. Schliesslich haben sie einen Zweck. Mein innerer Igel will beschäftigt werden. Fühlt er sich unterernährt, dann wendet er seine Stacheln nach innen – gegen mich selbst.

Ich merke, dass sich meine beiden Krafttiere Igel (Schutz) und Affe (Neugier/Offenheit) gut vertragen.
Beide wissen jetzt, dass ihn der jeweils andere nicht bedrohen will!
Am vierten Tag (Krieger) denke ich: Sachte, sachte!
Kräfte einteilen.
Ich spüre ein intensives Kribbeln im Bauch und freue mich sehr darüber.
Genau als ich das Feuer anzünde für die letzte Wachnacht, geht der Mond auf.
Ich bete um eine gute Nacht und ein Bild für die Neugeburt.
Ich sehe ein Dinosaurierbaby im Holz.
Später auch ein Menschenbaby im Feuer.
Ich habe ein paar Mal Angst, dass mich jemand von hinten angreift. Es sind Erinnerungen an meine Kindheit.
Aber ich kann meine Ängste zulassen. Ich lasse mich nicht von ihnen lähmen.

Ich übergebe dem Feuer ein paar alte Kleidungsstücke aus meiner Zeit als junger Erwachsener. Es fällt mir schwer, sie loszulassen. Sie sind verbunden mit vielen Erfahrungen aus der zu Ende gehenden Lebensphase. Es ist heilsam, diese Emotionen wahrzunehmen. Es ist gleichzeitig ein Akt der Versöhnung mit dem, was ich in dieser Zeit erlebt hatte.
Ich nehme die Botschaften des reifen Vaters hervor. Ich bin sehr berührt. Ich lerne den Text auswendig, auf dass er inwendig werde . Ich lege mir das Blatt unter den Pullover direkt aufs Herz.
Zwei, drei Mal nicke ich ein. Ich weiss nicht, für wie lange.
Noch einmal gerate ich in Panik, als der Mond untergeht. Jetzt wird es so richtig dunkel. Wird mein Holz für das Feuer reichen? Was mache ich, wenn ich kein Feuerlicht mehr habe?
Ich beginne zu sparen. Als ich das letzte Stück Holz ins Feuer lege, geht im Osten der Morgenstern auf.
Ich habe es geschafft!

3.2. Die Schattenkrähe

Gefühlvoll und forsch aus dem Ritualkreis getreten. Habe versucht mitzusingen „The River is flowing....“. Vor allem „Mother Earth is carrying me,....“. Ja, sich von der weiblichen Welt, der leiblichen Mutter verabschieden, aus der Symbiose heraus, hinaus in die Wüste, das ist es.
Ein Mann muss irgendwann seine Mutter verlassen.
Habe mehr Verständnis für meinen eineinhalbjährigen Sohn gekriegt, der gerade aus der Symbiose tritt.
Bin auch ein wenig weinend in die Wüste gestolpert.
Hatte einen Königsthron. Mit Sonne und Schatten. Nur im Norden war wenig Schatten.

Am ersten Tag Sonnenuhr mit Lehm und Buntstift gebaut. Mein König hat Zeit und seine eigene natürliche Zeiteinteilung.

Ich habe das Lakota-Steinorakel gemacht und in einem Stein meine Zukunft gesehen...

Zweiter Tag: Die Vatersegnung hat mir deutlich gemacht, dass ich einen Satz von meinem Vater „gefressen“ habe: Nicht mehr zu sein als er.
Habe dazu das Lakota-Steinorakel gemacht und am Ende in diesem Stein meine Zukunft gesehen. Ich habe meine und seine Erwartung an mich selbst verändert.

Am dritten Tag wie ein alter Mann herumgekrochen. Kreislaufschwäche. Langsamer gemacht. Vorgesorgt als es mir besser ging. Schon mal Brennholz gesucht für die letzte Nacht.
Zum Stonepile mit mantrischem Singsang gelaufen. Alle Zellen meines Körpers reinigen sich... reinigen sich... reinigen sich. Wie ein Vaterunser gebetet.
Im Sterberitual Testament geschrieben. Bin auf über hundert Personen bei der Beerdigung gekommen.
Fünfzehn Verhaltensweisen in Form von Eselsköddel-Symbolen verbrannt. Wirklich alles verbrannt!!! Sogar noch gepustet, dass alles verbrennt. Bis nur noch Asche da war.

Dann kam der längste Tag meines Lebens am vierten Tag.
Die Zeit ist gekrochen. Die Zeit ging nicht rum.
Dann flog am letzten Abend ein Falke vorbei, von einer Krähe attackiert.
Ich bin gerne der Falke (Ehrenmann und so). Die Krähe, der schwarze Vogel aber, ist einer, der sich Fehler eingesteht – der Schattenvogel. Ich teile subtil aus, denke immer, ich beleidige jemanden, – ist ja auch eine Art Arroganz.
Die Krähe ließ den Falken nicht los und verfolgte ihn.
In der letzten Nacht habe ich mich gefreut. Alle Lieder gesungen, die ich kannte. Ich will mehr mit meiner Stimme machen.

3.3. Der König baut am Fundament der Liebe

Du musst nur ja sagen zu Dir selbst!
Trauer kam auf über die bisherigen Anstrengungen, alles richtig machen zu müssen, besser zu werden. Mir fehlte das Vertrauen des Vaters.
Wenn ich nach innen schaue und ruhig werde, sehe ich, dass ich heil und ganz bin. Jetzt trägt der Schlussstein hinter dem Gewölbe.
Deshalb habe ich meine eigene Inthronisation des Königs gefeiert.

Ich habe mir die Würde des großen Königs erbeten und erhalten. Alles ist in mir angelegt.
Ich habe schon viel geklärt. Es geht darum, dies zu würdigen.
Ein Steinmännchen hat ein Fundament, dann entwickelt sich das Filigrane aus dem Handgelenk.
Suche nicht den Elefanten im Dschungel. Er ist schon da!
Ich muss mich unabhängig machen von der Stimmung anderer!
Ich will keine Vision. Ich suche nichts mehr. Ich bitte nur um die Kunst der kleinen Schritte und die Kraft, diese im Alltag auszuführen.
Es ist sehr viel Dankbarkeit in mir.

3.4. Leichte Feder macht sich frei

Ich war froh, alleine zu sein, Ruhe zu haben. Hatte einen Platz der Geborgenheit. Vatersegen gelesen. Ich will ihn an meine Söhne weitergeben.
Es ging mir besser als ich gedacht habe. Ich kann mir meine Zeit einteilen.

Ging noch mal ins Tal der trostlosen Kindheit. Habe damals keinen Trost bekommen. Auch nicht von der krank gewordenen Mutter. Vom Kindermädchen bekam ich Trost. Hat mich mit ins Bett genommen.
Suche ich immer noch Frauen, die mich trösten?

Wurde neidisch auf die anderen Querstplätze. Ich muss mich bewegen!

Möchte eine Feder finden. Stattdessen Schafsschädel gefunden. Unterkiefer fehlte. Schädel als Symbol des Todes genommen.
Eine kleine Feder kam vorbeigeflogen. Flausch vom jungen Vogel. Das ist ein Zeichen. Die würde kilometerweit fliegen.
Habe mir gesagt: Mach was draus!
Einen Federhalter gebaut. Wunderschön. Fummelarbeit gewesen.
Vielleicht kann ich mal was mit „spitzer Feder“ schreiben?
Mit spitzer Zunge sprechen. Einen Kanal nach außen finden. Aus dem Schneckenhaus raus. Stellung nehmen. Den Schafsschädel mit Eselsköttel geräuchert. Rauch kam aus den Nüstern. Das Leben nur Schall und Rauch?

Gedanken an den kommenden Tod meiner Mutter gehabt. Möchte ihr ein würdiges Sterben bereiten. Sie nicht allein lassen.
Schädel lag immer noch da.

Meine innere Stimme sagte: Bring das Symbol des Todes weg. Es gibt einen Dämon des Todes in unserer Familie. Ein schwarzes Tuch des Todes. Der Krieger in mir stand auf und warf mit einem Schrei und Krachen den Schädel in das Tal des Vergessens.
Und ich fühlte mich frei.

3.5. Lachender Erdschamane

Vorbei an einem Drachen zu meinem Platz, der mir von seinem höchsten Punkt aus gestattete, eine Märchenlandschaft zu sehen, wie für Künstler geschaffen. Ein riesiges, weites Reich. Rechts und links noch mal zwei Drachen.
Nicht gefährlich!
Spitzbübisch blickten sie drein. Die Prüfung war „Nur Schelme kommen ins Königreich."
Die anderen bleiben draußen.
Im Lauf der Sonne veränderte sich der eine Drache. Rümpfte die Nase.
Alles ist im Fluss und verändert sich.

Am zweiten Tag. Blick nach Süden. Nicht so offen, erst eine Ebene, dann ein Tal, dann eine Bergkette im Halbrund. Spiegelte mir etwas wider, wie mir alle Bilder etwas von meinem Innenleben spiegelten, die entstanden und sich verwandelten und wieder verschwanden.
Altes, sanftes, weises Männergesicht gesehen, dazu jungen Mann, der mit ausgebreiteten Armen tanzte.
Zum Katharinenberg geblickt.
Ein sitzender Schamane, ganz mit dem Berg verwachsen, mit der Erde verwurzelt. Sonne bescheint seinen Penis. Er lacht.
Über ihm ein alter verknöcherter Griesgram, der in den Himmel schaut und um Erlösung bittet.
Gorillakopf schaut zu mir hierüber. Bedeutet für mich Archetyp Krieger.
Beschützt, greift spontan und zielgerichtet ein. Wenn Aufgabe erfüllt, zieht er sich gelassen in den Mittelpunkt der Herde zurück.
Es war faszinierend, eine Wüste, die eigentlich für tot gehalten wird, ist so lebendig.
In der letzten Nacht habe ich mit meiner Mundharmonika gespielt.
Alle Bilder sind in mir und können befreit werden.
Es gibt keine böse Drachen.

3.6. Kräftiger Adler fliegt leicht

Im Kreis von den Männern berührt und gesegnet gefühlt.
Als König auf meinem Platz gefühlt.
Es kam gleich das Vaterthema hoch.
Gegenüber meinen Kindern kann ich ja bestimmte Dinge nicht mehr ändern. Ich will aber mit ihnen ein vertiefendes Gespräch führen.
Ein weiß gekleideter, junger Mann erschien wieder, der mich begrüßte: Hallo Vater, ich bin Dein Sohn, ich liebe Dich.

Rituale zu vergangenen Frauen gemacht. Habe mich für mein vergangenes Verhalten entschuldigt. Dabei auch Klarheit gekriegt. Ich werde mich in Zukunft nicht mehr demütigen lassen.

Im Traum erscheint Nachbarin. „Du bist eine Bedrohung." Nimmt Pistole, schießt mir ins Herz. Ich bin tot. Dieser Mann ist tot.

Auf das Sterbebett am dritten Tag eine Wüstenblüte gelegt. Abschied von mir selbst (arrogant, omnipotent, besserwisserisch) genommen.
Ich bin mir meiner Kleinheit bewusst geworden. Mutter Erde und die Wüste hat mir Bescheidenheit, aber auch Würde gebracht.
Auch gigantischen Adler in Felsformation gesehen. Der Vogel, der zwanzig Jahre gefangen war, ist jetzt frei. Der Adler fliegt ungeahnte Höhen, majestätisch ist er.
Ein Seeadler kann 1000 Seemeilen fliegen.

Die letzte Nacht!
Mit welcher Frage gehe ich in den Kreis? Alles war in mir leer. Geschluckt, geschluckt und geschluckt. Feuer angezündet.
Musste mich sofort übergeben.
Habe zu viele unverdauliche Brocken geschluckt.
Demütigungen kamen als Gift und Galle heraus.
Werde das umsetzen, was ich mir vorgenommen habe.

3.7. Sternschnuppe! Erzähl Dein Leben!

Schweres Gepäck bin ich nicht gewohnt. Zu meinem Traumplatz getragen.

Kam mir am ersten Tag eher wie ein Getriebener vor als wie ein König. Der Traumplatz war doch kein Traumplatz. Plane: knatter, knatter, knatter, Platz verändert. Neuaufbau ging recht flott.
Tag des Liebhabers.

Eingecremt und gesungen! Lieder aus dem Chor, obwohl ich keine Noten dabei hatte.

Von einem Felsstück fällt ein Steinstück ab, wie eine Zwiebelschale. Ich will noch mehr von meinen Zwiebelschalen ablegen.
Magiertag.
Wanderungen gemacht. Gewundert, wo die Esel hingehen, wo es doch nichts gibt.
Testament angefangen. War eine ziemliche Prozedur. Zu Hause weitermachen.
Beerdigung: Kein Pfarrer.
Aber welche Rede über mich sollen meine Frau oder Tochter halten? Sie wissen zu wenig über mich!
Mein Vater, ja der, der erzählt 156 mal vom Krieg. Aber was wissen meine Tochter und Frau von meiner Jugend?
Was habe ich alles erlebt.
Ich muss es aufschreiben. Beim Meditieren kamen blitzartig Dinge hoch.
Den Nachtplatz gut hergerichtet für die letzte Nacht. Pinkelflasche hergestellt.
Mit einem Stück Draht in der Glut gestochert.
Der Grosse Wagen war klar.
Dann sah ich eine Sternschnuppe, wie noch nie. Unglaublich lang. Wie eine Silvesterrakete sauste sie über den Himmelsbogen und zerbröselte dann.

3.8. Der auf sein Holz und Feuer achtet

Im Steinkreis hatte ich nah ans Wasser gebaut und fühlte mich von den Männern getragen. Es war Herzenswärme da. Ich hatte wenig Vaterliebe erhalten.
Jetzt ist es soweit.
Da oben in dieser Gegend allein und dann kommt mein Thema hoch: Einsamkeit.
Schotter und Geröll lagen umher. Ich kam zwei Schritte vorwärts, einen zurück. Ich war wie erschlagen.
An meinem Platz waren zwei versteinerte Reptilienköpfe.
Herrliche Plateaus. Auf Etagen verteilt. Ausblick aufs Tal.
Zelt aufgebaut. Viel Zeit gelassen.
Ich merkte: Du bist ja gar nicht mehr im Trott drinnen. Müßiggang.
Der Sternenhimmel in der Nacht. Friedlich. Beschützend. Aufbruchstimmung gefühlt.

Am dritten Tag kam die Melancholie.
Warum schleicht mir die Einsamkeit immer hinterher? War wütend über mich selbst.
Auf meinem Grab, das ich mir vorstelle, eine Sonnenblume gesehen. Aber auch eine rote und eine schwarze Blume.
Zwei Seiten von mir.
Einen Traum gehabt: Sitze auf einer Bank. Habe Angst vor dem Ungeheuer im Wasser! Da kam ein freundlicher Taucher heraus.

Letzte Nacht.
Der Wind verbraucht das Feuer ganz schnell. Sehe die Feuer der anderen Männer. Ganz kleinen Platz gehabt.
Freue mich auf den nächsten Tag. Habe meine Angst überwunden.
Ich will kleine Schritte gehen.
Ich gehe mit einem Gefühl nach Hause, mit dem ich nicht gerechnet habe.

4. Die Beduinengeschichte von der Steinsuppe

Wieder feierten wir ein Bakschischfest und ein Fest der Gastfreundschaft (achlam bükum, اهلا بكم) am Ende unseres Aufenthaltes.
Es würde ab jetzt noch zehn Tage dauern, bis der Ramadan der Beduinen zu Ende war.
Unser Oasengarten füllte sich schon am frühen Abend mit den Gebelia, Kameltreibern und Beduinen der Awlad Said, die meistens zu Schpeijls Clan gehörten.
Die geschlachteten Ziegen würden für alle reichen. Der eine oder andere reservierte sich heimlich noch ein Stückchen vom Fleisch für die Nacht, die er anschließend an unser Bakschischfest mit Familie und Freunden verbringen würde.
Die Kinder kamen in Scharen, wollten ihre selbstgefertigten Umhängetaschen verkaufen oder gegen Bergschuhe, Messer und anderes tauschen.
Wieder sangen wir indianische und arabische Lieder. Wieder bedankte ich mich für die Toleranz und Unterstützung bei unserem pankulturellen Fastenritual.
Draußen kreisten schon die hungrigen Wüstenfüchse keifend und streitend um unseren Garten. Sie wollten in dieser Nacht auch ein paar Knochen abhaben.

Abu Rallabah aber wollte mir an diesem Abend zum Abschied die Geschichte von der beduinischen Steinsuppe erzählen.
Wir gingen noch ein letztes Mal hinaus in die Wüste. Vater Plappermaul, alias Hussein der Bergführer, begann:

Ein armer Beduine sitzt in der Wüste an einem Punkt, an dem viele Pfade sich treffen, auf denen die Männer mit ihren Kamelen irgendwann vorbeikommen. Er rührt in einem leeren Topf in dem sich ein Stein befindet.
Als der erste Beduine vorbeikommt und ihn fragt, was er da mache, sagt er, dass er eine ganz besondere Steinsuppe koche. Es fehle ihm nur ein wenig Wasser. Die Suppe würde wirklich wunderbar werden. Der andere Beduine gibt ihm etwas Wasser, wünscht ihm viel Glück und zieht weiter.
Nach einiger Zeit kommt der nächste Nomade vorbei. Wieder erzählt unser Beduine von der Steinsuppe. Aber er brauche noch etwas Salz. Er erhält Salz.
Beim dritten Wandersmann erbittet sich der Beduine eine Möhre... und so weiter.

Abu Rallabah musste selbst lächeln, als er die Geschichte erzählte. Auch der Leser kann sich vorstellen, wie köstlich die Suppe am Ende schmeckte, als der Beduine den Stein aus dem Topf nahm, seine schmackhafte Suppe schlürfte und den nächsten vorbeikommenden Beduinen einlud.

Die Quester draußen in der kargen Wüste hatten ihre essentiellen Erkenntnisse in Form von Bildern, Symbolen und Geschichten Stück für Stück gefunden, wie die Wüstenfüchse die noch saftigen Knochen der geschlachteten Ziegen. Die Männer waren als Verwaiste hinausgegangen und kamen reich beschenkt zurück.
Sie mussten nur daran glauben, dass sich ihre Seelenschüssel irgendwann füllen würde, genau wie der Topf des Beduinen am Wegesrand.
Sie hatten einfach ein Stück Zukunft vorweggenommen, sich durch das Fasten leer gemacht und darauf gewartet, dass das göttliche Manna hineinfließen konnte.
Jeder kam mit seiner reichhaltigen Nahrung in Form von monomythischen und individuellen Heilungserzählungen zurück. Diese teilten die Männer, indem sie den anderen Geschichten zuhörten, wieder unter sich auf.

Ich höre natürlich auch widersprüchliche Erlebnisse. Beim Erzählen entstehen aber immer Bilder, das weiß jeder. Dann erzähle ich dem Teilnehmer mit den gleichen Worten seine erlebte Geschichte noch einmal und betone die zentralen Bilder besonders, ohne zu interpretieren. Dadurch werden sie dem Teilnehmer bewusster und verankern sich in seinem Körpergedächtnis, da er sie ja selbst in einer bestimmten Situation während der Quest erlebt hat.
Dann kann er seine Geschichte und Bilder, die aus ihm kamen und die der Spiegel der Natur ihm gegeben hat, mit nach Hause nehmen. Steine, die ihm draußen im Wege lagen und Orientierung gaben, können auch dann zu Hause beruflich und privat Orientierungssteine werden. Die Wüste ist sozusagen ein weiser Lehrer. Die eigentliche Arbeit macht der Teilnehmer.

III. Blühende Gärten der Initiation

1. Auswilderung, Reife und Veredelung

Seit einigen Jahren führe ich nun diese Art der Initiation von Männern in der Hochgebirgswüste Sinai und in der Wildmark Nordschwedens durch.

Immer wieder setzen sich die Männer selbst ihrer inneren Wüste und Wildnis aus und kehren in den heimatgebenden Männergarten zurück.
Sie lenken nicht von ihren eigenen Schwächen ab und weisen sie anderen zu, wie einst die Wüstenstämme es mit den sogenannten Sündenböcken taten. Sie projezierten nämlich ihre eigenen Verfehlungen auf einen armen Ziegenbock und überließen ihn der Wüste und damit den wilden Tieren zum Fraß.

Die Männer, die zu mir kommen, legen ihre Masken, ihre alten Verhaltensweisen und ihr altes Leben draußen in der Wüste ab. Sie „sterben“ im symbolischen Sinne und erleben eine Wiederauferstehung wie in den alten initiatischen Kulten.
Mit ihrer Seele, ihrem Geist und ihrem Körper tragen sie durch ihre Fastenquest bei, dass vielleicht in Zukunft aus ihren Männergeschichten ein neuer Männermythos entstehen kann. Sie setzen mit ihren Monomythen Teile eines neuen Männerbildes zusammen, das sich erheblich von dem des alten Patriarchen Moses unterscheidet und sie legen in diesen Paradiesgärten für die jungen, nachkommenden Männer durch ihre Erzählungen einen Samen, der vielleicht später aufgehen wird.

Manchmal drücke ich den Männern vor ihrem Hinausgehen in die Wüste, in der sie vier Tage und vier Nächte ihre wahre Bestimmung und Lebensaufgabe suchen, ein Gedicht von Phil Bosmann in die Hand:

Ein Saatkorn
ist ein Gebet eines Menschen in der Nacht.
Es liefert sich an geheimnisvolle Kräfte der Mutter Erde aus,
wo es in stiller Umarmung sterben wird,
um in Fruchtbarkeit zu neuem Leben aufzubrechen.

Das Saatkorn.
Das große Geheimnis von Leben und Sterben,
von Stille, Einfachheit, Verborgenheit.
Es überlässt sich der Dunkelheit der Erde.
Es fühlt die Wärme der Sonne.

Es trinkt den Segen des Regens.
Das Saatkorn sieht die Ähre nicht,
aber es glaubt daran.
Der Weg des Saatkorns ist der Weg jedes Menschen
zur Fruchtbarkeit und Reife.

Jedes Saatkorn
hat große große Kraft.
Jedes Saatkorn ist ein reiches Versprechen,
es trägt eine Welt in sich.
Es trägt das Versprechen des blühenden Korns
Über goldgelben Feldern
Scheunen voll Korn, Brot für die Menschen.
P. B.

Immer wieder stehen wir an dem über 800-jährigen Maulbeerbaum an der Stammesgrenze zwischen Awlad Said- und Gebeliabeduinen und erinneren uns an eine Geschichte, die ein Mann mir einmal aus Deutschland mitgebrachte:
Es war einmal eine Maulbeere, eine kleine saftig-knackige Maulbeere, ein bisschen unreif noch, aber es war gut für sie gesorgt: Die Sonne wärmte sie, der Wind streichelte ihre Haut, der Baum nährte sie mit seinen Säften und hielt sie sanft wiegend, aber fest an seinem Zweig. Und so kam es, dass sie immer schöner und reifer und süßer wurde. Auch der Baum freute sich an ihr und hielt sie fest, und die Beere war zufrieden.
In ihrer Freude merkte sie nicht, dass der Sommer kam und ging, und dass ihre Reife verging und dass sie matschig und schlaff wurde. Aber sie fühlte, dass sie etwas verpasst hatte. Irgend etwas hatte sie versäumt. Es wurde kühler um sie, der Wind wurde rauer und sie klammerte sich rat- und hilflos um so fester an ihren Zweig. Da kam ein Ungeheuer langsam und träge auf sie zugekrochen. Gelangweilt und lustlos rissen die kleinen Zähnchen einer Raupe ihr das Fleisch in Fetzen ab. Und als diese satt und müde war, begann sie sich, vor den Augen der Beere, in ihren Seidenmantel einzuspinnen. Aus Nachlässigkeit hatte sie einige ihrer Fäden an die Beere geheftet, so dass diese jetzt gefangen war. Auch der Herbstwind, der heftig an den Zweigen rüttelte, konnte sie nicht befreien. So vergingen die Tage ihrer Qual.
Da kam eines Tages ein Mann des Weges, der mit einem überraschten Ausruf „oh wie interessant, eine Flatteratax luzifera Meieri“ den Kokon der Raupe abpflückte. Mit einem angewiderten „igitt“ streifte er die verwundete und vermatschte Beere ab und schnippte sie ins Gras. Da lag sie nicht lange, denn es kam ein Vogel gehüpft, der pickte sie auf – einfach so, schnapp, weg – und flog auf und davon. Er flog weit, er wiegte sich im Wind, folgte den Wolken, flog über Berge und Meere und kam in ein fernes Land – und dort schiss er die Beere aus.

Da lag sie nun in Unrat und Gestank. Sie war längst keine Beere mehr, nur noch ein hartes, schwarzes Körnchen, entfleischt, entsaftet, entehrt, hingeschissen.
Sie spürte den Tod auf sich zukommen und war bereit zu sterben. Es kam aber nicht der Tod – es kam die Verlassenheit. Sie ertrug dies bis dahin, wo die Einsamkeit den Raum verliert. Und wieder war es nicht der Tod, der kam, sondern die Kälte. Sie ertrug auch die Kälte, bis die Zeit aufhörte, Zeit zu sein.
Doch bevor die Ewigkeit begann, spürte das kleine, schwarze, kalte, nackte Körnchen ein Streicheln.
Ungläubig und verwirrt fühlte es die Wärme der Sonne und das Schmeicheln des Regens. Und da mischte das Körnchen seine Tränen mit dem Regen und sog die Wärme und das Wasser in sich hinein und schlürfte und trank und wurde größer und trank immer weiter und quoll auf, platzte aus sich heraus und wuchs und krallte sich in die Erde und wuchs nach oben und in die Breite und bekam einen Stamm und Äste und Zweige und Blätter und wurde ein wunderschöner Baum.
Und jetzt sitzen die Alten des Dorfes in seinem Schatten und erzählen, Pfeife rauchend, von früheren Zeiten, in der Dämmerung ritzen die Liebenden ihre Namen in seinen Stamm, am Mittag wirft er mit seinen Blättern ein Muster aus Sonne und Licht auf die spielenden Kinder. Und immer, wenn der Sommer reif ist, tropft er viele Tausende von violetten, süßen, sonnenwarmen und nur ein ganz klein wenig matschigen Maulbeeren von seinen Zweigen.
Auch die Geschichte des Herrn von Ribbeck auf Ribbeck im Havelland von Theodor Fontane wird oft zum Gesprächsthema, angesichts der reifen Birnen in Schpeijls Paradiesgarten mitten in der Wüste. Herr von Ribbeck, der seinem eigenen Sohn so sehr misstraute, dass er eine Birne mit ins Grab nahm, damit spätere Generationen etwas davon hatten. Einige Quester kannten solche Vater-Sohn-Geschichten. Immer wieder waren Männer dabei, die die rituelle Segnung des reifen Vaters während des Fastenrituals draußen in der unwirtlich erscheinenden Wüste zum ersten Mal hörten.

Wenn früher die traditionelle Initiation abgeschlossen war, wurden die Kandidaten der Gemeinschaft offiziell als erwachsene Männer mit allen Rechten und Privilegien vorgestellt.
Ihre neue Stellung im Leben wurde weder von den Eltern noch von sonst jemand in Frage gestellt. Sie hatten sich das volle Erwachsensein verdient und man erwartete nun von ihnen, dass sie sich dementsprechend verhielten.
Sie konnten auch kaum etwas anderes tun, denn durch ihren Übergangsritus waren sie gewandelt worden. Es war auch keine statische Art von Mannsein, die sie erworben hatten. Der Prozess, ein Mann zu werden, setzte sich lebenslang fort, wenn der junge Mann nach und nach höhere Stufen der Initiation durchlief, die in der Stellung als Ältester und schließlich im Tod gipfelten.

Heutzutage gibt es „die“ Gemeinschaft nicht mehr, die solche Übergangsriten bezeugt und bereitstellt. Es gibt zu viele verschiedene Männerbilder.

Aber warum sollten die „alten" initiierten Männer nicht selbst in Zukunft Gemeinschaften mit verschiedenen Profilen bilden, denen sich die Männer zuordnen können, in einer Art Ministamm auf Zeit, der nach transparenten und demokratischen Spielregeln organisiert ist?
Sollte es nicht erlaubt sein, mit alten Ritualen und Mythen zu experimentieren und bedeutungsvolle Risiken oder Gefahren zu suchen, um herauszufinden, wozu wir Männer wirklich fähig sind?
Ein kooperativer Führungsstil wäre darin gefragt und das unverantwortliche Laissez-faire-Konzept wäre genauso fehl am Platze wie ein autoritäres Verhalten.
Es müsste das Bedürfnis der Männer nach Mysterium und Abgeschiedenheit erhalten bleiben.
Das ist gewiss ein schmaler Grad. Vor allem, wenn der Verdacht der Männerbündelei ins Spiel kommt. Aber ohne Vernetzung kraftvoller, sensibler und in der Tiefe gereifter, selbst initiierter Männer sieht die Zukunft schlecht aus.

Wer von den heutigen jungen Männern kennt nicht seinen inneren Wüstling?
Wer von den heutigen jungen Männern sieht sich nicht mit Themen und Tabus wie Selbstmord, Inzest, Vergewaltigung, Alkoholrausch, Selbstverstümmelung, Drogenmissbrauch und anderen Formen antisozialen Verhaltens konfrontiert?
Glauben die Erzieher wirklich, dass sie etwas mit dem drohenden Zeigefinger erreichen können?
Mit Geboten und Verboten wie in der Bibel?

„Ganz gleich, wie liebevoll oder vernachlässigt ein junger Mann aufgezogen wurde, er wird die Türen öffnen, auf denen PRIVAT steht. Dort lauern die wahren Monster, wie Depression, Schuldgefühl, Besessenheit, Sucht und die unumkehrbaren Folgen der eigenen Handlungen."[70]
Nur langsam können junge Männer im Kreis initiierter Männer diese tiefen Qualitäten entwickeln, die als reifer Charakter oder Veredelung der Seele bezeichnet werden könnten. Nach einer Zeit der Auswilderung träfen die jungen Männer auf die alten erfahrenen Mentoren.
Durch alten Baumbestand leuchtet das junge Grün erst richtig satt, weiß jeder Gärtner.
Wenn die Anforderungen des erwachsenen Lebens unsere ganze Aufmerksamkeit in Anspruch nehmen, mögen wir wohl wehmütig wünschen, wieder sorglose uninitiierte Kinder und Jugendliche zu sein.
Aber wir müssen erkennen, dass das Leben auch voller Schmerz über Zurückweisung, Verlust oder Reue ist.
Unsere Liebe zum Leben wird erst dann tief, wenn wir unsere eigene Maskulinität gefunden und gewürdigt haben. Denn sie ist bei Männern stark vom Einfluss der Mutter gefärbt.
Wir fühlen die Augen der Mutter und des Weiblichen auf uns. Sie beobachtet uns und bewertet uns emotional, ob sie das will oder nicht.

Wenn unsere Mütter uns geliebt und respektiert haben, und das auch noch als die sexuellen Wesen, zu denen wir wurden, sind wir in der Lage, uns besser abzulösen, zu individuieren, auf eigene Füße zu stellen.
Aber noch besser ist es, wenn die jungen Männer zusätzlich von kraftvollen und sensiblen Vätern angeleitet werden, Vertrauen in das Leben finden und zusätzlich noch von männlichen Mentoren, sozusagen „Profionkels", frühzeitig (zum Beispiel im Alter von 18-24 Jahren) initiiert werden.
Die Selbstinitiation in Gangs oder die Erziehung durch unreife Männer wird nicht gelingen. Erst durch eine moderne Initiation kann der junge Mann den vollen Status des Mannseins annehmen. Dann kann er sehen, dass sein Vater auch nur ein Mann unter anderen ist und gleich und frei neben seinem Vater seinen eigenen Mann stehen.

„Uninitiierte oder unvollständig initiierte Jungen sind überall zu sehen:
In dem Mann, der sein ganzes Leben mit der Suche nach persönlichen Vergnügungen, Profit oder Ruhm verbringt, in dem Mann, der Vater wird, dann aber die Vaterschaft verweigert, in dem Mann, der mit zweierlei Maß misst (ich darf dich verletzen, es ist aber nicht fair, wenn du mich verletzt), in dem Starathleten, der sein Temperament und seine Zunge nicht kontrollieren kann, in den Seilschaften der Macht, die aus den „guten alten Jungs" bestehen, in dem Mann, der Alkoholiker wird und Selbstmord begeht, in dem Mann, der alle anderen für seine Schwierigkeiten verantwortlich macht, in dem Mann, der sich vor Intimität mit Frauen oder Männern fürchtet, in dem Fanatiker hinter der intoleranten oder terroristischen Tat, in dem Mann, der nicht zugeben kann, dass er Unrecht hat, in dem Soldaten, der vorsätzlich unschuldige Menschen tötet, in dem Mann, der nur dem Körperkult dient, in dem Mann, der die Rolle des scheinheiligen Pharisäers spielt... es gibt noch so vieles mehr."[71]

Es gibt zur Zeit noch zu wenige Ältere, die etwas von moderner Initiation verstehen.
Es müssten Mentorenkreise gebildet werden von Männern, die zumindest mit den vier Archetypen und Grundmustern männlicher Entwicklung vertraut sind. Und dies nicht nur im Geiste, sondern im Alltag des Lebens.
Warum soll man jungen oder noch nicht ganz gereiften Männern, diese kleine Kosmologie nicht als vorläufiges Orientierungsmodell anbieten?

„Selbstinitiationen in der Schattenzone von Rockkonzerten, Bierparties, offenen Wochenenden, Drogen, Autos, Waffen, Bordellen usw. könnten vielleicht sogar ein großes Potential in sich tragen, wenn es denn Älteste gäbe, die dabei helfen, diese Erfahrungen tiefer gehend zu verarbeiten."[72]
Die Vorstellung vom Beschneiden und Zurechtstutzen des jungen Obstbaumes ist für viele Erzieher immer noch zentral. Der Begriff der Wunde und das Thema der Verwundung hat für den initiatorischen Prozess eine zentrale Bedeutung.
Das ist aber manchmal sehr leicht daher gesagt.

Die Männer verwildern sich selbst, kommen mit den vitalen, instinkt- und triebhaften Teilen ihres inneren Selbst in Kontakt.
Sie sind blinde Ritter, die sich mit der eigenen inneren Dunkelheit und den eigenen Schatten befreunden, wie die Geschichte vom Falken und der ihn verfolgenden Krähe gezeigt hat, bis sie in der begleiteten Nachbereitung den Faden der Reife aufheben, der sie aus dem Labyrinth führt.
Natürlich müssen sie Katzengold vom wahren Gold unterscheiden lernen.
Manchmal ist auch ein scharfer Schnitt angesagt.
Da ist symbolisch das Gartenmesser des Herbstes angemessen. Es ist das Instrument, das neues Blühen im Frühling fördert. Aber auch das langsame Vergären und Verwesen ist ein Prinzip, das sich initiierte Männer aneignen müssen.
Alles zu seiner Zeit.
Frühling, Sommer, Herbst und Winter. Das naturzyklische Rad dreht sich im Innen und im Außen gleichzeitig.

So geht es auch nicht um Gut und Böse, wie uns manche Kirche weismachen will, sondern um Reif und Unreif. Männer sind nicht schlecht und es kommt für jeden die Zeit, aus seinen Erfahrungen zu lernen.
„Im Aramäischen und in allen semitischen Sprachen bedeutet gut „reif" und böse bedeutet „unreif". Jesus selbst sprach nicht von bösen und schlechten Früchten, sondern von reifen und unreifen Früchten.
Auch die Spaltung von Körper und Geist, die in unseren westlichen Sprachen für selbstverständlich gehalten wird, gibt es in dieser nahöstlichen Sprache nicht.
So bedeutet Geist auch Atem, Luft, Wind und Heiliger Geist. Die Unterschiede wurden erst im Griechischen gemacht.
Die akademische Methode des Westens erzeugt eine ganz andere Art von Information als die nichtlineare, spirituelle Deutungsweise des Ostens. Letztere lässt die Vielfalt verschiedener Deutungen zu. Aussagen der Propheten wurden durch Meditation zu einer lebendigen Erfahrung gemacht, um sich damit den Erfahrungen der Gegenwart stellen zu können. Es ging um die Weisheit des Alltags. Im Westen wurden Natur und Wildnis als Ebenen des Konfliktes und nicht der Betrachtung definiert, was zu dem ausschließlich vorherrschenden Verlangen führte, die Natur zu erobern und zu kontrollieren. So auch die sexuellen und erotischen Kräfte des Menschen."[73]

Im Aramäischen bezieht sich der Name Allah auf das Göttliche. Es kann Heilige Einheit, Einheit des All, die äußerste Kraft, das größte Potential und das Eine ohne das Gegenteil bedeuten. Auch das Profane und das Heilige sind nicht voneinander getrennt.
Über solche Details konnte ich mit unseren Beduinen nicht diskutieren.
In unserer rituellen Kooperation zwischen moslemischem Ramadan und indianischer Fastenquest arbeiteten wir dennoch tolerant und mit großem Verständnis miteinander, jenseits der öffentlich dominierenden Verbots- und Gebotsreligionen.

Wir näherten uns gegenseitig genau so an, wie sich ein Gebirgsdromedar in den Bergen bewegt und geht. Erst setzt es seine Füße, die beim Paarhufer mit unseren Zehen zu vergleichen sind und unter denen ein sattes Fettpolster sitzt, sanft und tastend auf den schmalen Hochgebirgspfaden mit ihren spitzen Steinen auf. Dann spürt und fühlt es, ob das Ganze trägt und belastbar ist und gibt schließlich erst sein ganzes Gewicht (mit Gepäck circa 500 Kilogramm) an die Erde ab.

2. Initiationsmentoren und der Tanz der zwei Augen

Ich hatte schon geschrieben, dass ein Apfelbaum durch eine Art Winterdepression gegangen sein muss, um die notwendigen Botenstoffe zu bilden, die ihn zu neuer Blüte treiben und dass beim „alten" Schpeijl auf 1800 Meter Höhe wunderbare Obstbäume gedeihen, weil es mitten in der Wüste einen Winter mit Schnee gibt.

Immer wieder traf ich in den folgenden Jahren auf Männer, die nach ihren Brunnen, ihrem Wasser des Lebens mitten in der Wüste gruben.
Der Männergarten wurde zu einem Labor und einer Seelenwerkstatt, in welchen wir mit Hilfe der Questerzählungen, Übungen und Gesprächen das erforschten und zusammenfügten, was man zumindest als Teilinitiation des modernen Mannes beschreiben könnte.

„Ich will klarer sehen, wohin mein Lebensweg gehen soll, war meine Hauptabsicht. Endlich werde ich viel Zeit zum Nachdenken, Malen, Nichtstun haben.
Ich habe dann draußen in der Wüste eine tiefe Bewegung gespürt, mir sind die Tränen gekommen. Ich war dankbar für das Geborgensein im Ritual mit den Männern.
Nach der Rückkehr kam dann Freude und Erleichterung auf.
Der Spruch „Willkommen bei den Männern, willkommen auf der Erde" drang ganz tief in mich ein. Ich spürte großen Hunger auf das Leben, das jetzt beginnt.
Die Sonne ist schön, wenn sie kommt, es ist aber auch schön, wenn sie wieder geht, sie wärmt, sie verbrennt aber auch.
Sei nicht nur ein Sunnyboy, die hellen, leichten Seiten im Leben sind noch schöner, wenn Du auch die Dunkelheit kennst und genießen kannst."

So oder ähnlich berichteten die Männer!

Aber wir Mentoren und „Waschbären" bauten die Erzähl- und Seelenwerkstatt in diesem arabischen Paradiesgarten auch für uns selbst auf.
Ein Auge sollte nach außen gerichtet sein zu den anderen Männern, das andere nach innen gerichtet auf das eigene Seelenleben.
Jedes der beiden Augen ist untrennbar mit unserer Reise verknüpft, deren Ausgang davon abhängt, wie gut wir mit beiden Augen tanzen. Hoffnung, Liebe, Vertrauen, arbeiten, planen und den Menschen dienen.

Mit dem Auge des Büffels sehen wir die Schönheit in den anderen und sind zu Mitleid gerührt. Wir wollen ihnen beistehen, sie heilen, mit ihnen verbunden sein. Durch dieses Auge erkennen wir die Weisheit und Ordnung des Universums.
Mit unserer anderen Wahrnehmung können wir die Schattenseite der Dinge erkennen, den Zerfall, die Wandlungen, das Sterben und den Tod.

„Die Geschichte von Springender Maus veranschaulicht uns den dualen Aspekt der menschlichen Wahrnehmung. Das eine ist für das Licht, das andere für die Dunkelheit. Das eine Auge sieht das Heilige, das andere das Profane. Das eine Auge sieht die äußere Erscheinung, das andere sieht hinter des Kaisers neue Kleider.
Die Vision, die wir suchen, hat auch ihre dunkle Seite.
Die Reise zu den Heiligen Bergen geht durch Licht und Schatten. Der Pfad durch Sumpf und Morast. Der Abgrund der Verzweiflung kann zu den Quellen der Heilung führen.“ [74]

Die Welt der Schwelle, die heilige, natürliche Welt muss ihren Gegenpart finden in der profanen, rauen, diesseitigen Welt.
Der offensichtliche Widerspruch zwischen Spirituellem und Materiellem muss aufgehoben und beides miteinander in Einklang gebracht werden. Der Tugendhafte und der Lasterhafte, der Heilige und der Sünder, der Unschuldige und der Erfahrene, der zivilisierte Stadtmensch und der Wüstennomade muss im Tanz mit beiden Augen miteinander ins Gleichgewicht gebracht werden.
Unser modernes Männerleben beinhaltet sowohl das Emotionale als auch das Intellektuelle, Wachen und Träumen, Freiheit und Verantwortung, Jugend und Alter, Innerlichkeit und Äußerlichkeit, Geburt und Tod.

Wir wollen nicht zu zynischen alten Männern werden.
Dennoch sind wir nicht vor Rückfällen ins Selbstmitleid gefeit und haben unsere romantischen Sehnsüchte.

Auch an uns zerrt der Wind des Lebens, lässt uns nicht ruhen, ist immer für Überraschungen gut. Manchmal ist es auch für uns Mentoren besser, uns zu schützen, zu verstecken. Wir können nicht immer dem Wüstenwind die Stirn bieten.
Die Steine in der Wüste sind manchmal schön, manchmal edel, jeder sieht anders aus und ist einzigartig. Teil ihrer Schönheit aber ist, dass sie bröseln, zerfallen. Ein sehr intensives Bild für das Prinzip des Werdens und Vergehens, für unsere Sterblichkeit.
Wir fragen uns, wie wir Mentoren unsere Tiefe, in der wir uns fest verwurzeln können, erhalten?
Auch wir sind froh, immer wieder in unseren heimeligen Paradiesgarten und unsere wilde Wüste zurückzukommen.

Wir hielten unsere Sehnsucht nach einer Oase der Männer aufrecht und begannen vorsichtig, eine alte zerstörte Oase in der Nähe des Questgebietes in Kooperation mit Hussein und Suliman aufzubauen. Stellten aber bald fest, dass andere Beduinen in unserer Abwesenheit Opium angepflanzt hatten.

Aber nicht nur in der Wüste, sondern auch im erweiterten Mentoren- und Ältestenkreis in Deutschland fingen wir an, ein Netzwerk von initiatischen Männergruppen zu stabilisieren.
Wir sangen unsere Lieder und erinnerten uns gegenseitig an unsere Stärken und Schwächen.

Die Erwartung an uns selbst besteht weiterhin darin, diese neuen Erfahrungen auch im Alltagsleben ein- und umzusetzen, und weiter an unserer Vision eines initiatischen Männerstammes zu arbeiten als ein Angebot unter zukünftig vielen Gemeinschaften.
Auch wir hatten Angst davor, diese Vision im Alltag schnell wieder zu verlieren.
Wenn wir uns aber an die selbstauferlegten Regeln hielten und jeder sein Ureigenes beitrug, erschien der alte weise Mann als Archetyp in unserer Mitte. Nur wir selbst in unserem Kreis konnten eine Autorität bilden, um etwas dazu beizutragen, was modernes Mannsein heute bedeuten kann.

Es wurde uns bewusst, dass das Leben nicht lediglich ein Einzelkampf ist, sondern nur in Verbindung mit den Wesen und Dingen um uns herum lebbar ist. Dieses Bewusstsein lässt uns Prioritäten anders und gezielter setzen und unsere Gelassenheit und Vertrauen in das moderne Männerleben setzen.
Gleichzeitig fühlten wir uns bei einigen Männern hilflos und wussten wirklich nicht weiter, trotz Quest und Männerkreis.

Wir waren bereit, zumindest ein Auge dem Büffel, dem Symbol für Gemeinschaft, zu geben. Zumindest probierten wir es aus.
Wieviel Freiheit brauchte der einzelne in einem solchen Männerstammesgebilde?
Alte Ängste kamen hoch, das eigene, unsere Einzigartigkeit nicht bewahren zu können.
Mir wurde klar, dass ein wirklich individuelles Gespräch mit einem Beduinen, solange er sich dem Stamm unterordnete, nicht möglich war. Da gab es öfter mal merkwürdige Argumentationen, wie ich sie bereits beschrieben habe. Als Richtschnur galt das, was von klein auf vorgegeben war.
Bei unseren Gemeinschaftstreffen sollte über alles diskutiert werden können.

Noch immer sind wir durch einen verzerrten Schöpfungsmythos geprägt:
„Himmel (gesehen als vollkommenes Ideal) und Erde (gesehen als vollkommener Fehler) sind gänzlich voneinander getrennt.
Der Mensch begeht eine Ur-Sünde und wird damit für alle Zeiten zu einem gebrochenen, befleckten Wesen.
Den Menschen wird die vollständige Herrschaft über die Natur gegeben, das Recht sich ihrer zu bemächtigen und mit rücksichtsloser Sorglosigkeit Gebrauch von ihr zu machen.
Im weiteren Verlauf der Geschichte werden immer mehr Fehler gemacht, Prüfungen nicht bestanden und Sünden begangen.
Gott wird zu einem kapriziösen Puppenspieler, der außerhalb menschlicher Zeit lebt und im Laufe der Zeit immer entfernter wird.“[75]

3. Arabische Zeit und die Rolle der Frau

Ich blieb immer mit unseren moslemischen Beduinen, die in ihrem würdevollen Erscheinen als dienende Könige und Männer für mich ein besonderes Vorbild waren, im Gespräch.
So sprachen wir ausführlich über das arabische Zeitverständnis.
Wir hatten ja Zeit!
Bei uns liegen die Erinnerungen „vorne" und die Zukunft „hinten". Die Zeit hat eine Länge, sie kann lang oder kurz sein.
Bei den Beduinen kann sie ewig dauern. Die Sonne brennt unbarmherzig lange und heiß. Mond und Sterne strahlen nachts ausdauernd und hell am Himmel.
Natürlich haben sich die Beduinen auch an die europäische Zeitvorstellung angepasst. Sonst käme ja ein Handel zwischen den Kulturen nie zustande. Zwischen einer Kultur, in der Wert auf das Wachstum der Großfamilie, der Clans und Stämme gelegt wird, und einer Kultur, deren Individuen sich oft alleine mit den Schwierigkeiten des modernen Lebens auseinandersetzen müssen.

In Arabien ist die Zeit dehnbar (erinnern Sie sich an die IBM Formel: Wenn Gott will, vielleicht, gibt es morgen Aprikosen!).
Bei uns hat die Zeit einen Wert, in Form der Arbeitsleistung, die nach Zeit berechnet wird.
In Arabien lässt man sich durch neue Möglichkeiten von einem Plan ablenken, in Europa wird der Tagesablauf geplant und eine gewisse Tageszeit schließt aus, gewisse Dinge zu tun.
In einer Wüstenkultur sind alle glücklichen Erfahrungen zu einer einzigen vereint.
Bei uns kann man mit Leichtigkeit eine bestimmte Situation aus der Vergangenheit erkennen, lokalisieren und sich daran erinnern.
Die Wüste ist unendlich, es gibt keinen, der sie wirklich in Besitz nehmen kann.
Europa ist begrenzt und es gibt viele innere und äußere Grenzen.
Einer der wichtigsten Unterschiede im Umgang mit der Zeit, neben vielen anderen, ist, dass eine arabische Person, die in sich Erinnerungen wachruft, sofort völlig „drinnen" ist und in diesem Moment alle Qualitäten fühlt, sogar die der Zukunft.

Es gibt eine schöne arabische Geschichte über die Zeit:
„Einer ist, der webt und webt. Er sitzt auf dem Gipfel des höchsten Berges unter einem Baum, der so alt ist wie der Berg, und er webt. Doch webt er in einen Stein hinein und der Stein biegt sich in des Webers Hand, wird zu Gebilde, zu Farbe und Gestalt, sinkt dann herab und liegt am Boden neben vielen seinesgleichen. Auf dem Webstuhl aber, liegt sogleich ein neuer Stein, wird Gebilde, sinkt herab.
Und so, von Zeitbeginn zu Zeitende, gibt es Bilder aller Geschehnisse menschlichen Seins, eingegraben in Stein, der wiederum zu Erde wird.

Der Weber aber ist blind, stumm und taub, und doch erblickt er alles, was geschieht, hört er alle Stimmen aller Zeiten und redet er leise, leise, ohne die Lippen zu bewegen.
Was aber ist es, das er sagt, dieses Wort, davon die Steine Leben bekommen, stumme Lippen Klang, taube Ohren Ton, blinde Augen Gesicht? Es ist das Wort, davon alles lebt, das Wort aller Schicksale, das Wort vom Zeitbeginn und Zeitende.., es ist: ALLAH!“[76]

Ein anderes, eher nicht explizit angesprochenes Thema, war die merkwürdige Überhöhung des Weiblichen und der Frau. So wurde der Name der bekanntesten ägyptische Sängerin Om Kalzoum, die schon längst tot ist, nur im Flüsterton ausgesprochen mit einem sehnsuchtsvollen Blick in die Sterne.
Außer der Frau des Kochs bekam ich nur wenige Frauen vom Schpeijl Clan zu Gesicht. Ab und zu begegnete uns eine Hirtenfrau auf unseren Wüstenwanderungen und blieb zu einem kurzen verschämten Gespräch stehen. Meistens ging es dabei aber darum, etwas zu tauschen.

Nur einmal hatte ich einen längeren Kontakt mit einer Beduinenfrau, die mit mir „flirtete“. Sie war, als die Beduinen schliefen, unter dem Vorwand der Futtersuche in den Garten gekommen. Während sie die Blätter von den Büschen zupfte blickte sie immer wieder zu mir herüber. Sie hatte ein langes schwarzes Gewand an, unter dem ein bunter Rock hervorlugte. Sie war ganz verschleiert. Ich konnte nur ihre Augen sehen. Sie kam mir immer näher. Ich war sehr unsicher, da ich mir nicht klar war, ob das, was sie tat erlaubt war.
Sie „spielte“ mit mir und flüsterte mir ihren Namen, „Selima“ zu.
Ich hatte das Gefühl, mich in einer Tabuzone zu bewegen. Es hatte etwas Geheimnisvolles und Fremdartiges. Meine Knie wurden tatsächlich etwas weich.
Ich schenkte ihr meine Sonnencreme. Die Begegnung war nur kurz, dann entschwand sie wieder. Am nächsten Tag kamen ihre Kinder zu mir und schenkten mir einen winzigen Bergkristall.

In meiner Phantasie entstand schon so etwas wie eine arabische Nacht (leila dschamila), aber es kam noch ein Gedanke dazu, der mich von weiteren Annäherungsversuchen abhielt. Das war die lebhafte Vorstellung, den Dolch eines Beduinen im Rücken stecken zu haben.

In letzter Zeit diskutierten die Beduinen darüber, dass die Frauen auch in Restaurants bedienen könnten. Dazu müssten sie sich allerdings auch entschleiern. Als Nebenbemerkung kam aber im gleichen Satz, dass wir aufpassen sollten, nicht zuviel Geld auszugeben. Arabische Frauen seien sehr verführerisch. Das war eher als Scherz gemeint.
Die Frauen saßen tatsächlich, wenn sie nicht in der Teppichweberei arbeiteten, meist zu Hause und versorgten die Kinder, während nebenbei der Fernsehapparat lief.

Die Rolle der Frau ist in Ägypten von Gegensätzen gekennzeichnet wie das ganze Land selbst. Es gibt Frauen, die auf dem Feld oder als Hausfrau arbeiten, und Frauen, die als Ärztinnen, Managerinnen, Rechtsanwältinnen, Bankerinnen ihren Job machen. Leider

haben die meisten Menschen in westlichen Ländern die Vorstellung, in Ägypten würden Frauen eingesperrt und dürften nichts machen.
Natürlich gibt es viele Frauen, die von ihren Männern unterdrückt werden.

„Daran hat nur zum Teil der Islam Schuld. Traditionen, unter denen Frauen im arabischen Kulturraum zu leiden haben, sind zum Teil präislamisch. Es gibt sie nicht erst seit den Taliban oder Al Qaida. Ursache für den Fortbestand solcher Traditionen ist die fehlende Bildung. Man muss den herkömmlichen Koranschulen das Wasser abgraben. Mehr Bildung könnte auf jeden Fall Mädchen und Jungen ein selbstbestimmteres Leben ermöglichen."[77]

Wir sprachen auch über Al Qaida und den fundamentalistischen Islam. Die Gebelia sagten mir immer wieder, dass sie damit nichts zu tun hätten.
Außerdem stammten sie ja sowieso ursprünglich aus Südosteuropa.
Sie verwiesen dabei aber auch immer auf den Konflikt, den ihre „Brüder" in Palästina auszubaden hätten.
Zum Teil war dies aber auch eine Floskel.
Das palästinensisch-israelische Durcheinander bedrohte ihren kleinen „Reichtum", den sie sich im Tourismus erwerben konnten. Viele hatten während der israelischen Besatzungszeit Geld in Israel verdient und hatten daher einen etwas anderen Blick auf die Dinge als die anderen Stämme.

Natürlich hat der Islam ein Autoritätsproblem und ist gleichzeitig in seiner fundamentalistischen Form verführerisch.
„Denn im Koran wettert angeblich Gott selbst in seinen eigenen Worten, wie einst und manchmal noch heute in christlichen Kirchen. Zweifeln kann man sicherlich, aber man zweifelt dann gleich am transzendenten Prinzip und wird es sich gut überlegen. So bietet man Geborgenheit in einer oft auch unsicheren Welt. Dass Religion und Gesetz, Staat und Moschee ein Ding sind, hat scheinbar Vorteile. Bei uns wird von den Bürgern verlangt, selbst Gesetze zu ändern, zu verbessern, zu überdenken. Längere Stabilität gibt es kaum noch im dauernden Wandel."[78]

Gleichzeitig gibt es im Islam aber auch eine gottsucherische Seite, die sich mit überlieferten Religionsgesetzen nicht zufrieden gibt. In einem universalen Islam kann jeder Gläubige nach seiner Facon glücklich werden, dabei Wein trinken wie die muslimischen Dichter und dennoch durch gelegentliches Blättern im Koran jederzeit an der göttlichen Allgegenwart teilhaben.

4. Medizinmänner – Männermedizin

4.1. Initiation und die klassische Psychotherapie

Bei den initiatischen Reisen nach Nordschweden und in die Hochgebirgswüste des Sinai verwende ich initiatische Methoden und Verfahren, die ich bereits ausführlich beschrieben habe.

In gewissem Sinne könnte man die Initiationmentoren auch als Medizinmänner bezeichnen oder noch genauer „Männermedizinmänner". Die Quester, die aus der Waldwildnis oder aus der Wüste zurückgekehrt sind, erhalten einen sogenannten Heilungs- und Medizinnamen, der sie in den nächsten Jahren in ihrer männlichen und menschlichen Entwicklung heilen, fördern und fordern soll.

Immer wieder tauchten bei mir nun aber auch Therapeuten auf, die diese Verfahren in ihre Arbeit integrieren wollten.

Das ist nicht einfach.

Initiation ist zwar auch eine Form von Therapie, aber grundsätzlich etwas anderes als die klassische Psychotherapie. Initiation geschieht auch nicht, wenn überspitzt gesagt, das Therapiezimmer in die Natur verlagert wird.

Andersherum ist der Mentor auch kein Therapeut, eher ein Seelsorger. Aber so darf er sich auch nicht nennen, weil er dann mit der offiziellen Kirche in Konflikt gerät.

Also nennt er sich „Initiationsmentor" oder, wie aus dem Indianermärchen Springende Maus ersichtlich wird, „männliche Hebamme" oder „Waschbär".

Im Laufe der Zeit habe ich bisher auch nur wenige Therapeuten getroffen, die den oben genannten Unterschied wirklich erkannten.

Sie haben eben auch eine „Deformation professionelle", sind also in ihrem Berufsbild gefangen, wie ich vielleicht selbst auch.

Dennoch habe ich es gewagt, mit einem Freund, Chefarzt einer bekannten Reha-Klinik aus dem alpenländischen Raum, eine sogenannte naturbezogene, initiatische Männertherapie zu entwickeln.

Er hatte die Quest gemacht und war im Sinai. Auch der eine oder andere Therapeut, der unter seiner Leitung in seiner Klinik arbeitet, war bei mir in den Intensivseminaren, inklusive Schwitzhütte am Wochenende oder eben auch auf der Quest.

Dieser neue Ansatz einer Männertherapie wurde inzwischen sehr erfolgreich und einige Elemente wurden von den männlichen Patienten in einer Befragung durch ein externes Qualitätsmanagementinstitut als beliebteste therapeutische Veranstaltung gelobt.

Es gibt also auch blühende Männergärten hier vor Ort im deutschsprachigen Kulturraum.

Die Nachsorge dieser männlichen Patienten soll auf freiwillger Basis auch durch regionale, initiatische Männergruppen geleistet werden. Erfahrene Questmentoren leiten diese Gruppen und sorgen so für die Möglichkeit einer Verwebung von therapeutischen und initiatischen Erfahrungen der Klienten und Patienten untereinander.

Das Modell funktioniert ähnlich wie das der Selbsthilfegruppen der Anonymen Alkoholiker, die einen losen Kontakt zu bestimmten Suchtkliniken halten.

Die Frage und das Thema, das der Arzt und Therapeut auf seiner Quest bearbeitet hatte, war das Thema vieler Führungskräfte im Wirrwarr des Gesundheitssystems:
Wie kann ich besser meinen eigenen Standpunkt leben?
Meistens suchen diese Männer eine stärke Beziehung zwischen dem Königsarchetyp und dem Liebhaberarchetyp.
Genau wie es mein Freund und Stationsleiter aus der Psychiatrie, Hans, tat.

Im Schwellenkreis der Männer auf der Hochebene habe ich wie im Traum gestanden. Eine innere Berührung kam hoch. Diese kommt in der Klinik kaum noch hoch. Zwei Bilder von meiner Frau am Kraftplatz aufgestellt, dann lag ich heulend am Boden.

Es war ein kleiner Platz, ich hatte meine „Wohnung“.
Meinen Stab aus der Medizinwanderung habe ich richtungsweisend in die Erde gesteckt. Sonnenuhr! Herrlich der blaue Himmel!

Plane aufgebaut. Am Schluss war die Plane woanders.
Ich habe mir viel Zeit gelassen. Ich war richtig begeistert, aber auch ungeduldig. Ungeduld. Ich habe mir gesagt, die bringt Dich irgendwann dem Tod näher.
Ein Wunschbild zu malen gelang mir nicht, aber dafür kam was Schönes anderes raus, was mir gefallen hat.

Ich habe mich oft stundenlang gefreut. Ich möchte Lieder singen können. Ein Rhythmus entstand aus mir. Das Geschehen kam aus mir. Du kommst schon auf die richtigen Ideen, sagte ich mir.

Auf meinem Grabstein soll stehen:
Lebe, Liebe, Zeig Dich, Streit Dich.

Ich werde sterben und bin dankbar, dass ich den Zeitpunkt nicht weiß. Ich will Freunde jetzt besuchen.
Ritual gemacht: Ich jammere mir immer einen ab bei meiner Frau. Fast wie eine Sucht. Und lass´ mich dann trösten. Ich werde sie in Zukunft fragen, ob es in Ordnung ist, wenn ich jammere.
Stein an die Wand gepfeffert. Da haben die Funken gesprüht. Den Stein hat es richtig zerfetzt. Laut geschrien. Das war geil!
Steinkreis in der letzten Nacht:
Dauernd fiel mir der gelbe Kriegerbenzel runter, schon am Tag, das fängt ja gut an, dachte ich mir. Da kommt bestimmt eine Krise. Thron gebaut, Flasche zum im Steinkreis Pinkeln gebaut.

Wenn eine Vision kommt, soll sie im Traum kommen.
Ich träume, dass die anderen Quester kommen und sagen:
Was machst Du denn da?
Wir machen Visionssuche! Und was machst Du Penner?!

Nachdem Traum war ich erleichtert.
Ich mache nicht alles, was man mir sagt.
Vision habe ich keine gehabt. Aber vielleicht war es die: Ich möchte Lieder singen, Freunde besuchen, kindliche Dinge lernen, spielen, Zeit haben, mich hingeben.

Mein Freund, der Arzt, bekam von uns Mentoren den Namen „Zeitkrieger".
Ärzte stehen ja oft enorm unter Druck. Sie fragen sich:
Was erwartet der Kranke von mir?
Kann ich den Anderen als einen Anderen erkennen, meine Grenzen erkennen?
Wieweit geht meine Verantwortung?
Tue ich genug?
Was darf ich mitteilen?
Ist Krankheit und Tod wirklich verstanden worden, als Signal, Zeichen oder Hinweis?
Sind die Erwartungen unserer Patienten realistisch?
Gehe ich mit der Macht verantwortlich um?
Bekenne ich mich zu meiner Hilflosigkeit?

Die Auseinandersetzung mit sich selbst, im Rahmen einer MännerQuest oder anderer initiatischer Verfahren, bewirkt gerade bei Männern, die im Gesundheitswesen tätig sind, dass die eigenen Ängste und persönlichen Lebensgeschichten bei der Behandlung des Patienten weniger als Hindernis im Wege stehen!
Ärzte benötigen ihre eigene Medizin der Wandlung.

Richard Rohr, Franziskanerpater und Männerberater, beschrieb nun den Prozess der Therapie als „Erste Reise" und „Reise des Johannes des Jüngeren" und kam zu dem Schluss, dass viele Männer diesen Weg der Heilung in den letzten Jahren, zumindest in einer bestimmten Mittelschicht, gegangen waren.
Aber er erinnerte auch an den Johannes den Täufer, der in die Wüste hinaus musste zu einer zweiten initiatischen Reise!
Weil bei uns die erste Reise erlaubt war und gefordert wurde, haben sich viele der jungen Männer zu warmen, lieben und sensiblen Menschen entwickelt, oft auch mittels einer Therapie.
Aber das reichte nicht aus!
Wie kann nun ein therapeutischer Weg, der oft mit Verfahren arbeitet, die man eher der klassisch weiblich-mütterlicher Dynamik zuordnet, mit einem initiatischen Verfahren kombiniert werden, das eher der klassisch-männlichen Dynamik zuzuordnen ist?

Denn nach der Reise ins „Weibliche“ – und ohne das, was wir dort gelernt haben, wieder aufzugeben! – müssen wir uns wieder auf den Weg machen in die „tiefe“ Männlichkeit, sagt Richard Rohr.
„Wenn die Liebe weit ist, erkennt und akzeptiert sie alles als Teil ihrer selbst. Sie ist wie Wasser: weiblich, annehmend, einbeziehend.
Wenn die Liebe tief ist, zerstört sie alle Hindernisse auf ihrem Weg.
Sie ist wie Feuer: männlich, unterscheidend, an nichts als an der Wahrheit interessiert.“[79]

4.2. Männergesundheit

Männergesundheit ist ein Begriff, der von vielen Autoren benutzt wird, um die geschlechtsspezifische Arbeit aus der eigenen Fachrichtung darzustellen.
„So betrachten sich zum Beispiel Gynäkologen als Männermediziner, weil sie sich mit Hormonregulationsstörungen und deren Beeinflussung durch Medikamente sehr gut auskennen.
Es geht hier nun aber um ein Therapiekonzept für Männer und ein Behandlungskonzept, das auf den modernen Grundlagen der geschlechtsspezifischen Forschung beruht.
Die Tatsache, dass mehr Frauen als Männer Hilfe in einer psychosomatischen Klinik suchen, hat damit zu tun, dass Männer nicht das angeboten bekommen, was sie brauchen, obwohl Männer nachweislich kränker sind als Frauen.
Männer erleben sich als Versager, wenn sie zugeben müssen, alleine nicht mehr klar zu kommen. 90% der Gefängnisinsassen sind Männer. 90% der ambulanten Psychotherapieplätze werden von Frauen belegt.“ [80]

In seiner Art der Männertherapie versucht nun mein ärztlicher Freund seit einiger Zeit, Innenschau, Einfühlungsvermögen und soziales Verhalten zu fördern, denn schon die Jungen werden frühzeitig auf veräußerlichte, gesellschaftliche Erfolgsziele festgelegt, die die meisten von ihnen aber gar nicht erreichen können. Dadurch entsteht ein Syndrom von Versagen, Frustration und Ärger.
„Die direkten Folgen dieser Sozialisation sind ein eingeschränktes Gefühlsleben und die männliche Angst vor der Nähe zu anderen Männern. Es dominiert die Furcht, für weiblich, weich, unmännlich und damit für schwul gehalten werden zu können.
Im Vordergrund der Abwehr steht jedoch das Konkurrenzverhältnis zu anderen Männern. Das ist auch der Grund dafür, dass Männer kaum Freundschaften zu anderen Männern aufbauen.
Jungen und Heranwachsende können mit der veränderten Situation von Männlichkeit oft nur hilflos umgehen.“[81]

Für eine initiatische Männertherapie versteht es sich von selbst, dass in ihr ausschließlich männliche Therapeuten arbeiten.

So luden der Arzt und ich als Mentor des Projektes nicht nur die Ärzte, sondern alle männlichen Mitarbeiter der Klinik ein, an einem „Initiationsritual in die Männlichkeit" teilzunehmen.
Dort wurden die Mitarbeiter für das Thema „Therapie für Männer", ergänzt durch eine Reihe von Seminaren, Vorträgen und Workshops, sensibilisiert und von der Notwendigkeit überzeugt, etwas Spezielles für Männer anzubieten.

Die Kernaussage war: Männer heilen Männer.
Diese Erfahrung ist das zentrale Erlebnis in der Männerarbeit. Männer, die vor anderen Männern ihr Herz öffnen und in der Lage sind, über das „Eigene" zu sprechen, heilen damit die Anderen. Umgekehrt heilt sich der Mann, der andere heilt, auch selbst.
So kamen wir gemeinsam auf den Namen: Männer-Medizin-Männer.

4.3. Hintergrundkonzept der Klinik

Psychosomatische Erkrankungen kann man als gesunde Reaktion des Körpers auf die Nichtbefriedigung von Grundbedürfnissen zurückführen. Eine adäquate Befriedigung der Grundbedürfnisse ist der beste Schutz vor der Entwicklung psychischer Störungen und geht einher mit Wohlbefinden und psychischer Gesundheit.

Die Psychotherapieforschung behandelt nun aber Männer und Frauen mehr oder weniger gleich. Sie ist nicht geschlechtsspezifisch orientiert, ist nicht geschlechtsspezifisch angelegt.

Betrachtet man die wichtigsten soziokulturellen Theorien der Geschlechterdifferenzierung, findet man die Erklärungsansätze der Psychoanalyse, des Behaviorismus und der sozialen Lerntheorie.

Zusammengefasst basiert die Übernahme der Geschlechtsrolle in der psychoanalytischen Theorie auf der Identifikation mit dem gleichgeschlechtlichen Elternteil. Die berühmte Theorie über den Ödipuskomplex ist aber fragwürdig, da Kinder schon lange vor der Entdeckung von Penis oder Vagina geschlechtstypisches Verhalten zeigen.
Die Geschlechtsrolle entwickelt sich auch nicht durch Belohnung und Strafe, wie es im Behaviorismus gefordert werden müsste.
Auch die Theorie des Erlernens der Geschlechtsrolle durch Nachahmung, wie sie die soziale Lerntheorie vorschlägt, kann die schon von Geburt an beobachtbaren Präferenzen des geschlechtstypischen Verhaltens nicht erklären.

Es wird heute niemand bezweifeln, dass sich Sozialisation im Gehirn abspielt und dass Frauen sich von Männern unterscheiden und dennoch gleichberechtigt sind.

Es geht vor allem darum, den Unterschied zwischen Mann und Frau zu kennen, zu würdigen und beide als gleichberechtigt anzuerkennen. Solange wir den biologischen Anteil des Anlage-Umwelt-Komplexes nicht detailliert bewiesen haben, kommen wir zwar, medizinisch-wissenschaftlich gesehen, etwas in Erklärungsnot, können aber dennoch unsere Beobachtungen und Erfahrungen als Therapeuten und Männer in die Therapie einbeziehen und berücksichtigen.

Da Männer von Natur aus anders sind als Frauen, entwickeln sie, bedingt durch viele Einflüsse, eine geschlechtspezifische Identität. Da wir heute wissen, dass sich schon ab der sechsten Schwangerschaftswoche das männliche Gehirn unter dem Einfluss von Testosteron anders entwickelt als das der Frau, kann daraus abgeleitet werden, dass die Übernahme männlicher Rollen und sozialer Wirklichkeiten auf biologisch determinierten, innerseelischen Prozessen beruhen, die wir zwar beobachten können, deren Quellen für uns aber nicht wirklich erschlossen sind. Typisch männliche Verhaltensweisen korrelieren offensichtlich mit der nachweisbaren Konzentration von Testosteron, die sich in Abhängigkeit von äußeren Einflüssen ändert. Dafür gibt es zahlreiche Beispiele.

Betrachten wir unter diesem Aspekt nun, wie sich Männer im Unterschied zu Frauen bei der Regulierung ihres Grundbedüfnisses nach Selbstwert oder Anerkennung verhalten:
Selbstwert entwickelt sich durch Spiegelung im Anderen. Die erste Erfahrung machen Männer mit der Mutter. Sie antwortet auf die Sehnsucht nach Nähe, gibt Nahrung, versorgt den Sohn, aber verletzt und manipuliert ihn auch, in den allermeisten Fällen unbewusst und mit einer aufrichtigen Absicht. Wir nennen das Erziehung oder Sozialisation. Sie ist Auslöser für die Angst vor Zurückweisung und zwingt den Sohn, Frustration auszuhalten und zu bewältigen. Es ist eine Erfahrung, die alle Menschen machen müssen.
Der Grundkonflikt eines jeden Menschen besteht in der Bewältigung der Sehnsucht nach dem Anderen und seiner Angst vor Zurückweisung. Die Entwicklung einer Persönlichkeit kann man auch als Bewältigungsversuch dieser Grundkonflikte betrachten. Wie Männer die Ablösung von der Versorgung ihrer Mutter bewältigt haben, ist in der Auseinandersetzung mit eigenen Zielen und Konfliktbewältigungsstrategien häufig der wundeste Punkt in der Therapie mit Männern.
Ihre Selbstwertregulation, das Sich-selbst-vertrauen-können, ist das wichtigste Thema in der Therapie mit Männern.
Die Entwicklung eines Mannes erfolgt auf der Grundlage biologischer, sozialer und psychologischer Gesetzmäßigkeiten, die in ihrem Zusammenwirken eine lebendige Art des Mann-Seins verhindern.
Bei der anvisierten, initiatischen und naturbezogenen Männertherapie haben wir nun gemeinsam, unter zu Hilfenahme des zur Verfügung stehenden Wissens über geschlechtsspezifische Entwicklung, das lebendige Mann-Seins erforscht und damit ein für Männer hilfreiches Therapieangebot gestaltet.

Wir sind der Ansicht, dass Männer zum großen Teil ihre individuellen Interessen als Mann gar nicht kennen, sondern sich in voller Überzeugung an allgemein-menschliche Interessen halten.
Männer lernen nicht ihre eigenen Interessen wahrzunehmen, sondern werden auf einen Blick vermeintlicher Nützlichkeit getrimmt.
Die Männerbewegung hat schon früh erkannt, dass männliche Gesundheit von den gängigen Vorstellungen der männlichen Identität und dem Rollenverständnis in unserer Gesellschaft abhängig ist oder von dieser beeinflusst wird.

Männer möchten gerne etwas für andere tun. Am liebsten für eine Frau oder Familie. Sie möchten ganz für sie oder für eine Sache kämpfen. Aber wie gehen Männer mit sich selbst um?
Sich selbst als hilfsbedürftig zu erleben, ist für den Mann unnatürlich. Männer brauchen das Gefühl, herausgefordert zu werden. Wenn genügend anerkannt wird, dass es eine Leistung ist, über sich zu sprechen, über Trauriges zu weinen, über Schmerzen zu klagen, dann sind Männer bereit, sich zu zeigen, vorausgesetzt sie sind unter sich.[für 4.3.: 82]

4.4. Spezifiziertes Archetypenmodell als Ausweg aus der Sprachlosigkeit der Männer

An welchen inneren Bildern orientieren sich Männer und machen sich ihren eigenen Standpunkt klar?
Männer, die sich zwischen „Softie“ und „Macho“ definieren, leiten aus jener Definition eine Orientierung ab, die sie aus ihrem sozialen Kontext abgeleitet haben.
Diese Bandbreite von Mannsbildern (Softie oder Macho) spiegelt die Verarmung männlicher Identität im Sprachgebrauch wider.
Wie kann man als Mann seine innerseelische Verfassung benennen oder kommunizieren?
Der Arzt und ich hielten es daher für hilfreich, das dynamische Wechselspiel innerseelischer Erlebnisse durch archetypische Bilder zu beschreiben.
Wir gingen davon aus, dass die darin dargelegten psychologischen Erkenntnisse einen bedeutenden Beitrag leisten können, das männliche Selbst unterschiedlich darzustellen, nämlich in dem Bild einer gereiften, männlichen, seelischen Energie, die wir im Archetyp des Königs, des Krieger, Heilers oder Magiers finden können.
Diese Archetypen als Symbol der gereiften Männlichkeit oder des Mannbewusstseins, lassen sich in bipolar-dysfunktionale Systeme unterscheiden.

Der König mit seinem Schatten, dem Tyrann oder Schwächling.

Der König steht im Norden. Sein Element ist die Luft. Er trägt die Farbe Weiß. Der Archetyp der Macht. Der Mann, Oberhaupt der Familie. Vater, der sein Reich in Ordnung hält, Geld verdient und verteilt, den Konsum, die Früchte des Lebens, den Überfluss, auch den Mangel. Die Kraft im Rücken, gefesselt an den Thron, angewiesen

auf seine Krieger und Magier, verfügt er über Macht bis an die Grenzen seines Reichs. Hüter der Tradition, Erneuerer und Richter über gute und schlechte Taten.
Wo brauchen wir einen klaren Verstand der uns hilft, das zu bewerkstelligen, was wir machen wollen?!

Der Krieger mit seinem Schatten, den Sadisten oder dem Masochisten ist.
Der Archetyp des Kriegers dient dem König und setzt sich mit Disziplin für höhere Werte ein. Er ist für eine seelische oder spirituelle Dimension des Seins kampfbereit.
Der Krieger steht im Osten, wo die Sonne aufgeht. Sein Element ist das Feuer. Er trägt die Farbe Gelb. So steht er im Tagesverlauf für den ganz frühen Morgen oder den Anfang des Lebens. Er trainiert, sorgt für den geschickten Einsatz seiner Kräfte.
Vorstellungen, wie der Tag zu verlaufen hat, existieren nicht.
Was braucht Pflege, Zuwendung, Schutz?
Wofür möchte ich kämpfen, meine Kraft einsetzen?
Im Privaten, im Beruf, in Beziehungen, in Situationen, wo Unbekanntes und Neues vor ihm steht. Stagnation ist nicht das, was er anstrebt.
Im Job zufrieden, Vorgarten in Ordnung, Beziehung in Ordnung. So kann es für den Rest des Lebens nie bleiben. Der Krieger kann uns ganz schön auf Trab halten, meistens, wenn wir eher faul auf der Couch rumhängen wollen. Seine Instrumente sind unsere Gefühle. Es sind die Emotionen, die uns in Bewegung bringen. Sie lösen Erstarrtes auf und führen zu Wachstum. Wenn wir darauf achten und unsere Lehren ziehen, ist er zufrieden! Was uns an Missgeschicken auch widerfährt: der Krieger bringt uns in Bewegung.

Der Liebhaber mit seinem Schatten, dem süchtigen oder kraftlosen Mann.
Der Archetyp des Liebhabers macht den Mann spielerisch, leidenschaftlich, kreativ und potent. Sucht und Haltlosigkeit sind ungereifte, nicht entwickelte Energien des Liebhabers.
Der Liebhaber steht im Süden. Sein Element ist das Wasser. Er trägt die Farbe Rot. Er ist der Archetyp, der das Bewusstsein der Liebe verkörpert. Im Lebensrhythmus repräsentiert er die Qualitäten des kleinen Kindes.
Offen für Neues, durch nichts konditioniert, mit Freude an der Schöpfung und der Vielfalt des Lebens.
Was fehlt uns, um ganz offen wie ein kleines Kind, diese Aspekte in uns wachsen zu lassen?
So können wir sehen, wo es langgeht. Und die nächsten Schritte auf dem Weg unseres Herzens in Kraft und Harmonie gehen.

Der Archetyp des Magiers mit seinem Schatten, dem gleichgültigen, manipulierenden oder verweigernden, ahnungslosen Mann.

Die seelische Orientierungslosigkeit, die dunkle Nacht der Depression sind Herausforderungen, die tiefe Wahrheiten und Einsichten in das lebendige Mann-Sein ermöglichen.

Der Magier steht im Westen, wo die Sonne untergeht. Sein Element ist die Erde. Er trägt die Farbe Schwarz. Der Archetyp der Stille und des Rückzugs. Wir sitzen in unseren warmen Stuben und alle Beschäftigung taktet ein wenig langsamer. Der Magier braucht Phasen des Rückzugs und der Stille. So kann er Vergangenes reflektieren und Kraft sammeln für neue Aufgaben. Er weiß um sein Ende, die Vergänglichkeit des Lebens. Er blickt in die Tiefe und durchdringt die Welt mit Verständnis und Transzendenz. Er lehrt uns, wie wir Verantwortung tragen können.

Es ist gut, wenn wir gelegentlich tief ins unseren innersten Keller hinabsteigen.

Und nur dort, wo Licht oder Bewusstsein ist, ist Integration möglich. Verdrängung ist nichts weiter als eine leere Batterie in der Taschenlampe unseres Bewusstseins. Die Erde kalkuliert nicht. Sie investiert nicht. Sie spekuliert nicht. Sie schenkt einfach alles, was sie hat. Wenn wir diesen Aspekt in uns leben, stimmt auch unsere Bilanz jenseits der Zahlen und Fakten. Die Erde trägt und nährt uns. Ohne ihre Geschenke könnten wir nicht überleben.

Mit diesem Modell geben wir jedem Patienten ein Modell in die Hand, das für die Kommunikation miteinander genutzt werden kann. Damit können sie Reifungsziele, Bedürfnisse und Verletzungen so beschreiben, dass die selbst erlebte, sprachlose Spannung in Bildern ausgedrückt werden kann, eine Basisverständigung unter Männern erleichtert wird und das Gefühl des Geborgenseins und des Verstanden-Werdens entstehen kann.

4.5. Männliche Therapeuten und männliche Patienten

Die männlichen Therapeuten, die in der Männerarbeit tätig sind, nutzen die Arbeit, um sich selbst in ein innerseelisches Gleichgewicht zu bringen und orientieren sich mit diesem Archetypen Modell auch in ihrem eigenen Leben. Die Archetypenlehre dient auch ihnen zur eigenen Standortbestimmung.

Sie wird angeboten als kräftespendendes Symbol. Die Akzeptanz dieser Symbolik ist jedoch keine Vorraussetzung für die Teilnahme an der Therapie, sondern nur lediglich ein Modell, das keinen Anspruch auf wissenschaftlich begründbare Vollkommenheit. hat.

Die männlichen Therapeuten haben selbst die Erfahrung gemacht, wie ihre Vorbilder auf sie wirkten und wie der gesellschaftliche Zusammenhang und die gesellschaftlichen Einrichtungen für die Verwirklichung wichtiger sozialer, ritueller Prozeduren auf sie gewirkt haben (Bundeswehr, Ausbildung, Familie).

Sie sind von ihrer Entwicklung in das Mann-Sein genauso betroffen wie unsere männlichen Patienten. Den ermutigenden, kraftspendenden Vater haben die Meisten von uns in ihrem Alltag nie kennen gelernt. Sie haben sich auch damit abgefunden, dass er auch nicht mehr kommen wird. Aber die Hoffnung besteht, dass die Arbeit in der Gruppe unter Männern wirkungsvoll den Verlust des Vaters kompensieren oder ersetzen kann. Auch hier hilft die Archetypenlehre, die Stärken und Schwächen des Vaters so zu benennen, dass eine eigene Entwicklung leichter gesehen und konkreter gefördert werden kann.

Viele der Männer kommen in die Klinik, zum Beispiel nach dem Verlust von Partnerschaft oder Arbeitsplatz. Sie befinden sich teilweise in einer suizidalen Krise, sind häufig erschrocken über ihren Zustand und gleichzeitig froh, ihre Suizidhandlung überlebt oder sie nicht begangen zu haben. Andere entwickeln über viele Monate und Jahre ein Suchtverhalten, mit dem sie ihre Krise vor sich herschieben und dabei an Leib und Seele Schaden nehmen. Um in die Klinik zu kommen, war häufig ein Anstoß des Hausarztes oder der Lebenspartnerin notwendig.
Selten erzählen die Männer, dass sie auf eigenen Wunsch oder aus eigenem Antrieb kommen, es sei denn, sie haben aufgrund ihrer Krisen und therapeutischen Erfahrungen schon einen emanzipatorischen Prozess begonnen.

Männer beschreiben immer wieder, dass sie Angst haben, sich impotent und machtlos fühlen, hilflos und frustriert, abgewiesen sind, dass sie sich für ihr Mannsein ungeliebt und ungeachtet fühlen und sich schämen, wenn sie ihr Innerstes darstellen sollen. Sie haben erlebt, dass ihre Kreativität bekämpft wurde, dass ihre Initiative angefeindet wird, dass sie sich ignoriert und herabgesetzt fühlen und mit der leeren Hülle des verlorenen Selbstgefühls stehen gelassen worden sind. In der Krise solidarisieren sich Männer schnell mit dem Bild, dass sie sich nur durch ihre Arbeit und ihre Beziehung über Wasser halten. Verlieren sie einen dieser Stabilisierungsfaktoren, fehlen ihnen die Ziele und die Orientierung.

Das Therapieangebot für Männer wird einmal wöchentlich in einer zweistündigen Männergruppe koordiniert. In den Gruppensitzungen bekommen die teilnehmenden Männer Anforderungen bzw. Aufgaben gestellt, die ihnen spezielle Erfahrungen ermöglichen. Diese Erfahrungen werden dann in der Gruppe besprochen.

4.6. Spezielle Interventionsstrategien im Klinikprogramm für Männer

4.6.1. Die Schwitzhütte

Sie wird als ein männliches Initiations-Ritual inszeniert.
Initiations-Ritual bedeutet hier, eine Form der bewussten Auseinandersetzung zu finden und außerhalb des All-Täglichen diesem Ereignis den richtigen Raum und die notwendige Aufmerksamkeit zu geben. Deshalb verlassen wir die Klinik für zwei Tage und zwei Nächte und gehen in die Natur.
In der Hütte ist es stockdunkel. Man sitzt im Kreis. Vor uns in der Mitte in einem Loch die rot glühenden Steine, die draußen in einem kraftvollen Feuer und mit einem Segensspruch erhitzt wurden:

Feuersegen

Möge das Feuer in unseren Gedanken sein
und sie aufrichtig, gut und gerecht machen.
Möge es uns davor schützen, etwas Geringeres zu akzeptieren.

Möge das Feuer in unseren Augen sein.
Möge es unsere Augen öffnen, damit wir sehen, was im Leben gut ist.

Wir bitten darum, dass das Feuer uns vor dem beschützt, was uns
nicht rechtmäßig gehört.
Möge das Feuer auf unseren Lippen sein, so dass wir in Freundlichkeit die Wahrheit sprechen, anderen dienen und sie ermutigen.
Möge das Feuer in unseren Ohren sein, so dass wir in der Tiefe hören können, und das Fließen des Wassers hören können und alle Schöpfung und das Träumen.

Mögen wir beschützt werden vor Klatsch und vor Dingen, die die Fähigkeit haben, zu schaden und unsere Familie zu zerbrechen.

Möge das Feuer in unseren Armen und Händen sein, damit wir dienen und Liebe entwickeln können.

Möge das Feuer in unserem ganzen Wesen sein, in unseren Beinen und unseren Füßen, so dass wir fähig sind mit Ehrfurcht und Fürsorge über die Erde zu gehen.
Damit wir die Wege der Güte und Wahrheit einschlagen können und davor beschützt sind, uns von dem zu entfernen, was die Wahrheit ist.

Die Dunkelheit ist Schutz und Hilfe zugleich. In einer Schwitzhütte ist man absolut geschützt. Man kann sich intensiv auf seine Empfindungen konzentrieren und besser erspüren, welche Aspekte im Moment für einen wichtig, heilsam oder fördernd sind.
Die Schwitzhüttenzeremonie ist Jahrtausende alt. Die Dramaturgie, die große Hitze und die absolute Dunkelheit in der Hütte können zu einem Aufheben des gewohnten Denkens führen.

Ängste, Sorgen, Probleme, alte Muster und behindernde Gewohnheiten können sich in diesem besonderen Raum auflösen; mögliche Lösungen werden deutlicher.
Das Ritual hat eine starke, reinigende Wirkung für Körper, Geist, Gefühl und Seele. Sie öffnet das Herz und kann die Tür zu unserer inneren Stimme weit aufmachen. Sie bietet die Möglichkeit zur Selbsterkenntnis und Veränderung. Die Dunkelheit und die Führung durch das Männer-Team der Klinik Alpenblick machen es möglich, sich vollständig zu öffnen und sich auf das eigene Innere einzulassen. Raum und Zeit hören auf zu existieren; die innere Stimme kann unmittelbar gehört werden. Während des Rituals kann man vollkommen frei werden von Konditionierungen, Glaubenssätzen oder anderen Einschränkungen. Es besteht die Möglichkeit, sich wertfrei und ehrlich zu erkennen und entscheidende Impulse für den eigenen Weg zu bekommen. Sie öffnet einen Zugang zu der Kraft, die in uns steckt und die uns umgibt.
So kann man Zugang finden zu seinen inneren Stärken: unverfälscht, ehrlich, direkt. Dazu gehört auch das Wahrnehmen der persönlichen Schattenseiten, gerade im archetypischen Bereich.
All dies ist der erste Schritt und Voraussetzung für Veränderungen. Veränderung kann niemand erwerben, es gibt sie nicht im Supermarkt. Aber Veränderung kann jeder selber machen. In der Schwitzhütte kann man die Kraft dafür tanken. Zusätzlich kann man in der Schwitzhütte Altes, inzwischen Unnötiges oder gar Belastendes erkennen und auf gute Art abgeben. Es geschieht eine Erfahrung lebendigen Mann-Seins

Ein Schwitzhüttenritual besteht insgesamt aus vier Runden. Zwischen jeder Runde wird die Tür geöffnet, kühle Luft kommt herein. Eine Runde dauert durchaus eine halbe Stunde oder länger.
Jede der vier Runden hat einen anderen Fokus bzw. zielt auf einen anderen Aspekt des Daseins.
Dazu ein Beispiel:
In die erste Runde wird die Kraft des Ostens mit ihren ganz speziellen Qualitäten und Fähigkeiten gerufen. Das Symbol für diese Kraft ist der Archetyp des Kriegers. Durch Geschichten, Beispiele und Erläuterungen in der Vorbereitungsphase macht der Wassergießer die Männer mit der jeweiligen Qualität und Kraft jeder Runde vertraut. Anschließend ist genügend Raum für jeden, tief in sich hineinzuschauen und nachzuspüren, wo in seinem Leben gerade die spezielle Kraft dieser Runde benötigt wird. Und wie man sie in den persönlichen Alltag integrieren und leben kann.

Es ist gut, Grenzen zu überschreiten. Es ist gut, auf seine Grenzen zu achten.
Man darf zu jeder Zeit die Schwitzhütte verlassen.
Woher weiß ich, wann für mich heute der richtige Zeitpunkt ist?
Das Ritual fordert den Mann heraus, den für ihn richtigen Zeitpunkt zum Verlassen der Schwitzhütte herauszufinden, ohne Beratung und ohne Beurteilung von anderen!

Ein klares und lautes „Ich möchte die Hütte verlassen!“ reicht dem Leiter des Rituals, um den Feuerhüter draußen zu veranlassen, die Tür weit zu öffnen. Die anderen machen Platz und man kann in aller Ruhe die Hütte verlassen. Ein heimliches Sich-davonstehlen ist unmöglich!

Ansonsten gilt es, sich immer wieder zu entspannen. Hinlegen, mit der Stirn den kühlen Boden berühren. „Ein Zuviel“ an Hitze, die zuviel für den einen ist, kann ein anderer gut gebrauchen oder man kann sie an die Erde abgeben.
Die Männergruppe arbeitet beim Schwitzhütten-Ritual auf diese Weise mit den Elementen der Natur: Erde, Wasser, Feuer, Luft.
Dabei füllen wir das Archetypenmodell mit Erfahrung und sensibilisieren die Männer für eine Naturerfahrung, die ihr Seelenleben spiegelt. Sie bekommen durch die Symbolik der Archetypen Anregungen und Impulse.

Den Abschluss eines Schwitzhütten Rituals bildet stets eine Schweigephase, die bis zum nächsten Morgen nach dem Frühstück eingehalten wird. Dann erst wird in einem Gruppenprozess die Erfahrung mit den anderen Männern geteilt. Ein gemeinsames Aufräumen der Ritualplätze und ein gemeinsames Essen werden genutzt, um wieder auf den Alltag in der Klinik vorbereitet zu sein.
Die männlichen Patienten beschreiben diese Erfahrung als ein nie gekanntes Gemeinschaftserleben, das ihnen ermöglicht hat, sich in ihren Schwächen und Stärken zu erleben. Viele haben zum ersten Mal ihre Männlichkeit als etwas Normales akzeptieren können. Sie fühlen sich als Mann angenommen, ohne dafür etwas leisten zu müssen. Sie spüren ihre Motivation, wieder etwas leisten zu wollen, da sie ihre Freiwilligkeit zu handeln zurückerobert haben.

Die Zusammenfassung eines Teilnehmers am Morgen nach dem Schwitzhütten-Ritual:

In mir ist dieses tiefe Sehnen,
das kaum ein Mensch versteht.
Der Drang nach der Bäume Lehnen,
der in mir stets sich dreht.

Weißt du wie der Wind singt in dunkler Nacht?
Kennst du die Farben der Erde?
Sahst du je die Schönheit wenn der Tag erwacht?
Kennst du des Wassers Lehre?

Denn als der Sonne Flammenbad,
den kalten Stein erhitzten.
Und unter dunklen Zweigen dann,
wir in Ekstase schwitzten.

Da starb in mir das große Grau,
die Trommel trug mein Herz.
Erkenntnis kam im Morgengrau,
die Nacht behielt den Schmerz.

Im Kreise des Feuers spürte ich,
der kühlen Wasser Eis.
Im Wind die Stimmen hörte ich,
sie raunten gar so leis.

Und öffnete sich mein Herz der Welt,
mit ihm meine Augen.
Der Ruf der Trommel leis verschellt,
doch weiß ich was zu Glauben.

Wenn Männer in der Therapie herausgefordert werden etwas zu tun, haben sie eine Erfahrung, über die sie sprechen und sich verständlich machen können.

Daher benutzen wir auch andere Methoden als Interventionsstrategie in der Männertherapie:

4.6.2. Rituelle Wanderung

Sie dient der Klärung wichtiger Fragen, der individuellen Standortbestimmung oder dem Erkennen persönlicher Perspektiven. Das können private, berufliche oder andere Ebenen sein.
Wie sieht der nächste Schritt aus, den ich machen will, um mich wirklich weiter zu entwickeln?
Was möchte ich zurück lassen?
Auf einer rituellen Wanderung geht man allein, fastend und in der Regel von Sonnenaufgang bis Sonnenuntergang.
Man trägt angemessene Kleidung, etwas Trinkwasser und seine Frage(n). Im Rahmen einer selbst erdachten Zeremonie überschreitet man am Start eine Schwelle, die man sich aus Ästen, herum liegenden Blättern, altem Laub oder Steinen baut. Ab da lässt man sich nur von seiner Intuition führen und ist achtsam mit allen Sinnen. Alles in der Schöpfung kann eine Antwort bereithalten. Jede Entscheidung hat Konsequenzen.
In der Regel kehrt man mit klaren Antworten, neuen Impulsen und Perspektiven zurück. Man findet ein Symbol, nicht größer als eine Faust, das das Wesentliche zum Ausdruck bringt. Bei Sonnenuntergang kehrt man durch die Schwelle am Beginn zurück in die Alltagswelt.

4.6.3. Biographiewanderung

Zwei Männer verbringen gemeinsam einen Tag (mindestens sechs Stunden). Sie wandern oder gehen ins Cafe oder machen beides und erzählen sich gegenseitig ihr Leben. Im Anschluss an diesen Prozess schlafen sie eine Nacht. Am nächsten Morgen schreiben sie ein Plädoyer für den anderen. Sie stellen seine Stärken und Motive heraus. Sie machen sich zum Anwalt der vermeintlichen Niederlagen.
Das Plädoyer kann in der Männergruppe gehalten werden. Die Partnerwahl spielt dabei eine wichtige Rolle.
Eine Biographiewanderung ist eine gute Erfahrung, sich der Bedeutung einer gelungenen Kommunikation bewusst zu werden. Nach einem guten Gespräch ist man überrascht zu erleben, wie schmerzhaft es ist, anders verstanden worden zu sein als man geglaubt hat. Diese Erfahrung macht Mut, sich Mühe zu geben, Gespräche zu führen, sich auseinanderzusetzen und Missverständnisse zu klären.

Die beschriebenen Interventionen fördern und fordern Bezogenheit, Introspektion und führen entweder zur Erleichterung oder zu einer Klärung der eigenen Motivation, sich für sein Schicksal zu engagieren.

Themen, die häufig besprochen werden:

- Streit in der Familie (Partnerschaft)
- Konflikte in der Arbeit/Ausbildung
- Kontaktschwierigkeiten mit Mädchen/Frauen oder Freunden
- Sexualität/Partnerschaft
- Homosexualität
- Schwierigkeiten, interpersonelle Konflikte wahrzunehmen
- Ausbildungsprobleme
- Gewalt in der Familie
- Gewalt in der Schule, beim Ausgehen, in der Freizeit
- Opfer von Gewalt

Mit Hilfe der beschriebenen Interventionen sind die Patienten in der Lage, sich in anderen Therapieangeboten viel leichter einzubringen und davon zu profitieren.
Das Männer-Team der Klinik hat das Ziel, mehr zu leisten, als eine Summe dieser Beobachtungen mit melancholischem Blick vorzutragen.
Anklage und Selbstmitleid verändern nichts. Das Wissen um diese Entwicklungen berechtigt uns aber zu neuen Ansätzen in einem geschlechtsspezifischen Therapie-Setting, das wir als ein Entwicklungsprojekt betrachten und bei dem wir im Rahmen der Therapie Interventionsstrategien in bescheidenem Umfang erforschen.

5. Einjähriges Mentorenprogramm und Initiationsreisen für junge Männer

Der Mentorenstamm der Quester, die ihre initiatische Einweihung in Nordschweden und in der Wüste Sinai erhalten und eine spezielle Fortbildung zum Initiationsmentor durchlaufen haben, bietet noch, neben der regionalen Vernetzung in Männergruppen, für den zentralen Lebensübergang vom Jugendlichen zum erwachsenen Mann einen zeitgemäßen Weg aus verschiedenen Elementen alter Traditionen der Naturvölker an.
Ein einjähriges persönliches Mentoring mit Schwitzhüttenteilnahme im Kreis der Alten und eine 14-tägige Initiationsreise ist darin vorgesehen.
Die vier Elemente, Feuer (innerer Krieger und Kämpfer), Wasser (Liebhaber), Erde (eigener Berater sein) und Luft (König), sind bei diesem Übergangsritual für uns wesentlich für Ausrichtung und Einstimmung in die Naturerfahrung, denn den inneren Kräften beim jungen Mann von 18-24 Jahren entsprechen besonders die Elemente Feuer und Wasser.
Feuer steht für Verwandlung, Leidenschaft, männliche Kraft, Hitze und Durchsetzungskraft. Wasser symbolisiert Intuition und die Welt der Gefühle.
Beide Elemente zusammen weisen auf das Bild eines Mannes hin, der Entschlossenheit, Tatkraft, Empfindsamkeit und Empfänglichkeit in sich vereint.
Feuer-Wasser ist also die Verbindung von „Innerem Krieger" und „Lover"– Liebhaber beim erwachsenen Mann. Oft wird diese Verbindung auch Herzenskrieger genannt. Der Begriff bezieht sich aber nicht nur auf Liebesbeziehung, sondern auch auf Freundschaftsbeziehungen und auf die Arbeit und was Du der Gemeinschaft zu geben hast, aber auch was Du brauchst.
Der Krieger steht für ein kraftvolles und dennoch freundliches NEIN im Leben.
Der Liebhaber für ein JA.
Wenn Männer mit Hilfe alter Rituale oder sonstiger Übungen, die Verbindung zwischen Feuer und Wasser nicht schaffen, greifen sie verstärkt zum „Feuerwasser" oder anderen künstlichen Mitteln.
Wir haben übrigens nichts gegen einen Rausch, ab - und zu mal. Wenn sich das häuft, zeigt es, dass der Mann nicht erwachsen ist. Dabei spielt das Alter keine Rolle. Es gibt auch noch 60-jährige Jünglinge.
Übrigens wurden auch die kraftvollen Naturvölker Nordamerikas mittels Feuerwasser von ihren alten heilenden Traditionen abgebracht.
Wir stellen bei diesem Mentoringprogramm gesundes Feuerwasser und Ekstase ohne Drogen, Alkohol und Zigaretten her, allein durch Rituale, Übungen, den Kreis der Männer, Vertrauen, Kenntnis von Stärken und Schwächen, usw.
Wir können junge Männer unterrichten in positiver „Aggressivität", die nicht zerstört, sondern ihnen ein tiefes Gefühl der Geborgenheit im Kreis der Männer, alleine oder zusammen in der Natur ermöglicht.
Wir „spielen" nicht Indianer und sind keine Romantiker. Uns geht es darum, dass der junge Mann sein eigenes Zuhause im Leben umsetzt und zufriedener wird.

Wir sprechen die Initianden folgendermaßen an:

Wir bereiten Dich unter anderem auch auf die Zeit vor, in der Du drei Tage und drei Nächte allein und fastend in der Wildnis verbringen wirst.
In der Natur schärfen und weiten sich Deine Sinne nach Innen und Außen. Du kommst zum Wesentlichen, stellst Dich Deinen Absichten und Vorhaben, Deinen Stärken und Schwächen. Kannst Du für Dich vorsorgen, mit Holz? Vergisst Du, Dein Zelt zu schließen? Paddelst Du zu schnell oder zu langsam? Kannst Du vorne besser paddeln oder hinten? Willst du steuern oder Kraft geben?
In der Natur begegnest Du Dir selbst, kannst Deine Vision, Deine eigene innere Stimme finden. Die Natur wird Dir die entsprechende Lehre erteilen, nicht wir.
Am Ende der Jugendzeit löst Du Dich von Deinem Elternhaus und überschreitest die Schwelle zur Welt der erwachsenen Männer. Du wirst dabei von erfahrenen Männern (Mentoren) begleitet und in die Wildnis gebracht.
Hier kannst Du auf Deine eigene Art Deine Kraft sammeln.
Die Kernzeit beträgt 14 Tage.
Du lernst:

- *Deine Stärken und Schwächen zu erkennen*
- *Dich zeigen*
- *Wie Dich andere sehen*
- *Dass es starke erwachsene Männer gibt, die zufrieden sind oder mit ihren Krisen anders als gewohnt umgehen*
- *Alleine in der Wildnis zu sein*
- *Zusammen zu feiern und zu lachen und zu weinen*
- *Feuer zu machen (und wieder auszumachen)*
- *Kanufahren, kraft- und gefühlvolle Lieder zu singen*
- *Zu schwitzen*
- *An Deine Grenzen, über deine Grenzen zu gehen und auch wieder zurückzukommen*
- *Dein Berufsziel genauer zu erfahren*
- *Was Du in Beziehungen zu Frauen willst*
- *Was Du von Frauen kriegen kannst und was nicht*
- *Was Dir Dein Vater geben kann und was nicht*
- *Was Dir Deine Mutter geben kann und was nicht*
- *Was Dir Männer geben können*
- *Was sie Dir nicht geben können*
- *Was Gott sein kann und was nicht*
- *Dich gegenüber anderen abzugrenzen und sie dennoch zu mögen*
- *Dass es bei Niederlagen darum gehen kann, etwas niederzulegen*
- *Dass ein Gewinner auch eine gewisse Verantwortung hat, den Gewinn gut zu verwalten*

Wir sind in beratenden, pädagogischen, künstlerischen, handwerklichen und computertechnischen Berufen tätig, und haben langjährige Erfahrung in Männerarbeit.
Jeder von uns hat eine Fortbildung zum Mentor für Männer gemacht. Jeder Mentor hat Wildniserfahrung und dieses Ritual selbst erlebt.

Wir sind eine Gemeinschaft von kraftvollen und sensiblen Männern. Unsere selbst gewählte Aufgabe ist die Entwicklung eines Männer-Netzwerkes. Wir gehören weder einer Partei, noch Konfession oder Sekte an.
Wir sind engagierte Männer, die jüngeren Männern einen lebensbejahenden und bestärkenden Übergang ins Erwachsen-Sein ermöglichen wollen.
Unsere Absicht ist es, junge Männer darin zu inspirieren, die eigene Vision und Lebensausrichtung zu finden.
Wir achten grundsätzlich die Würde und das Selbstbestimmungsrecht von Menschen, ebenso wie wir Tieren, Pflanzen und der gesamten Umwelt mit Respekt und Achtung begegnen. Das ganze Projekt mit Vorbereitung und Nachbereitung dauert ein Jahr. Es soll in Zukunft auch in der Wüste Sinai stattfinden.
Auch andere Projekte für Jungs, Väter und Söhne, Jugendliche und junge Männer sind in Planung.

Zitate

1 Walter Hollstein: Männlichkeit als Problem, Tagesspiegel 26.11.2006, (ähnlich erschienen im neuesten Buch von Prof. Hollstein : Was vom Manne übrig blieb, Aufbau-Verlag 2008)

2 Ebenda

3 Thomas Scheskat: Der innenverbundene Mann, Männerbüroverlag Göttingen 1994, Vorwort zur erweiterten Ausgabe

4 Rene Pfister: Gendermainstreaming, Der Spiegel 30.12.2006

5 P. M. Zulehner, R. Volz: Männer im Aufbruch, Schwabenverlag 1999, S. 27

6 Richard Rohr: Der wilde Mann, Claudius-Verlag 2000, S. 38

7 Ebenda

8 Ebenda

9 C. S. Pearson: Die Geburt des Helden in uns, Knaur 1993, S. 480

10 Christoph Walser: Männliche Grandiosität und die 4 Archetypen, Switchboard Zeitschrift für Männer und Jungenarbeit Hamburg/Detmold 2003, S. 10

11 Ebenda

12 Thomas Scheskat: Männerbildung bedeutet Initiation, Zeitschrift Männernetzwerk Heft 2/ 2002, Diözese Rottenburg-Stuttgart, S. 4

13 S. Mauersberg: Frankfurter Rundschau 06.01.2001

14 Joseph Campbell: Der Heros in tausend Gestalten, Suhrkamp Frankfurt 1994, S. 424

15 Steven Foster/Meredith Little: Visionssuche, Arun-Verlag 4. Auflage, Engerda 2007

16 Steven Foster/Meredith Little: Visionssuche, Arun-Verlag 4. Auflage, Engerda 2007

17 Ebenda

18 Ebenda

19 Duane Elgin: Die Heldenreise, Connection, 13.02.06, S. 2

20 Haiko Nitschke: Seminarhandout Fortbildung zum Visionssucheleiter 1995, Institut für Ökologische Bildung e.V./School of Lost Borders, Germany, Ebersried

21 Thomas Scheskat: Männerbildung bedeutet Initiation, Zeitschrift Männernetzwerk, Heft 2/ 2002, Diözese Rottenburg - Stuttgart, S. 4

22 Norbert Jose Mayer: Die zweite Geburt, Vortrag in Exist-Rütte in München, 17.03.1994

23 Steven Foster/Meredith Little: Visionssuche, Arun-Verlag, 4. Auflage, Engerda 2007, S. 294

24 Dr. med. Oskar Demmer: Die Medizin der Wandlung, Seminarhandout, Wien 2006, S. 1

25 Ebenda S. 1

26 Ebenda S. 3

27 I. Schäfer: Nachlese Ältestentreffen, Visionssuchenetzwerk, Ebersried 06.05.2004, S. 2.

28 Steven Foster/Meredith Little: Visionssuche, Arun-Verlag, 4. Auflage, Engerda 2007, S. 292

29 Ebenda S. 293

30 Dr. August Thalhammer: Sind Schamanismus, Christliche Mystik und westliche Psychotherapie kompatibel?, Seminarhandout, Linz 1994, S. 1

31 Quelle: Elberfelder Bibel, Internet-Edition, Brockhaus-Verlag 1985

32 Hoimar von Ditfurth auf der 23. Karlsruher Therapiewoche, aus: AA-Informationen von Dr. Walter Lechler, 06.11.1994, S. 9

33 Elberfelder Bibel, Internet Edition, Brockhaus Verlag, 1985, aus: Sinai und Rotes Meer, Dumont Reisetaschenbuch, 3. Auflage, Köln 2001, S. 94

34 Jan Assmann: Eine neue Form der Gewalt, Der Spiegel Nr. 52 v. 22.12.06, S.118

35 Ebenda S.118

36 Erwin Reiser: Der Gott und der Götze, Seminarhandout Günter Hartel, Mannheim 2006, S. 3

37 Matthias Schreiber: Mose Superstar, Der Spiegel Nr. 16 vom 15.04.06, S. 158

38 S. Seybold: All about Evil (Das Böse), Verlag Philipp von Zabern, Mainz am Rhein 2007, S. 170

39 Jan Assmann: Monotheismus u. die Sprache der Gewalt, Picus Verlag Wien 4. Auflage 2007, S.33

40 Jan Assmann: Das Testament des Pharao, Der Spiegel (Mathias Schulz) Nr. 52, 22.12.06, S. 123
41 Ebenda S. 123
42 Rolf Kraus: Mose Superstar, Der Spiegel (Mathias Schreiber) Nr.16 vom 15.04.06, S. 157
43 K. Trobitius: Seminarhandout, Artikel aus: Die Zeit, Hamburg, Nr. 48 vom 23.11.06
44 B. Bambey/R. Gumbinger: Studie von der Deutschen Forschungsgemeinschaft Soziologie, vorab veröffentlicht im Artikel „Auf der Suche nach dem neuen Vater“, Die Zeit, 15.03.07
45 Michel Rauch: Sinai und Rotes Meer, Dumont Reisetaschenbuch, 3. akt. Auflage, Köln, 2001, S. 20
46 Teja Fiedler: Die Kreuzzüge, Der Stern Nr.13 vom 23.03.2005, S. 78
47 Ibrahim Abouleish: Die Sekem-Vision, Verlag Johannes M. Mayer, Stuttgart-Berlin, 4. Auflage 2006, S. 188
48 Michael Rauch: Sinai und Rotes Meer, Dumont Reisetaschenbuch, 3. akt. Auflage, Köln 2001 S. 79
49 Ebenda S. 82
50 Anselm Grün: Kämpfen und Lieben, Vier -Türme Verlag, Münsterschwarzach 2003, 6. Auflage 2006, S. 173
51 Haiko Nitschke: Seminarhandout Fortbildung zum Visionssucheleiter 1995, Institut für ökologisch-systemische Bildung e.V./School of Lost Borders Germany, Ebersried
52 Ebenda
53 Annemarie Schimmel: Mystische Dimensionen des Islam, Diederichs-Verlag, Köln 1985, S. 18
54 C. S. Pearson: Die Geburt des Helden in uns, Knaur München 1993, S. 152
55 Haiko Nitschke, s. o.
56 Abdelwahab Meddeb: Die Reform muß von innen kommen, Interview Daniel Bax in Die Tageszeitung, Mai 2006
57 K. Trobitius: unveröffentlichte Gedichte, Darmstadt 2006
58 Hartmut Roder: Wege ins Paradies, Verlag Philipp von Zabern, Mainz am Rhein 2005, S. 6 (Zitat von Heinrich von Kleist, Über das Marionettentheater)
59 Ebenda S. 12
60 Ebenda S. 13
61 Sam Keen: Feuer im Bauch, Gustav Lübbe-Verlag, Bergisch Gladbach 1992, S. 200
62 Ebenda
63 Infoblatt: Überseemuseum Bremen, Ausstellung über das Paradies, 2007
64 Hartmut Roder, s. o. S. 6
65 Norbert Jose Mayer: Die zweite Geburt, Vortrag in Exist-Rütte, München, 17.03.1994, S. 9
66 Carola Kienel/Bärbel Fünfsinn: Befreiung und Theologie, Zeitschrift Ila, April 2002
67 Ebenda
68 J. Hawkens: Infoblatt: Tantra- Seminar, Cornwall, England, 2001
69 Anselm Grün: Kämpfen und Lieben, Vier-Türme -Verlag, Münsterschwarzach 2003, S. 98
70 Steven Foster: Die vier Schilde, Arun-Verlag, Engerda 2000, S. 337
71 Ebenda S. 339
72 Ebenda S. 337
73 Neil Dougles-Klotz: Der Prophet in der Wüste, Kösel-Verlag 2003 in Natur und Heilen, Nr. 12, 2003
74 Steven Foster/Meredith Little: Visionssuche, Arun-Verlag, Engerda 4. Auflage 2007, S. 291
75 Neil Dougles-Klotz: Aus derselben Quelle leben wir, Kösel-Verlag, München 2004, S. 19
76 Elsa Sophia von Kampenhoevener: An den Nachtfeuern der Karawanen-Serail, Rowohlt Taschenbuch Bd. 3, Reinbek, 1999, S. 40
77 Abdelwahab Meddeb, s. o.
78 Ebenda
79 Paul Ferrini: Stille im Herzen, Aurum-Verlag, Bielefeld, 2. Auflage 2002, S. 189
80 Dr. Johannes Vogler: unveröffentlichtes Skript, Klinik Alpenblick, Isny-Neutrauchburg Allgäu, Männertherapie 2006

81 Dr. Johannes Vogler: Vortrag zum 1. Männerkulturtag in Isny-Neutrauchburg im Allgäu, Veranstaltung der Klinik Alpenblick, Männertherapie, April 2006

82 Dr. Johannes Vogler: unveröffentlichtes Skript mit Teilen von Rudolf Mraz (Depressiver Grundkonflikt), Psychosomatische Klinik Wolfsried, 1998 und Klaus Grewe, (Neuropsychologische Therapie) 2004, Klinik Alpenblick in Isny-Neutrauchburg, Männertherapie 2006

Adressen

Netzwerk initiatischer Männerarbeit

Netzwerkadministrator
Reinhold Hermann Schäfer
Autor und Initiationsmentor
BREMEN
info@rschaefer.com
www.maenner-initiation.de

Annäus H. Bruhns
Coaching von männlichen Führungskräften
und Projektleitern
HAMBURG
annaeus.bruhns@t-online.de

Stefan Gasser-Kehl
Männercoach und Naturritualleiter
LUZERN-Schweiz
info@maenner-initiation.ch

Rainer Golgert
Mentor, Umweltingenieur, Tangolehrer
HAMBURG
Rainergolgert@arcor.de

Tom Hey
Mentor, Umweltinformatiker
DRESDEN
Tom.Hey@gmx.de

Armin Klein
Geschäftsführer Männersache e.V.
Männercoach, Mentor, Naturseminarleiter
BREMEN
ArminHKlein@web.de

Klaus Theuerkauff
Mentor, Mediengestalter
KIEL
KHTmedia@web.de

Dr. med. Johannes Vogler
Männertherapeut, Facharzt für Psychiatrie
und Psychotherapie
WANGEN im Allgäu
johannes.vogler@wz-kliniken.de

Klaus Mahr
Männercoach, Unternehmens-
und Personalentwickler
DACHAU-München
K.Mahr@mahr-und-partner.de

Christian Dönges
Mentor, Projektmanagement
und Software Engineering
FREISING-München

Christian@doenges.com
Sven Ehrlicher
Mentor, Risikomanager
HECHENDORF a. Starnberger See
sehrlicher@yahoo.com

Hans Sperr
Mentor, Stationsleiter im Krankenhaus
UECKERNMÜNDE - Mecklenburg/Vorpommern
Imrislana@alice-dsl.net

Martin Bernhardt
Mentor, Dachdeckermeister
MINDEN in Westf.
notorious-needles@web.de

Andreas Bierwolf
Mentor, Softwareingenieur
BRAUNSCHWEIG
Andreas.Bierwolf@unitica.de

Günter Hartel
Mentor, Krankenpfleger
MANNHEIM
GuenterHartel@yahoo.de

Michael Zieger
Mentor, Kaufmann
SINZHEIM bei Baden Baden
Michael.Zieger@michaelzieger.com

Josef Hoenerlage
Männercoach, Mentor, Ingenieur
MÜNSTER
Hoenerlage@web.de

Knut Trobitius
Mentor, Pfarrer im Ruhestand
DARMSTADT
K.Trobitius@gmx.de

Jan Teut
Mentor, Architekt
BERLIN
Jan.Teut@Teut.de

Winfried Ramsteiner
Mentor, Gärtner
BREMEN
Twaidjale@t-online.de

Norbert Angele
Mentor, Männercoach
LINZ/WIEN-Österreich
norbert@angelerosenau.at

Axel-Kurt Schubert
Mentor, Psychologe
BRAUNSCHWEIG
Ak.Schubert@t-online.de

Kliniken mit männerspezifischem Therapieangebot

Dr. Johannes Vogler
Chefarzt
Klinik Alpenblick
ISNY-NEUTRAUCHBURG im Allgäu
Johannes.Vogler@wz-kliniken.de

Thomas Scheskat
Männercoach, Stationsleiter in Landesklinik
Moringen bei Göttingen
Kontakt über Institut für Männerbildung
und Persönlichkeitsentwicklung
GÖTTINGEN
T.Scheskat@maennerbildung.de

Reinhold Hermann Schäfer

MännerQuest

Die Reise ins Herz des Mannes

Reinhold H. Schäfer entwickelt entlang seiner Autobiografie (Alkoholabhängigkeit, Männerbewegung, etc.) das Konzept einer initiatischen MännerQuest in der Waldwildnis Nordschwedens.

Seine Kompetenz auf dem Gebiet der Sucht, des Theaters und der Rituale ist ein tragfähiger Boden für die Unterstützung von Männern.

Anhand der Übungen kann der Leser selbst seine verborgenen und verbogenen Seiten entdecken und den ersten Schritt des Weges wagen – hin zu einem neuen kraft- und gefühlvollen Mann.

Viele Erfahrungsberichte bieten einen lebendigen Zugang zu diesem engagiert-gelungenen Versuch einer Männerinitiation.

3. Auflage!
256 Seiten,
A5, Broschur,
ISBN 978-3-927940-93-2
€ 18,00 / 32,90 SFR

Reinhold Hermann Schäfer

Die Hechtzauberer

Ein ironisch-romanhaftes Handbuch über die Licht- und Schattenseiten von Initiationsmentoren. Mit einem Augenzwinkern von Reinhold Hermann Schäfer verfasst.

Nur beim Autor selbst direkt über email: info@rschaefer.com oder www.maenner-initiation.de zu beziehen.

Preis: € 15,50
inklusive Porto und Versand

Steven Foster & Meredith Little

Visionssuche

"Gehe in die Wildnis,
segne Dich selbst und erfahre,
was getan werden muß."

Diese Aufforderung steht am Beginn einer Visionssuche.

Ziel dieser Reise in die äußere und innere Einsamkeit ist die Auseinandersetzung mit dem ewigen Kreislauf von Leben und Sterben. Sie ermöglicht es, sich immer wieder neu mit dem Leben zu verbinden, den Sinn des eigenen Daseins zu erkennen und seine ganz persönliche Lebensaufgabe zu finden

Meredith Little, Steven Foster und ihre School of Lost Borders zählen seit über 20 Jahren zu den führenden Lehrern. Sie haben schon tausende Menschen bei Visionssuchen begleitet.

4. Auflage!
320 Seiten, 20 Abb.,
13,5 x 22,0 cm, Broschur,
ISBN 978-3-935581-09-7
€ 19,95 / 35,90 SFR